大国谍影

克格勃『剑桥五杰』的情报生涯

闻敏 著

上海财经大学出版社
SHANGHAI UNIVERSITY OF FINANCE AND ECONOMICS PRESS

图书在版编目(CIP)数据

大国谍影：克格勃"剑桥五杰"的情报生涯 / 闻敏
著. -- 上海：上海财经大学出版社, 2025. 4.
ISBN 978-7-5642-4385-2

Ⅰ.D751.236

中国国家版本馆 CIP 数据核字第 2024RH9404 号

□ 责任编辑　胡　芸
□ 封面设计　贺加贝

大国谍影
——克格勃"剑桥五杰"的情报生涯
闻　敏　著

上海财经大学出版社出版发行
(上海市中山北一路 369 号　邮编 200083)
网　　址:http://www.sufep.com
电子邮箱:webmaster@sufep.com
全国新华书店经销
苏州市越洋印刷有限公司印刷装订
2025 年 4 月第 1 版　2025 年 4 月第 1 次印刷

787mm×1092mm　1/16　23 印张(插页:2)　384 千字
定价:88.00 元

前　言

几年前，一个机缘巧合的机会，笔者有幸接触到介绍克格勃间谍"剑桥五杰"——金·菲尔比、唐纳德·麦克莱恩、盖伊·伯吉斯、安东尼·布伦特和约翰·凯恩克罗斯——的一些材料。谍报工作自带的神秘色彩、发生在苏联特工和"五杰"身上复杂曲折甚至传奇般的遭遇，诸如此类的情节和故事，立刻击中了笔者的兴奋点，激起了刨根问底、一探究竟的强烈欲望。由此，撰写一本专门介绍"五杰"间谍生涯著作的想法油然而生，其目的是解答研究"五杰"过程中困扰自己的几个问题，同时给业内外人士提供启迪和镜鉴。

这些问题包括：(1)"剑桥五杰"中四人出生于英国的名门望族，其中的布伦特甚至身上流着高贵纯正的"蓝血"，另外一人虽然出身卑微，但也属书香门第。他们均为占尽先机的含"银钥匙"出生之人，尽享资本主义社会提供给精英阶层的种种福利待遇，在培养资产阶级接班人的剑桥大学接受精英教育，为什么却宁当"逆子贰臣"，决心毁灭自己所属的特权阶级，直至走上为苏联充当间谍的道路？(2)苏俄国家安全和情报机构契卡及其衍生组织所属的对外情报机构（又称谍报机构）是通过什么渠道和途径，运用何种手段、方式和方法，发现、挖掘、培养和招募"五杰"这样优秀的外国间谍的？(3)"剑桥五杰"加入苏联谍报队伍后为什么会取得如此成功，各自沉浮谍海纵横十几载甚至几十载而安然无恙？即便被发现了也能安全逃离生天？这里面隐藏了多少惊天秘密？(4)"剑桥五杰"失败和暴露后的最终命运如何？他们亲手创造的悬疑小说一般的谍报案例能给后人带来怎样的思考和启发？

坦率地说，为了回答这些问题，在长达数年的时间里，笔者当过废寝忘食、加班加点甚至挑灯夜战的"书虫"，当过与业内外人士聊书稿、讨论结构和内容的"话痨"，当过四处淘书籍、网上查资料的"淘书客"，当然也有过意兴阑珊、三天打鱼两天晒网甚至几个月不动一笔的偷懒时光。时光荏苒，白驹过隙，等终于码完最后一个字、将书稿校对数遍、确认无误后交给出版社准备付梓出版的时候，只觉得像千斤重担卸下肩膀、心中块垒终得释放、马拉松比赛最后冲刺一般轻松。放眼从书房向外望去，心情舒爽极了！

为了回答开头提出的问题，全书共分八章：第一章分别介绍"剑桥五杰"的家庭出身、教育背景、被招募前的思想变化和政治倾向等；第二章介绍苏联国家安全和情报机构及其对外情报机构的历史演变、分化组合情况；第三章介绍苏联对外情报机构通过公开合法途径向英国本土派遣人员的尝试和实践，以及在第三国"拉出"①人员的基本情况和案例；第四章介绍招募"剑桥五杰"并组建间谍小组的时代和历史背景，介绍与"剑桥五杰"招募和经营有关的苏联对外情报机构领导人、主要招募特工和经营特工的生平、招募和经营工作等情况；第五章分别介绍"剑桥五杰"的招募过程和经历；第六章分别介绍"剑桥五杰"被招募之后，在苏联"大特工"的"设计"和指导之下分别打入英国政府、安全和情报机构等核心要害部门，为苏联开展情报搜集等谍报活动的情况；第七章分别介绍"剑桥五杰"失败和暴露后各自的生活与工作等情况；第八章是在"剑桥五杰"案例介绍的基础上，阐述上述内容对国家安全和情报工作从业者的启迪与镜鉴。

当今世界动荡不安、战火纷飞，正处于百年未有之大变局。当今中国，西方列强环伺，全面遏制我发展，各类先进武器装备输台，阻挠我国家统一，幻想颜色革命颠覆我政权，四海联动，八方袭扰。国家安全机关近年来破获了许多西方间谍案，表明西方亡我之心不灭，对我国家安全构成日益严重的威胁，隐藏战线渗透与反渗透、心战与反心战、策反与反策反、窃密与反窃密的斗争日益尖锐和激烈。因此，本书不仅面向一般读者，而且对从事国家安全、公安、外交、情报和国际关系研究工作的人士而言应该也是一本很好的业务参考资料。

本书写作和成书过程中，笔者的同学、全国著名情报史专家高金虎教授在书稿体裁、中心把握、素材取舍、写作规范等方面提出了宝贵的专业性意见建议。上海国际问题研究院研究员杨剑同志提出了非常中肯的修改建议。上海财经大学出版社社长兼总编辑黄磊先生在书稿总体架构、写作风格、目录确定等方面给予了无私帮助与指导。出版社的各位工作人员以高度的责任心和兢兢业业的态度，在书稿编辑校对、出版印刷等方面付出了辛勤的汗水与努力。此外，书稿写作期间，还得到了许

---

① 在谍报工作中，"拉出"这一术语指的是将某些掌握机密的特定人员或者其他可以利用的人，通过一定的方法诱导或策反，使其为己方服务。具体策略包括但不限于主动接触、陪同游览、网络聊天等方式，目的是让目标人员对己方的意识形态产生认同感，从而愿意为己方服务。

许多多可亲可敬的业内外人士的关心、支持与帮助。可以说,没有这些,本书不可能如此顺利地定稿、付梓印刷并问世。吃水不忘打井人,滴水之恩当涌泉相报。在此,一并致以最诚挚的谢意和最崇高的敬礼!

"求真务实,用心讲好'剑桥五杰'故事"是本书写作的初衷。不过,虽然努力想与全息照片一样真实再现"剑桥五杰"案例的来龙去脉和本来面貌,但由于才疏学浅,尤其是信息掌握不对称,有相当多的"剑桥五杰"档案材料,俄对外情报局至今未予以解密,因此书中错误疏漏之处在所难免。敬请方家指正,读者谅解!

闻 敏

2025 年 3 月

目　录

引子　/1

第一章　"剑桥五杰"其人　/5
一、金·菲尔比　/9
二、唐纳德·麦克莱恩　/17
三、盖伊·伯吉斯　/22
四、安东尼·布伦特　/26
五、约翰·凯恩克罗斯　/29

第二章　利剑出鞘
　　　　——对外情报机构应运而生　/33
一、克格勃的前世今生　/35
二、对外情报机构的历史演变　/39

第三章　棋逢对手
　　　　——对英国本土发起进攻　/55
一、夭折的合法派遣尝试　/57
二、向英伦三岛的合法派遣实践　/60
三、在第三国的"拉出"　/62

第四章　风起青萍
　　　　——"剑桥五杰"生逢其时　/79
一、万事俱备，只欠东风　/83
二、领路"大特工"整装待发　/92

第五章　整装待发
　　——"剑桥五杰"成军 / 123
一、"剑桥五杰""第一人" / 127
二、英俊潇洒的外交官间谍 / 130
三、奇特的间谍 / 133
四、艺术家间谍 / 137
五、小资间谍"第五人" / 141

第六章　惊心动魄
　　——"剑桥五杰"的间谍生涯 / 147
一、20世纪最出色的间谍 / 150
二、机智多变的英国外交官 / 198
三、对外情报机构的"费加罗" / 214
四、"国王的谋士" / 257
五、库尔斯克战役获胜功臣 / 269

第七章　铸甲销戈
　　——"剑桥五杰"的谢幕生活 / 281
一、客死异乡的落魄间谍 / 283
二、最入乡随俗的前英国外交官 / 291
三、落叶归根的"费加罗" / 297
四、身败名裂仍无悔的女王画像鉴定官 / 303
五、颠沛流离的"第五个人" / 310

第八章　启示录 / 317
一、从布里亚科夫间谍案看俄对外情报局的工作失误 / 319
二、克格勃招募和指导"剑桥五杰"的主要做法 / 325
三、"剑桥五杰"暴露原因探析 / 347
四、"剑桥五杰"成功渗透案例的反面启示 / 353

参考文献 / 360

引 子

1951年5月25日,星期五。

这天也是英国外交部美洲司司长唐纳德·麦克莱恩的38岁生日。中午,他在外交部的同事西里尔·康诺利等几个朋友请他到伦敦索霍区的一条街上吃午饭,顺便为他庆生。大家发现,麦克莱恩虽然皱纹满面、一脸焦黄,但看上去十分镇静、清醒理智。他说,妻子梅琳达很快就要生第三个孩子了,从下周起他要请假照顾她。

这一天,麦克莱恩的大部分时间花在了外交部。他以特有的一丝不苟的风格勤勉地工作着。美洲司的下属罗伯特·塞西尔后来发现了"用麦克莱恩的斜体字写的一份简洁而准确的记录,其中提到阿根廷公使衔参赞5月25日访问他的时候,提出了一个同当前的贸易谈判有关的错综复杂的问题"[①]。他还在麦克莱恩的私人文件柜里找到了"一份编了号码的内阁文件,其包含着艾德礼首相关于他在1950年12月间匆匆访问杜鲁门总统之行的报告,他这次访问的目的是使麦克阿瑟将军不得在朝鲜战争中使用原子弹"[②]。军情五局A科四室的监视人员发现,麦克莱恩下班后带着一只大硬纸箱离开外交部,来到维多利亚火车站,在那里喝完酒后坐上了傍晚6点10分的火车。这是A科四室最后一次看到他。

英国外交大臣赫伯特·莫里森已经秘密下令对涉嫌为苏联从事间谍活动的麦克莱恩进行审讯,但并未确定具体日期。外交部不知道5月25日周五那天麦克莱恩会出逃,他们建议军情五局于6月18—25日的某一天开始对其审讯。然而,苏联克格勃的前身——国家安全部驻伦敦情报站——错误地以为麦克莱恩会在5月28日周一那天被捕,因此计划安排他和英国驻美使馆原二秘的盖伊·伯吉斯在此之前的周末离开英国。情报站向中心报告称,英国安全局和秘密警察每晚8点后和周末会停止对麦克莱恩的监视(实际上,麦克莱恩在肯特和萨里郡交界处的塔茨菲尔德

[①] [英]安德鲁·博伊尔:《背叛之风》,新华出版社1981年版,第470页。
[②] [英]安德鲁·博伊尔:《背叛之风》,新华出版社1981年版,第470页。

根本未受到监视)。情报站还发现,"法莱西"号游艇每个周末都从英国南安普顿港出发,到达法国港口后再返回,而且上船的游客不用出示护照。

伯吉斯奉命用假名给自己和麦克莱恩购买了两张5月25日周五午夜的船票。当天晚上,伯吉斯开着租来的车来到塔茨菲尔德,同麦克莱恩面对面简短唠了一会儿,便与麦克莱恩一家共进晚餐。快9点时,伯吉斯在客厅等着,麦克莱恩来到卧室,与儿子们亲吻道了晚安。等麦克莱恩与梅琳达告别后,两人便快步走出门外,发动汽车,迅速上路。一路上他们轮流开车,车辆如风驰电掣般,终于在午夜时分到来两分钟前冲到了南安普顿码头。此时,"法莱西"号船员已准备就绪只待开航。他们把车横在马路中央,连车门都顾不上锁,就匆匆忙忙地跳上了船。轮船启航时,一个码头工人大声喊着问伯吉斯车怎么办,伯吉斯回答道:"我星期一回来。"[①]

第二天一早,两人到达圣马洛,把行李扔在船上,随着熙熙攘攘的人群,没有经过任何边检站就踏上了法国领土。此时天上下着蒙蒙细雨,他们假装成游山玩水的游客,雇了一辆出租车,要求司机把自己送到40英里外的雷恩。后来,司机在接受询问时说,他把两人放在一个火车站就离开了,自己也不知道他们下一步会坐哪趟火车。实际上,他们直接去了巴黎,然后从蒙帕纳斯火车站坐到奥斯特利茨火车站,连早饭也顾不上吃就又坐火车到了瑞士日内瓦和伯尔尼。到了伯尔尼,伯吉斯去了苏联大使馆,在这里拿到了照片和姓名稍有不同的假护照,然后两人到了苏黎世,在这里登上了经布拉格中转飞往斯德哥尔摩的航班。在布拉格下飞机后,他们步出国际区,立刻与苏联国家安全部的情报官员会合。

5月28日星期一下午2点,梅琳达带着哭腔向英国外交部报告说,她的丈夫周末过后再也没有回家。此时,伯吉斯和麦克莱恩早已于星期天晚上安全置身于苏联国土,逃到"铁幕"之后了。苏联情报机构为了抹掉两人的逃跑痕迹,安排人员从巴黎、贝鲁特和开罗等地向伯吉斯与麦克莱恩家里发电报。因此,媒体直到6月中旬才获悉两人跑路的消息,《每日快报》刊登了英国外交官消失的新闻,外国报纸也马上跟风报道,报纸编辑部涌入潮水般的消息称,有人好像在蒙马特尔、蒙帕纳斯、贝永、戛纳、安道尔、布鲁塞尔和布拉格看见过他们。实际上,的确可能有人在布拉格见过他们,但是有谁会在这么短暂的换乘时间里认出他们是谁呢?

到了星期一,梅琳达给英国外交部打了两个电话:一次打给美洲司,询问她丈夫

[①] 张仁坚、晓年编译:《二十世纪间谍世界揭秘》,黑龙江人民出版社1993年版,第91页。

在不在,有没有给她留下什么话?另一次打给外交部的安全主管凯里·福斯特,说她丈夫星期五晚上与外交部的一个同事离家出走,至今音信皆无。5天后的5月30日,两个军情五局的特工来找梅琳达。此时,她正在婆婆麦克莱恩夫人位于肯辛顿的家里。梅琳达对他们说,丈夫是上周五晚上与外交部的同事罗杰·斯泰尔斯一起走的,接着以一副忧心忡忡的样子描述了后者的相貌。特工们要求她们对任何人都不要透露只言片语,然后就离开了。当然,外交部压根就没有罗杰·斯泰尔斯这个人。6月7日,麦克莱恩夫人收到一封报平安的电报,署名为"蒂恩托",这是她给儿子小时候起的乳名。很快,梅琳达也收到了消息,这次署名唐纳德,他简短地请求妻子原谅自己的不辞而别,说他身体健康,像以前一样爱她。

麦克莱恩和伯吉斯的逃跑让英国政府当局惊慌失措,数百名政府职员遭到政治忠诚度检查,重点是目前或曾经在情报部门担任要职者。媒体也加入"把他们揪出来!"的鼓噪声浪中,30年代曾在剑桥或牛津求学、迷恋左倾思想的高级官员都成为靶子。这还不算完。每一个认识麦克莱恩或伯吉斯的人都被叫到军情五局问话,包括军情五局前军官安东尼·布伦特在内,他们的朋友以及几百个过去的马克思主义者也都受到询问,有的人成功脱身,但有的人摊上了麻烦。麦克莱恩的兄弟艾伦·麦克莱恩曾在英国驻联合国代表团工作,身居要职,现在不得不辞职退休。他的姊妹南茜的丈夫也因此丢了饭碗。其实,这些人与间谍活动毫不相干,但全部成了英国秘密情报机构上下共患的严重"精神分裂症"的牺牲品。

麦克莱恩和伯吉斯的潜逃,就此拉开了苏联30年代中期在英国招募的"剑桥五杰"间谍网暴露失败的序幕。英国秘密情报局驻美联络员金·菲尔比很快成为英美两国反间谍部门关注的焦点和怀疑对象,追查通风报信"第三人"的呼声越来越高,菲尔比慢慢浮出了水面。几乎与此同时,间谍网的另外两名成员安东尼·布伦特和在财政部供职的约翰·凯恩克罗斯也陆续受到怀疑和调查,失去了此前优越的接密条件,布伦特甚至身败名裂、孤老终生;凯恩克罗斯则背井离乡,沦落国外谋生。直到1963年菲尔比从黎巴嫩潜逃苏联,"剑桥五杰"最终全军覆没,但他们虽败犹荣,成为苏联和俄罗斯情报史上能够招募到的不可多得的优秀外国间谍。

第一章

"剑桥五杰"其人

间谍是世界上最古老、最神秘的职业之一，通常被称为"全世界第二古老的行业"，早在两千多年前，中国的《孙子兵法》第十三章《用间》就专门讲述了如何使用间谍。战争是间谍的温床和"催产婆"，间谍是战争的产儿和重要工具。随着社会经济的发展，进入20世纪，间谍活动披着神秘朦胧的面纱，开始出现在社会的各个角落、各个行业、各个领域，几乎渗透到所有部门，成为获取军事、政治、经济及其他机密信息的重要手段，为各自的集团、群体和利益服务。但对国家而言，间谍所从事的谍报工作必为统治阶级服务，必须服从政治需要，必须服从国家利益。俗话说得好，"没有永远的朋友，也没有永远的敌人，只有永远的利益"。这句话放在谍报工作这个行当尤为如此。自20世纪初十月革命胜利开始，苏联针对英国发动的谍战为此做了很好的注脚。

　　第一次世界大战期间，沙俄与英国和法国组成协约国集团，共同对抗德意志帝国、奥匈帝国、奥斯曼帝国和保加利亚王国等国组成的同盟国集团，英俄是站在同一阵线浴血奋战的盟友，沙俄基本不对英国开展谍报活动。但俄国自十月革命爆发后退出第一次世界大战，英法等国先是对新生的苏维埃政权实施经济封锁，后来又联合美日等国悍然进行武装干涉，新生的苏维埃政权面临着夭折的严重威胁。英俄反目成仇，在此情况下，列宁和新成立的国家安全及情报机构契卡将英国视为主要敌人与目标，采取种种措施，研究对英国谍报工作的途径、渠道、手段和方式，并向英国本土进行人员派遣、拉拢策反的尝试与实践，终于在30年代中后期结出累累硕果，其标志是在剑桥大学在校生和毕业生中招募与组建了闻名世界的"剑桥五杰"间谍小组，于第二次世界大战前及战争期间分别打入英国政府外交部、安全和情报部门等核心要害部门，为苏联搜集并提供了涉及英美等国家海量核心内幕敏感预警性情报资料，并在关键时刻发挥了关键作用，为保卫苏联国家安全和战胜世界法西斯立下了汗马功劳。而这一切大多发生在苏联与英法美等国家结成同盟国，共同对抗德意日法西斯轴心国集团期间，可见苏联对外情报机构并未对英国和美国手下留情。等到1946年3月5日曾任英国首相的丘吉尔在美国富尔顿发表"铁幕演说"，冷战正式拉开帷幕，英美成为苏联的头号对手，苏联军政情报机构更是开足马力，对其展开全方位、全领域、全时空的谍战博弈，30年代中后期招募发展的"剑桥五杰"各显其能，在各自的岗位上大显身手，充当苏联针对英国激烈谍战博弈厮杀的主力军。双方你来我往、有攻有守，你中有我、我中有你，在无声处的无形战场上上演了一出出惊心动魄、令人血脉偾张的谍战大戏，直到今天也没有停止。

总体上讲，从20世纪两次世界大战期间的二三十年代直到第二次世界大战期间，英国和苏联的情报实力对比呈现英弱苏强的态势，可以说英国是被苏联"按在地上摩擦"。军情六局没有在莫斯科设立情报站，英国政府部门、安全和情报机构等核心要害机构被严重渗透，重大机密几乎到了无密可保的地步。甚至到了冷战刚打响时，英国在苏联也并没有重要的情报来源。反观苏联，克格勃在伦敦拥有像"剑桥五杰"这样的优秀间谍，而且正处于发挥关键作用的当打之年；此外，还在至关重要的英国核设施中安插了其他重要的情报来源。但风水轮流转，随着时光的流逝，到了冷战期间，尤其是冷战即将结束的那几年，英苏之间的情报实力对比发生了明显翻转。"剑桥五杰"间谍小组由于失败和暴露已经不复存在，但新的年轻一代间谍还没有成长起来取代他们，结果导致苏联在英国没有像样的间谍（也有可能未被发现）。而英国军情六局却吸收了克格勃派遣到英国的许多特工，还有不少叛逃者，如奥列格·戈尔季耶夫斯基、弗拉基米尔·库兹奇金、维克托·马卡罗夫、米哈伊尔·布特科夫、瓦西里·米特罗欣等，以及像弗拉基米尔·帕谢奇尼科这样一流的科学家。可以说，到了冷战的最后阶段，苏联克格勃对外情报机构在与英国军情六局的博弈和对决中明显落于下风。情况如此反转令克格勃对外情报机构第一总局领导如坐针毡，为此采取了不少举措，试图再现二三十年代对英谍报工作的黄金时期，重振"剑桥五杰"的往日雄风。

1960年，美国制片人约翰·斯特奇斯将日本著名电影导演黑泽明的不朽经典影片《七武士》，改编成一部名叫 *The Magnificent Seven* 的西部影片，中文译为《七侠荡寇志》，或者《豪勇七蛟龙》，或者《七杰》。故事设定在美国南北战争结束之后、西部大开发末期，讲述墨西哥一个小村庄不堪强盗侵扰，于是花钱从美国请来7位身怀绝技的枪手来对付他们。影片汇集了当年几个有名的硬汉,人物设置几乎照搬《七武士》,经典桥段基本全部保留,就连寻找"武士"的过程也只是稍作改变。这部影片表明,每个男人心中都有一个侠客梦,因为现实环境的各种窘迫压制,更使得人们向往"侠客行"的洒脱生活。令人印象深刻的是,影片创新性地植入一个新桥段,那就是七侠竟然被村民们出卖,被强盗们缴械赶出村庄后,又义无反顾地杀回来将强盗一网打尽。究其原因,其实在于七侠们认为,村民可以对我不义,但我们不能丢弃甚至践踏自己的侠义精神!因此,义无反顾地杀个"回马枪"是侠客们的自尊之战,哪怕付出惨重代价也在所不惜。侠客们已经是主角之一,而游戏不是村民和强盗说结束就可以结束的。

影片一经上映就引发了强烈反响,火遍全美甚至世界其他许多国家。1962年,苏联政府也引进了这部影片,并在全国热映,由此美国的牛仔文化在苏联掀起了高潮。第一总局领导人观看影片后也深受触动。他们认为,美国电影里面有侠肝义胆的"七杰",我们的间谍队伍又何遑多让!我们的勇士更多、更出色!灵机一动之下,他们想到了30年代招募的5个英国青年才俊——金·菲尔比、唐纳德·麦克莱恩、盖伊·伯吉斯、安东尼·布伦特和约翰·凯恩克罗斯,他们不就是远在天边、近在眼前而且活生生的间谍"五杰"吗?想当年,他们都毕业于赫赫有名的为英国政府培养接班人的剑桥大学,上学时或者刚毕业就被苏联人招募,而后又都成功地打入英国当局"白厅"的机构,被克格勃始终看作那时能够招募到的最实干的优秀外国间谍。而且,他们加入苏联谍报队伍的动因纯粹建立在意识形态的基础之上,对世界上第一个工农政权取得的辉煌成就和建立一个没有阶级、没有剥削、没有压迫的新世界充满向往和信心,把为苏联情报机构工作视为对德国法西斯分子夺权上台的反应,是"反法西斯主义"的体现。这些与美国电影里的侠义精神何其相似!从此以后,以菲尔比为首的五人间谍小组经常被称为"剑桥五杰"。下面将介绍他们到底是何许人也。

一、金·菲尔比

金(也译吉姆)·菲尔比,全称哈罗德·艾德里安·拉塞尔·金·菲尔比(Harold Adrian Russell Kim Philby),1912年1月1日出生于印度安巴拉,1988年病逝于苏联。他早在大学时代就信仰共产主义,1934年加入苏联谍报队伍,1940年成功打入英国秘密情报局(又称军情六局),经过苦心经营步步高升,最终成为英国情报机构的一名高级要员。在其76岁的人生中,为苏联谍报机构开展秘密活动的时间长达近30年。他利用职务上得天独厚的便利条件,为苏联提供了大量重要情报,为维护苏联国家安全立下了汗马功劳,1963年由于身份暴露而撤离到莫斯科,获得苏联政府授予的"红旗勋章""列宁勋章"等崇高荣誉。但在英国人眼里,他则是彻头彻尾的"卖国贼""叛徒""本世纪最大的间谍"。[1] 菲尔比以其非凡的勇气、智慧与卓越的谍报成绩,以及秘密战线上的卓越表现为世人所钦羡,当之无愧成为世界间谍史上最著名、最成功的间谍之一;苏联谍报机构展现出了高瞻远瞩的战略眼光、过人的工作手段和高超的职业技巧,把对菲尔比的招募发展、指导打入工作做成了世界谍报史上的一个经典案例。

  菲尔比的父亲哈里·圣约翰·布里杰·菲尔比,出生在一个锡兰茶叶种植场主家庭,朋友们都管他叫"杰克"。他一生痴迷于阿拉伯学,是当时著名的阿拉伯学专家之一,曾是沙特阿拉伯国王伊本·沙特的顾问。源于对阿拉伯世界的热爱,老菲尔比不仅从基督教皈依了伊斯兰教,还娶了一个沙特女仆当二房。他在儿子面前一点也不避讳自己对英国统治阶级的蔑视,拒不遵守这个阶级矫揉造作的原则,当它们与他个人的最高使命相互矛盾的时候就更加如此。正因为这样,老菲尔比在英国殖民地事务部任职时,对英国政府及其推行的政策非常讨厌,结果于1924年惨遭解雇。军情五局在一份秘密报告里对此解释说,因为他"不止一次地抗议官方政策"[2]。俗话说,"有其父必有其子"。克格勃的档案文件显示,老菲尔比身上这种两面性的忠诚怪相,被他的儿子小菲尔比原原本本地继承下来了。小菲尔比出生后,老菲尔比正在印度当差,他给儿子起了个"金"的诨名。"金"是著名作家罗德亚德·吉普林笔下的主人公,在印度人中间长大,是一个机智勇敢、舍身忘己的少年间谍英雄。只是做父亲的可能做梦也不会想到,自己的儿子长大后会真的成为一名苏联间谍英雄!

  菲尔比从小就在父亲耀眼的光环下长大。那时他的父亲经常出差,去研究为之痴迷不已的沙漠国度沙特阿拉伯。13岁那年,他进入父亲的母校——英国著名的

---

[1] (内部读物)国家安全部一局编:《知彼》,第593页。
[2] Олег Царев, Джон Костелло, Роковые Иллюзии. Из архивов КГБ: дело Орлова, сталинского мастера шпионажа(Москва: Издательский Центр〈Аква-Терм〉,2011),стр. 128.

威斯敏斯特私立学校学习，1929年17岁时进入剑桥大学三一学院（Trinity College）攻读历史，并加入了剑桥社会主义者学会，积极参加学会的会议，但不参加其他活动。1931年工党在大选中落败后，菲尔比受到很大震动，于是更加热衷于社会主义者学会的活动，更加潜心阅读有关欧洲社会主义的经典著作，更加积极地参加有关的讨论会。1932年，菲尔比当选该协会的财务主管。1933年3月，也就是毕业前的三个月，他还在报告里称，协会的财务状况很不乐观，由于本学期加入协会的新成员非常少，财务即将出现赤字。由于各方面成绩非常优秀，因此他被吸收加入历史悠久的剑桥"使徒会"，并深受其影响。

剑桥"使徒会"是19世纪20年代由F. D. 莫里斯、艾尔弗雷德·丁尼生和哈勒姆开创的秘密社团，名称取自《圣经》故事中耶稣的门徒，也叫"读书社"或"精选论文俱乐部"，由三一学院和国王学院最优秀的12名成员组成，因为与12门徒有关，所以每届会员只吸收12名剑桥最出类拔萃的学生。会员既有在校本科生，也有已经毕业的前剑桥学生，均绝顶聪明，无论是在智力水平还是在学术成就方面均高人一筹，让协会堪称迷你"皇家学会"。他们像学童一样喜欢用暗语，其中"天使"是指老会员，"胚胎"是指候选人员，吐司面包上的沙丁鱼叫"鲸"，那是他们星期六晚上聚会时的传统菜肴。协会宗旨是："与一群志同道合、亲密无间的朋友一起，全心全意、毫无保留地追求真理。"会员们每周六在一处秘密会所聚会，一位会员宣读完自己的论文后，大家再发表意见，进行讨论，内容从哲学、美学到政治和商业无所不包。"使徒社"会员毕业后大多活跃在知识界，并组成了"布卢姆斯伯里集团"（The Bloomsbury Group），代表着当时英国思想界的进步力量，著名会员还有19世纪英国物理学家、数学家詹姆斯·麦克斯韦，英国哲学家、数学家、社会学家伯特兰·罗素，英国20世纪小说大师、散文家、评论家E. M. 福斯特，著名经济学家约翰·凯恩斯，英国空军上尉、"军事十字"勋章获得者、军情六局特工、007原型西德尼·赖利等人。

协会倡导并践行对友情和智识共同珍视的价值观，因此将会员紧密地凝聚在一起。其传统习惯是要求成员严格保守组织机密，不向外人透露自己的会员身份，同时要向其他会员提供力所能及的帮助，甚至毕业以后也要这样做。随着时代的变迁，到了30年代，剑桥"使徒会"变成了革命的马克思主义知识分子精英俱乐部，里面有许多成员属于左翼人士并且搞同性恋，不少使徒认为同性恋是爱情的较高级形式，在利顿·斯特雷奇所认为的框架内，只要符合他们自己的伦理要求，一切都被允许。此外,协会深受共产主义思想的影响。"剑桥五杰"成员菲尔比、麦克莱恩、伯吉斯和布伦特均为"使徒会"成员,其最初的马克思主义倾向和亲苏思想都能在这里找到痕迹和来源。

1933年夏天从三一学院毕业后,菲尔比仍与剑桥大学社会主义者学会保持密切联系。从奥地利返回英国后,他专程来到三一学院为苏联谍报机构物色人选。在1934年3月召开的一次委员会会议上,与会者考虑由他写一封信呼吁支持受迫害的奥地利工人,会议还一致同意进行募捐,并由伯吉斯及剑桥大学社会主义者学会中另一名激进分子负责管理一只基金,作为对菲尔比的呼吁的回应。在威斯敏斯特公学上学时,菲尔比就是工党的支持者。进入剑桥之后,虽然有口吃的毛病,但他仍然非常热心地参加工党大选前的宣传鼓动工作,不过工党实在不争气。菲尔比承认,他之所以投入共产主义的怀抱,与其说是出于对工党的失望,倒不如说是因为看到工党在大选中溃败而产生的痛苦感觉。一直到在剑桥的最后一个学期,他最终确信,只有共产主义才能解决英国各种各样的两难政治问题。1980年,他为克格勃手写了一份283页的回忆录。在回顾自己的心路历程时,他写道:"在1931—1933年间,我与大学里的共产主义小组走得越来越近,开始参加他们的会议。他们给我推荐卡尔·马克思的书籍。因为这些,在快要离开剑桥时,确切地说是在最后一个星期,我决定加入共产主义运动。"①他的这个决定虽然说不上是某种高瞻远瞩,也称不上是"通往大马士革的道路尽头的眩目之光",却是长期思考和个人体验的结果。为了庆祝皈依新的理想,他把三一学院发给他的经济学学士学位考试优秀奖金14英镑全部拿出来,购买了马克思全集。

在转身投向共产主义事业以及后来的选择过程中,菲尔比的经济学导师、共产党员莫里斯·多布给他的影响很大。多布是英国共产主义运动首批著名活动家之一,是剑桥大学里的马克思"施洗者约翰",坚定地宣传"资本主义必然失败、共产主义必然胜利"的理念,从不隐瞒自己对革命事业的热烈忠诚。他那些宣传苏联的文章和书籍论据丰满、论证有力,赢得了大批读者,让英国国王乔治五世盛怒不已,担心这个布尔什维克的忠实信徒会将剑桥大学这些年轻的英国子民引入歧途,因此1925年差一点将他扫地出门。幸亏三一学院浓烈的自由主义原则占了上风,再加

---

① Олег Царев. Джон Костелло, Роковые Иллюзии. Из архивов КГБ: дело Орлова, сталинского мастера шпионажа(Москва: Издательский Центр 《Аква-Терм》, 2011), стр. 140.

上多布承诺不从事破坏活动,因此后来成了三一学院的教授。不过,美国档案中保存的军情五局文件表明,多布经常处于英国警方的监视中,其信件也时常被拦截。多布富有耐心,善于获取剑桥毕业生们的信任,也擅长运用能言善辩的才能鼓动他们。1932年5月,他在主持剑桥协会的辩论时声称:"这所学校对莫斯科,而不是底特律寄予厚望。"[1]多布经常与菲尔比接触,传授一些共产主义思想。多布去世很久之后,菲尔比才透露说,多布并不像人们认为的那样是他的间谍招募人,而是他的指路人,是他指的路引导他最后来到了莫斯科。

与此同时,老菲尔比对伊斯兰教异于常人、如痴如醉的热爱,也给儿子的从谍之路树立了榜样。菲尔比在私立学校和三一学院逐渐产生了政治抗拒意识,随着时间的推移又一步步地巩固和深化,这些特质都能从父亲身上找到影子。当然,菲尔比投入共产主义的怀抱绝不是出于贫穷或者社会贫困;相反,他出身名门,又在专为英国统治阶级开设的教育机构中接受精英教育,这些给他的一生都打下了深刻的烙印。因此,虽然他接受了异国他邦的意识形态,但是也与父亲一样从未放弃舒适的生活享受。在莫斯科退休后,他说他依旧怀念英国的绅士生活,比如帕尔马尔街俱乐部里那些坐下去能深深陷入的皮圈椅、美味的科尔曼芥末和沃切斯特汁等。他还像个教徒那样勤勉地定期做《泰晤士报》的猜字游戏,哪怕报纸通常要晚一天才能到他的手里。

1933年6月,菲尔比以经济学"甲B"的优异成绩走出剑桥大门。他自称:"我离开大学时得到了学位并确立了一定要把我的生命贡献给共产主义的信念。"[2]这个风华正茂的年轻人,正在一步步地与准备前来英国的苏联谍报特工相向而行。

离开剑桥前,菲尔比向经济学老师多布征询意见,如何才能更好地把自己的生命献给共产主义事业,请求介绍一个能人给他,此人既能够接受他的新信仰,又能发挥他一个后来者如火如荼的激情。于是,多布给他写了一封推荐信,因为害怕被军情五局抓住把柄而丢掉饭碗,所以多布在信里和信封上都没写收信人的姓名,他要求菲尔比在心中牢记收信人的情况。菲尔比后来回忆说,这个人的姓名听起来很像意大利人,实际上这很有可能是著名的共产国际间谍拉迪斯拉斯·多博斯的化名路易·吉巴尔蒂。多布介绍和引荐的是总部设在法国巴黎的一个共产主义小组,即由

---

[1] Олег Царев. Джон Костелло, Роковые Иллюзии. Из архивов КГБ: дело Орлова, сталинского мастера шпионажа(Москва: Издательский Центр〈Аква-Терм〉,2011),стр. 140.

[2] [苏]金·菲尔比:《谍海余生记》,群众出版社1984年版,第7页。

明岑贝格领导的世界援助德国法西斯的受害者委员会。菲尔比在巴黎与该组织建立了联系，从吉巴尔蒂手里拿到写给奥德援助移民委员会领导人乔治·内普勒的推荐信，并从那里被派往奥地利维也纳的地下共产主义小组工作。

当年夏末，菲尔比带着马克思全集，骑着用给父亲校对书稿所得50英镑购买的摩托车抵达了维也纳。后来他回忆说："大学毕业后，我打算去奥地利学习德语和德国历史与文化。"[①]他说自己来维也纳的动机是决定大学毕业后从事外交工作，担任英国外交官既能满足自己的虚荣心，又能与对共产主义思想的忠诚紧密结合起来。他在伊斯雷尔和吉塞拉·科尔曼的波兰犹太人夫妇家里找到了廉价住房。伊斯雷尔是一名谦逊的公务员，与妻子一样将大半生光阴献给了帮助贫困犹太人的事业。他们的独生女艾丽斯·弗里德曼是个离婚女子，个头不高，20岁刚出头，性格活泼开朗，热爱生活，大家都叫她的爱称"利兹"。她是当时维也纳很少见的好斗的共产党人，当时已是一名共产国际间谍，对当地复杂的政治情况了如指掌，并有广泛的地下联系。菲尔比被这个聪明的不知疲倦的党的工作者深深迷住了，并萌生了爱意。就在那年冬天，有一次他们到雪地里散步，在激情之下拥有了第一次在雪地里做爱的经历，回来后就已成为一对恋人了。后来，他回忆说："当你习惯它之后，你会感到非常温暖。"[②]

菲尔比在维也纳期间，在共产党支持的国际工人救援组织工作，担负为逃避希特勒法西斯迫害而逃到奥地利的德国共产党员实施救济的秘密任务，同时还是处于地下状态的奥地利共产党的通信员。当时，奥地利左派和右派的斗争已经达到白热化地步。控制维也纳的左派社民党人奥托·鲍威尔领导的"保卫联盟"和右翼政府恩格尔伯特·多尔夫斯的力量，再加上保守的斯塔汉堡王子的"自卫力量"，双方水火不容、势不两立、剑拔弩张。1933年秋天，右派的多尔夫斯率先发难，通缉鲍威尔。到了1934年2月，多尔夫斯联合"自卫力量"分别捣毁了工会委员会、左翼报刊、社会主义组织和援助贫困组织等机构，社民党的"保卫联盟"群龙无首，被打溃散，维也纳的两个街区在隆隆炮声中化为废墟，9名社民党领袖被绞死，大批社会主义者和共产党员受迫害、被追捕。菲尔比的主要工作就是帮助他们逃往国外，另外

---

① Олег Царев. Джон Костелло, Роковые Иллюзии. Из архивов КГБ: дело Орлова, сталинского мастера шпионажа (Москва: Издательский Центр 〈Аква-Терм〉, 2011), стр. 139.

② ［英］克里斯托弗·安德鲁、［俄］瓦西里·米特罗欣：《克格勃绝密档案》（上），当代世界出版社2002年版，第93页。

向受害者分发食品和衣服。1929—1939年《每日电讯报》驻维也纳中欧问题记者埃里克·格迪是菲尔比的好友,他曾引用苏联特工特奥多尔·马利的话描述菲尔比是如何帮助"保卫联盟"成员搞到衣服的:"我打开衣柜,想选件衣服,当菲尔比看到那儿有好几套衣服时喊道,'上帝呀,你有七套衣服,都给我吧。我有六个朋友都为了逃避绞刑躲在城市下水管道里'。我们把衣服塞进了皮箱。假如菲尔比可信的话,这些衣服都已用来帮助他的朋友们偷越国境,逃往捷克斯洛伐克。"①

为了保护利兹免受盘问和逮捕,也避免危及更多的同志,菲尔比于1934年2月24日在维也纳市政大厅与利兹结为正式夫妻,结婚证书上他称自己是一名"大学生",又称自己"没有宗教信仰"。② 正是在这种充满刺激并且冒着生命危险的地下斗争中,他第一次体会到了作为共产国际在维也纳"地下"人员工作的感觉,也充分表现出勇敢和机智,让招募大师马利看出了他作为苏联内务人民委员会一名间谍的潜力。尽管马利并没有招募菲尔比,但是他对菲尔比有很强的影响力。马利是战前内务人民委员会在西方世界中最"不合法"的苏联特工之一,他们以外国人的身份被派到国外从事谍报活动。作为奥匈帝国军队的神父和炮手,马利早些时候就改信了共产主义。他离开苏联,首站在德国工作;接着,当希特勒在维也纳掌权时,他正在这里居住,而此时菲尔比也抵达了维也纳。有一天,菲尔比和利兹参加了在维也纳召开的会议。会上,马利强烈声称,反抗纳粹主义的战争应该在德国之外的地方发动,应该采取一切可能的行动来切断纳粹伸向邻国的触须。马利个人魅力十足,菲尔比和利兹全神贯注地听着。

利兹有一个非常亲密的女朋友伊迪丝·苏施茨基(婚后随夫姓,改叫伊迪丝·图德·哈特),从小喜欢摄影,此后终生为业,其作品在30年代初被时尚欧洲杂志疯抢。在开始为苏联情报部门效力后,她娴熟地翻拍机密文件,然后由他人转送莫斯科,这些职业技能大派用场。从1934年起,她就是内务人民委员会国外处驻伦敦非法情报站的工作人员,负有发现、挖掘和考察年轻才俊以供进一步发展的责任。1934年5月,她经好友利兹介绍与菲尔比在维也纳初次相识,菲尔比的英勇表现给她留下了非常深刻的印象,菲尔比在英国上流社会里丰富的人脉关系也让她自然而然地产生了浓厚的职业情报兴趣。来到英国后,她向另一名苏联"大特工"、间谍招

---

① 王铭玉等编译:《克格勃全史》,黑龙江出版社1998年版,第219页。
② [英]安德鲁·博伊尔:《背叛之风》,新华出版社1981年版,第150页。

募大师阿诺德·多伊奇详细介绍了菲尔比的情况,认为他可以为苏联充当间谍。菲尔比由此进一步引起多伊奇的注意,进入其招募视野,此后的招募工作自然瓜熟蒂落、水到渠成。此后的几年时间里,伊迪丝一直担任伯吉斯和布伦特的联络员。尤其是多伊奇被迫离开伦敦后,"剑桥五杰"与苏联人在相当长时间里中断了联系。后来,伯吉斯和菲尔比通过菲尔比的妻子利兹与苏联人恢复了联系。据布伦特称,信件先由利兹传给好友伊迪丝,再传给英国共产党负责与苏联大使馆联络的官员鲍勃·斯图尔特,最后传往莫斯科。第二次世界大战后,伊迪丝在威尔士的住宅里定居,大病一场后去世,享年64岁。

1934年3月的一个星期天,菲尔比骑着摩托车,拉着新婚妻子利兹离开了充满血雨腥风的奥地利,经过一个多月的舟车劳顿之后,于5月返回英国。此前的4月,多伊奇已按照马利的安排先于他们到达伦敦。而几个月前,伊迪丝·苏施茨基也在伦敦定居,并与另一个被多伊奇招募的间谍、英国医生亚历克斯·图德·哈特结婚。菲尔比把妻子留在伦敦基尔伯恩区阿科尔路他父母家中,自己去了一趟剑桥,给学校的社会主义者学会做了有关奥地利危机的演讲,目的是为"保卫联盟"遇难者及其家属筹款。此时,后来的"剑桥五杰"成员伯吉斯已经在剑桥待到第四个年头,他也欣然接受了筹款的任务。

回到伦敦后,菲尔比开始考虑如何与共产党恢复关系的问题。因为从事党务工作并没有给新婚夫妇带来任何经济收入,菲尔比决定利用剑桥大学毕业证书和在三一学院累积的人脉,当一名外交官,跻身政府官员行列,为此他开始准备公务员考试。他的母亲多拉夫人给远在吉达的丈夫写信说:"我非常希望他(菲尔比)能找到一份工作,让他摆脱这个可恶的共产主义。他还没成为极端主义者,但是,如果没有出现什么东西吸引他的注意力的话,他会成为那种人的。"[1]然而,剑桥一行将多拉夫人和菲尔比本人对外交官职位的所有期望击得粉碎。他向曾经的经济学导师丹尼斯·罗伯逊求助,希望对方向外交部写一封推荐信。没承想,对方虽然与老菲尔比属于世交,却对小菲尔比的要求表现冷淡,而且直言不讳地指出,菲尔比对激进社会主义思想的迷恋陷得太深,不适合从事政府工作,而且事先应把这件事通知外交部选拔委员会。菲尔比一听此话,马上明白打入英国政府部门的大门已经对他关闭,

---

[1] Олег Царев, Джон Костелло, Роковые Иллюзии. Из архивов КГБ: дело Орлова, сталинского мастера шпионажа(Москва: Издательский Центр 〈Аква-Терм〉, 2011), стр. 146.

便决定停止任职外交部的努力,转而加入英国共产党。后来,他在回忆录里写道:"我来到国王街16号,当时这里是英国共产党总部。我见到了威廉·加拉赫和贝尔·布劳恩,向他们介绍了在奥地利的工作情况。他们对我入党的事很感兴趣,但是提醒我说,他们必须有奥地利共产党对他的证明,劝我一个半月之后再来。"①虽然菲尔比意识到,英共不接受他入党意味着他的人生来到了一个转折点,但这种官僚程序还是让他觉得受到了侮辱。幸运的是,这一个半月的延宕导致他没有加入英共,但也正因为如此,他没有被英国警察纳入视线,否则苏联情报机构就不会招募他。用他的话说,到国王街英国共产党总部走了一趟,还有当年参加了伦敦的"五一"节庆祝活动,这是他所有曾经公开参加过的"最后一次共产主义举动"。

就在菲尔比因为英共不愿意接受他入党而心慌意乱之时,他并不知道内务人民委员会驻伦敦特工已经把他视为潜在的宝贵招募对象,准备将他纳入苏联间谍队伍了。

二、唐纳德·麦克莱恩

继承自克格勃的俄罗斯对外情报局档案室里,存有为代号"霍默"的英国间谍专门建立的档案卷宗,编号"83791"。"霍默"就是"剑桥五杰"成员之一的唐纳德·麦克莱恩。这份业务案卷分为很多卷,第一个文件夹封面上盖着一个印戳,上面用黑色大写字母写着"苏联克格勃—第一总局,二处,绝密,未经处里允许禁止公开发表"的字样。其褐色封面原来是内务人民委员会时期的,早就磨破了,后来换成了克格勃式样的。这说明,这份档案使用频率非常高。但造化弄人的是,封面虽然相对较新,却是剑桥大学的浅蓝色调。封面之后的第一页档案,纸张已经有些泛黄,上面写着他的第一个代号"怀斯"。麦克莱恩的档案从1935年1月开始建立,可以证明,如果按照招募顺序,他是剑桥间谍网的"第二人"。

麦克莱恩,全名唐纳德·杜阿尔特·麦克莱恩(Donald Duart Maclean),1913年5月25日年出生于伦敦,祖籍苏格兰,是家中3个男孩子中的老二。他的父亲老唐纳德·麦克莱恩爵士曾担任长老会的律师,后来放弃这个顺风顺水的职业,转而

---

① Олег Царев. Джон Костелло, Роковые Иллюзии. Из архивов КГБ: дело Орлова, сталинского мастера шпионажа(Москва: Издательский Центр 〈Аква-Терм〉, 2011), стр. 146—147.

当上了自由党议员开始从政。1931年,工党领导人拉姆齐·麦克唐纳(后来变节)组成了托利党和自由党人联合政府,老唐纳德决定入阁,担任国民政府教育委员会主席一职,不过为时不长,1932年夏天因为心脏病而猝然去世。老唐纳德属于长老会教徒。他与他的远祖,即苏格兰的长老会教徒们一样,坚定不移地相信,上帝在《圣经》里面说的话一个字都不能改,因此在家里独裁霸道。但在他猝死前两年,小唐纳德就成了一个叛逆者,对老唐纳德这套独断专行的做法表示反对。

对老唐纳德来说,生活中最重要的事情就是崇高的道德准则。因此,他把儿子小唐纳德送到著名的格雷沙姆寄宿学校。格雷沙姆公学是一所英国新教学校,培养出了大名鼎鼎的 W. H. 奥登。诗人的作品与传统偏见针锋相对,通过恶毒的古典隐喻讴歌资本主义的灭亡,把希望寄托在随着20世纪30年代的政治和经济动荡而成熟起来的麦克莱恩这一代人。由于对政客们明显无法提出某种解决问题的办法而感到失望,奥登与那些思想左倾的同代人感到非常愤怒。他们有充分的理由相信,英国政府看起来对法西斯主义在欧洲的高歌猛进一点也不担忧。

在格雷沙姆公学里,小麦克莱恩沉默寡言、勤奋好学、聪明伶俐,从许多方面来看是一个因循守旧的青年。校长埃克尔斯对每个新生都要灌输"真诚、坦率、艰苦以及爱劳动"的思想。为了保持纯洁、防止孩子们在光天化日之下的早期性试验,竟然把每个男生的裤袋都给缝上了,这引起了男生们的强烈反应。但麦克莱恩的反应不像其他同学那样强烈。他热爱并擅长体育运动,赞成学校搞橄榄球比赛,比赛中的获胜者能得到进入剑桥大学三一学院的资格。在新潮思想如此浓厚的中学里,麦克莱恩初次认真地接触到了共产主义思想。但他隐藏得很好,日常表现得相当低调,表面上过着循规蹈矩的中学生生活,暗地里却向父亲隐瞒了自己已不再信仰上帝的真情,而且政治观点也越来越左。所以,到中学毕业时,一提起麦克莱恩,大家都说,这是一个思想纯洁、名声不错的好学生。

1931年夏天,18岁的麦克莱恩带着像往常一样充满热情洋溢赞美的毕业报告单,从公学毕业了。他不仅顺利进入剑桥大学三一学院(有说法称他考进的是三一学堂)的大门,而且获得了垂涎已久的剑桥三一学院(Trinity Hall)现代语言奖学金,为家庭增添了光彩。此时的他生就一副令人惊讶的英俊外貌,又带着男孩子式的敏感,令人想到某种雌雄同体现象。他拥有一副竞技运动员的身材,身高6英尺4英寸,从三一学院大楼里走出来代表学院参加英国板球比赛时,充满了天生的优越感,活脱脱一个英俊的英国小伙的模样。如果说他此时还不是一名坚定的共产党员的话,那么一年之后他就成为一个坚定的共产主义者了。老唐纳德加入麦克唐纳内阁,让年少的麦克莱恩认为,这是父亲对政治原则的背叛,因此决定将自己的信仰牢牢地与《共产党宣言》联系在一起。然而,他只是在父亲死后才在剑桥树起了鲜艳的抗议大旗。用他的中学和大学密友詹姆斯·克卢格曼的话说,从那时起,唐纳德才开始"心甘情愿地公开谈论自己对共产主义事业的无限忠诚"。军情五局曾通过外界无从知晓的途径获取了剑桥大学社会主义者学会1928—1935年期间的会议记录簿。该学会是剑桥大学主要的共产党学生组织,通常在三一学院开会。根据会议记录,麦克莱恩这位前自由党部长的儿子在1931年就读三一学院的第一年就当选委员会委员,后来在一次会议上又被任命为剑桥大学社会主义者学会宣传工作负责人,此次会议还开创了剑桥大学的一个先例:成员们居然高唱《国际歌》和其他歌曲。

提及克卢格曼,必须额外介绍一下,因为他不仅对麦克莱恩等人的政治思想倾向产生过很大影响,而且在苏联人招募"剑桥五杰"最后一个成员凯恩克罗斯期间发挥过重要作用,可谓后者的领路人之一。克卢格曼1912年2月27日出生在伦敦汉普斯特德,是一个富有的犹太商人的第三个儿子。他是麦克莱恩在格雷沙姆学校的同学,早在中学时期就是党员积极分子,1931年10月考入剑桥大学三一学院学习现代语言,并在这里加入了剑桥大学社会主义者学会。他的多数新朋友如麦克莱恩、布伦特、菲尔比和伯吉斯等,均持有激进的政治观点。大学期间,克卢格曼加入了英国共产党。他与同伴们花费很多时间为英共工作,组织学习小组,试图让马克思主义作为一种哲学进入大学课程。他们保留了一份同路人和同情者的名单,投入大量精力去进行招募,并批评社会主义者学会是一个"软弱无用的家伙",只会在政治辩论中以剑桥从未见过的方式大喊大叫。他还与共青团领导人戴夫·斯普林霍尔密切合作。《内部敌人:英国共产党的兴衰》(1995)一书的作者弗朗西斯·贝克特指出,1933年,克卢格曼获得法语和德语一级学位时,就已经成为剑桥大学最著名的共产党员了,并在斯普林霍尔的监督下认真开展建设党的工作。1935年,他放弃了有前途的学术生涯,成为反战和反法西斯国际学生组织的书记,该组织非常积极地推动陷入西班牙内战中的人民阵线政府的事业。

1936年,克卢格曼认识了"大特工"多伊奇。由于警方知道克卢格曼是英国最活跃的年轻共产党员之一,这意味着他不可能像"五杰"那样,令人信服地脱离共产党组织并打入"资产阶级的权力机关"。但多伊奇发现,完全可以让他成为为苏联内务人民委员会发现招募对象的人,并在必要时可以说服学生党员参加党的地下斗争,而不是参加其他斗争。为此,内务人民委员会征得了英国共产党总书记哈里·波利特的同意。之后,多伊奇将克卢格曼发展成间谍,代号"梅厄"(意为市长)。1937年4月,多伊奇向莫斯科报告称:"梅厄(詹姆斯·克卢格曼)是一名共产党官员,他把自己的全部都奉献给了党。他是一个文静而有思想的人,谦虚、认真、勤奋、严肃,认识他的人都很喜欢他、尊敬他。他对人的影响力很大。他为人诚实,品行无可指责,对同志热情、关心,愿意为了党的利益奉献一切,是一个很好、很不错的组织者。他花钱非常小心,从不霸占任何东西;外表看上去害羞而矜持,非常尊重女性,不太注重外表。如果哈里·波利特或者托雷斯把他推荐给我们,他能为我们做很多事情。英国警方认为他是一名活跃的共产党员。他被用来做一些合法工作,因此行事不谨慎。但如果他注意到这一点,他就会按要求去做。"①

克卢格曼提供了多伊奇招募的麦克莱恩和伯吉斯的情况报告:"他(唐纳德·麦克莱恩)曾经是个党员,但自从两年前加入外交部以来,就断绝了与党的一切关系,甚至回避老同志,仿佛为自己投靠资产阶级而感到羞耻。如果靠近他说,党指望着他,会不无风险。他(盖伊·伯吉斯)是所有人中最聪明、最能干的。他与我们保持距离,因为他的家庭关系能使他进入上流社会:大臣、贵族、银行家。他和维克托·罗斯柴尔德这样的人是朋友。虽然没人要求,但他仍然按照马克思主义的路线思考问题。抓住他是值得的,因为如果他成为敌人,将会是一个非常危险的敌人。"②苏联特工阿纳托利·戈尔斯基取代多伊奇之后,克卢格曼继续与凯恩克罗斯密切合作,并于1939年3月10日向莫斯科提交了后者搜集到的情报资料,内容涉及慕尼黑危机的有关情况。

第二次世界大战爆发后不久,克卢格曼作为一名列兵加入皇家陆军服务团;1942年借助天生的语言天赋调入特别行动执行部,在英国驻开罗情报站南斯拉夫小组任职,次年军衔晋升为上尉。他的传记作者T. E. B. 豪沃思说,根据战前对南斯拉夫以及年轻的反法西斯分子的了解,让他在撰写有关特别行动执行部特工的简报和组织方面游刃有余,从而赢得了广泛赞扬。在埃及开罗的战时生涯中,他被提升

---

① http://www.spartacus educational.com,James Klugmann.
② http://www.spartacus educational.com,James Klugmann.

为少校军衔,其智慧与热情大方、幽默风趣的态度让他受到尊敬和喜爱。他向苏联国家安全人民委员会提供了许多有关英国政府及其开展的秘密行动的情况。1945年4月,克卢格曼被派遣到联合国善后救济总署南斯拉夫特派团任职,1946年7月回国,继续为英国共产党工作。1948年6月,斯大林指示英共谴责铁托元帅。作为一个对南斯拉夫非常熟悉和了解的人,克卢格曼显然是"撰写新形势要求的恶意攻击文章"的不二人选。《从托洛茨基到铁托》一书于1951年出版。他的朋友说,克卢格曼对铁托本人非常尊敬,所以并不喜欢这项任务,但这是他的责任,这样做别无选择。

1950—1960年,克卢格曼担任英国共产党员教育部门的负责人,1952年起担任执委会委员,后来担任政治委员会委员,1963年因为慢性哮喘病被迫辞职。1957年《今日马克思主义》月刊创刊之初,他成为约翰·戈兰的助理编辑,1963年接任主编职务,并在此位置上工作了14年。1977年9月14日,克卢格曼在伦敦斯托克韦尔医院因心脏病去世。

在剑桥大学里,克卢格曼对麦克莱恩的政治观点影响很大。他非常清楚,在剑桥毕业生中,麦克莱恩并非唯一天真地计划去苏联为革命事业做贡献的人。当时,到苏联当老师或者在农庄开拖拉机,曾经是许多高年级共产党员的浪漫幻想,但只有为数很少的"年轻绅士"才愿意亲身付诸实施,因为这一切需要牺牲仕途、放弃舒适的生活,而牛津和剑桥大学的大多数聪明的年轻人是自由党和保皇党,并不是马克思主义者。可以想象一下,在剑桥有一支毕恭毕敬的仆人大军为自己服务,有人在食堂伺候,有人铺床、清扫、端茶递水,甚至还有人替自己擦鞋,谁不爱过这种习以为常的特权生活?谁还会选择到集体农庄过斯巴达式的苦行僧日子呢?甚至连大学社会主义者学会里最狂热的成员也宁要马克思主义的理论,而不要马克思主义的实践。在三一学院共产主义支部成员中间,连到工人聚居的市郊希尔斯路卖《工人日报》的也屈指可数。至于说去大街上炫耀自己的政治观点,只是偶尔为之的事,一般在北部造船厂的失业者到伦敦举行抗议游行经过市中心很近的地方时才表现一下。如果说,在三一学院每年11月的罂粟花节游行会上,持右翼思想的赛艇俱乐部成员都会与充满活力的橄榄球运动员发生冲突,那么,剑桥共产党员的示威活动与这些一年一度的冲突非常相似。政治抗议仅仅局限于在看新闻影片时喝喝倒彩,在仆人们罢工企图要求这所英国最富裕的学校之一提高其微薄的工资时彬彬有礼地安排警戒。只有寥寥无几的共产党员敢于冒着吃枪子、骨折和蹲监狱的风险,参加欧洲大陆街垒里的政治斗争。海登·盖斯特向菲尔比讲述的德国和奥地利的那些令人亢奋的故事,与他们的剑桥同学的经历太过遥远。不难理解,1933年2月9日,希特勒上台后不久,牛津大学辩论会的成员们在那场著名的辩论中表现出了强烈的和平主义倾向。他们以275票对153票的投票结果同意如下提议:"本会绝不为国王和祖国去战斗。"剑桥的使徒们也以自己的方式,对这一道德和政治忠诚问题做出了声明。但是,对于越来越多持左翼思想的高年级学生来说,这些故事也促使他们相信,只有列宁思想和共产国际的纪律才能团结社会主义力量来抵抗纳粹冲锋队员。菲尔比、麦克莱恩等剑桥的学生也认为,拯救欧洲文明避免坠入军国主义危险深渊的唯一希望,就是将英国纳入苏联开创的科学的社会试验。

麦克莱恩与大多数知行不一的剑桥共产党员明显不同。因此,他刚刚丧夫的母亲突然听儿子说作为一个共产党员,他的责任是要到苏联去当一名老师或者农庄工人,打心底里认为这是一个浪漫少年的荒唐谬论,因而对他进行了严厉斥责。她去找亡夫生前交往的那些政府里的高官显贵们帮忙,继续千方百计地促成实现儿子的外交仕途梦。

1934年6月,麦克莱恩以优异的成绩毕业于政治历史和语文系。此时的他决定放弃学者这个行当,转而进入外交部当外交官。说实话,他已经具备成为英国大使的所有品质和资格。他的马克思主义思想观点已经非常谨慎稳重,但与菲尔比不同的是,他的左倾思想和行动并不那么引人注目。此外,他不仅拥有金光闪闪的剑桥毕业文凭,而且有母亲的四处张罗,强有力的家庭关系能够帮助他在政界找到靠山和庇护,因此他非常自信能够顺利通过公职考试和外交部选拔委员会的谈话,在外交部找份工作不成问题。不过,他并不知道,自己已经被亚历山大·奥尔洛夫、多伊奇等苏联驻英"大特工"纳入了法眼,作为潜在的招募对象准备进行试探和培养了。

三、盖伊·伯吉斯

伯吉斯,全名盖伊·弗朗西斯·德蒙西·伯吉斯(Guy Francis de Moncy Burgess)。按招募的先后顺序来讲,他应该是"剑桥五杰"中的第三个人。自从1951年潜逃莫斯科的那一刻起,他就一跃成为神话和传奇式的英雄人物。不论是在其同龄人的回忆录里,还是在联邦调查局里的专案卷宗里,抑或是在军情五局未解密的档案里,他都是一个不可思议且充满争议的人物,即便是最大胆的小说家所描绘的间谍肖像与其相比也要逊色得多。他利用其贪得无厌的同性恋癖好、令人震惊的智商、对政治不加掩饰的追求和酷爱交际的嗜好,将身边十几个亲朋好友吸收加入莫斯科的谍报队伍,可谓间谍招募天才。

伯吉斯,1911年4月16日出生于英国朴次茅斯一个皇家海军军官家庭,属于中产阶级。其父亲马尔科姆·伯吉斯海军中校大部分时间在外服役,参加过第一次世界大战,1919年调到位于埃及的海军少将参谋部任职,1922年退伍。他对两个儿子的态度严肃而专横。母亲伊夫林·玛丽·吉尔曼出身富庶家庭,对哥俩始终充满溺爱。伯吉斯作为家中的长子,出生后即由父亲按照家族长期为国王和帝国效劳的传统和礼仪,到皇家达特默斯海军学院为其报上了名。1924年9月,伯吉斯的父亲去世,母亲后来改嫁给退役陆军上校约翰·雷塔拉克·巴塞特。此人酷爱赛马,赢了钱就慷慨地给继子们各种赏赐。在这样的氛围下,伯吉斯很快就学会了如何讨大人欢心为自己谋利。

伯吉斯生着一张娃娃脸,外表令人着迷,有一双像猎犬般的眼睛,一副淘气的模样。这是一个特别"另类"的苏联间谍,擅长社交,嗜好同性恋、政治和酒精,尽情地挥洒着自己的生命。他不加选择地与男人交往,这使人有理由认为,他这是在企图压制内心中对自己男人性能力缺陷的痛楚。他喜欢对人唠叨说,他的这种堕落是童年时代心理创伤造成的后果。1924年9月15日晚上,那年他11岁,睡得正酣时,突然被父母卧室里传来的痛苦的求救声惊醒,他寻着母亲的声音急忙跑去,看见母亲束手无策地被压在父亲毫无生气的躯体下面,父亲显然是在做爱时不知不觉地断了气。他使出浑身力气才把父亲尚未凉透的身体拖开。多年以后,他都不愿意对外人说起这件事,因为一想起来,便涌上两种互不相容的感觉,既厌恶又哀痛。他成人后之所以不喜欢女人,原因可能正在于此。因为伯吉斯做事说话喜欢巧妙地找借口而不说明原委,以至于听他说过此事的朋友都不知道是否应该相信他的话。

1924年1月,伯吉斯由于是4月出生的,年龄没有达到达特默斯海军学院的入学门槛,即1月入学时必须年满13岁4个月,而前一年12月1日的年龄又不得大于13岁8个月,所以不得不先进入英国最著名的寄宿学校伊顿公学学习。在这里,他为自己赢得了聪明机灵、博览群书、学识渊博的好学生的名声,这与其年龄很不相称;与此同时,伯吉斯也是出了名的性取向反常的争议人物。在这里待了一年之后,他已经达到了达特默斯海军学院的入校年龄门槛,于是很快转到海军学院当了一名士官生。在这里,他迅速适应了环境,学校的报告单对其成绩和进步评价很高。伯吉斯体格强健、酷爱操练、热爱体育、聪颖过人,而且富有钻研精神,在课堂上和运动场上表现得同样出色,是一个在同年级学生中多才多艺的好学生,导师们几乎无一例外都认为他是当军官的好材料。他兴趣爱好广泛,如饥似渴地汲取自然科学、地理和其他科目知识,1926年撰写了一篇有关海军军事行动的见解深刻的论文并因此获奖,1927年夏季又因通晓历史、对拿破仑的军事生涯做出分析、熟读《圣经》和写了"摄影笔记"而获奖。在海军学院求学期间,"他的表现清楚地说明,他在学术上大有希望"[1]。不过,伯吉斯命运多舛,1927年夏天,因为体检时视力不合格,所以他不得不从海军学院退学,带着体面的退学证明和充满赞誉的介绍信再次进入伊顿公学学习。回到伊顿公学,他成了一个热心的足球运动员和优秀的游泳选手,还是一名学业优秀、极具才气、善于与人交际的学生。不过,因为性格早熟并且固执己见,再加上不为时人所接受的同性恋情,所以他在校内声名狼藉,朋友不多,虽想加入只有本校学生才能够加入的大名鼎鼎的"波普"伊顿联谊会、在外衣上系上绶带、单独住一个房间并对住在别的宿舍的新生耍耍威风,但伯吉斯显然失算了,因为太不得人心,多数会员并不想让他入会。不过聊以自慰的是,1929年他毫无愧色地获得了以首相罗斯伯里和格拉德斯通命名的历史学奖金,还考取了剑桥大学历史专业,并获得了奖学金。[2]

因为被拒绝加入"波普"伊顿联谊会,因此毕业离开公学时,伯吉斯内心对学校的统治精英是怀恨在心的。但是,在伊顿公学,因为极端保守党人和新老贵族的后裔在学生中占优势,因此它的校风一向是在政治上宽宏大度。人们可以谈论共产主义,但是师生们都认为不必认真看待这种外来的、非英国的主义,但伯吉斯奇怪地认为这种看法显然有利于共产主义。正是得益于学校自由主义的宽松气氛,伯吉斯这个英国青年受到了初期的共产主义思想熏陶。

1930年10月,伯吉斯来到剑桥大学三一学院攻读历史研究专业。在这里,他依

---

[1] [英]安德鲁·博伊尔:《背叛之风》,新华出版社1981年版,第91页。
[2] [英]安德鲁·博伊尔:《背叛之风》,新华出版社1981年版,第94页。

旧小有名气,不仅表现出一定的分析问题的能力,而且表现出概括总结和生动举例的天赋。他是一个难以驾驭的知识分子,虽然满腹才华,但滥用酒精,整天忙于社会活动,对左翼政治观点充满痴迷之心,而且早在大学一年级时,就加入了三一学院的一个地下共产党支部。好在这些活动并没有耽误他的学业。1932年,伯吉斯上大学二年级,正在准备撰写一篇他永远也未能完成的论文。几个月以来,他一直激动异常,脑袋里都是要代表共产国际对法西斯主义发动一场地下斗争的想法。当年夏天,德国共产党将半公开的党支部都变成秘密的"五人帮"(只是一种组织名称,并非都由5人组成),成员为10—30人不等,只有领导才知道成员的真实姓名和地址,才有权与下级党组织联系,以此开展反希特勒的活动。尽管伯吉斯的这些想法并未付诸实施,但他经常与他的一些共产党员朋友谈论此事。

1932年6月,伯吉斯以优异的成绩顺利通过了历史课第一部分考试。5个月后,在同性恋情人、三一学院艺术史老师布伦特的大力推荐下,他被接纳加入"使徒会"这个半秘密俱乐部。伯吉斯入会后如鱼得水,像一个激情洋溢的新入教者那样。他的挚友维克托·罗斯柴尔德不久之后也加入进来,并抱怨说,只要有伯吉斯在场,"我们就无休无止地谈论共产主义,非常令人乏味"①。戈伦韦·里斯,天主教"万灵教团"一个年轻的荣誉成员,1932年夏天第一次在牛津大学见到伯吉斯时发现,后者"在同时代的大学生中,已成为一名颇具声誉的出类拔萃之士":"毫无疑问,他无愧于这种声誉。当时他已荣获学院颁发的奖学金,大家都认为等待伯吉斯的是学者的锦绣前程。那天晚上,他谈了许多有关彩色写生艺术的问题,我感觉他的思想十分怪异又热情洋溢。伯吉斯有着十分广博的知识面,当他讲话时,其样子令人倾倒,得体的举手投足之中伴随着孩子般的活跃,他可真是一个地道的英国美男子。如果要说到有无荒唐之处,那就是他的言辞使人毫不怀疑他是一个同性恋共产党员……我感觉,他说的一切都有些玄深古怪,都透露出他的一些性格本质。"②不过,由于参加党务和其他社会活动,浪费了很多精力考虑一些政治和个人问题,因此伯吉斯未能通过历史课第二部分考试。1933年夏天,伯吉斯在毕业考试时病倒了。一个同情他的导师为了"挽救声誉",给他弄来一份患病证明,让他靠着这纸证明获得了一个普通学位。拿这种学位者通常都是有能力取得高等学位,但因各种原因无法通过

---

① Олег Царев. Джон Костелло. Роковые Иллюзии. Из архивов КГБ: дело Орлова, сталинского мастера шпионажа(Москва: Издательский Центр (Аква-Терм), 2011), стр. 251.

② 王铭玉等编译:《克格勃全史》,黑龙江出版社1998年版,第224页。

考试的人。尽管如此,人们仍然对伯吉斯寄予厚望,认为他在学术上会前途无量。后来,因为拥有这纸证明,因此他得以以研究生的身份继续大学教育、开展学术研究,同时成为一名领薪水的历史教学法老师。

在三一学院,伯吉斯尽情挥洒着自己的热血,既是一个不以为耻的同性恋者,又是一个故意引人关注的共产党员。他把自己打造成剑桥左翼分子的英雄,组织三一学院的服务人员举行罢工,在大学生示威游行时开着自己的车充当"攻城槌"。与许多淫逸放荡之人一样,伯吉斯的主要武器就是一身非同寻常、能够征服周围人的魅力,还有令人瞠目的智慧以及脱口就能说出答案的本事。

伯吉斯全身心地投入了马克思主义学说的怀抱,这比吸引其好友布伦特的纯知识分子空谈理论更加有血有肉。对他来说,这是一种非常纯粹的思想信仰转变,而不是仅仅把共产主义当成左翼思想的一个象征,沽名钓誉地喜欢一阵就风吹云散了。作为历史学者,伯吉斯肯定地说,他深入研究过马克思、恩格斯、列宁和斯大林的著作。他喜欢引经据典地显示自己的辩证唯物主义理论知识。这给奥尔洛夫和多伊奇留下了深刻的印象。此时的伯吉斯并不知道,他已经被列入校友菲尔比的间谍候选人推荐名单,进入了奥尔洛夫、多伊奇等苏联特工的视线。

四、安东尼·布伦特

"剑桥五杰"中岁数最大、第四个被招募、第四个被公开的人是艺术家安东尼·弗雷德里克·布伦特(Anthony Frederick Blunt)。

1907年9月26日,布伦特出生在英国多塞特郡小城伯恩茅斯。父亲亚瑟·沃恩·斯坦利·布伦特是英国圣公会教区的牧师,拥有贵族血统,信仰不可知论,是一个非常睿智而且富有远见的人,在英国宗教界深受尊重,与上层社会有着密切的联系。他的母亲希尔达夫人学识渊博、笃信上帝,而且非常善良。布伦特的哥哥威尔费里德曾这样描绘自己的母亲,她是一个"十分善良、具有清教徒简朴品行的妇女,甚至在鸡毛蒜皮的小事上也从不撒谎"[①]。除此之外,希尔达夫人还是斯特拉斯莫尔伯爵的表姊妹。1923年,伯爵的女儿伊丽莎白·鲍斯·莱昂后来嫁给了乔治六世国王,他们的女儿即是已经辞世的英国女王伊丽莎白二世。从这一点来说,布伦特

[①] 孙建民主编:《世界大间谍》,上海社会科学出版社2007年版,第194页。

与女王一家是亲戚,虽然是远亲。布伦特从来不对人显摆此事,但其高贵的出身让他感到非常自豪。正是由于这个原因,布伦特加入苏联谍报队伍之后,便立即向苏联特工提出,甚至称不上是什么条件,而是直接的最后通牒,那就是他可以为苏联人搜集提供情报,但永远不会触及王室一家的任何情况。苏联人也通情达理,完全而且无条件地接受了他的要求。

1911年布伦特4岁时,其父亲调任英国驻巴黎大使馆牧师,全家因此在法国安定地生活了10年。在这一期间,布伦特熟练掌握了法语,接受了良好的教育,而且从父亲身上继承了许多性格特点,比如自尊以及对生活和人的严肃判断。在法国巴黎生活的这段时间,使布伦特"对法国产生了强烈的好感,并成为他看待生活中许多事物的决定因素。从小布伦特就受到了艺术氛围的熏陶"①。

第一次世界大战结束后,小布伦特被送回英国念书,由担任英国议会议员的叔叔拉尔夫·阿什顿爵士照顾。他考上了必须住宿的马尔博罗公立学校,在那里接受了良好的教育。在马尔博罗公学期间,布伦特读了很多书。他蔑视学校里的陈规陋俗,认为政治很庸俗,所以对政治的兴趣很小,这一点很难使人相信日后他会成为全心全意为苏联情报机构效劳的人。在当时的英国,不论是中学还是大学,都没有艺术史这门课程,但布伦特很早就表现出对艺术特别是艺术史的兴趣。其密友、诗人路易斯·马克尼斯称,在马尔博罗苦读期间,布伦特以小小年纪就表现出惊人的艺术天赋和对保守势力的鄙视而著称,因此在保守势力组成的上层圈子里面名声大振。不过有一点,由于在英国期间布伦特很少见到父亲,因而使他对母亲非常依赖。而老布伦特去世时,布伦特正在剑桥大学读三年级,他对母亲的依赖也越来越厉害。因此,在马尔博罗公学读书时,其同性恋倾向就开始表露出来,等到了剑桥大学之后就更加一发不可收。

1926年,布伦特从马尔博罗公学毕业,考上了剑桥大学三一学院。令人奇怪的是,他选择的研究方向并不是文学和语言,而是八竿子打不着的数学。第一学年结束后,他还因为成绩优异而获得了数学奖学金,这对一个天赋主要在美学和文学方面的人来说无疑是巨大的成功。然而,数学毕竟不能使他如痴如醉,因此从第二年开始,他决定转向钻研本就十分地道的法语和德语,以便从事他所喜爱的欧洲大陆艺术与文化研究。1928年,他以"优秀"的成绩通过了外语课程的第一部分考试,而

---

① 孙建民主编:《世界大间谍》,上海社会科学出版社2007年版,第194页。

且法语和德语都获得高分,其中法语拿到一等奖学金,德语拿到了学院当时规定的最高二等奖学金。1929年,老布伦特不幸去世,布伦特因而中断学业,直到次年才返回剑桥。1930年,他再以"优秀"成绩通过了外语课程的第二部分考试,顺利拿到了毕业证。历史教师斯蒂文·兰西门对他评价说:"看上去他总是过于自满,但同他打交道能使人感到愉快。"[1]

1928年5月,布伦特被选入"使徒会"。在这里,他的同事、著名数学家阿利斯特·沃特森(后来成为海军部技术军官,也是苏联间谍)使他第一次对马克思主义理论产生了兴趣,并促使他走上了深入钻研的道路,布伦特的共产主义观点开始逐渐地在积极的政治活动中表现出来。正是在剑桥度过的几年时间里,这个既聪明又有天赋的青年唯美主义者逐渐变成了一个真正的左派。他认为,只有苏联才是世界的唯一希望所在。一开始,虽然他在《观众》杂志发表的尖锐的评论文章里使用了马克思主义的类推法,但他的思想转变进行得不温不火,而且这种转变与其说是出自内心的狂热,不如说是发自头脑的思维。他接近马克思主义的道路是一条非常缓慢和有特色的道路,即通过研究艺术史。1943年2月,他在向内务人民委员会提交的自传里述说了自己的心路历程:"发生在德国的事件传到像我这样的孤立主义者的意识中。我开始不安地认识到,我的处境不能完全令人满意。10月份(1933年)我再回剑桥时,情况发生了变化。我发现,自己经常接触的共产党员,他们的观点与我完全不一样。一开始我没做任何结论,但渐渐地我感觉到……他们对待我研究的事物的看法,比如说历史、艺术史的看法,不仅让我很感兴趣,而且给我指明了方向,如何从科学角度真正理解事物。让我内心逐渐产生这种感觉的人有伯吉斯、克卢格曼、约翰·康福德,还有同属这个圈子的其他人。结果,我完全相信了马克思主义方法看待历史和我所熟悉的其他事物的正确性。共产党员们认为我这个人毫无希望。之所以产生这种印象,部分原因在于我开始从事我们的工作之后,要尽力完成这么一项非常困难的任务,即要给人造成这么一种印象,我不支持左翼观点,但我要与所有的左翼大学生保持最密切的接触,从中挑选我们所需要的人员。"[2]可见,1937年之前,布伦特本人已经尝试从马克思主义理论的角度研究艺术发展史,他对自己的结论非常满意,但没有入党。布伦特承认,与伯吉斯大张旗鼓地宣示自己的左翼政

---

[1] 孙建民主编:《世界大间谍》,上海社会科学出版社2007年版,第194页。
[2] Олег Царев. Джон Костелло, Роковые Иллюзии. Из архивов КГБ: дело Орлова, сталинского мастера шпионажа(Москва: Издательский Центр〈Аква-Терм〉,2011),стр. 251—252.

治信仰不同,他倾向于隐瞒自己的共产主义思想,而不是公之于众。

剑桥毕业后,布伦特成为剑桥大学艺术博物馆的馆长,20世纪30年代初期在欧洲各地周游,到过意大利和德国,但对这里发生的事情非常反感。1935年,布伦特与兄弟来到苏联,参观了莫斯科和列宁格勒,对普通苏联人都能接触到博物馆和剧院等各种各样的艺术领域惊奇不已。回国后他声称,共产主义同样可以像立体派一样有意思。到30年代中期,布伦特已经成为著名的法国语言学家和艺术历史学家,在剑桥大学三一学院担任研究员。麦克莱恩的同龄人好友诺曼·约翰·克卢格曼是卓越的英国共产党活动家,曾经担任英国共产党的宣传和教育部长、政治委员会委员和党的官方历史家,坚信英国的资本主义制度已行将就木,1936年由多伊奇招募成为苏联间谍。布伦特承认,克卢格曼在使他皈依马克思主义的过程中发挥了重要作用,因为克卢格曼是一个"非常优秀的政治理论家","以丰富的技巧和充沛的精力管理着党的组织……总是由他来决定(共产党员)应该对剑桥大学里的那个组织或团体进行渗透"。"我们每一个人都知道,革命就要来临了,如果有人说,革命三十年内不会在英国爆发,我会笑掉大牙。"[1]

多伊奇曾按莫斯科总部要求给布伦特画了一幅心理肖像:"托尼,典型的英国知识分子,他说着一口高雅的英语。外表看上去非常像女人,喜欢男人。梅德亨说,这是托尼与生俱来的癖好。他知识渊博而且聪明。对他而言,共产主义建立在推理上。他有一些引用马克思主义观点论述艺术史的著作。比梅德亨更稳重,也理智些。他为人朴素,没有特殊要求。自制力强,冷淡,稍有些做作。与梅德亨相比,他与共产党的联系更少,未必会为我们的工作而放弃自己的前程。他清楚自己的任务并准备帮助我们。他在大学生中间很有威信。"[2]

五、约翰·凯恩克罗斯

1995年10月5日,英国媒体报道称,联合国退休官员约翰·凯恩克罗斯因病去世,享年82岁。这一消息迅速传遍全世界。媒体绘声绘色地报道称,凯恩克罗斯是苏联对外情报机构在伦敦招募的"剑桥五杰"第五个成员,第二次世界大战期间向莫

---

[1] [英]克里斯托弗·安德鲁、[俄]瓦西里·米特罗欣:《克格勃绝密档案》(上),当代世界出版社2002年版,第100—101页。
[2] [俄]奥列格·察列夫:《克格勃特工在英国》,吉林人民出版社2003年版,第206页。

斯科提供了绝密的战略情报,帮助苏军最高统帅部打赢了库尔斯克战役,一举扭转了苏军战局,也最终扭转了第二次世界大战的结局。2013年正值库尔斯克战役胜利70周年,俄罗斯媒体不吝篇幅地发表纪念凯恩克罗斯的文章,对他为战役胜利做出的突出贡献送上赞美之辞。

按照时间先后顺序,约翰·亚历山大·柯克兰·凯恩克罗斯(John Alexander Kirkland Cairncross)是"剑桥五杰"中最后一个被招募的成员。1913年7月25日,凯恩克罗斯出生在苏格兰南部格拉斯哥市一个家境贫寒的家庭,这是"剑桥五杰"中出身最低微的一个,不过母亲担任老师,也算是出身书香门第。小凯恩克罗斯是全家8个孩子中最小的一个,一头红发,说话带着浓重的苏格兰口音。虽然父亲靠售卖五金制品勉强养家糊口,但性格坚毅,无论如何都要让儿女们接受良好的教育。因此,凯恩克罗斯的3个兄长大学毕业后均成为教授,4个姐姐成为教育工作者,其中兄长阿列克后来成了杰出的经济学家,曾担任政府经济部门的领导人,管理过牛津大学彼得学院,后来还当上了格拉斯哥市立大学校长。凯恩克罗斯作为老幺,在家里备受宠爱,15岁之前他在本地学校上学,后来考入格拉斯哥的汉密尔顿学院,并获取了奖学金,他在这里度过了两年光阴。1930年,整个英国都处在政治传统与"大镇压"的社会不公的影响之下,17岁的凯恩克罗斯考上了格拉斯哥大学,在这里孜孜不倦地学习政治经济学、德语、法语和英国语言文学。

在格拉斯大学求学期间,凯恩克罗斯深知自己出身卑微,不能像别人那样依靠显赫的亲戚帮忙,因此他像前辈苏格兰人一样发愤读书,这引起了大学领导的注意。1933年,在惜才的领导们的举荐之下,他前往著名的法国巴黎索邦神学院继续进修语言知识,仅用一年时间就获得了文学学士学位,学会说意大利语和西班牙语,能阅读瑞典语甚至俄语文章,表现出不可多得的语言天赋。在法国期间,他还研究古典文学,与法国共产党大学生交往,法国著名作家莫里哀由此成为他最喜爱的作家,这也是他加入苏联谍报队伍后第一个代号"莫里哀"的由来。1934年10月,凯恩克罗斯凭借超群的智力,带着一份现代语言学奖学金,考入英国伦敦剑桥大学三一学院攻读研究生学位。因为在巴黎已经获得学位,所以他获得了免修外语研究生课程第一部分的资格。在剑桥,他仅用两年时间又获得了人文科学学士学位。由于在语言学方面的天赋惊人,当年的《特里尼蒂杂志》曾经宣称:"凯恩克罗斯每两个星期就能掌握一门新的语言。"①

1934年2月6日,年轻的凯恩克罗斯在巴黎目睹了法国纳粹分子的丑陋表演。他们聚集在协和广场游行示威,嘴里鼓噪着反共口号,威胁着要清算所有"赤色分子"和"异族者";与此同时,热烈欢呼希特勒在德国取得的胜利并建立了法西斯政权,企图炮制德国人的成功实践,在法国实现登台执政的目标。这些场景给他留下了不可磨灭的印象,促使他成为纳粹的坚定反对者,也许从那时起,他即与明岑贝格领导的世界援助德国法西斯的受害者委员会建立了往来。

凯恩克罗斯在三一学院孜孜不倦地研究法国剧作家莫里哀的著作,逐渐结识了不少社会主义者学会里的左翼大学生同学。除此之外,已经加入苏联谍报队伍的布伦特恰好是他的研究生学业指导老师。在布伦特的影响下,凯恩克罗斯加入了英国共产党。1935年,凯恩克罗斯为了进修德语到德国访问,一路上的所见所闻让他坚信,只有英国和苏联同心协力才能阻止希特勒的疯狂扩张和侵略步伐,除此之外别无二途!

1936年,凯恩克罗斯顺利通过以莫里哀作品为研究对象的毕业论文答辩,获得人文科学学士学位,还把他的许多作品翻译成英语。毕业之后,凯恩克罗斯又顺利通过了外交部举行的任职考试,并且位居榜首,被外交部录用,担任美洲司三秘。不过,他对自己的共产党员身份三缄其口。

---

① [英]克里斯托弗·安德鲁、[俄]瓦西里·米特罗欣:《克格勃绝密档案》(上),当代世界出版社2002年版,第103页。

第二章

利剑出鞘

—— 对外情报机构应运而生

一、克格勃的前世今生

1917年11月7日（俄历10月25日），俄国工人和农民在以列宁为首的布尔什维克党领导下，在彼得格勒举行武装起义，推翻了以克伦斯基为首的资产阶级临时政府，建立了苏维埃政权和世界上第一个社会主义国家——俄罗斯苏维埃联邦社会主义共和国（简称苏俄），取得了十月革命的伟大胜利。苏俄的成立和十月革命的胜利开创了人类历史的新纪元，为世界各国无产阶级革命、殖民地和半殖民地的民族解放运动开辟了胜利前进的道路。

但是，尽管新生的工农政权始终在革命进程中占据主导地位，但布尔什维克依然面临着内外交困的巨大压力，全国三分之二的地区仍被反动势力所控制。在苏维埃代表大会中，还存在着社会革命党、孟什维克和无政府主义派的代表。而在1918年1月5日的全俄立宪会议选出的707名代表中，布尔什维克只有175名，社会革命党人占370名。[①] 布尔什维克的宣言被立宪会议否决，说明在苏俄政治舞台上，布尔什维克远未取得决定性多数。而在国外，十月革命胜利不久，以英、美、法为首的协约国便宣布对苏俄实施经济封锁。1918年春，英、法、美军队共1万余人占领了摩尔曼斯克和阿尔汉格尔斯克，日本海军陆战队在远东海参崴登陆。同年5月底，捷克斯洛伐克军团在伏尔加河地区和西伯利亚地区挑起战端。此外，协约国还支持高尔察克、邓尼金、尤登尼奇和弗兰格尔叛军。一时间，苏俄大地上狼烟四起。苏维埃政权不仅面临着国内外敌人明火执仗的进攻，还面临着隐藏在内部的敌人的攻击。

---

① 资中筠主编：《冷眼向洋——百年风云启示录》（下册），生活・读书・新知三联书店2002年版，第52—43页。

列强各国驻俄使领馆成为间谍活动的反苏阴谋的中心,而英国则成了反对苏俄政权的主力军。

在此情况下,曾经饱受沙俄秘密警察迫害并且一度声称要取消秘密警察的列宁决定用革命的恐怖来对付反革命的恐怖。1917年12月20日,苏维埃第一个负责安全和情报的机构——全俄肃清反革命和怠工非常委员会(以下简称全俄肃反委员会)正式成立,总部设在彼得格勒戈罗霍瓦亚大街2号。其俄语缩写词 ЧК 音译"契卡",或者 ВЧК 音译"伏契卡",但通常更多称呼"契卡",因此,契卡后来的继承者克格勃官员总是称自己为"契卡人"。至今,其主要继承者俄联邦安全局、俄对外情报局的工资发放时间并不在月初,而是在每月20日,以此纪念契卡的诞辰。克格勃还把宝剑和盾牌作为部门象征:盾牌保卫革命,宝剑打击敌人。契卡首任主席由波兰出生的职业革命者费利克斯·埃德蒙多维奇·捷尔任斯基出任,他是列宁非常信任和倚重的亲密战友,这个久经生死考验的老布尔什维克有一句名言:一个"契卡"主义者应该心地善良、沉着冷静、清正廉洁,为捍卫革命成果做殊死斗争。实践表明,他本人在契卡最高领导人这个位置期间亲自践行了这句名言。

1918年,苏俄政府迁都莫斯科,契卡也在1920年将总部迁到莫斯科克里姆林宫附近的卢比扬卡广场11号。苏联人包括俄罗斯人喜欢以地名指代位于那里的机构,如"克里姆林宫"指俄总统府,"老广场"指总统办公厅,"斯摩棱斯克广场"指俄外交部。卢比扬卡广场位于俄罗斯首都莫斯科红场东北900米处,初建于1480年,是伊凡三世安置诺夫哥罗德遗民的地方,以诺市的一个区"卢比尼采"命名。由于契卡以及其后衍生的国家安全和情报机构包括克格勃均位于此地,因此,在非正式的新闻和口语里,人们通常用"卢比扬卡"这个集合名词来指称苏俄、苏联和俄罗斯的国家安全机构,其中也包括苏联克格勃与俄联邦安全局。由于这里曾经是负责国家安全和情报工作活动的最高指挥和领导机关,现在也是俄联邦安全局的总部所在地,因此,苏联和俄罗斯人经常用"中心"这个词来指代国家安全和情报机构总部。

契卡就是后来令世人闻之胆寒、感觉神秘莫测的克格勃的前身。作为专政机关,其主要任务是与反革命和怠工作斗争,也遂行情报、反间谍和政治调查等职能,1921年起还承担了消除儿童无人照顾监管现象等任务。1918年2月,契卡工作人员按照《祖国在危急中法令》获得了不经法庭审判和调查即枪毙犯罪分子的权力,尤其是对"敌方奸细、投机商人、暴徒、流氓、反革命鼓动者和德国间谍"可以格杀勿论,后来又把"与白卫军组织、阴谋和暴动活动有关的所有人员"加入进来。契卡成立之初,刚好搞到一批皮衣,契卡工作人员都穿上了皮衣,皮衣就此成为契卡的身份标志。其实,并不是因为他们预感到皮衣会走红走俏,而是因为皮制服装里面不会长虱子,在当时那个年代这一点非常重要,因为虱子会传播伤寒甚至带来死亡。不过,因为契卡掌握了太多人的生死予夺大权,不久之后,全国都以极为恐惧的心情开始谈论起这些"穿皮外衣的人们"。

尽管在苏维埃为政权存亡而进行殊死斗争的内战期间,连许多支持苏维埃的人也对契卡散而远之,但契卡在苏俄内战中发挥的巨大作用毋庸讳言,以至于列宁称契卡用自己的行动证明,它是"对付由比我们强大得多的敌人组织无数次的阴谋和无数次反苏企图的有力武器":"俄罗斯和世界各国的资产阶级们,我们知道你们不可能喜欢我们的政权,的确,你们不喜欢它!但是当你们扼杀我们的时候,当你们围攻我们的时候,当你们在国内组织一系列阴谋、极尽所能破坏我们和平事业的时候,我们的'契卡'已经能够以前所未有的力量还击你们的一切阴谋诡计了!"①

随着内战结束和农民暴乱被镇压平息,契卡完成了其历史使命。1922年2月6日,按照列宁的建议,俄罗斯苏维埃联邦社会主义共和国全俄中央执委会下令撤销契卡,以其为基础改组成国家政治保卫局,隶属于内务人民委员会。此后,苏俄乃至苏联的国家安全和情报机构多次改组,其名称变化充分反映了与国家内务部门之间非常复杂的关系,即情报与国家安全职能大多由一个政府部门承担。契卡遭裁撤后,国家政治保卫局在捷尔任斯基的继续领导下,实际上又逐渐重新获得了契卡当年曾享有的一切权力。1923年7月,国家政治保卫总局取代政治保卫局,捷尔任斯基继续担任主席,一直到1926年7月20日去世为止,此后由原财政人民委员维亚切斯拉夫·缅仁斯基接任。1934年7月10日,苏联组建内务人民委员会,根里赫·亚戈达担任首任主席;1937年3月28日亚戈达被捕后,尼古拉·叶若夫接任其职务;1939年4月,叶若夫又被拉夫连季·贝利亚代替,原来的国家政治保卫总局则作为其内部组成部门,改称国家安全总局。1941年2月3日,内务人民委员会拆分为国家安全人民委员会和新的内务人民委员会,从事国家安全保障工作的部门划归国家安全人民委员会,内政问题、边防部队、警察、地方防空和消防部门等则划归内务人民委员会,旨在改善国家安全机关的间谍行动工作,并对苏联内务人民委员会日

---

① [俄]奥列格·察列夫:《克格勃特工在英国》,吉林人民出版社2003年版,第46—47页。

益增长的工作量进行分配和减负;伟大的卫国战争爆发后,为了减少官僚主义推诿扯皮现象,1941年7月18日,联共(布)中央专门通过《关于在德国军队后方开展斗争的决议》,与此同时,再次改组国家安全机关对外情报机构,国家安全人民委员会遭到裁撤,与内务人民委员会重新合并为一个新的部门,即新的内务人民委员会,对外情报机构再次回归贝利亚的领导之下。1943年4月,苏联重建国家安全人民委员会,主要任务是在德军后方开展侦察破坏活动,并在苏军向西方强力推进的过程中,执行在东欧国家开展消灭反苏分子的任务。卫国战争胜利后,1946年,所有的人民委员会均升格为部级规格,同年3月国家安全人民委员会升级成国家安全部,首任部长为维克托·谢苗诺维奇·阿巴库莫夫,其上任后,内务部的职能开始转移到国家安全部手中,内卫部队、警察、边防部队等其他部门在1947—1952年间逐渐转隶国家安全部。1953年3月5日斯大林去世后,苏共中央、苏联部长会议和苏联最高苏维埃主席团召开全会,决定在苏联国家安全部和内务部的基础上组建统一的苏联内务部,并任命贝利亚担任首任内务部长,国家安全部遭到裁撤。贝利亚企图把国家安全和内政事务大权独揽,拥有无上的权力,实现其个人目的,但他的计划尚未得逞,即于1953年6月26日被尼基京·赫鲁晓夫联合其他苏联最高领导层一举逮捕并撤换,改由克鲁格洛夫接任其内务部长职务,苏联安全部门也进行了大改组。1954年2月8日,苏共中央全会决定将内务部涉及国家安全保障问题有关的局处剥离出来,成立一个独立部门。3月13日,苏联最高苏维埃主席团下令,国家安全部改组为部长会议下属的国家安全委员会,缩写词为КГБ,这就是大名鼎鼎的苏联"克格勃",首任主席由伊万·谢罗夫担任。由于从契卡一直到克格勃几乎一脉相承的继承关系,因此,本书为了叙述方便起见,通常用"克格勃"来指代苏俄乃至苏联的安全和情报机构。而按照苏联和俄罗斯人的传统习惯,凡是某国情报部门从事情报侦察活动的编制军人,以及情报部门的编内工作人员均称"侦察员"(Разведчик),即便其以新闻记者、外交官或其他职业代表的身份作掩护在国外工作也是如此。为了行文方便并与国外表述相一致,本书对他们用"特工"这个说法来称呼。而间谍指敌方的侦察员,通常是指背叛本国利益、向外国情报机构出卖本国机密的一国公民。只有被针对的国家才称其为间谍,而对接受其搜集的机密的国家来说,他是情报员。

一开始,克格勃的地位很低,它并非苏联部长会议内设部,只是其中的一个委员会,克格勃主席只是苏共中央委员,进不了政治局,原因在于党内高层唯恐再出现一个贝利亚式的人物,为了追求自己的政治目的而恣意将其他党和国家领导人剔出权力高层。克格勃的职能包括对外情报工作、反间谍、国境保卫、苏共和政府领导人保卫、组织和保障政府通信、与民族主义、异端思想、犯罪和反苏活动作斗争等。随着时间的推移和国内外形势的变化,克格勃逐渐成为一个在国内凌驾于党政军各部门之上的"超级机构",它名义上隶属于苏联部长会议,但实际上只对苏共中央政治局负责;而在国外,克格勃则凭借其遍及世界各地的公开和秘密情报机构以及强大的情报行动能力,一举跻身世界上名列前茅的秘密情报搜集机构。其最高光的事件是,1967—1982年担任克格勃主席的尤里·安德罗波夫在1982年11月接替勃列日涅夫成为苏共总书记、苏联最高苏维埃主席团主席,成为第一个担任总书记的克格勃领导人。俄总统普京也曾在克格勃对外情报机构任职16年,后被时任俄总统叶利钦看中并选定为接班人而登上总统宝座,其执政后,"克格勃情结"表现得尤为明显,其治国方略和执政风格都受此影响,甚至连普京本人也毫不讳言:始终以克格勃为荣。

不过,随着时势的急剧变化,尤其是戈尔巴乔夫上台后推行"新思维"改革,克格勃的地位和形象严重受创。1991年12月3日,苏联首任也是最后一任总统戈尔巴乔夫签署《关于改组国家安全机关的法律》,克格勃从法律上正式被撤销,其内部和对外职能被拆分,其中反间谍和内部监控职能赋予1993年12月21日成立的俄罗斯联邦反间谍局;1991年11月25日,戈尔巴乔夫签署了临时性的《苏联中央情报局条例》,将原来的对外情报机构——第一总局——改组为苏联中央情报局,并规定了该机构及其局长的职能、工作人员地位和机构活动等其他问题。苏联解体后,中央情报局于1992年1月改组为俄罗斯联邦对外情报局。苏联克格勃从此走进了历史。

二、对外情报机构的历史演变

与契卡成立后复杂的历史演变一样,其所属的对外情报机构从特别处开始,名称几经更换,关系几经转隶,职能任务几经调整,一直到1991年12月,第一总局脱离克格勃编制序列,也脱离了护法机构体系,改组为苏联中央情报局,成为一个独立机构,但仅仅几天之后就又改组为俄罗斯苏维埃联邦社会主义共和国对外情报局,

12月25日再度改组为俄罗斯联邦对外情报局。克格勃的对外情报机构就此寿终正寝。

契卡成立后,早期的任务主要是对内,但档案材料表明,其成立后最初几个月就开始尝试开展对外情报活动。契卡最早的工作手册是《情报工作的基本原则》和《"契卡"情报工作方法简介》。尽管契卡是为建立无产阶级专政服务的机构,但是契卡还必须不断地向资产阶级情报机构学习,借鉴他们的经验和技术手段,因此这些指南在编写时借鉴了沙皇保安队的谍报技术。而在对外开展谍报行动时,契卡不仅深受沙皇保安队的传统影响,而且还吸收了布尔什维克从事地下活动期间所累积的经验,比如爱用化名、代号以隐瞒自己真实身份开展地下工作的习惯。因此,1918年内战即将开始时,契卡即按照布尔什维克擅长隐蔽身份的习惯,以不同的化名和各种各样的伪装方式向敌后派遣工作人员搜集情报。

1918年初,捷尔任斯基在此前严格甄选的基础上,以爱国主义感情为基础,亲自吸收曾经的银行家、《金钱报》老板阿列克谢·弗罗洛维奇·菲利波夫成为契卡主席团所属的秘密特工,并秘密派遣他前往芬兰执行任务。菲利波夫由此成为第一个前往国外执行情报任务的契卡特工,也是一脉相承而来的克格勃历史上首位秘派特工。

菲利波夫1870年出生于莫吉廖夫市,父亲是女子中学的技术人员,母亲是厨师。他从莫斯科大学法律系毕业后,因为著述颇丰曾获得3枚金质奖章,因此原本打算留校从事科研工作,但最后选择了一直酷爱的文学出版行业。十月革命前长期从事报纸发行工作,曾因为发表激进文章而受到沙俄当局的迫害和监禁,吃过80多次官司。1912年移居圣彼得堡,曾在一家银行短暂任职,并与证券交易出版机构合作过。1913年开始出版《金钱报》,创立了自己的银行机构,但十月革命后银行解体。这些出版和银行从业活动让他在大企业家、金融家和政客圈子里建立了广泛人脉。

菲利波夫拥护十月革命,很快便转向列宁及其战友一边。菲利波夫与列宁的战友卢纳察尔斯基很熟悉,聊天中表达过在俄罗斯高等教育机构开展教育工作的见解。1917年12月底,他激动地找到卢纳察尔斯基,说苏维埃政权反对派政党代表中盛传社会革命党人要发动政变并可能暗杀列宁的说法。卢纳察尔斯基建议他马上直接找捷尔任斯基反映。第二天,两人如约见面,他提供的情报既及时又有用,1918

年1月1日社会革命党人挑起的暴动被镇压。菲利波夫与契卡的合作从此拉开帷幕。

菲利波夫后来回忆说:"与捷尔任斯基见过几次面后,他邀请我帮助他。当时正在戈罗霍瓦亚大街2号组建契卡,工作人员只有4人。我同意了,而且是无偿地向他提供在大企业家、金融家和部分保守派人士(因为他们害怕来自黑帮分子发动的反革命暴动)中间听到的所有消息。"契卡为他颁发了证件,证明他是契卡秘密工作人员。此后,他与捷尔任斯基定期见面,两人之间也从工作接触逐渐转变成深厚的友谊关系。

考虑到菲利波夫十月革命前多次到过芬兰,拥有不少好友,因此,捷尔任斯基提议他以俄罗斯报纸记者身份到该国执行情报搜集任务,搜集芬兰国内政治形势的情报、芬兰人民全权代表主席曼涅尔政府针对苏俄的政策立场、曼涅尔执政前景和继续执政的可能性等。与此同时,搜集芬兰资产阶级和白卫军的行动计划情报,包括弄清芬兰与德国缔结军事同盟的概率有多大;此外,还要了解俄罗斯波罗的海舰队官兵的情绪、在芬兰的武装斗争情况以及舰队命运等问题。

1918年1—3月,菲利波夫多次以记者和商人身份前往芬兰执行任务,调查当地的政治形势,了解驻扎芬兰各港口的俄罗斯海军波罗的海舰队及其位于赫尔辛基司令部官兵们的情绪。他报告了芬兰政府准备中立的立场、俄罗斯海军官兵的骚动情绪、无政府主义者向波罗的海舰队渗透以及芬兰舒茨科尔分子准备攻打维堡的军用仓库等重要情报。他还说服沙俄海军上将拉兹沃佐夫担负起波罗的海舰队指挥职责,并率领舰队投靠苏维埃政权。

菲利波夫在呈报给捷尔任斯基亲阅的秘密文件里写道:"在与人民全权代表主席曼涅尔谈过话后,我坚信,芬兰政府希望严守中立,不采取任何可能招致任何大国干涉芬兰内政的行动。德军计划夺取驻芬兰各港口的波罗的海舰队,否则,就是攻占了彼得格勒,德国人也不会取得预想的胜利。必须让驻扎芬兰的舰队所有人员都相信全体起义的重要性,因为德国人只害怕海军。驻芬兰的俄军极其危险。德国打算从北面向彼得格勒施压,把俄罗斯挤出波罗的海,以便夺取赫尔辛基和维堡的大量粮食储备。德国还计划攻占奥兰群岛,必须采取紧急措施。由于缺少必要的材料(油漆、钢材、铅、铁、润滑油),所以波罗的海舰队的舰只几乎没有修理过。另一方面,这些物资却公开由彼得格勒运到芬兰,再由芬兰各港口转运到德国。这种非法交易的中心是彼得格勒'欧洲人'宾馆的咖啡馆,发货点则是古图耶夫岛和连接芬兰铁路的支线。俄国卢布在芬兰前所未有和不合理的随意贬值给俄国居民带来了巨大的灾难。芬兰低价买进卢布,然后销往德国。此外,俄国向芬兰出口的货物以人为贬值的卢布结算,导致纸币大量流失国外,同时俄国却得不到所需要的芬兰货币。我建议,必须通过俄罗斯国家银行进行所有的结算。"

菲利波夫在芬兰的秘密活动以及获取的翔实情报表明,他机智灵活、精力充沛、对完成捷尔任斯基任务的态度非常执着,拥有新闻记者固有的细致观察力、政治敏锐度和分析深度,而且具有强烈的国家意识和相当超前的情报意识。这让捷尔任斯基敏锐地意识到了谍报活动的价值,他本人也很快成为用间的行家里手。

1918年3月,菲利波夫回到彼得格勒,之后调到莫斯科契卡总部工作,一开始在反投机和职务犯罪处工作,然后调任契卡主席团完成捷尔任斯基亲自赋予的工作任务;接下来调到秘密处担任领导职务,同时兼任俄罗斯宗教事务执委会主席,20世纪50年代中期在列宁格勒去世。

菲利波夫的谍报活动成功地开启了契卡踏出国门开展情报活动的大门,包括公开合法途径和秘密派遣特工这两条渠道。从此,契卡的国外谍报活动无论是广度、深度还是范围均逐渐拓展和深入。从一定意义上讲,菲利波夫的作用和价值在于开辟先河、承前启后。有鉴于此,1918年5月,捷尔任斯基颁布命令,对契卡驻外特工的活动以及他们在国外与俄罗斯外交代表的协作做出严格规定。1919年2月,R.K.苏尔塔诺夫奉命赴土耳其从事情报活动,行前,捷尔任斯基亲自予以工作指导,还向苏俄驻伊斯坦布尔代表写信,要求后者向苏尔塔诺夫提供所有帮助。在远东和西伯利亚,在德军驻乌克兰、波罗的海国家和白俄罗斯的后方,在中亚和高加索等地区,契卡秘密派遣(以下简称秘派)特工均积极频繁而卓有成效地活动,立下了不少功勋。

(一)特别处应运而生

苏俄内战和外国武装干涉期间,协约国和白匪的主要打击对象都放在红军身上,迫切要求契卡加强对反革命组织和外国情报机构在红军内部的活动打击力度。为此,1918年12月19日,俄共(布)中央通过了《关于全俄肃反委员会军事局和革命军事委员会军事监察局(军事反间谍机构)联合工作的决议》,决定以部队肃反委员会和军事监察机关为基础在契卡成立特别处,以打击陆海军中的反革命和间谍活动。经与革命军事委员会协调,特别处首任处长由米哈伊尔·谢尔盖耶维奇·克德罗夫担任。此外,军事监察机关和各部队的肃反委员会改组成若干特别处,陆海军中大的分队和一些省也建立了特别处。1919年1月6日,在捷尔任斯基的亲自领导下,《全俄肃反委员会特别处条例(草案)》问世;2月3日,全俄肃反委员会第20号令《全俄肃反委员会特别处条例》获得通过;2月6日,全俄中央执委会主席团予以批准,规定特别处除了与陆海军中的反革命和间谍活动作斗争外,还要组织和领导在国外、外国列强和白匪军占领的俄罗斯领土上的谍报工作;2月21日,全俄中央执委会通过《全俄肃反委员会特别处决议》,规定打击反革命和间谍活动的职能赋予全俄肃反委员会特别处,其接受来自苏俄革命军事委员会和全俄肃反委员会的双重领导;在部队和敌后打击反革命和间谍活动的机关为各省肃反委员会下属的特别处,以及全俄肃反委员会直辖的方面军和集团军特别处,前者完成各地方兵役局下达的任务,后者直接遂行苏俄革命军事委员会、方面军和集团军赋予的所有任务。时隔不到一年,1919年12月22日,全俄方面军、集团军和舰队特别处处长会议在莫斯科召开,会议决议指出:"因为国内的反革命活动受国外的领导,所以白匪的各个中心可以在国外随心所欲地、不间断地、系统地活动。"[①]在此情况下,特别处的工作地理范围已经不仅仅局限于原来规定的敌占区,而且要进一步扩展到白匪组织盘踞的某些西欧国家城市。

(二)国外科(处)横空出世

1920年春天,全俄肃反委员会特别处成立了第一个专责对外情报工作的部门——国外情报科(以下简称国外科),并将建立国外情报机构的问题纳入议事日程。各方面军、集团军和舰队,以及某些外省契卡的特别处,均设立了类似的国外科,并与苏俄当时负责军事情报工作的革命军事委员会登记部开展合作。当时,苏俄与土耳其和德国已经建交,随着1920年苏俄与波罗的海三国和芬兰签署关系正常化条约,苏联在上述国家首都也开设了外交代表处。[②] 契卡在获得俄共(布)中央批准后均设立了情报站,其任务包括向这些地区的反革命和白匪组织与部队实施间

---

① [俄]奥列格·察列夫:《克格勃特工在英国》,吉林人民出版社2003年版,第3页。
② 1941年5月前,苏联驻外外交机构均称全权代表处,领导人称全权代表,之后才与全世界一样改称大使馆,领导人改称大使。

谍渗透。与此同时,契卡领导人制定并颁布了国外情报科工作细则,明确规定了在资本主义国家开设并运行合法情报站的各种条件,并列举了作为"间谍渗透"目的的侦察目标,如机关、政党和组织等。此外,其工作细则还规定,苏维埃各驻外代表处必须设立特工机构。只有使团团长知道谁是特工负责人。负责人手下有1—2名特工协助工作。在那些没有开设苏维埃官方代表处的国家,则要派遣国外科的秘密特工,必要时,也把他们派往有"合法"特工机构工作的那些国家。特别处副处长缅仁斯基在1920年2月27日的命令中明确了情报工作中的反间谍任务:"把反间谍人员派到国外,责成他们查清波兰人向我后方派遣间谍的所有渠道;向那些越过前线的经验最丰富的反间谍人员下达向敌情报机关渗透的任务。"①

国外情报科乃昔日苏俄、苏联和今日俄罗斯联邦首个具有正式编制的对外情报机构。自此,向国外派遣特工的行动成为"克格勃对外情报工作中不可缺少的一部分"②。

国外科的首任科长是路德维希·弗朗采维奇·斯库伊斯库姆布列。他于1898年出生在里加的一个拉脱维亚小市民家庭,接受过中等教育,精通德语。1917年11月起在莫斯科苏维埃行政部业务部门工作,1918年6月加入俄共(布),同年10月自愿加入东方面军第一革命集团军服役,先后任政工干部、革命军事委员会主席秘书,1919年中加入集团军特别处。1920年初,他调到莫斯科契卡特别处任职,同年4月担任军事反间谍部门中央机关国外情报科科长。国外处正式成立后,他又短暂地担任过契卡特别处情报科(谍报科)科长,此后很快被任命为契卡国外处情报科(谍报科)副科长。1922年,他曾多次赴国外执行国外处下达的专项任务,1923年初调到军事反间谍部门工作,此后一直在国家保卫总局—内务人民委员会经济局工作到1937年,1938年因为健康原因退休。在国家安全机构任职期间,他曾荣获"全俄肃反委员会—国家政治保卫局荣誉工作者"胸章和一把镌刻其姓名的毛瑟手枪。

国外情报科建立在契卡特别处,一直到1920年12月之前都不具备独立地位,而且是在契卡的部队反间谍部门框架下开展行动。工作人员只能在靠近前线的地带行动,在欧洲国家没有驻外情报站,因此极大地限制了情报侦察能力,导致苏俄红军吃了大亏。1920年4月25日,波兰在美、英、法等国的支持和援助下,拒绝了苏俄

---

① [俄]奥列格·察列夫:《克格勃特工在英国》,吉林人民出版社2003年版,第3页。
② [英]克里斯托弗·安德鲁、[俄]瓦西里·米特罗欣:《克格勃绝密档案》(上),当代世界出版社2002年版,第44页。

的和谈建议并向苏俄发动进攻,占领了乌克兰首府基辅和白俄罗斯大部分地区。苏俄红军6月初发起反攻,将波兰军队赶出乌克兰和白俄罗斯,并进入波兰领土向华沙进军,但由于战线过长,在华沙城下受挫而被迫撤退。春天的战事失利迫使苏俄领导人更加重视情报侦察问题。1920年9月,俄共(布)中央政治局决定对契卡的情报工作进行重大改革:"毫无疑问,谍报工作布局是我军事机构中最为薄弱的环节。这在波兰战事期间表现得尤为明显。我们向华沙盲目进军,遭到惨败。考虑到我们当前所面临的国际形势,必须将情报侦察问题提到应有的高度。只有严肃认真、正确布局的情报侦察工作才能使我们避免盲目轻率地行动……"①

为了研究制定改善情报侦察工作的措施,政治局成立了由捷尔任斯基、斯大林和伏罗希洛夫等人组成的专门委员会,并由捷尔任斯基担任主席。1920年12月20日,捷尔任斯基根据专门委员会提出的建议,签署并颁布契卡第169号令,组建独立的情报分队。该命令指出:

(1)解散全俄肃反委员会特别处国外科,组建全俄肃反委员会国外处。

(2)全俄肃反委员会特别处国外科的全体工作人员、财产和事务移交给新组建的全俄肃反委员会国外处。

(3)全俄肃反委员会国外处归属特别处处长缅仁斯基同志领导。

(4)任命达维多夫同志为全俄肃反委员会国外处代理处长,责成其一周内提交国外处的编制给主席团予以批准。

(5)自本命令颁布之日起,全俄肃反委员会全部各处与外交人民委员会、外贸人民委员会、中央居民疏散管理局和共产国际委员会的所有联系,只能通过国外处进行。

捷尔任斯基的命令属于一份行政法律文件,标志着独立的对外情报机构正式成立。也正是从此日起,苏俄,也包括此后苏联、今日俄罗斯联邦的对外情报机构正式开创了自己的历史。国外处是苏俄乃至苏联第一个专职对外情报机构,最初只有一名处长、两名助手,设有办公室、签证室(当时负责护照和签证工作)、情报站等机构,情报站是其境外谍报工作的实施部门。《全俄肃反委员会国外处驻外机构条例》规定,苏俄(苏联)在资本主义各国的外交和商务代表处均设立情报站。经列宁批准,国外科(处)早期对外工作的重点如下:一是弄清各国内部反对俄罗斯苏维埃联邦社

---

① [俄]奥列格·察列夫:《克格勃特工在英国》,吉林人民出版社2003年版,第4页。

会主义共和国的反革命集团;二是彻底查清所有对付苏联的情报机构;三是弄清各国的政治方针和经济形势;四是获取以上各方面的文献资料。[①]

情报站站长在代表处里有官方职位,其身份只能向代表处的负责人透露。站长每周要通过邮寄的方式向总部报告一次情况,情报来源须用号码或代号表示。合法的对外情报工作由此迈出了第一步。十月革命后,德国很快承认了苏俄,并与其建立了外交关系。国外处充分利用这一有利时机,于1922年在德国开设了第一个"合法"情报机构,即在使馆的合法掩护下开展活动的机关。这是国外处在全世界建立的首个驻外情报机构。从这里便于对波兰、罗马尼亚、捷克斯洛伐克、保加利亚和边境缓冲国家开展侦察,所以作为苏俄安全和情报机构国外处设在西欧地区的中心,柏林多年来一直发挥着极其重要的作用,一条条秘密渠道从这里通向巴黎、维也纳、伦敦、罗马等地。而在那些尚未与苏俄建立外交关系的国家,国外处规定要设立非法情报站,按地域设立若干地区科。

国家政治保卫局成立后,其主要工作是遂行政治任务。国家政治保卫局组建了秘密行动局,国外处隶属该局领导指挥,其任务与此前一样,专责国外情报工作。由于苏俄当时在全世界处于政治孤立状态,因此国家政治保卫局驻外高加索、外贝加尔、中亚、远东和滨海边区的全权代表处也同时开展国外情报工作,主要工作对象包括日本、土耳其、伊朗、近东和巴尔干地区国家,以及流亡国外从事反苏俄活动的白匪移民组织。国家政治保卫总局成立后,国外处同样纳入其下属的秘密行动局编制并接受其领导。1921年1月14日,全俄肃反委员会行政组织处颁布第9号令组建秘密行动局,下设行动处、特别处和保密处等部门,并由特别处处长缅仁斯基兼任处长,亚戈达担任副处长,阿尔图尔·阿尔图佐夫担任处长助理。一年后,秘密行动局已经增设了保密处、特别处、行动处、情报处和国外处5个部门。新的国外处人员进行了扩充和加强,总数已达70人之多。国外处的主要任务如下:一是揭露外国境内对苏联进行破坏活动的各种反革命组织;二是查明国外从事军事、政治和经济间谍活动的各种政府机构和私人组织;三是阐明每个国家及其政府在国际政治基本问题上实行的政治路线,说明各国对俄罗斯关系的意图,获取有关各国经济状况的情报;四是获取所有工作方向的有充分根据的材料,包括那些可以用来使反革命集团的首脑人物和整个反革命组织名誉扫地的材料;五是为在国外的苏联机构和公民进行反

[①] [俄]奥列格·察列夫:《克格勃特工在英国》,吉林人民出版社2003年版,第48页。

间谍工作提供保障。1927年7月30日,国外处从根·亚戈达领导的秘密行动局剥离出来,成为一个独立的部门,直接由国家政治保卫总局局委会管辖。

随着20世纪20年代中期西欧各国承认苏联,苏联的国际地位发生了很大改变,国外处在西欧各国开设的合法情报站随之增多。到1930年,国外处总的人员编制增加到122人,其中62人为各驻外特工机构的工作人员。为了便于领导各驻外情报机构,时任处长特里利塞尔将亲自负责的国外处国外科划分成6个区:

(1)北方区:驻外特工机关设在斯德哥尔摩,在哥本哈根、赫尔辛基、雷瓦尔、里加和卢巴瓦设分部。

(2)波兰区:驻外特工机关设在华沙,分部设在但泽,也在东普鲁士、加里西亚和乌克兰喀尔巴阡地区活动。

(3)中欧区:驻外特工机关设在柏林,在巴黎、罗马和布鲁塞尔设分部;在伦敦的驻外特工机关,也负责在美国的侦察活动。

(4)南欧和巴尔干地区:驻外特工机关设在维也纳,在布拉格、布达佩斯、贝尔格莱德、索菲亚、布加勒斯特设分部;在君士坦丁堡的特工机关负责埃及和阿尔及利亚的工作。

(5)东方区:通过驻高加索全权代表处在土耳其和波斯境内开展活动,从远东共和国领土上对日本、中国和美国部分地区开展侦察工作。

(6)美洲区:特工机关设在纽约和蒙特利尔。[①]

从1929年起,驻柏林情报站站长别尔曼就向中心报告称,纳粹分子上台执政的可能性越来越大,越来越有可能发动针对苏联的入侵计划。为此,1930年1月30日,联共(布)中央政治局召开会议,专题研究情报工作。2月5日通过的《关于国家政治保卫总局国外处优先活动方向的决议》,内容非常全面。该决议对国家政治保卫总局国外处的工作进行评估,明确了情报活动的主要方向,对国外处下达了具体任务。命令它加强对三个目标地区的情报搜集工作。这三个地区是:(1)英国、法国和德国(欧洲的三大强国);(2)苏联西部的邻国——波兰、罗马尼亚、荷兰和波罗的海沿岸国家;(3)日本——苏联在亚洲最主要的对手。[②] 具体任务如下:一是发现并

---

① [英]克里斯托弗·安德鲁、[俄]瓦西里·米特罗欣:《克格勃绝密档案》(上),当代世界出版社2002年版,第8—9页。

② [英]克里斯托弗·安德鲁、[俄]瓦西里·米特罗欣:《克格勃绝密档案》(上),当代世界出版社2002年版,第68页。

打入破坏性侨民中心,无论其身处何地;二是查清恐怖组织的分布情况,无论其分布在什么地方;三是掌握英国、德国、法国、波兰、罗马尼亚和日本统治层制订的干涉计划,并查清上述计划的实施时间;四是发现并查清上述国家统治层的财经封锁计划;五是获取上述国家间的秘密军政协议和条约文件;六是打击国家组织里的外国间谍活动;七是组织消灭叛徒、投敌分子和白匪军恐怖主义组织头目;八是为国家搜集常规途径无法搜集到的工业发明、生产技术图纸和秘密;九是监视苏联驻外机构,并查清隐藏的叛徒。该决议对国家政治保卫总局对外情报机构境外活动部门开展工作具有非常重要的指导意义。按照政治局的指示,国外处工作的扩展主要是靠增加秘密情报站的数量来实现。20世纪20年代,不论是合法的还是秘密的情报站,都有权决定间谍招募对象和招募的具体办法。1930年,阿尔图佐夫接替特里利塞尔担任国外处领导人后,认为目前的谍报网中有"不良分子",因此规定以后招募间谍需要得到中心的批准,由于通信方面的问题,他的这一指示并不是都能得到贯彻落实。这就为苏联特工发挥主观能动性提供了一定的空间。

(三)国家安全总局问世

1934年7月10日,内务人民委员会正式成立,下设5个总局,其中,原来的国家政治保卫总局作为其内部组成部门,改称国家安全总局,遂行反间谍和政治情报等任务,还承担政治警察的职能,各加盟共和国、边疆区和州也成立了各自的国家安全局。

1. 国家情报机关

国家安全总局下设反间谍处、秘密政治处(负责国民经济所有领域的反间谍保障工作,打击反苏维埃现象)、经济处、国外处(负责境外情报工作)、行动处(户外跟踪、搜查、逮捕)、政府保卫处、特种处(技术侦察、密码和破译)、运输处、登记统计处等部门,要求所有工作人员须为联共(布)党员。首任局长由苏联内务人民委员亚戈达担任,此后由叶若夫接任,1936年9月再由时任内务人民委员会第一副主席接替。

当时,国家安全总局的业务人员约有3 000人,占内务人民委员会总人数的近6%,其情报活动为苏联制定对外政策方针助了一臂之力,揭露了希特勒德国和西方列强的一系列阴谋计划,为国民经济发展提供了最新科技成果;反间谍部门积极打击外国特工部门和移民组织的情报破坏活动。但国家安全总局也是20世纪30年代中期后斯大林政治大清洗运动的帮凶,其绝大部分领导干部惨遭清洗和镇压。1938年3月,国家安全总局差一点被改组并拆分成内务人民委员会3个局,其中第一局为国家安全局、第二局为特别处局、第三局为运输局。但是,随着贝利亚入主内务人民委员会,国家安全总局得以保留下来。

1941年2月3日,内务人民委员会拆分成新的内务人民委员会和国家安全人民委员会,国家安全总局从内务人民委员会脱离出来,编入国家安全人民委员会序列,苏联宪法为此于3月1日进行了相应修订。但卫国战争爆发不到一个月,7月20日,国家安全人民委员会和内务人民委员会再次合并组建为内务人民委员会,组建工作一直持续到1942年1月。1943年4月14日,国家安全总局从苏联内务人民委员会里独立出来,成为苏联国家安全人民委员会,对外情报工作由国家安全第一局具体负责。伏谢沃洛德·梅尔库洛夫于1941年2—7月担任主席,此前及此后的主席职务均由内务人民委员会第一副主席贝利亚担任。1946年3月15日,国家安全人民委员会改编为苏联国家安全部。不论是国家安全人民委员会还是国家安全部,两个部门均设置国家安全第一局,具体负责国家安全和情报工作。1953年3月,新的苏联内务部成立后,国家安全和情报工作开始由第二总局具体承担。不过,这种情况持续时间并不长,1954年3月克格勃成立后,开始改由第一总局负责。

2. 国外情报机构

国家安全总局成立后,国外处成为其一个独立部门,任务是查清外国反苏阴谋和活动、外国情报机构和总参谋部以及反苏政治组织的情况,揭露发生在苏联领土上的破坏、恐怖主义和间谍活动,领导境外情报站的活动等。

1936年12月25日,国外处改编为内务人民委员会国家安全总局第七处,具体负责国外情报工作。1938年5月,联共(布)中央政治局开会研究国家安全机关对外情报机构即第七处的工作改善问题,会后其人员编制增加1倍,达到210人,下设13个科,其中7个按地域原则划分设立,负责领导驻国外各情报站的工作。与此同时,考虑到干部极度缺乏的问题,还组建了内务人民委员会情报学校——特种学校,首批接受过高等教育并拥有党务工作经验的毕业生补充到对外情报机构。1938年6月9日,对外情报工作转由内务人民委员会第一局第五处具体负责,9月29日改称内务人民委员会国家安全总局第五处。1941年2月3日,国家安全总局改组为国家安全人民委员会,2月26日,对外情报工作交由国家安全人民委员会第一局负责,

7月31日改称内务人民委员会第一局,1943年4月14日改称国家安全人民委员会第一局,1946年5月4日改称国家安全部第一总局。1951年11月2日,对外情报工作由国家安全部第一总局负责。1952年,苏联领导人对冷战最初几年的情况进行了评估,决定对对外情报和反间谍部门的活动予以某些修正。同年12月30日,苏共中央主席团做出BP 7/12-op号决定,整合国家安全部第一总局(对外情报机构)、第二总局(反间谍部门)、第一局D处(积极措施处),以及第四局(侦查局)、第五局(秘密政治局)和第七局(行动局)等一些所属单位,组建国家安全部情报总局,任命第一副部长奥戈尔佐夫中将担任局长,副局长分别是叶甫根尼·皮托夫拉诺夫少将(同时兼任总局负责国外情报工作的第一局局长)和瓦·里亚斯诺伊中将(同时兼任负责反间谍工作的第二局局长)。1953年1月5日,按照国家安全部第06号令,情报总局宣告成立,但由于斯大林不久之后去世,因此这一决定并未得到落实,情报总局的编制也未获得批准。3月5日,在最高苏维埃主席团、部长会议和苏共中央联席会议上,决定将国家安全部和内务部改组为一个部级单位,即成立新的内务部,对外情报机构再次改组,变身为国家内务部情报总局第一局。3月14日,按照苏联内务部第002号令,对外情报工作转交给内务部第二总局负责,里亚斯诺伊担任局长。1954年3月18日,对外情报工作再次由苏联部长会议国家安全委员会(克格勃)第一总局接手。

(四)短命的情报委员会

1947年5月30日,苏联部长会议通过第1789-470SS号决议,决定成立苏联部长会议情报委员会,将政治、军事和科技情报工作一肩挑。之所以要成立情报委员会,其诱因是,最近一段时间苏联情报机关驻美国和加拿大的谍报网络先后遭到破坏。另外,国家安全部驻华盛顿情报站站长格里戈里·格里戈里耶维奇·多尔宾和苏联驻美大使亚历山大·谢苗诺维奇·帕纽什金通过不同渠道向国内报告称,美国于1946年1月成立了中央情报组,其职能是协调美国所有情报单位的活动,并最终在1947年成立了中央情报局。时任苏联部长会议副主席并兼任外交部长的维亚切斯拉夫·莫洛托夫让斯大林和政治局相信,美国军方和政府两个情报机构的合并,使美国人对苏联情报系统拥有了巨大的优势。解决这个问题的方法是,把国家安全部的国外局(即第一局)和总参情报部(格鲁乌)合二为一。1947年秋天,国家安全部国外局和格鲁乌正式合并成立苏联部长会议情报委员会。

情报委员会整合了苏联国家安全部第一局、总参情报部（格鲁乌）以及外交部和外贸部所属情报机构，由莫洛托夫担任主席，曾经先后领导过国家安全机关情报和反间谍部门的资深官员彼得·费多托夫担任副主席。情报委员会系苏联所有情报工作的中央机关，旨在冷战已经打响的情况下提高苏联特工部门的情报活动效率。情报委员会对苏联整个国家的情报事业带来的影响是，它重新强调了非法情报站的重要性，认为非法情报站将为对外情报工作，特别是在美国的活动建立起比大使馆中的合法情报站更安全、更隐蔽的基础。不过，新机构高度集权，即便是安排与重要间谍会面以及对其可靠性进行调查这样的行动计划，都必须事先获得情报委员会的批准才能进行。

情报委员会由美国、英国、法国、德国处等基层单位、科技情报处、战略情报局以及情报活动保障单位（业务技术处、通信处、密码处等）组成。为了对国外的情报工作实施领导，情报委员会实行总情报站长机制，通常由驻外大使或公使担任，集情报工作与外交工作于一身，首位总站长是内务人民委员会国外处前工作人员亚历山大·帕纽什金，他从1947年11月到1952年6月担任驻美大使，同时兼任总情报站长。

情报委员会名义上直属部长会议，但任命莫洛托夫担任首任主席，实际上使外交部获得了前所未有的对境外情报工作的领导权。莫洛托夫任命驻几个大国的大使为公开的总情报站长，赋予其领导军政情报的权力。后来叛逃的苏联反间谍特工伊利亚·吉尔克维洛夫说："这样做引起了令人难以置信的混乱。由于外交官对于情报工作和间谍方法只有一些肤浅的了解，因此，情报站站长们这些职业的情报官员，采取了各种令人难以想象的手段来避免让大使们了解他们的工作。"[1]更有甚者，如驻美大使帕纽什金等外交官还直接插手情报工作。在此情况下，情报委员会从成立之日起就显得很不稳定，工作指挥难度很大，几乎所有的局都由原第一局的人主持工作，致使总参谋部不免开始抱怨说，军事情报成了打下手的工作。

1949年1月，在国防部长尼古拉·布尔加宁与莫洛托夫旷日持久的争执之后，军事情报机构从情报委员会脱离出来并转交苏联武装力量部，此后在国家安全部长

---

[1] ［英］克里斯托弗·安德鲁、［俄］瓦西里·米特罗欣：《克格勃绝密档案》（上），当代世界出版社2002年版，第235页。

维克托·阿巴库莫夫的建议下,对外反间谍部门以及驻社会主义国家的顾问机构也移交给苏联国家安全部,剩下的情报单位降格。1949年2月,情报委员会移交给外交部,从3月4日起,时任外交部长安德烈·维申斯基接替已经失势的莫洛托夫担任情报委员会主席,其治下只负责政治、经济和科技情报。不过与前任相比,他很少插手情报委员会的工作,其卸任之后由副外长瓦列里·佐林接任。

由于把各种各样的情报机构合并进一个机构,工作协调复杂,难以做出业务决定,因此情报委员会的工作效率大受影响。与此同时,苏联国家安全部反间谍情报站与情报委员会驻国外情报站并存,造成了严重的工作重叠现象。由于将政治情报与军事情报合并的做法弊端很大,因此,1951年11月,苏联政府决定将对外情报和对外反间谍机构整合进国家安全部领导,组建统一的驻外情报站体系,情报委员会于1952年1月正式解散,对外情报机构变成了苏联国家安全部第一总局。

(五)克格勃第一总局

1954年3月,苏共中央全会通过决议,明确了国家安全机关改善活动、从根本上调整工作、根除此前非法手段的途径,提出要依靠社会力量、国家和党务机关要接受监督等思想。根据这一决议,苏联部长会议国家安全委员会(1978年改称苏联国家安全委员会)即克格勃正式成立。3月13日,成立第一总局,专门负责对外情报工作,并一直存续到1991年。按照苏共中央1954年6月30日做出的《关于加强国家安全机关情报工作的措施的决议》,对情报工作提出的主要任务是:针对美国等主要侵略国家开展情报工作;揭露美国和北约等对苏敌对国家旨在准备并挑起战争的计划;弄清主要资本主义国家内政和经济状况、贸易和经济政策、国际组织活动情况以及美英利用这些组织针对苏联和华沙条约组织成员国的计划;搜集原子能、喷气式技术和雷达等领域最重要发现和军事发明方面的文件资料;1969年还在克格勃高等学校(如今的对外情报学院)里开设军官进修班,归属第一总局局长领导,负责培训业务军官在特别(受威胁)阶段在敌领土或战事爆发后在敌纵深行动技能。军官进修班毕业生后来成为克格勃参加1979—1984年阿富汗战事的"泽尼特""卡斯卡德""欧米伽"等特种部队以及第一总局"信号旗"特种部队的骨干力量。

苏联部长会议还批准通过了《国家安全委员会第一总局条例》,赋予其在国外开展情报活动的权力,确定了对外情报机构的组织结构、职能任务和人员编制,要求有关部委必须为其在国内外提供掩护职位、提供工作协助、严格遵守保密要求等。这一规范性文件此后多年成为对外情报机构开展工作的主要法律基础。1955年6月，亚历山大·萨哈罗夫斯基被任命为代理局长，1956年5月扶正，其在此岗位任职时间超过15年。1971年，费奥多尔·莫尔钦接任局长。1974年1月，弗拉基米尔·克留奇科夫担任代理局长，同年12月转正，1988年10月升任克格勃主席。1989年2月，列昂尼德·舍巴尔申担任局长。1991年9月30日，苏联科学院院士叶甫根尼·普里马科夫被任命为克格勃第一总局局长。

1991年10月22日，苏联国务委员会决定解散克格勃，以"消除国家安全保障领域的垄断地位"。12月3日，时任苏联总统的戈尔巴乔夫签署《关于改组国家安全机关法》，克格勃被撤销，在其原来所属的第一总局基础上组建了苏联中央情报局，第一总局从此脱离了克格勃编制序列，也脱离了护法机构体系，成为一个独立机构，12月22日普里马科夫成为首任局长。但新机构只存续了几天（12月18日—25日），即由俄罗斯苏维埃联邦社会主义共和国总统叶利钦改组为俄罗斯苏维埃联邦社会主义共和国对外情报局。12月25日，叶利钦颁布总统令，将俄罗斯苏维埃联邦社会主义共和国对外情报局改组为俄罗斯联邦对外情报局，直接对总统负责，专责对外情报工作，并任命普里马科夫担任该局首任局长。1992年8月13日，俄历史上首部《对外情报法》开始生效，规定了对外情报局的地位、组织原则以及对其活动的监督程序。目前，俄对外情报局按照1996年1月10日的《对外情报法》和2004年7月19日的《对外情报局条例》进行运转，其活动旨在"为总统、联邦会议和政府提供制定政治、经济、军事战略、科技和生态领域决策时所必需的侦察情报，促进俄罗斯的经济和科技发展"。

第三章

棋逢对手

—— 对英国本土发起进攻

谍报工作讲究进攻、进攻再进攻,而且最好的防守就是进攻。契卡包括之后的国家安全和情报机构均深谙此道。自十月革命胜利后到两次世界大战间的绝大多数时间里,苏联对外情报机构对英国表现出特殊的兴趣,一直把英国确定为首要行动目标,而美国直到第二次世界大战前一年才被列为第二大目标[到20世纪30年代中期,对美谍报工作主要由工农红军第四局(格鲁乌的前身)负责]。原因很简单,英国作为当时世界上首屈一指的老牌资本主义国家,是当时世界上最有影响力的大国,而且十月革命胜利后不仅勾结其他西方国家对苏俄进行经济封锁,还亲自下场对苏俄实施武装干涉,因此在苏联情报机构的侦察对象名单上名列前茅。国家政治保卫总局认为,西方世界并非铁板一块,总会有缝隙可以利用,英国就是可以在资本主义包围圈中打开缺口的"一把钥匙"。因此,为了保卫新生的苏维埃政权,分化瓦解西方对苏俄的封锁、打压和围追堵截,不能守株待兔、消极等待,必须积极主动地谋划向英伦三岛派遣工作人员,直接在英国境内积极开展秘密工作。

一、夭折的合法派遣尝试

早在1922年,苏俄对外情报机构就尝试向英国本土派遣特工,直接在其领土上开展地下情报工作,一开始走的是公开合法途径派遣这条路,即向苏俄驻外外交代表处、贸易代表处或国际组织等官方机构派遣特工,在上述机构里设置情报站,派驻特工则以其中的官方职务作为掩护,在驻在国从事秘密活动。克格勃一般将以外交官身份或以驻外官方机构或国际组织中官方职务作掩护的驻外工作人员称为"合法"特工(разведчик-легал),将设在上述机构里的情报站称为合法(公开)情报站(легальная резидентура),将领导人称为站长(резидент)。对不拥有上述身份、使用伪造证件或身份作掩护、以驻在国或第三国公民身份在驻在国工作和生活、与派遣国官方代表无明显联系的驻外工作人员，称为"非法"特工（разведчик-нелегал），将上述人员组成的情报站称为非法（秘密）情报站（нелегальная резидентура），将领导人也称为站长，这种人员派遣方式称为"非法派遣"（下称"秘密派遣"），以这种形式开展的活动称为"非法情报"活动（нелегальная разведка）（即秘密派遣工作），即"从非法阵地出发开展的情报活动"，其显著特征是以专门编造包括各种细节的假名假姓、假身份、假履历等深度身份作掩护，以几乎与冒用人相同的生平在驻在国定居工作，与派遣国驻国外官方代表机构不发生明显的联系。

"非法情报"活动（秘密派遣工作）这个术语源自苏联，十月革命胜利后，新诞生的年轻的苏维埃国家在国际舞台上处于完全与世隔绝的状态。为了生存和发展，最高党政领导人迫切需要了解掌握外国对新生工农政权的各方面计划，于是，契卡责无旁贷地承担起提供领导人决策所需情报信息的重任，除了公开合法途径搜集情报之外，"非法情报"活动（秘密派遣工作）就此登上历史舞台。其实对派出国而言，不论是合法途径或非法途径派遣，还是公开情报活动或非法情报活动，区别只是手段、途径和渠道的不同而已，都是向驻在国派遣人员从事秘密活动的情报行为，均属危害驻在国国家安全利益的行径。1954年9月17日，克格勃按照苏共中央《关于加强国家安全机关国外情报工作的措施的决议》，在下属的第一总局里成立了"特殊局"（Спецуправление，俄文缩写 СУ，英文缩写 SU），以专门加强此前因为种种原因而丧失功能的国外非法（秘密）派遣工作。1966年10月20日，该局改称苏联部长会议克格勃第一总局"C"局（英文"S"局），仍然选取并保留此前俄文"特殊"一词的首字母来命名，下设十余个处，包括：一处，中心秘派特工处（负责精英团队的主要行动）；二处，按地区问题编制文件和履历处；三处，秘派特工遴选和培训处；四处，北南美工作处；五处，西欧工作处；六处，远东工作处；七处，北非、中东和印度工作处；八处，1976年2月由"V"处改编而来，负责怠工、破坏和暗杀等活动，在巴拉希哈设有独立训练中心，大名鼎鼎的"信号旗"特种部队原来隶属该处，后来转隶内务部和俄联邦安全局；九处，安全保障处；十处，负责德国人、犹太人和亚美尼亚人培训并通过移民渠道外派；十一处，通信处；十二处，1969—1984年间负责通过苏联工商会渠道外派工作。此外，还设有一个秘派特工培训学校，负责进行语言、拍照、录像、通信、文件和印章制作培训，以及苏联境内的安全屋、别墅、邮箱地址等事务。"S"局机关位于第一总局雅瑟涅沃总部,许多目标和设施至今仍然对外人高度保密。

俄对外情报局的档案资料中至今仍保存着一份材料,即国家政治保卫局1922年9月9日致信俄共(布)中央书记弗·古比雪夫的复印件,里面写道:"国家政治保卫局请您批准任命克拉斯内同志为国家政治保卫局驻俄罗斯苏维埃联邦社会主义共和国伦敦代表处的全权代表,他有权招收不超过四名工作人员从事技术工作。克拉斯内同志已经口头同意奉派伦敦一事。"①

古比雪夫的助理瓦西列夫斯基向国家政治保卫局要求提供约瑟夫·雅科夫列维奇·克拉斯内(真姓为罗特什塔特,在苏联的真实姓名为奥西普·雅科夫列维奇·克拉斯内)的个人鉴定材料,为中央组织部当年9月18日开会讨论此事做准备。国家政治保卫局副主席翁施利赫特答复称,克拉斯内1887年11月25日出生在波兰华沙一个犹太人工厂主家庭,17岁那年曾因为参加政治游行示威而坐牢,1905年加入波兰王国和立陶宛社会民主党,是一个职业革命者,曾以"穆科夫斯基"这个化名从事党的鼓动和组织工作。1906年12月在波兰王国和立陶宛社会民主党以及"崩得"("立陶宛、波兰、俄罗斯犹太工人总同盟"的缩写)代表大会上遭到逮捕,1908年秋天被判处6年苦役,1913年前一直在科尔察赫、斯摩棱斯克监狱坐牢,1913年被流放到伊尔库茨克省,1914年从流放地逃到国外,曾在西里西亚和奥地利居住。1918年12月参加了波兰王国和立陶宛社会民主党以及波兰社会党左派联合代表大会,两党合并组成波兰共产主义工人党。匈牙利苏维埃共和国失败后来到维也纳,编辑波兰共产主义杂志《斯维特》。1919年领导共产国际维也纳(东南)局的工作。克拉斯内曾与捷尔任斯基一起受审,两人是多年的革命战友。

但国家政治保卫局的鉴定打了一个小埋伏。实际上,按照莫斯科和国家政治保卫局国外处与红军总参谋部登记部柏林中心达成的协议,克拉斯内从1921年起担任苏联情报机构驻维也纳联合情报站站长职务。这是苏联情报机构在东欧和巴尔干国家开展情报工作的基地。1922年9月,翁施利赫特对其担任情报站站长期间的工作评价称:"克拉斯内同志是一个老到、沉着、坚定的工作人员。"1922年,克拉斯内与同为国外处工作人员的妻子叶莲娜·克拉斯纳娅-斯塔尔克在捷克斯洛伐克被捕,后来重获自由回到苏联。

因为国家政治保卫局的鉴定材料未披露这一情况,1922年6月,克拉斯内以公

---

① [俄]奥列格·察列夫:《克格勃特工在英国》,吉林人民出版社2003年版,第9页。

开合法途径外派伦敦一事得到解决,特里利塞尔将他召到莫斯科进行了谈话。一直到这个时候,都没有发现他去过伦敦的任何材料,但当年9月12日中心收到一封发自维也纳的信,里面提到,克拉斯内在结束维也纳的事务时,曾向英国驻当地使馆申请赴英签证。在此情况下,再派他赴英从事秘密工作已经不合适。因此,克拉斯内很快离开了情报机构。

1923年,克拉斯内担任社会主义学院图书馆馆长,还担任过国际农民理事会(农民国际)组织书记一职,并以此身份作掩护在巴尔干地区从事地下工作。后来,他在俄罗斯苏维埃联邦社会主义共和国农业人民委员会出版社工作过,1925年起担任波兰十月革命和俄共(布)历史委员会书记。1932年2月5日在莫斯科去世。

国外处向苏俄驻英国常驻机构派遣特工的第一次尝试就此夭折。尽管如此,克拉斯内的外派尝试仍然为苏俄和苏联对外情报机构此后的特工派遣工作积累了一定的经验和教训。

二、向英伦三岛的合法派遣实践

尽管最初对英国的派遣工作尝试以失败告终,但苏俄(苏联)对外情报机构并未气馁,而是密切关注国内外形势变化发展情况,继续分析一切可能的渠道、途径和手段,积极开展向英国本土人员派遣尝试,终于取得了一定的成果。

1920年,资本主义世界爆发的经济危机给英国带来一定程度的打击,而且也加剧了帝国主义国家间的矛盾。同年1月16日,协约国最高委员会宣布取消对苏俄的经济封锁,同意给俄国合作组织以方便,让其用谷物和其他农产品交换进口货物。在此情况下,1920年4月,苏维埃政府以中央消费合作社的名义,派外贸人民委员列昂尼德·克拉辛率代表团赴英国进行贸易谈判。契卡借机派出工作人员参团,到伦敦与英方就缔结《英苏贸易协定》进行谈判。同年6月11日,英苏合作社在英国正式设立,负责在英国境内开展两国间的贸易活动。1921年3月16日,两国政府签订《英苏贸易协定》,双方同意恢复贸易和政治关系,并互设商务代表处以办理两国间的贸易业务,相互保证放弃反对另一方的敌对行为和宣传。1923年,苏俄人民委员会决定允许该社在苏俄境内开展业务。这是苏俄与西方资本主义大国所签订的第一份贸易协议,对苏俄经济恢复和改善英苏两国关系起到了一定的促进作用。契卡国外处充分利用这个天赐良机,派人以贸易代表处工作人员的身份潜入英国活动。这是契卡对外情报机构成立以来对英国的首次合法派遣实践。

随着时间的推移以及英苏关系进一步改善,1924年2月27日,英国工党麦克唐纳政府正式与苏联建交,苏联随即向伦敦派驻了全权代表处。国家政治保卫总局自然不会放过如此大好的机会,随即向上述常驻国外机构派遣人员,以合法合理的身份开展情报工作。1924年夏天,国家政治保卫总局国外处在苏联驻英使馆设立了第一个驻英情报站,站长由尼古拉·尼古拉耶维奇·阿列克谢耶夫(化名"奥斯卡尔")担任,但其手下只有一个女打字员奥尔洛娃。1925年,尼古拉·波格丹诺维奇·拉科夫(化名"沃尔德马尔")接任站长,并由别洛波尔斯基(化名"马特维")担任其副手,这样的配置一直持续到1927年2月。到同年5月,站长一职由彼得·阿罗诺维奇·佐洛图斯基担任。情报站成立后,很快便取得了工作突破。其招募的第一个谍员是格尔曼(代号"B-1"),英国左派和共产党中的知名人士。他利用《每日先驱报》记者身份,招募了8名情报人员,触角包括英国外交和安全机构,其中外交部1名、印度事务部1名、苏格兰场(伦敦警察厅)和内政部各1名。此外,还包括另外其他4名英国公民,以及从B2到B16的情报员,后者主要是俄罗斯移民和在苏联驻英国各机构中任职的移民。前面提到的克拉斯内的妻子叶莲娜·克拉斯纳娅-斯塔尔克当时在国家政治保卫总局国外处境外科担任特派员。她在《伦敦情报站1927年1月1日前的情况报告》里写道:"总的来说,我们从伦敦获得的外交情报以月情通报或周情的形式上报外交人民委员会,有选择地上报给雷科夫和斯大林同志,有时(但很少)通报情报部。我们的报告受到积极的评价。"[①]但好景不长,随着1927年6月英苏断交,伦敦情报站被迫关门而返回莫斯科。苏联对外情报机构以合法机构为掩护在英国开展情报活动的努力遭受严重挫折。

事情的起因是,1926年以来,英国执政圈子里的反苏情绪日益加剧。1927年5月12日,英国警方以搜查被苏联情报机构偷窃的机密文件为由,突然封锁英苏合作社所在的穆尔门大街49号楼所有出入口,连续数天对合作社进行搜查。虽然搜查中并未找到所谓的秘密文件,但是仍然查抄到苏方的邮件、其他文件资料以及苏联常驻人员与莫斯科通信所用密码。此外,英国人还发现译电员安东·米德列尔在地下室里紧张地焚毁秘密文件,随即将其逮捕并带到陌生地点。在搜查过程中,英国

---

① [俄]奥列格·察列夫:《克格勃特工在英国》,吉林人民出版社2003年版,第15页。

人还找到一份联络人名单和苏联情报机构在北美洲、南美洲、澳大利亚、新西兰、南非使用的投信联络点。大约9天后,《每日先驱报》老板向议会咨询米德列尔的下落,英国内政大臣威廉·乔伊逊-希克斯宣称英苏合作社是"我曾听说的最大的、最卑劣的间谍组织"[1],以不宜公开宣布为由予以拒绝透露。5月26日,英国政府以苏联针对英国开展间谍和宣传活动为由,宣布与苏联断交,并驱逐所有苏联外交使团和贸易组织所属工作人员。虽然到了1929年10月,英苏合作社在两国恢复外交关系后又重新恢复了活动,但主要贸易活动已经转由苏联贸易代表处开展,合作社在两国商品贸易额中所占份额也急剧下降,第二次世界大战爆发后不久便彻底停止了活动。

搜查事件发生后,联共(布)中央政治局成立了以伏罗希洛夫为首的委员会,专题研究当前形势并制定措施以避免今后再发生类似事件,特里利塞尔也积极参加了委员会的工作并建言献策。此后,苏联外交全权代表处、贸易代表处和使团、对外情报机构驻外情报站的所有安全系统全部改变,密码系统引入一次性密码本。具体做法是:中心给每封信函规定了加密方式,即每个词甚至每个字母均采用密码本中一个5位数字来表示,并且规定驻外情报站译电员要从一个粉红色的一次性密码中任意选出一组5位数字,加进第一组的5位数字中。如果严格遵守每组数字只使用一次的规定,从理论上讲,这种加密方式几乎是不可能被破译的。苏联控制的共产国际也加强了对国际联络部境外活动的监督力度,改变了密码系统和机密文件处理程序。红军情报部和国家政治保卫总局所属驻外情报站站长禁止兼任共产国际代表,侦察员(即驻外特工)也禁止招募外国的共产党员作为间谍为己所用。从此以后,间谍招募工作权限全部掌握在莫斯科的中心手中,而在此前,国外处所属情报站站长有权独立招募间谍。当然,由于条件限制,这些条条框框实际上远未得到贯彻执行。

三、在第三国的"拉出"

20世纪二三十年代,国家政治保卫总局和随后改组而来的内务人民委员会下属对外情报机构除了积极开展对英国本土的派遣尝试和实践外,还在中东欧和西欧等国家与地区频繁活动,在英国常驻当地的外交和其他机构人员中广泛交友、进行

---

[1] David J. Dallin, *Soviet Espionage*. Yale University Press, 1955, p. 40.

物色,并对其中接密条件良好而且可为苏联所用者实施培养、考察和招募工作。实施人员除了苏联谍报机构本身拥有的特工外,更多的是先由苏联控制的共产国际吸收但后来转为苏联谍报机构工作的中东欧国家的共产党人。他们经过专业培训后,被派驻英国、荷兰、德国、法国等西欧国家。这些人四海为家,会说多种语言,心中充满了共产主义理想信仰,在莫斯科中心的领导下,以公开合法身份或假冒身份潜伏在异国他乡,积极招募发展间谍,建立间谍小组,搜集苏联经济建设和国防安全急需的情报资料,从而开创了苏联对外情报史的新阶段,使20世纪30年代这十年被称作"黄金十年"或"大特工时代"。他们风流倜傥、多才多艺、机智灵活、长袖善舞,创下了许许多多堪称经典的谍报工作招募和经营案例,有一些甚至颇具传奇色彩,令后人自愧不如。德米特里·亚历山德罗维奇·贝斯特罗廖托夫和库柏就是这些"大特工"中的佼佼者,他们分别主导的对英国外交部译电员的物色和招募案例令人叹为观止,至今仍不失为谍报工作典范,其做法值得人们以资镜鉴。

(一)谍报大师贝斯特罗廖托夫招募英国人阿尔诺

1930年初的一天,苏联驻巴黎代表处来了一个奇怪的访客。此人个子不高、穿着简朴、行事诡秘,他对接访的苏联国家政治保卫总局国外处工作人员弗·伊万诺维奇自称"查理",但既不说姓什么,也不告诉住处,只说自己是英国外交部所属印制厂的排字工,该厂专门印刷英国各驻外机构发回国内的解密电报,然后报送外交大臣和内阁成员。因为英国不可能向苏联驻法外交代表处派驻安全特工,因此与苏联人打交道既安全又简单,他可以把这些电报多印几份送给苏联人,而且如果将来合作愉快,他还可以提供印刷厂印刷的英国密码,条件是苏联人必须付给他可观的报酬,愿不愿意合作请苏联人给个痛快话!来客还警告说,千万别派人跟踪调查他的身份,否则就中断联系!伊万诺维奇对这种突发情况犯了难:来人既可能真是主动送上门来的"肥肉",接受他的条件肯定会受益匪浅;也可能是外国情报部门派来的挑拨者,弄不好反而会对苏联的国际声誉造成极大损害。但俗话说,"要知道梨子的味道,必须先尝一尝",伊万诺维奇反复权衡利弊得失之后,决定相信"查理"的说法,接受他的条件与他合作,于是砍价后一手交钱一手交货,从"查理"手上拿到了一批英国外交部的秘密情报。

● **受领任务**

情报报到莫斯科总部后受到高度评价,"排字工"的说法得到了证实与肯定。但"查理"并没有像约定那样提交英国外交部的密码,并且不再提供像原来那么多的急电,还削减了国别和政治方面的情报内容,中心决定无论如何都要查清其身份,必须牢牢掌握主动权,迫使其按需提供情报,而且绝不能由其决定会面时间和地点,绝不能让他随心所欲地提供情况。任务交给了苏联驻德国特工贝斯特罗廖托夫(代号"安德烈",后改为"汉斯")具体完成,驻德秘密情报站站长鲍里斯·巴扎罗夫(代号"金")负责在当地领导该行动,并为贝斯特罗廖托夫提供协助。

贝斯特罗廖托夫1901年1月17日出生于克里米亚阿克乔拉村,是亚·托尔斯泰伯爵的私生子、俄国著名作家阿·托尔斯泰的侄子。他多才多艺、学识渊博,拥有多国护照,先后从事律师、医生、画家等多种职业,身经百战,历尽磨难。他仿佛是一个刚从好莱坞侦探影片里走出来的活生生的人物,是一个让女人倾心的美男子,他会说几个欧洲国家的语言,集绅士的高雅和超凡勇气于一身。他能巧妙地扮演不同的人物形象以适合秘密工作的需要,一会儿在英国冒充匈牙利伯爵拉季斯拉夫·佩列利亚,一会儿又在欧洲大陆扮演英国大臣。1925年,他在布拉格加入苏联秘密情报工作,之后来到莫斯科参加第一次国际无产阶级大学生代表大会时被国外处处长阿·阿尔图佐夫慧眼相中,认为他具备招募者所应有的素质,因此让他寻找"查理"并向其施压最合适不过。

1930年中,贝斯特罗廖托夫已经做好了寻找"查理"并与其交锋的充分准备。首先,他与金制订了一个详细的行动方案并分配好角色:他扮演一名受到苏联情报机构控制的欧洲贵族,金则扮演残酷无情的苏联契卡特工,这样可以利用"查理"的同情和反感,减轻与其建立友好关系的难度;金很少抛头露面,即使出面也只是为了斥责他这个英国人。其次,他弄到一本捷克斯洛伐克护照,借此扮演败光家产的匈牙利伯爵拉季斯拉夫·佩列利亚。为了充实假履历,贝斯特罗廖托夫专程到匈牙利全国各地转了一圈,在教堂、赛马场、剧院和夜总会等场所熟悉匈牙利的贵族生活,还找布达佩斯最好的裁缝为自己定做了最时髦的服装,购买了鞋帽等各种物件,阅读了十几本有关匈牙利历史、文化和经济方面的书籍。万事俱备之后,"匈牙利伯爵"贝斯特罗廖托夫与金一起来到巴黎执行任务。

第三章 棋逢对手——对英国本土发起进攻

● 寻找"查理"

在法国第一次会面时,金把贝斯特罗廖托夫介绍给"查理",此时已改叫后者阿尔诺。对方只交出了一份外交密码的部分内容,要求先提供 6 000 美元预付款,再交出剩下部分。金借故离开后,他们两人小坐了一会儿也分手离开。为了查清阿尔诺在巴黎的住址和真实身份,贝斯特罗廖托夫的助手皮普和埃里卡立即尾随而去,但这种做法两次都无功而返,因为阿尔诺显然受过反侦察训练,他非常灵活地在巴黎大街上绕来绕去,根本无法实施跟踪。后来,贝斯特罗廖托夫故意让他喝酒,想让他意识不清,以便降低跟踪难度,但这也没有什么效果,反而让他发现了被跟踪的事实。阿尔诺要求贝斯特罗廖托夫不要再费心找了,说"我就住在这里",但这显然是一个假地址。几经周折后,终于把阿尔诺的住址搞清楚了:他住在凯旋门附近的"拿破仑"宾馆,房客登记本上的姓名为埃里克·H. 奥尔德姆。

贝斯特罗廖托夫随即赶到伦敦,在姓名簿里找到了几个叫埃里克·奥尔德姆的人,但调查发现阿尔诺并不在其中。贝斯特罗廖托夫回到法国后决定改变策略,在与英国人再次见面时,他借口改变时间和地点,却突然出现在阿尔诺在"拿破仑"宾馆的房间里。阿尔诺对这次来访深感意外和不满,但贝斯特罗廖托夫获得了丰厚的回报:他在阿尔诺的皮制公文箱上看到阿尔诺真实姓名的首位字母 E、H、O,这与他的假冒姓名相吻合。

几天后,国际联盟在瑞士日内瓦召开例行会议,英国代表团成员照例下榻在博里瓦日饭店。饭店的住客名单上赫然列着欧内斯特·霍洛韦·奥尔德姆的名字,阿尔诺终于找到了! 后来,贝斯特罗廖托夫回忆说:"当我既不打招呼,又像明显没有看见他一样坐到酒吧里邻近他的一把椅子上时,他吓得脸色发白:我们的手指已经扼住了他的喉咙。"

不久后,贝斯特罗廖托夫来到伦敦,在《人名录》里找到了欧内斯特·霍洛韦·奥尔德姆这个名字,发现他曾经是陆军上尉,还获得过勋章,现在是外交部的职员,住在肯辛顿彭布罗克花园的别墅里。贝斯特罗廖托夫装扮成银行的高级职员,第二天便敲响了阿尔诺的家门。阿尔诺不在家。贝斯特罗廖托夫递给女仆一张写着伯爵名号的名片和 1 英镑,于是在客厅中间见到了阿尔诺傲慢的妻子露茜,他彬彬有礼地介绍自己是德累斯顿银行的代办,她丈夫说有些有价证券要存在这家银行,因为证券交易所汇率波动,为了储户的利益着想,他此行是专程来伦敦约见客户的。

一说到钱,冷冰冰的露茜对贝斯特罗廖托夫的脸色立马多了些许好感。贝斯特罗廖托夫感觉自信多了,于是趁热打铁,邀请她第二天到里茨饭店一起共进早餐。吃饭时两人不咸不淡地说着话,等到喝下一瓶勃艮第葡萄酒接着再喝白兰地之后,气氛变得热烈起来。"夫人"(国家政治保卫总局为她起的代号)对年轻的伯爵很有好感,诉苦说她丈夫酗酒,而且行为举止古怪,外交部反间谍处长、蒙哥马利元帅的兄弟蒙蒂说他名声不好。在送露茜回家的路上,她还透露说,她的丈夫阿尔诺根据医生的要求,眼下被关在伊普斯威奇附近的兰德艾尔舍姆城堡强制戒除酒瘾,她明天就让司机把他送到兰德艾尔舍姆城堡,希望他能帮她施加点影响。

贝斯特罗廖托夫喜出望外,第二天一大早就坐司机的车来到了兰德艾尔舍姆城堡。阿尔诺正躺在安乐椅上睡觉,当他睁开眼时大吃一惊:"是你?你怎么到这来了?你这该死的!"此外再无二话。阿尔诺已经无处可逃了。

- **经营"查理"**

贝斯特罗廖托夫在兰德艾尔舍姆城堡待了将近1个月,直到阿尔诺彻底痊愈,才与他一起回到伦敦。贝斯特罗廖托夫回忆说:"从此以后,阿尔诺老老实实地完成金提出的所有要求,但在与我谈话时常常痛骂他。情报搜集工作开始像一台调整良好的机器一样,按照计划定期运转。"与阿尔诺的关系得到了改善,阿尔诺夫妇多次坚决要求贝斯特罗廖托夫住到他们家,露茜还答应把阿尔诺的同事介绍给贝斯特罗廖托夫认识。阿尔诺对秘密情报工作表现出杰出的创造力和浓厚的兴趣,全心全意地投入情报搜集工作。他将小儿子安顿在德国莱茵河畔离波恩不远的一个富裕人家,为了联络方便,他委托贝斯特罗廖托夫"教育他的小儿子",这样他就能够以看儿子为借口,经常带着文件到德国交接。除德国外,见面地点还包括马德里、巴黎、瑞士布里恩茨的山间疗养地等处。贝斯特罗廖托夫与阿尔诺的关系按照当初预想的样子建立起来。金于1932年4月18日向中心报告说:"阿尔诺把他当成'贵族'、匈牙利贵族(阿尔诺很敬仰他,显然,已完全相信这个假身份),觉得他有点像一个布尔什维克,但不是俄罗斯人,所以相对而言更能接受……显然,他认为,汉斯要么是我们的战俘,要么是在欧洲'迷失了方向'……汉斯只是提出并解释我施加给阿尔诺的压力,他本人好像置身于这样一种局面,一旦工作失败,就意味着要把他调到其他的非欧洲地区工作。"

1931年底,阿尔诺还在住院期间,其妻子露茜与贝斯特罗廖托夫认识后不久,便爱上了这位年轻的匈牙利美男子伯爵,信誓旦旦地要求说如果得不到他的爱情回报,哪怕发生亲密行为也行。由于贝斯特罗廖托夫婉拒她到他所住的酒店房间,有一天,这位泼辣的英国女士干脆撩起裙摆,与心中的白马王子行了鱼水之欢。贝斯特罗廖托夫没有做错,因为与一位被拒绝的女人打交道要比一位顺利满足心愿的女人更加困难。而且此后的事实证明,露茜在整个行动中发挥了至关重要的作用,她为保护自己的情人免遭失败竭尽全力。

贝斯特罗廖托夫针对阿尔诺的秘密情报小组的主要任务有三项,包括获取情报资料、接近直接情报来源(阿尔诺只是中间人)和接触外交部其他工作人员。为了方便从一个国家向另一个国家运送一些重要的或者危险物品,他让阿尔诺给他办理一本真正的英国护照。为此,他专门研究了加拿大的报纸杂志,发现格林维尔勋爵的二儿子罗伯特在加拿大拥有一块土地,而且他就出生在此处的 North Points 庄园。为此,他买了 20 多本书,潜心研究加拿大的地理、历史、经济和日常生活情况。1932 年 7 月,阿尔诺将罗伯特·格林维尔勋爵名下的英国护照交给了贝斯特罗廖托夫,说这本护照并不像普通护照那样由内政部签发,而是由外交大臣约翰·西蒙爵士作为对格林维尔家族的特别关注和例外亲自签发的,还说:"我都不知道,罗伯特先生又来了!"

阿尔诺不负所望,他提供的英国外交部的密码电报,真实反映了 1932 年夏天欧洲发生的诸件大事、国际联盟的工作情况以及德国问题,让苏联党政军领导人及时洞悉英、法、德等欧洲主要国家的核心内幕机密情报和决策情况,未雨绸缪做出应对,这为贝斯特罗廖托夫赢得了极大的荣誉。1932 年 11 月 17 日,国家政治保卫总局总部颁布命令,因为圆满完成一系列具有重大战斗意义的计划和在此过程中所表现出的特别顽强精神,所以奖励贝斯特罗廖托夫一支枪,枪上面写着"与反革命进行无情的斗争,国家政治保卫总局委员会"等字样。

● **渐行渐远**

其实,阿尔诺对贝斯特罗廖托夫等人隐藏着天大的秘密。他的真实身份是外交部的密码递送和解码专家,担任密码通信分发室主任,根本不是什么印刷厂的排字工。他说他只是中间人,情报是外交部一个想捞取外快的朋友(某退役上尉)提供的,而且坚决不肯透露该人姓名,这也是谎话,其目的是借此索取更高的情报报酬:一部分说成给情报来源的,一部分说成自己的中介费。当时,贝斯特罗廖托夫信以为真,还对结识阿尔诺的同事以进一步扩大间谍网抱有很大期望。因为贝斯特罗廖托夫和莫斯科中心当时都不了解英外交部的工作模式与英国的国家体制,因此很容易受蒙骗,直到1933年阿尔诺去世之后,他才从外交部对该案件的调查报告里知道被这个家伙欺骗了。

从1932年秋天起,阿尔诺的工作陷入停滞,他不是错过会面安排,就是接头时拿不出有价值的情报。其实该年7月提交护照时就已出现苗头,当时阿尔诺让贝斯特罗廖托夫等了整整10天,也未提供任何有用的东西,贝斯特罗廖托夫还以为阿尔诺正在忙洛桑会议的事,顾不上搜集情报呢。11月11日,露茜到柏林来见贝斯特罗廖托夫时才一切真相大白:原来,阿尔诺10月中旬已被外交部解雇,干了20年连退休金都领不到,原因是近两年酗酒,最近半年基本不上班,还把拿回家的文件弄丢了。同事们试图帮助他,但发现毫无作用后便对他敬而远之,只有他的前助手坎普(苏联情报机关称其洛兰)还常到他家里去。他的经济状况极其糟糕,露茜已经准备与他离婚,搬到国外定居。他的健康状况也非常差,离彻底成为废人只有几个月时间。外交部里没有与他所说的情况对上号的所谓上尉,而且最近一年来他到日内瓦和巴黎出差的说法都是在撒谎。

贝斯特罗廖托夫考虑到阿尔诺的病情以及丧失了接密条件,于是向中心提出了今后针对阿尔诺的工作计划:一周后约其在柏林见面;鉴于其已经受到外交部的怀疑,最明智的做法是抛弃他,中断与其一切联系;为其提供一份终生退休金,以换取与主要情报来源的直接联系。中心批准了贝斯特罗廖托夫的意见,决定由他继续照料阿尔诺。

1932年圣诞节前,贝斯特罗廖托夫来到伦敦,目睹阿尔诺越来越深地陷入了酗酒造成的酒精中毒泥潭。12月22—24日,他的酒越喝越多,谁劝也不听,不让喝就打人骂人。25日晚上,贝斯特罗廖托夫来到阿尔诺家,发现他变成了一个无可救药的酒鬼,整天昏睡,醒了就喝,不给就闹,因为露茜拒绝让他喝酒,他竟然开始用力地掐住她的脖子,差点要了她的命。后来叫来医生和护士,注射了大剂量镇静剂才让他安静下来,随后把他送到乡下疗养。

阿尔诺治疗一段时间后身体有所恢复。1933年5月,他到巴黎与贝斯特罗廖托夫见面,来时提着外交部的皮制公文包,内装一个外交部的公用纸袋,里面既有外交部的密码本,也有解密电报,他看起来非常真诚地说这些都向情报来源付过钱了,价钱是1932年同类"货物"价格的两倍。贝斯特罗廖托夫付钱后,要求与情报来源直接联系并讨论阿尔诺的退休问题。阿尔诺回复说,他正在准备转交情报来源,但对方似乎还没做好思想准备。

1933年6月20日,阿尔诺携妻子专程来到巴黎,说因为没有支付情报费用,所以没带材料来,他还是露茜硬拉来落实会面指示的。贝斯特罗廖托夫发现他的情况虽然比预想的好得多,暂时还未出现疾病症状,而且在保持一定压力的情况下还能正儿八经地谈事并出国活动,但医生暗示他的酒瘾综合征很快就会发作,最近还常常出现心脏病发作迹象,很可能猝死。贝斯特罗廖托夫决定与阿尔诺一起赶到伦敦,并住到他们家里,以便与情报来源建立直接联系,如果达不到目的,哪怕获取一些情报资料也行。之后,贝斯特罗廖托夫立即把阿尔诺送到疗养院治病,把露茜安置到某个疗养地住一个月,等他们的身体调理好后再恢复情报搜集工作、与情报来源建立联系。

贝斯特罗廖托夫6月23日到达伦敦,在阿尔诺家里见证了他酒瘾发作的疯狂一幕:阿尔诺醒后开始胡闹,狂叫着要冲出门,还挥舞着拳头要打露茜和贝斯特罗廖托夫,直到灌下两杯杜松子酒才安静下来躺到床上,后半夜时分叫的医生终于来了,给他注射了镇静剂后,用急救车把他拉走了。但贝斯特罗廖托夫没有退路,他的任务还没有完成。

阿尔诺经过一个疗程治疗后恢复正常,表达出尽可能快地搜集和转交特殊情报的强烈愿望。为此,贝斯特罗廖托夫在海德公园一个僻静地方,手把手教会了阿尔诺如何提取外交部保险柜的钥匙模子,但阿尔诺的行动失败了,他对贝斯特罗廖托夫说大家很明显在怀疑他,因为他总是在保险柜边转悠,而他早就无权接触保险柜了。贝斯特罗廖托夫别无他法,只好重新把阿尔诺安顿进一家私人诊所,希望等他出院后再恢复工作,获取外交部密码。

1933年8月上旬,阿尔诺出院后来到瑞士与贝斯特罗廖托夫会面。他装出一副从容不迫的样子,还想用以前的手腕要弄贝斯特罗廖托夫。这一次金和贝斯特罗廖托夫决定实施"第一方案"予以回击,即金扮演"残酷无情的契卡工作人员",贝斯特罗廖托夫则是一个"温和的工作人员",一番红白脸演出结束,阿尔诺留下了深刻印象:看起来他正面临着与他们一刀两断的危险,靠他们赚钱的机会即将丧失,而贝斯特罗廖托夫是唯一不同意这样做的人。

阿尔诺回到伦敦后，向贝斯特罗廖托夫发出了信号：他没有回家和外交部，而是住进了一家宾馆；按照计划，他将花费一些时间搜集外交部驻国外官员情况，弄清谁是秘密情报局的特工。前三个星期他报告说，他还活着，尽量不让人看出他正在完成他们交给的任务。但9月22日，从露茜处传来消息，阿尔诺从宾馆离开一去不归，也没有留下去向，外交部官员经常看到他醉倒在酒店和大街上，向他住的宾馆里的瑞士房客借钱，9月中旬让一个瑞士人拿着他的护照到外交部找坎普，希望后者念及旧情为他非法办理出国签证，但坎普将护照扣下，捎话要求他亲自来外交部，阿尔诺害怕被捕，于是躲了起来。

阿尔诺从瑞士回来后，酒瘾综合征又发作了。1933年9月29日，也就是阿尔诺离开外交部即将一周年前，他被发现昏迷在自家厨房里，厨房里充满了煤气味。他被火速送往医院，但刚到医院就死了。解剖发现，他的死因是在"头脑不清醒时""煤气中毒"。

● **全身而退**

贝斯特罗廖托夫执意到伦敦与直接情报来源建立联系的做法其实冒了极大的风险。就在阿尔诺住院期间，露茜最终决定离婚，她把家里最值钱的东西都拿走了，还与律师联系，希望从她认为丈夫经商所赚的钱中得到应属自己的一份。律师来后，把贝斯特罗廖托夫叫到单独房间，仔细询问他的公司名称和地址、他住在哪儿等情况。贝斯特罗廖托夫拟定了一个脱身计划。但是，阿尔诺明显受到了怀疑，而且律师24小时内很有可能对贝斯特罗廖托夫所说的情况进行检查，因此金担心贝斯特罗廖托夫会被英国人干掉，尽管如此，他也没有下令让贝斯特罗廖托夫立即撤退："现在撤退意味着我们将丧失一个非常重要的情报来源，而这将会削弱我们的防卫，同时助长敌人的力量。今天，我们可能失去安德烈，明天我们还可能失去其他同志。但他们的工作性质决定了这种危险是不可避免的。"贝斯特罗廖托夫也非常赞同金的观点："我接到了停止与阿尔诺工作、所有人撤回大陆的命令。但我申请把我一个人留在伦敦，接下来继续施加压力，争取明年拿到密码。申请获得了批准。"

贝斯特罗廖托夫在回忆里写道："我像往常一样坐在湖边的长椅上。我在这里见到了妻子，她把金让他转交的A.加拉斯的护照带给我，还把我放在她那里的手枪拿来了，为的是必要时开枪自杀。我和妻子像上战场前一样做了告别。"

形势越来越紧张，留下来的风险也越来越大。"夫人"的律师是一个危险人物，阿尔诺的同事坎普则更加危险。1933年夏天前,他两次进入贝斯特罗廖托夫的视野,但当时贝斯特罗廖托夫以为他就是阿尔诺所说的直接情报来源。同年7月,坎普在阿尔诺家庭事务中的作用忽然凸显,他经常以朋友兼同事的身份到阿尔诺家,打听阿尔诺的财产状况、与国外联系和过去的出国情况。他有可能真的是阿尔诺所称的直接情报来源,在考验自己的中间人是否诚实,或者看到阿尔诺失去工作能力后亲自寻求与情报机关建立联系。为了摸清坎普的真实面目,莫斯科中心责成贝斯特罗廖托夫亲自与他见一面,考虑到会面的危险程度还采取了应急措施:如果行动彻底失败,贝斯特罗廖托夫必须迅速逃离英国!贝斯特罗廖托夫让夫人请坎普到家里共进晚餐,夫人照办了。

晚餐开始了。一番客套话之后,坎普便把话题转向他的朋友欧内斯特的家庭情况,说他行为古怪。贝斯特罗廖托夫如坐针毡。突然,夫人用手帕擦擦眼睛,说她也觉得她丈夫举止太怪异了,因为他总是定期出国,让人联想他是为了同一件事去见同一个人,他在外交部偷了一个印有"陛下信使"字样的公文包,还求外交大臣为一个陌生人办了一本护照,可惜她没看到那人的名字和照片。坎普一听,一拳砸到桌子上说:"就是他!就是他!我正在奉命寻找这个该死的家伙,他就是在欧内斯特身边活动的外国间谍!"贝斯特罗廖托夫坐在那里听着,身上一阵阵发冷,但是最初的危险过去之后,极度的恐怖反而增强了他的意志、理智和决心。他大包大揽地对坎普承诺说,我一定帮你找到那个人,我知道阿尔诺的家庭底细,阿尔诺在德国有很大一笔不动产,我虽然是大银行的代办,职责不允许我泄露客户的信息,但我仍然可以帮你了解阿尔诺的家族秘密,明天中午1点,我们在里茨饭店共进午餐,我把所有秘密都告诉你,现在就不劳夫人说那些枯燥的细节了。坎普一听,喜出望外地同意了,贝斯特罗廖托夫起身来到电话旁,预订了明天的午餐,餐毕与坎普和夫人彬彬有礼地分手告别。第二天一大清早,他便搭乘头班飞机离开了伦敦,此后再未踏上英国土地。

1933年7月24日,金向莫斯科中心报告:"我要特别表扬汉斯的献身精神,尽管面临着失败的现实危险以及由此引发的所有后果,但他也没有比指定的时间提前哪怕1小时离开。为了执行中心的指示,他在撤离前还与洛兰见了一面。"莫斯科中心8月4日复信称:"请转告汉斯,我们已经注意到他在与阿尔诺一起工作的这段非常困难而危险的日子里所表现出的牺牲精神、自律、足智多谋和勇气。"贝斯特罗廖托夫此后在欧洲大陆继续从事秘密情报工作,成为苏联和俄罗斯对外情报工作最出色的英雄人物之一,其照片至今仍然悬挂在俄对外情报局总部雅瑟涅沃的荣誉室里。

(二)大特工库柏"瞒天过海"招募英外交部译电员金上尉

● **库柏其人**

真名亨利·克里斯蒂安·皮克,荷兰艺术家,原为荷兰共产党员,后按照上级要求退党,1930年开始与国家政治保卫总局国外处合作,是该处派驻国外的秘密工作人员。其上司著名的苏联"大特工"贝斯特罗廖托夫对其评价称:"库柏有三个主要优点:忠于信仰和所献身的事业;在物质问题上诚实正直;言语直爽,对同志们率直……此外,库柏还具有对工作极为有利的才能:他是一个优秀的演员,角色扮演得很自然,有时还很精湛,他谈吐机智,熟悉环境,积极主动,文质彬彬,看人的眼光准确,有修养,懂政治——所有这些优点能够有助于他解决好与招募对象的关系。"而且,库柏身上还有很多特质,令贝斯特罗廖托夫非常看重和欣赏,比如热爱情报事业、工作热情高,而且充满浪漫主义色彩以及与生俱来的表演欲。他拥有货真价实的英国国籍和合法护照,门第高贵,外表帅气,艺术家的职业能够为其开辟通向任何社会阶层的道路,精通荷兰语、德语、法语、英语,并粗通意大利语和丹麦语,还有一个特长就是善于"接近女性"。虽然库柏在个人生活中缺乏条理、粗枝大叶,纪律性不强,意志也不够坚定,演不了反派,干不了对人施压、让人走投无路、摧毁人的精神意志、讹诈和威胁杀人的活计,但贝斯特罗廖托夫仍然认为"他是一个理想的眼线,是非常不错的招募人。"

● **搜寻目标**

1932年初,库柏受莫斯科总部委派,来到日内瓦常驻。一开始,他的主要任务是负责招募英国外交部派驻国际联盟的外交官博伊。他发挥自己的职业特长,很快便在驻日内瓦的英国官员和记者中间结识了不少朋友和熟人,其中包括人称"长官"的英国副领事哈维先生,以及哈维的下属、未婚女婿外交官谢利。库柏的魅力如此之大,甚至有一个十分重要的英国女人竟然主动要求库柏给她画像,要是放在以前,如果别人胆敢向她提出这个要求,肯定会招致她的白眼,然后被一口回绝的。库柏邀请谢利与其他一些从事密码工作的职员到他位于荷兰海牙的家中做客,充分展示自己的魅力和友善,借机评估到底哪个人更适合被培养招募成为间谍。

功夫不负有心人。经过一年多的努力,到 1933 年 11 月底时,库柏彻底打入了英国外交官这个圈子。有一次,哈维和老朋友在俱乐部聚会时隆重宣布库柏为"自己人",对他可以无话不说、无事不做。他还常常邀请库柏到自己家中做客,有一次甚至还把他领进了密码室。这表明,库柏在当地社会中的地位正在提高,而且丝毫没有人怀疑他的苏联特工身份。

由于一系列无法控制的原因,对谢利的招募工作到 1934 年 12 月正式宣告失败。但在这个过程中,库柏幸运地结识了哈维的部下、译电员约翰·赫伯特·金上尉。金于 1934 年进入英国外交部担任译电员,但属于"临时职员",即无权享受退休金的待遇。库柏凭借灵敏的职业嗅觉,认为此人条件理想而且有机可乘,经过向贝斯特罗廖托夫汇报和共同研究之后,决定开始对金进行详尽的调研、培养和招募工作。同年 10 月 8 日,贝斯特罗廖托夫向内务人民委员会总部汇报了库柏的调研成果:"在日内瓦,库柏认识了译电员金。金 50 来岁,是个爱尔兰人,在德国生活了 10 年,德语说得非常流利。金是一个活泼好学的人,相当聪明,受过教育。在傲慢愚蠢的英国人当中,他的学识使他鹤立鸡群。他喜欢并精通音乐,也爱好戏剧……是一个性情极为古怪的人,醉心法术和魔术。"因为金在爱尔兰出生,因此他并不认同自己是英国人,而且虽然反对苏联,但也"痛恨英国"。金的弱点很多,也很明显,可资利用:他与妻子关系不和,还养了一个美国情妇,光靠他在外交部的那些薪水远远不够。"金极需要钱,因为他要用不高的薪水养活自己、上大学的儿子和妻子,虽然资格老,职务却始终未能升迁(因为是爱尔兰出身)。他非常喜欢喝酒,特别是别人付账或借债喝酒时尤为如此。作为爱尔兰人,他不喜欢英国人,容易与外国人接近。"除此之外,金对"艺术家库柏"评价很高,两人已经痛饮了交谊酒,从此开始以"你我"相称。如此一来,对金进行间谍培养、招募的先决条件全部具备了。1935 年初,贝斯特罗廖托夫和库柏决定以"马格"这个化名指代金,并采用以金钱物质为主要手段对他开展招募工作。

● **巧搭平台**

1935 年初,马格调回伦敦工作。为了更好地接近、吸引并最终将马格招募为苏联间谍,也为自己有充足的机会前往英国,库柏煞费苦心地为自己设计、搭建起两个身份掩护平台。首先,他通过英国外交官谢利牵线搭桥,认识了英国著名建筑师卡梅伦·科比,开始为自己搭建商人身份:库柏通过科比认识了一批英国银行家、承包商和批发商,并在科比的推荐下加入了声名显赫的"奥尔巴尼俱乐部",该俱乐部的会员大多是英国一些有名的艺术家和建筑师;接着,库柏依靠这些新结识的关系和人脉,又与荷兰商业界建立起联系,并接受荷兰贸易部一名高级官员的秘密委托,在英国寻找 200 万罐色拉油销售中介。这批色拉油原本是要提供给失业者使用,但荷兰执政党领导人企图从中牟利,没想到东窗事发,结果酿成了一桩政治丑闻,于是贸易部决定找一个冒名顶替者摆平此事,销售色拉油赚取的 10 万荷兰盾约定在贸易部官员、库柏以及谢利等英国朋友们之间分配。不知道这批色拉油买卖的结局如何,但库柏由此获得了多次到英国出差的机会。在英国,库柏找到了一家打算进口荷兰奶酪和黄油的公司,他在英国贸易部认识的一名官员也私下参与了这笔交易,并且为他在贸易展览会上预定了展台。另外,库柏还与英国批发商组建了一家"国际商品交易股份公司",被贝斯特罗廖托夫后来戏称为"皮包公司"。通过这一系列眼花缭乱的运作,库柏成功地把自己塑造成为一个贸易商人。

与此同时,库柏根据贝斯特罗廖托夫的指示,充分发挥自己艺术家的老本行,与英国艺术界和艺术界周围的知识分子建立起联系。他通过"奥尔巴尼俱乐部"秘书帕特里奇的引荐,结识了退役将军肯蒂什和瓦尔特·皮科克先生。两人都需要钱,希望经商做生意,但前提条件是这种生意要符合其绅士身份,比如做艺术品买卖等。就这样,库柏成功地融入了英国艺术家及其崇拜者的圈子。

库柏之所以如此精心地编织和构筑这两个社会交往网络和身份掩护平台,其目的不仅在于借此提高其在英国的社会地位,而且希望能对马格产生明显影响。不出所料,马格通过私下观察认为,库柏是一个可信赖的务实之人,颇受英国上流社会欢迎。他还发现,英国公职人员虽然表面上衣冠楚楚、冠冕堂皇,但私下里通过一切正当和不正当的手段利用职务之便为自己捞取外快。这让他愤愤不平,打心眼里瞧不起他们。但人穷志短,自己也缺钱,也得找有影响力的关系当靠山。因此,看到库柏在英国混得风生水起,马格的心里充满了羡慕嫉妒恨。

● **巧妙下套**

库柏对马格的刺激和影响开始显效,他开始向对方发起进攻。为了把马格招募到手,库柏很有心机地刻意培养他。有一次,库柏夫妇盛情邀请马格及其情妇到西班牙做了一次豪华旅行,吃住都是最高档次。虽然马格二人"让人非常讨厌",但是旅行以及库柏夫妇的热情好客给马格留下了非常深刻的印象。1935 年 1 月底左右,马格的儿子大学毕业后要找工作。看到库柏人脉资源如此丰富,而自己事事处处都要仰人鼻息,马格不禁心生酸楚。为了儿子的前程着想,马格请求库柏将儿子介绍给皮科克先生。库柏正求之不得,于是一口答应,说要安排一起吃顿晚饭。但临到赴宴时,马格突然发现儿子没有燕尾服可穿,而燕尾服是出席此类晚宴的正式服装,非穿不可,在此种情况下晚宴不得不取消。马格想到自己干了这么多年外交官,已经年过半百了,事到临头却连一套燕尾服都买不起,为儿子攀的高枝到眼前了却连面都见不上,不禁悲从中来,情绪一落千丈。库柏看在眼里喜上心头:招募马格的大好时机到来了!

库柏趁机开导马格,说为了让上流社会接受就需要钱:"需要有汽车,会跳舞、喝酒,不缺钱,那时就可以交上需要的朋友。交上有势力的朋友之后,就不难得到某个重要人物的私人秘书的职位。"马格原本因为晚宴泡汤正闷闷不乐,一听此话顿时觉得百分百正确,因为儿子的前途归根结底全在一个"钱"字上,太需要一大笔钱了!但是怎样才能挣到呢?要是有机会,可以不惜一切!库柏一听有门,马上说自己熟悉一家大银行,在德国交易所等交易场合搞投资生意,需要欧洲各主要国家重工业发展趋势的准确详细的情报。比如,如果知道了意大利和阿比西尼亚(现埃塞俄比亚)即将开战,为了规避损失,就要迅速抛售为墨索里尼制造军火的意大利工厂的股票;而如果德国空军建设实现了合法化,就要及时买进德国航空工业的股票。所有这些都是一种政治决定,只能从马格现在供职的外交部门才能了解到,马格应该把掌握的情况转化成资本,银行愿意每月付给100英镑,他和马格可按四六分成。马格觉得这件事完全可行,他可以对经手的文件做摘录。库柏立即说,搞摘录怎么行?这种活既辛苦又危险,要干就要拿原件,摘录件不要。马格原则上同意这个建议,但自己需要好好考虑考虑。库柏与马格的第一次正式会面就这样结束了。

分手后,库柏立即将会面谈话情况向贝斯特罗廖托夫做了汇报。两人认真分析了马格的心理状况,研究了相应的应对策略,为进一步说服马格予以合作做了充分准备。马格回去后也对库柏的建议做了反复考虑。第二次见面时,马格非常详细地询问了银行的活动情况。库柏有备而来,编造说银行曾经多次在获得宝贵情报后进行了成功的投资交易,为了增加说服力,他还引用了大量数字。马格听后非常满意,说银行需要详细情报的建议完全正常,他同意为银行工作,不过必须找到合适的合作方式,以确保银行既能得到外交部最重要的情报,又能在收到情报后立即付钱。

他对库柏解释说,外交部最重要的电报内容并不出现在每周通报里,最重要的电报都先用打字机打印后,再通过秘书提供给内阁大臣或常务副大臣。他所在的处经手的外交部最重要情报数量最多,情报一般午饭后送来,正好在他的班上,到了第二天早上外交部再向各大使馆发送电报。他准备摘录的不仅仅包括他所经手解密的电报,他还能在其他房间看到报告,并对同事们谈论的某些情报进行录音。他可以在每天晚上11点把情报交给库柏,库柏第二天早晨就能将情报交给银行家。马格还叮嘱库柏说,这件事是他背着儿子偷偷干的,千万不要在别人面前渲染他们之间的友谊,而且两人以后最好尽量避免同时出现在某个交际场合。库柏大喜过望,趁机与他讨论并确定了今后秘密见面的办法,约定了联系方式。

马格在与库柏发展关系的过程中,表现出相当强的主动性,甚至还强行提出了合作条件以及仅仅局限于电报摘录、不提供原件的要求,这说明招募工作取得了突破性的进展。这让贝斯特罗廖托夫和库柏非常兴奋。但为了对马格的真实意图进行考察和验证,必须让他拿一两次材料予以证明。

● **机会来了**

1935年3月29日上午10点,马格给库柏拿来一份电报摘录件,这是前不久希特勒与英国约翰·西蒙勋爵的会谈内容,包括取消波兰走廊、修改《凡尔赛条约》等。马格在转交这份情报时,采取了预防措施:他要求库柏把情报内容背诵下来,然后烧毁了手稿,理由是如果库柏被人抓住,反间谍部门会立即调查情报的真实性,然后调查外交部工作人员中是否有人充当外国间谍,这样他就会暴露。当库柏按照约定交给他60英镑时,也被他一口回绝了。他要求库柏为他开立一个秘密账户,把自己那份钱存进去,并希望银行能利用这些情报成功交易后给他发放奖金:"我期待很快能得到500英镑。我知道,您不会欺骗我,我们应该相互信任:您可能想,只要我拿起电话,跟什么人说几句话,您可能就回不了家了。可您相信我,同我开诚布公地说话,我同样也相信您和银行。当时,在日内瓦,我把您当成某大国的侦察员了,后来,我在伦敦觉得,您是奉命来接近我的反间谍人员,现在我完全相信您了。"库柏说,银行要靠确凿的证据办事,不可能仅仅根据这样的口头情报就支付一大笔钱来冒险。马格承认库柏说得有道理,便答应提供帝国掌玺大臣安东尼·戈登的电报原件。马格又迈出了通向间谍之路的关键一步。

库柏把马格提供的情报向贝斯特罗廖托夫做了汇报和甄别,认为尽管报告中的一些要点媒体已经披露,但马格显然未提供假情报,没想轻而易举地赚钱,不过他表现得非常谨慎,指望通过长期合作获得几千英镑的外快。他为所谓银行工作的动机是,他在英国是外人,因此并不认为与银行合作是不忠的表现,但因为这种合作使他面临巨大风险,所以他要求获得金钱回报;他能够认真坦率地讨论与库柏的合作前景,没有表现出不好意思。这些都表明他是一个相当狡猾和谨慎之人。事实也的确如此,随着双方之间的信任程度越来越牢固,马格后来透露了他对库柏的考察情况:在与库柏第一次共进午餐后,他就向上司哈维做了汇报,说有一个外国人请他吃饭,但日内瓦到处都是居心叵测之人,他该怎么办?哈维答复说库柏是他朋友,完全值得信任,这促使他与库柏发展友谊。后来,库柏建议他为银行工作,让他一度怀疑库柏是长官派来试探自己的特工,害怕掉入反间谍部门设下的圈套。于是,他通过熟人打听库柏的情况,并私下询问了库柏与谢利和其他官员的关系,确信这一切正常之后,他才开始为库柏和银行搜集外交部的材料。为了安全方便起见,他还要求库柏安排好每天从他手中接收材料的事。

● **大功告成**

"揭盖子"的时候到了。库柏决定向马格摊牌。1935年4月16日,马格拿着斯坦利·鲍德温发给约翰·西蒙的解密电报来见库柏,这是他拿来的第一份书面材料。他说电报是他亲自解密的,因为特别重要,所以不会列入每日简报,他拿这封电报来就是为了向银行家证明他每天都处理什么样的文件,以前向库柏口述的情报都出自哪里。他要库柏把这份电报作为证据拿给银行家看,之后立即销毁。他建议库柏把电报单独装进一个信封,封面上用荷兰语写上"须立即销毁",为防止意外,信封外面要再套一个信封,上面写上库柏妻子的地址。

1935年5月4日晚,马格拿来了他白天收到的一些重要电报速记稿。在解密和口述速记电报内容时,库柏不小心出了个错,这让马格很生气,于是他亲自写起了电报内容。库柏见状便劝他交出了速记稿。马格说:"根据这张公文纸就能查出我的房间号,根据房间号和笔迹就能查到我。我现在把性命都交到你们手里了。请记住,我是爱尔兰人——我要么是百分之百的朋友,要么是不折不扣的敌人。请不要让我失望。"库柏拿出100英镑,马格没要,而是要求库柏代为保管,存在那个账户里。他再次重复说:"我是爱尔兰人,任何事情都会走极端。"还说用钱收买不了他,他接受银行家的建议只有两个原因:"第一,我是个外国人,与为之工作的国家没有任何关系;第二,收集任何政治情报最终都是为资本家服务,与我现在的工作没有什么区别。"

1935年5月9日,贝斯特罗廖托夫充满喜悦地向莫斯科总部报告说:"在分析马格上面所讲述的情况时,我们认为,招募阶段已经结束,马格同意工作证明了这一点;到了这个阶段,是否进一步发展合作不取决于他,而是取决于我们;需要找一个每天接收材料的人。"

库柏在培养和招募马格充当苏联间谍的过程中,刻意隐瞒了自己的真实身份和背景。马格虽然蒙在鼓里,不知道自己到底为哪个国家服务,但之后的工作热情越来越高涨,获情能力也一步步地提高,英国政府的文件和密电、外交部每日和每周外交通信要点等秘密材料源源不断地送来,再转报给莫斯科,其中一些英国驻柏林使馆关于与希特勒谈判结果的电报则直接提供给斯大林本人,使苏联在与西方政府打交道时洞若观火、占尽先机。

1937年11月,苏联内务人民委员会驻荷兰高级官员瓦尔特·克里维茨基叛逃西方,并于1939年向英国反间谍部门出卖了马格。马格在伦敦滨河大道一家茶室向苏联联络人转交机密文件时被当场抓获,同年10月经过秘密审讯后被判处10年监禁。

第四章

风起青萍

—— "剑桥五杰" 生逢其时

对外情报工作的顺利开展,离不开合适的国内外大小背景。克格勃叛逃特工瓦西里·米特罗欣指出:"自20世纪30年代起,苏联在英国的情报活动可以分为三个不同的阶段。第一阶段是由大特工所创建的黄金时期。在此期间,克格勃所搜集的情报(尽管他们经常无法解读)要远远强于英国历史上其他任何敌对的情报机构。第二阶段是50年代至60年代,被称作白银时期。这个时期不乏具有重大价值的成功情报,但数目较少。第三阶段是从70年代到80年代,几乎没有显著成绩,还发生过几次重大失败,最多只能被称为青铜时期。"①20世纪30年代,苏联人之所以能在英国,而不是在其他国家招募到"剑桥五杰"如此杰出的青年大学师生为己效力;换言之,"剑桥五杰"之所以成为苏联对外情报机构能够招募到的最优秀的外国间谍,绝非无中生有、空穴来风。这脱离不开当时西方资本主义世界经济凋敝、民不聊生、人心思变、法西斯主义开始崛起、战争阴云笼罩大地的国际大环境,脱离不开两次世界大战期间苏联作为世界上第一个工农国家的光辉形象和超越西方主流意识形态的吸引力,脱离不开英国社会风靡一时的"剑桥叛国气候",也脱离不开苏联对外情报机构领导人和所属特工。

20世纪二三十年代,正值新生的苏维埃政权克服千难万险蓬勃发展壮大之时,也是苏俄对外情报机构国外处初创和发展壮大的黄金时期。在契卡及其后衍生改组而来的国家安全和情报机构主要矛头对内的大环境下,对外情报机构国外处从无到有、从小到大、从弱变强,走过了一条艰苦复杂而又成果丰硕的道路。领导人大多积极向上、勇于进取、大胆开拓、奋勇创新,少清规戒律束缚与掣肘,表现出高瞻远瞩的战略眼光,做出了超前的战略部署。特工们大多智勇双全、素质高超、手段娴熟,

---

① [英]克里斯托弗·安德鲁、[俄]瓦西里·米特罗欣:《克格勃绝密档案》(下),当代世界出版社2002年版,第632页。

以国家和民族利益为先,坚持进攻,不畏生死,敢于闯龙潭、入虎穴。上下同心同德,共同探索制定出一系列行之有效的规章制度、工作规律和经验做法,创造了许多至今仍然值得称道的经典案例,涌现出至今仍为人效仿的无名英雄,为克格勃第一总局乃至今天的俄联邦安全局和俄对外情报局奠定了坚实基础,留下了宝贵的精神财富。克格勃乃至今天的俄联邦安全局、对外情报局的荣誉室里,仍然悬挂着多伊奇、马利等对外情报机构领导人和秘派特工的画像与事迹,就是明证。

虽然因为各种各样的原因,苏俄(苏联)对外情报机构最初向英国的派遣工作遭受了挫败,但他们愈挫愈勇,主动分析总结经验教训,研究制定改进措施。他们分析认为,对外情报特工以公开合法途径派驻苏俄、苏联驻外全权代表处或者贸易代表处等官方机构任职,固然可以享受外交豁免权等待遇,生命安全方面无虞,开展活动也比较便利,但上述机构包括工作人员均为驻在国反间谍机构重点关注目标,外出活动有人跟踪监视,打电话受到监听,书信往来有人检查,发送电报可能被截收破译,诸如此类,不一而足。相反,那些以非官方、纯民间机构名义设立的情报站以及派驻特工,大隐隐于市,受驻在国反间谍机构关注程度比合法情报站要小得多,各方面自由度也优越得多。因此,既然以公开合法身份对外派遣人员之路行不通,何不让特工们以秘密身份潜入英国内部,继续完成刺探英国和西方内部机密的伟大使命呢?在此情况下,1922年6月28日,苏俄内务人民委员会所属契卡国外处境外科条例应运而生。

随着时间的推移,苏联对外情报机构不断地开展向国外派遣特工工作,不论是在公开合法途径还是在非法派遣方面,有成功有失败,有经验有教训,信心越来越强,渠道越来越多,路子也越来越顺。非法特工的形象逐渐成为苏联文化的一个组成元素,披上了一层浪漫耀眼的光环。苏联电影《春天的十七个瞬间》《侦察员的功勋》为此做了很好的注脚。其实,放在现实世界里,秘派特工要放弃自己的真实姓名,与朋友和亲人离别,甚至要明白,从此以后对亲人来说生死可能永远都是秘密。不管怎么说,无论是对外情报机构领导层面,还是执行具体潜入任务的特工人员,早已准备到位,只待一声令下即可整装待发,前往国外执行秘密情报任务。可以说,有苏联对外情报机构领导人高瞻远瞩的战略眼光和长远规划加持,有身怀绝技的"大特工"领路和指导,思想上已经成熟的"剑桥五杰"可谓生逢其时,在正确的时间、正确的地点遇上了正确的人,占尽了"天时""地利""人和"各个方面的先机。

第四章 风起青萍——"剑桥五杰"生逢其时

一、万事俱备，只欠东风

（一）"天时"已备

从当时的国际环境来看，对于苏俄和此后的苏联对外情报机构在国外开展谍报活动非常有利。

十月革命一声炮响，完成了人类历史上第一次最深刻的社会革命，实现了从资本主义旧世界到社会主义新世界的根本转变。

十月革命胜利后，李维诺夫奉命来到伦敦担任苏维埃政权驻英代表，旨在将英国作为突破口，打破帝国主义的孤立和封锁并争取外交承认。在他的积极努力斡旋下，英国政府首先同意终止对苏经济封锁，并于 1924 年正式承认苏联。在其带动下，之后有许多欧洲国家与苏联签署了贸易协定，到 1924 年底已有 20 多个国家与苏联建立了外交关系，这标志着苏联不仅赢得了和平喘息的时间，而且争得了与资本主义国家和平共处的时期，1924 年因此被称为"承认苏联之年"。李维诺夫于 1930 年担任苏联外长后，积极推行与前任契切林和列夫·托洛茨基不同的务实外交路线。作为一名西欧主义者，他与契切林和莫洛托夫将德国作为苏联的主要伙伴观点不同，而是认为英、法、美才是苏联的主要伙伴，并从国家安全角度出发，尽其最大努力与英法两国营造一个良好的国际氛围，还于 1933 年成功说服美国正式承认苏联政府为合法政府，将苏联的国际地位推向一个新的高度。

与此同时，粉碎帝国主义武装干涉和国内反革命叛乱后，苏联党和政府采取各种措施恢复国民经济，正常社会和民生秩序逐渐恢复正常。1929 年 5 月，苏联苏维埃第五次代表大会批准了人类历史上第一个五年计划（1928—1933 年），以将苏联从一个农业国变成工业国，变成经济上独立的强大国家。在苏联党和政府的领导下，千百万个苏联人怀着高涨的建设激情投入社会主义建设，职员们开展劳动竞赛，组织突击队，发挥高度的劳动和政治积极性，响亮地提出了"五年计划四年完成"的战斗口号。工人和工程技术人员在劳动中表现出大无畏的英雄气概，做出了出色的成绩。1933 年 1 月，苏联政府宣布"一五计划"以 4 年零 3 个月的时间提前 9 个月完成，苏联由此从农业国家成为工业国家，建立起了独立的国民经济体系和国民经济技术改造基础,继续完成第二个、第三个五年计划。其蓬勃向上的全民精气神和在社会主义建设中取得的伟大成就令人瞩目,吸引了世人关注的目光。

同一时期,西方却面临着严重的经济危机和政治危机。1929年10月末,从华尔街开始的经济恐慌在西方资本主义社会中迅速蔓延,导致了一场世界性的经济危机,并且一直持续到1932年才告结束。危机期间,包括英、美、德、意等老牌资本主义国家在内的西方国家工业生产直线下降,外贸锐减,税收下降,货币暴跌,失业飙升,民不聊生。经济危机又严重激化了本就相当尖锐复杂的社会矛盾,政府软弱无能,民众人心惶惶,又连带酿成了严重的政治危机。德、意、日的法西斯主义者利用人民希望复兴和发展而又不知道怎么办的心理,大肆宣扬反犹反共主义,欺骗国民使其觉得找到了合适的领导人,法西斯主义开始崛起并应运而生,德国、意大利和奥地利纷纷确立了纳粹和法西斯制度,战争威胁不断加剧,第二次世界大战的策源地逐渐在远东和欧洲形成,战争和死亡的阴云开始笼罩在欧亚大陆人民的头上挥之不去。

一边是在俄罗斯建立社会主义社会的大规模社会试验令人振奋和向往,另一边是西方民主社会令人沮丧而不断加剧的政治腐败、经济萧条和道德沦丧,两相对比,高下立判。以英国为例,一方面是造成300万人失业的社会制度,另一方面是当时面临的民族社会主义。在此情况下,作为工党、绥靖政策和那种"假正经"的对立面,共产主义似乎更容易让人接受。因此,一大批中上层知识分子忧心忡忡,对资本主义社会普遍感到绝望,对刚刚诞生、正在进行社会主义工业化建设并取得斐然成就的苏联充满向往。再以英国为例,共产党在大学里面积极开展吸收党员和宣传鼓动工作,再加上青年师生不论是在年龄上还是在知识水平上都最有接受能力,从而有力地推动了共产主义思想在大学生阶层中间广泛传播。尽管他们出身富有,享受着资产阶级的物质文明,但马克思主义超越国家的、国际主义的部分促使他们鄙视这个社会,认为它不会再存在多久,进而奋起反抗现行社会制度。由于在思想上已经无法与原本所属的阶级产生共鸣,因此许多青年才俊最后反而成为本阶级的叛逆和共产主义的信徒。

更重要的是,20世纪30年代,在英国许多大学校园,尤其是在剑桥大学这座具有悠久历史的校园里,人们谈论最多的是社会主义,苏联的成功经验使年轻的大学生们兴奋不已,共产党的活动几乎是公开的,许多教师也是共产党员,他们利用辅导学生传授共产主义信仰。学校里弥漫着一种浓郁的"叛国气候"。2003年,BBC四集电视剧《剑桥间谍》播出。主人公之一的伯吉斯即引用著名使徒 E. M. 福斯特的话说:"如果我需要在背叛我的国家和背叛我的朋友之间选择,我希望有勇气背叛我的国家。"话毕,与好友布伦特深深拥抱。后来加入苏联谍报队伍的美国大学生迈克尔·斯特雷特估计:"我去剑桥的时候,社会主义社团大约有200名成员;到我离开时,其成员发展到600名,其中大约有四分之一属于共产党基层组织的成员。"① 其中很多人持有与伯吉斯、布伦特同样的想法。苏联谍报机构正是发现并利用了这种土壤,开始在英国大学生中间物色、培养和招募间谍。

菲尔比到苏联后在回忆录里写道:"我最早的政治思想倾向于劳工运动。1929年我进入剑桥大学后的最早行动之一是加入剑桥大学社会主义者学会。在头两年,我按时参加他们的会议,但不参加其他活动。经过广泛的阅读之后,我逐渐明白了英国工党与世界左派的主流绝非同一立场。但是,我思想转变的真正转折点在于1931年工党的混乱和失败。简直令人难以置信,在危急时刻工党对反动势力所能调动的后备力量竟那样束手无策。更重要的是,当时带讽刺挖苦性的宣传竟使一个被认为是经验丰富的选区一下子出现了一边倒的现象,结果使人们对整个议会民主的想象中的有效性产生了严重的怀疑。"② "因此,我在这里只是想说明一下是工党1931年的灾难第一次促使我认真地考虑选择其他组织代表工党的可能性。我开始更加积极地参加剑桥大学社会主义者学会的活动,并于1931—1933年担任了该会的司库,这使我接触到批评工党的大量左翼主张,特别是共产主义者的主张。除了博览和不断评价关于欧洲社会主义的经典著作之外,我还参加学会内生动活泼的、时而十分热烈的讨论。那是一个缓慢的思想转变过程,我由社会主义观点变为持共产主义观点共用了两年的时间。直到1933年夏,我在剑桥大学读书的最后一个学期,才抛弃了我的最后疑虑。我离开大学时得到了学位并确立了一定要把我的生命贡献给共产主义的信念。"③

(二)"地利"齐全

与苏联体系不同的是,英国的安全和情报机构分为军情五局和军情六局。

---

① 高金虎:《谍报魔法师——间谍的招募与培训大揭秘》,东方出版社2007年版,第120页。
② [苏]金·菲尔比:《谍海余生记》,群众出版社1984年版,第6页。
③ [苏]金·菲尔比:《谍海余生记》,群众出版社1984年版,第6—7页。

英国安全局（Security Service）又称军情五局（MI5），专职负责国家安全工作，是英国政府负责对内情报和安全工作的龙头。自 1909 年 10 月成立以来，该局的名称与隶属关系多次变更：一开始称为秘密勤务局国内部（Home Section of the Secret Service Bureau），隶属陆军部；1914 年 4 月改称第五军事情报组织（Military Operations Section 5，MO5），1916 年 9 月改称军情五局（Military Intelligence Section 5，MI5）。第一次世界大战后，军情五局归属内政部领导，并于 1929 年改称国防保安局（Defense Security Service），1931 年其名称被定为安全局，并一直保持至今。但在实际运用中，军情五局是安全局最著名、最流行的代称。

英国秘密情报局（Secret Intelligence Service）又称军情六局，专职负责对外情报工作，是英国政府负责对外情报的主导者。秘密情报局起源于 1909 年 10 月成立的秘密勤务局国外部（Foreign Section of the Secret Service Bureau），隶属陆军部，一年后又改隶海军部。第一次世界大战爆发后，国外部与陆军所属情报机构进行整合，重新隶属陆军部，成为特种作战局的组成部分，被称为第六军事情报组织 C 处（MO6C）。1916 年 1 月，第六军事情报组织取得了军事情报一局的头衔（MI1），MO6C 随之成为军情一局 C 处（MI1C）。第一次世界大战结束后，军情一局 C 处又改隶外交部，其名称也变得五花八门，如军情一局 C 处、秘密局（Secret Service）、对外情报局（Foreign Intelligence Service）、特种情报局（Special Intelligence Service），甚至 C 组织（C's Organization）。1920 年前后，秘密情报局这个名称开始得到越来越多的使用。至于军情六局这个名称，则是到 20 世纪 30 年代末期为了方便而对秘密情报局的称呼。第二次世界大战期间，为了与军情五局在组织联络上更加方便，军情六局这个名称开始得到使用并一直流传至今。为了保密，一直到 1992 年，英国官方才正式承认秘密情报局的存在，并于 1994 年写进法律条文。

契卡自成立以来，一直孜孜以求传承沙俄时代暗探局的专业谍报素养并努力发扬光大。相比之下，英国的安全和情报机构历史相对较短、专业积淀较浅、工作手段较粗，因而在 20 世纪二三十年代世界政治和经济形势急剧动荡的大环境之下，在防范和抵御间谍渗透和打入方面破绽百出，导致对手契卡一举成就了招募"剑桥五杰"并打入英国政府核心要害部门潜伏的壮举，而自己却沦为世人的笑柄。

军情五局和军情六局既是苏俄（苏联）对外情报机构的主要进攻目标，也是英国政府防范国外间谍渗透与破坏活动的主责部门。但在两次世界大战期间，英国人对国家安全问题的重视程度严重不足。第二次世界大战前,作为"剑桥五杰"重点渗透目标的英国外交部没有一个专门负责安全事务的官员,遑论什么安全部门了。当时,英国各个大使馆的安全措施相当松懈。据20世纪30年代中期派驻罗马大使馆的英国官员安德鲁·塔布尔称,当时在罗马,安全措施"实际上根本就不存在"。大使馆的服务员都有机会接触那些装有秘密文件的红匣和档案柜的钥匙,他们甚至还可能有机会接触到大使馆文件保险柜的联环锁的密码。甚至在1925年英国大使馆丢失了两份外交密码本后,大使馆的官员们也没有想到这些密码本很有可能是被康斯坦丁尼盗走了——其实可以肯定地说,就是被他盗走了。①

更为严重的是,英国军情五局、军情六局等安全和情报机构与其苏联对手相比,在安全意识和安防措施等方面更是相形见绌。长期以来,尤其是军情六局,其工作成就一直处于保密状态,而其失误与失败只有在发生重大丑闻时才会公诸于世。传统上,英国情报机构都是从军队或者殖民地的警察中征召人员,这种做法实行了许久才得以改变。由于过于神秘、缺乏民主监督、专业性不强,因此导致其发生多宗重大丑闻,给自身形象和威望带来重创。英国工党知名活动家哈特斯利多次说道:"安全部门的缺点失误,反映出它机制上存在的问题,即近亲繁殖,在狭窄的范围内招募人员,传统的态度以及自鸣得意都是来自它的'机密外交',有了缺点失误也可以在这件外衣的掩盖下偷偷去掉。"②反观军情五局,作为负责国内安全工作的主责机构,20世纪30年代初期即"剑桥五杰"的招募行动开始之时,其并非无所事事,而是正在将彼特·卡皮察作为最重要的苏联间谍嫌疑人展开积极调查。卡皮察是苏联物理学家、诺贝尔奖获得者,1924年来到世界著名的剑桥大学卡文迪什实验室工作,并当选为三一学院院士。军情五局发现卡皮察与为苏联间谍活动提供掩护的英俄合作社,以及当时负责招募科技情报间谍的共产党人安德鲁·罗思坦有联系,军情六局曾报告说英俄合作社为他提供了研究资金,三一学院也有人揭发卡皮察与剑桥大学重要的共产党人莫里斯·多布关系密切。这让军情五局完全有理由对卡皮察产生怀疑。1931年,军情五局从内政部获得了对卡皮察进行通信监控的授权令。同

---

① [英]克里斯托弗·安德鲁、[俄]瓦西里·米特罗欣:《克格勃绝密档案》(上),当代世界出版社2002年版,第56—57页。
② 张仁坚、晓年编译:《二十世纪间谍世界揭秘》,黑龙江人民出版社1993年版,第263页。

年,盖伊·利德尔①也秘密会见了卡文迪什实验室的一个声称卡皮察是苏联间谍的告密者。1934年6月,英国人截获了一封来自莫斯科的信,里面提及罗思坦已经接到指示,从卡皮察那里获取有关"氦气稀释的新设备"的情报。一个月后,军情五局在关于卡皮察的报告中写道,苏联大使伊万·迈斯基及其部分工作人员"开车去了剑桥和临近的几个镇,非常神秘"。其实,现在看来,卡皮察在卡文迪什实验室的时候不太可能从事间谍活动。他愿意谈论他自己以及同事进行的研究,这只是西方科技文化的习惯。苏联驻伦敦大使馆在1934年夏天联络他的主要目的,可能就是劝说其访问莫斯科。卡皮察秋天真的去了莫斯科,由于遭到阻挠而未能再返回卡文迪什实验室,这让他感到非常沮丧。两年后,他才继续自己之前在剑桥做的低温物理学和磁学方面的研究。其实就在同一时间,苏联情报机构在英国最有成效的间谍招募活动才刚刚开始,剑桥大学成为其主要目标,但军情五局对此毫不知情!如果军情五局当时意识到剑桥大学中最激进的共产党学生党员正在成为苏联对外情报机构的发展目标,那么把这些学生鉴别出来其实并不困难。然而,军情五局并没有对剑桥大学社会主义者学会进行任何严肃认真的调查。当然,鉴于军情五局规模小而且资源有限,因此认为共产主义学生组织并不值得优先进行积极调查也是可以理解的。

其实,军情五局还有一个绝好的机会发现并摧毁"剑桥五杰"间谍小组。1937年9月,多伊奇离开伦敦情报站后,菲尔比等人就像断了线的风筝一样与苏联人失去了联系,最后还是通过妻子的好友伊迪丝辗转与苏联人恢复了联系。布伦特感到非常奇怪:这条通联渠道中的每个人几乎肯定知道其他人的身份,但军情五局为什么当时没有发现这个间谍网?其实,军情五局一直以为这个间谍网与英国共产党是完全分开的(英国共产党在30年代已被马克斯韦尔·奈特经营的特工彻底渗透了),但他们错失了发现英国共产党最大秘密的机会。1938年,军情五局正沉浸在破获伍利奇军械库案件后的欢乐中。在该案中,奈特手下的女特工琼·格蕾(X小姐)提供了确凿证据,导致英国共产党一些高级官员在伍利奇军械库兵工厂进行间谍活动而被定罪。如果当时五局继续查办此案的话,很有可能在英国历史上危害最

---

① 盖伊·利德尔:1919年加入军情五局,是著名的反间谍专家,1946—1951年间担任军情五局副局长,与伯吉斯和布伦特关系密切,1951年伯吉斯和麦克莱恩出逃后调到英国原子能委员会负责保卫工作,1958年去世。

大的一些间谍开始活动之前就被抓获。但可惜,历史没有假设。

(三)"人气"旺盛

实际上,苏俄乃至苏联对外情报机构利用英国青年人对共产主义运动的狂热心理开展招募工作,具有坚实的群众基础,并非头脑发热的无的放矢和莽撞之举。

1917年十月革命后,列宁指定马克西姆·李维诺夫作为布尔什维克政府的代表派驻英国。1918年1月4日到达伦敦后,李维诺夫为了争取英国政府终止对苏俄的经济封锁和外交承认而努力斡旋,在英国社会各阶层中广泛交友。在此过程中,他在英国青年人身上敏锐地发现了对苏俄的同情感,而这种同情感在剑桥和牛津的大学生中显得尤为强烈。1918年9月6日,李维诺夫遭到英国政府逮捕并于当月底被驱逐回莫斯科。回国后,他将这一情况向有关部门做了介绍和汇报。

1919年3月,列宁建立了众所周知的共产国际,成为苏俄以及后来苏联向外输出革命思想的平台,也成为其对外情报机构开展国外谍报活动的工具。1921年,扬·卡尔洛维奇·别尔津(1924—1935年担任苏联军事情报机构工农红军总参谋部第四局负责人)受列宁委派,对"共和国野战参谋登记部"进行改组,一手创办了被命名为红军总参谋部第二局的军事情报局,后来改组成大名鼎鼎的总参情报部"格鲁乌"。他对国家政治保卫总局和总参情报部的第一大贡献,就是发现并培养了以德国人理查德·佐尔格为代表的一大批在特殊战线做出过巨大贡献的特工。20世纪30年代,第四局和国家政治保卫总局包括此后的内务人民委员会之间并无明确的职责划分,前者所属的间谍经常既搜集政治情报,又搜集军事情报;后者也是如此,但搜集的情报相对少一些。于是,两个组织在某种程度上逐渐代替了共产国际国际联络部的情报搜集网。别尔津有许多首创的工作主意和想法,其中最重要的是在国外的左翼革命青年中选拔一些为苏维埃工作的特殊战士,让其以公开身份长期潜伏,搜集各类情报。这一想法被国家政治保卫总局和此后的内务人民委员会加以效仿。他们想起了李维诺夫对英国大学"叛国气氛"的看法与认识,开始集中力量在大学师生中吸收人员。而事实也证明了李维诺夫的判断是正确的:从统计资料来看,20年代声称自己是共产主义者或其同情者的人中,有一半以上是在牛津大学或剑桥大学求学的。

1937年12月,苏联内务人民委员会国家安全总局第七处处长、二级国家安全委员斯卢茨基向内务人民委员尼古拉·叶若夫提交了一份报告——《关于在英国的地下特工机关工作》，里面总结得很清楚："我们在英国的地下特工机关的工作经验证明，英国有一些较大的、具有左倾思想、无党派和接近党派的知识分子群体，他们具有坚决反对法西斯主义和同情苏联的思想情绪，这为我们把他们用于我们的工作开辟了更大前景……英国知识分子，特别是年轻知识分子，在正瓦解的英国资本主义社会里得不到思想安慰，自然向往苏联。知识分子正在寻找为社会主义和苏联忘我工作的途径。"①

此外，英国家安全和情报部门的工作漏洞和缺陷给苏联人提供了招募并打入间谍的天赐良机。20世纪二三十年代，英国人与其苏俄（苏联）同行一样，招募的新人大多数是青年人，其主要吸收对象就是具备较好语言能力的大学生。事实证明，"剑桥五杰"成员麦克莱恩、布伦特和凯恩克罗斯之所以能够顺利打入英国外交部和安全与情报部门，精通外语成为一大优势。也许从文化程度和聪明程度上看，他们远远超过曾在英国海陆空军服役的人员，但问题是，这些人由于受当时的时代影响，在爱国和忠于祖国这一点上却远远不如前者，而是更愿意背叛他们的祖国而投向苏联。英国记者查普曼·平彻写道："有人曾说，30年代有某种'叛国气候'，是这种气候诱惑着剑桥大学的学生成为苏联的间谍。但是，他们变成间谍的真正原因是对共产党坚定不移的忠诚。当时的政治气候曾使各所大学的许多青年受到熏染，反对他们的政府，但是反对他们国家的寥寥无几。他们是为了党和全世界的共产主义事业才成为叛国者的。"②的确，菲尔比之所以当上间谍，不是受到威胁或者诱惑，而是他自己心甘情愿的。虽然也经历过曲折，但他坚持到底。直到1968年，他还在回忆录《谍海余生记》中写道："当我从书房的窗子眺望莫斯科时，我仍然能看到我在剑桥就已瞥见过的那个未来世界的坚实基础。"③他对自己走过的道路毫不后悔："如果能有第二次生命，我还会那样做。"④

由于剑桥大学和牛津大学享有盛名，培养出大量最具抱负的毕业生，因此英国政府非常愿意从这两所院校招收年轻人充实公务员队伍。1937年7月23日，苏联招募的牛津大学间谍斯科特在提交给伦敦情报站的报告中说："显然，剑桥是一所最

---

① ［俄］奥列格·察列夫：《克格勃特工在英国》，吉林人民出版社2003年版，第267—268页。
② ［英］查普曼·平彻：《叛国者》，军事译文出版社1991年版，第15—16页。
③ ［苏］金·菲尔比：《谍海余生记》，群众出版社1984年版，第9页。
④ （内部读物）国家安全部一局编：《知彼》（第二集），第602页。

重要的大学,该校不论是在党组织的团结方面,还是在大学生的数量上,都超过牛津。此外,在剑桥就读有更特殊的意义,整体知识水平也比牛津高。如果从获得真正好职位的角度来看,那么,到剑桥的人比到牛津的人要多得多……政府机关中担任要职的大部分人来自牛津或剑桥。伦敦大学也有很大作用,特别是在学者方面。据我所知,目前在校的科研工作人员有近一半到政府部门……如在大学工作小心谨慎些的话,危险不是很大。实际上,我们相信,我们总能挑到可靠的人。"①基于上述原因,苏联谍报机构将物色和招募的目光更多地投向这两所大学,并将其作为寻找和确定发展对象的根据地,而对其他地方的新兴大学投入关注较少。尤其是因为引起多伊奇注意的首位潜在招募对象菲尔比就是剑桥大学的毕业生,所以从剑桥大学招募的大学生间谍明显要比从牛津大学招收的数量多,这也是"剑桥五杰"得名的一大原因。

  1937年2月9日,苏联"大特工"马利在致中心的信中,从当地共产党立场的角度,简单介绍了剑桥和牛津大学的情况:"最近五年,从剑桥和牛津大学毕业了大约250名党员,现在,他们大部分在国家机关工作。没有人知道,他们现在在哪儿?在干什么?现在这两所大学有大约200名党员,其中有70名今年毕业。此外,还有1 300名大学生是一些所谓左派俱乐部(与我们站在同一战线的一些俱乐部)成员。"②为了满足中心统计同情苏联的英国大学生的愿望,马利将任务交给了斯科特。斯科特很快于同年4月提交了一份《牛津潜在人才情况》的报告:"现在党员大学生的数量为115人。到6月将达到145人。我有80名大学生未来职业情况的材料,我很快还将获得一份35人的名单。上述人员中,有32人将在下学期(6月)从牛津毕业。"③7月23日,他又起草并上报了另一份《关于党内大学生情况》的报告,总结说英国共有900名大学生是党员,其中150人在牛津大学、200人在剑桥大学、300人在伦敦大学,其他人分散在各郡的大学。伦敦情报站据此向中心报告说:"下面可以看到斯科特的毕业生职业情况表:国家机关——17人,科研人员——10人,教师——23人,参军——1人,大学教师——7人,商人——2人,从政人员——3人,社会机构——1人,医务人员——1人,职业未定——1人。根据最近5~6年的工作经验,我们可以确定,80%~90%将成为积极的党员。因为我知道,在最近一个时

---

① [俄]奥列格·察列夫:《克格勃特工在英国》,吉林人民出版社2003年版,第266—267页。
② [俄]奥列格·察列夫:《克格勃特工在英国》,吉林人民出版社2003年版,第264页。
③ [俄]奥列格·察列夫:《克格勃特工在英国》,吉林人民出版社2003年版,第265—266页。

期,600人中大约只有两人叛党:一个是法西斯分子,另一个则是托洛茨基分子。大约60人变成消极分子,或者完全失踪。其原因是,他们得到那些职务,使他们不能同时再进行积极的活动;或者,他们不能理解工人阶级的政策,他们不愿意被安排到随便一个外省小城里。总之,我们得出结论,最有才能的人留下来,和我们在一起,其中大多数成了最能干的、最负责的党员……我们注意到,经过一段时间,如果安排得当,我们会取得更大成绩,因为我们能在我们寻找这些人的任何地方找到他们,我们认为,为了我们(在大学)有这种非常能干、值得信任并且只对我们负责的人,这是必需的。"①

从这些数据翔实、针对性极强的材料中可以看出,英国大学中同情共产党和社会主义苏联,初步接受马克思主义思想的青年大学生数量不少。有如此坚实的思想基础做铺垫,再施以一定的谍报工作手段,马利等苏联特工的招募工作开展起来就相对容易了。

二、领路"大特工"整装待发

1919年3月,各国共产党的国际联合组织即共产国际成立,其下属的国际联络部把很多来自中东欧国家的精兵强将招至麾下,旨在向全世界输出布尔什维克革命。成立不久的契卡充分利用共产国际这块金字招牌作为掩护和工具,在全世界开展秘密活动,同时从共产国际中吸收了很多理想信念坚定、综合素质高超、精通多种语言的工作人员加入秘密情报工作。

在苏俄和苏联对外情报工作历史上,30年代初期到中期这段时间被称作"大特工"时代。所谓"大特工",是指那些形形色色非常有天分的特工人员,他们共同改革了国家政治保卫总局的间谍招募和情报搜集工作。与第二次世界大战后的特工同行们相比,他们之所以能够取得成功,部分原因在于对外情报机构初创时间不长,繁文缛节较少,现代化通信联络手段不多,"将在外,君命有所不受",因此他们不受官僚主义办事程序的束缚,拥有更大的行动自由,能够更自主地发挥主观能动性。另外,他们的工作对象比战后特工们面临的工作对象要容易对付得多。按照冷战时期的标准,在两次世界大战之间的年代里,大多数西方国家的安全机制非常松懈。英

---

① [俄]奥列格·察列夫:《克格勃特工在英国》,吉林人民出版社2003年版,第266页。

国的情况相对还好一些,美国更加拉胯,1941年前根本就没有设立谍报机构:"1947年以前,美国政府唯一集中的情报活动是赫伯特·亚德利创建的国防部'暗室'所进行的密码工作,即使这一活动也在国务卿亨利·史汀生先生的坚持下被取消了,因为他认为'君子是不偷拆别人书信的'。史汀生先生发表的不是他个人的意见,而是在表达国务院和武装部队上上下下流行的看法。他们不反对情报工作,但必须'光明正大',用史汀生先生的话说,就是不应当'偷看别人手里的牌'。"[1]直到珍珠港事件爆发,美国人才意识到,不仅需要有效的情报工作,而且再也不该喋喋不休地争论获取情报的手段了。这从"剑桥五杰"等人向英国政府、军队和情报机构渗透潜伏以及获取美英联合研制原子弹秘密等方面得到了充分验证。拥有卓越超群的个人才能,再加上工作对象相对脆弱和易受攻击,因此当年这些苏联"大特工"们开展的某些秘密行动,相比起冷战时期开展的特工行动,更加富有传奇色彩,以今天的眼光来看,有时甚至会使人觉得不可思议,仿佛天方夜谭故事一般。

英苏合作社被英国人端掉后,苏联人认为,作为间谍经营中心,使领馆等合法的常驻机构是不保险的。从此以后,间谍招募和经营工作就改由像马利、多伊奇、佐尔格、"索尼亚"(德国人,女性,曾是佐尔格手下,本名乌苏拉·玛利亚·库钦斯基)、利奥波德·特雷珀(出生在奥匈帝国加利西亚及洛多梅里亚王国新塔尔格,"红色乐队"创始人、主要领导者之一)、亨利·皮克夫妇、伊格纳季·波列茨基夫妇(波兰犹太人)、克里维茨基(出生在奥匈帝国加利西亚一个直到1939年12月才划归乌克兰的小城)这样杰出的秘派特工进行。这些人虽然拥有苏联国籍,但根本就不是苏联人,而是一些来自捷克斯洛伐克、匈牙利等国的中欧或者西欧人,他们四海为家,能够流利地使用多种语言,信奉国际共产主义和共产国际的思想,而且早在加入国家政治保卫总局前就曾为共产国际从事地下工作。他们往往冒着巨大的个人风险秘密活动,并在世界各地物色潜在的招募对象。他们是苏俄和苏联对外情报机构曾拥有的最佳招募和指导人员,互相认识,并通过招募新人建立起一些高级间谍网,如著名的"剑桥五杰"间谍小组、佐尔格在日本的间谍网、瑞士的"红色三人"间谍网(又称"露西"间谍网)、在德国占领下的欧洲"红色乐队"间谍网等。这些都是有史以来最出色的间谍网,对苏联在第二次世界大战中的生存和胜利做出了巨大贡献。前文提及、下文即将详细介绍的"大特工"多伊奇便是如此,苏联工农红军第四局(军事情报

---

[1] [美]迈尔斯·科普兰:《新谍报学》,群众出版社1980年版,第20—21页。

局)里最成功的特工佐尔格也是如此。佐尔格是德国人,其共产国际前同事称赞道:"他是一个非常英俊……浪漫的理想主义学者"①。当时,他以纳粹记者身份在日本活动,关于德国即将对苏联发动战争的警告和日本不会在西伯利亚对苏联采取行动的准确判断,已作为谍报活动的经典范例载入史册,成为第二次世界大战中最富有传奇色彩的人物。1964 年他被追认为苏联英雄,之后又成为第一位印制在纪念邮票上的间谍人物,"浪漫情人"的美名更增加了他在公众中的魅力。他是中心为激发新一代非苏联籍的克格勃特工而树立的典型和榜样。

20 世纪 30 年代初期到 1937 年年中,招募并经营"剑桥五杰"的苏联秘派特工主要有 4 人,他们因此成为"剑桥五杰"走上谍报道路的发现者、启蒙师和领路人。除了多伊奇外,分别是:伊格纳季·赖夫,代号"马尔",1934 年 4 月担任伦敦秘密情报站站长,1935 年 2 月因受英国内事务部怀疑被口头审查而撤离英国;亚历山大·奥尔洛夫,代号"施维德",1934—1935 年在伦敦待了一年多;特奥多尔·马利,先后使用过"保罗""西奥""曼"等代号,1935 年和 1936 年初先后到过伦敦 3 次,1936 年 4 月到伦敦接替面临失败撤回莫斯科的奥尔洛夫,1937 年 7 月离职。后面三人均在 1938 年成为苏联政治大恐怖、大清洗的牺牲品,其中赖夫和马利以莫须有的罪名被枪决,只有奥尔洛夫及时携家带口逃到北美才保住了性命。多伊奇先后在上述三人领导下工作,用过"斯特凡·朗""斯特凡""奥托"等代号,在英国工作时间最长,从 1933 年 10 月直到 1937 年底。

4 人中,多伊奇和马利在招募和管理"剑桥五杰"方面所做的贡献最大。正因为如此,两人的画像至今仍然悬挂在俄对外情报局位于雅谢涅沃总部荣誉室里的墙壁上,作为英雄激励着后来者。

(一)阿诺德·亨里霍维奇·多伊奇(АРНОЛЬД ГЕНРИХОВИЧ ДЕЙЧ)

多伊奇是一个美男子,长着一双炯炯有神的蓝眼睛,浅色的头发稍微有点卷,一点都不像是一个来自中欧国家小商人的儿子,一个在维也纳犹太社区长大的孩子。对于多伊奇,俄对外情报局在其画像下写着如下赞美词:"他那机敏、锐利的目光和

---

① [英]克里斯托弗·安德鲁、[俄]瓦西里·米特罗欣:《克格勃绝密档案》(上),当代世界出版社 2002 年版,第 68 页。

坚毅的面容"立刻就能"吸引住参观者的注意力"。①《克格勃绝密档案》充满赞誉地称，在克格勃的历史上，很难再找出第二个人员能像多伊奇这样与"剑桥五杰"配合得如此默契。实际上，多伊奇配得上这样的赞誉。

多伊奇，1904年5月21日出生在奥地利维也纳市一个犹太人家庭。父亲曾在斯洛伐克当过乡村老师，1908年为了追求更美好的生活而移民到维也纳经商。多伊奇1910年上小学，1915年毕业后，在维也纳一所寄宿学校念书，由于学习成绩优异，很快便豁免了学费。1923年，多伊奇考入维也纳大学哲学系，同时攻读物理和化学。求学期间，多伊奇表现出卓越无比的外语天分，既能熟练掌握德语、法语和英语，还会用意大利语、西班牙语和荷兰语与人交流，这对他此后的秘密特工生涯产生了很大作用。尽管1927年因参加共产主义活动而被赶出大学半年，但仍然于1928年顺利毕业，获得了哲学博士学位。算起来，从入学到获取博士学位仅用了5年，其学业成绩比"剑桥五杰"中任何一位都要优秀。尽管他的博士毕业论文涉及白银含盐量的问题，但大学期间，他还深入研究了心理学和社会学的课程。

1920年，16岁的多伊奇加入社会主义大学生自由联盟，这是一个共产主义和社会主义性质的大学生组织。从此，他把自己的一生都投入争取社会主义和共产主义胜利的伟业中。1922年，多伊奇加入奥地利共青团，很快便担任了宣传鼓动工作负责人。考入维也纳大学的第一年，他在追求学业的同时，加入了奥地利共产党，后来在国际革命战士救济会工作，担任奥地利国际革命战士救济会中央委员。有意思的是，在大学的档案中，多伊奇称自己在整个学生时代都是一个严守教规的犹太教徒。不过，这很可能是用来掩饰其共产党员身份的举措。实际上，他的宗教信仰早就消失得无影无踪，取而代之的是对于共产国际的奋斗目标的强烈责任感。这个目标就是要实现一个没有压迫、没有贫富差距的世界新秩序。

大学毕业后，多伊奇与笃信宗教的家庭彻底决裂，并受奥地利共产党派遣，平生第一次随工人代表团到访莫斯科。在奥地利共产党总书记的推荐下，共产国际领导人发现了这个年轻有为的奥地利青年，并吸收他从事在维也纳的地下工作。在多伊奇的世界新秩序中，性解放和政治解放占有同等重要的地位。获得博士学位后，他一边为共产国际和苏联国家政治保卫总局从事秘密工作，一边与德国共产党心理学

---

① Christopher M. Andrew & Vasili Mitrokhin, *The Sword and the Shield: The Mitrokhin Archive and the Secret History of the KGB*, Basic Books, 1999, p.56.

家、性科学家威廉·赖希公开协作。赖希当时发起了一场"性政治"运动,为维也纳的工人提供计划生育和性启蒙方面的讲座。实际上,赖希正在开展将马克思主义与弗洛伊德的学说联系在一起的综合研究,因此后来得到了一个不太好听的名声——"更佳性高潮的鼓吹者"。而多伊奇公开协助赖希的"性政治"运动,在维也纳创办《明斯特报》,发表赖希的文章和其他与"性政治"有关的作品。维也纳警方当时虽然不知道多伊奇在为共产国际从事秘密工作,但是反色情文学部门对他参与"性政治"运动的情况非常关注,纳入了监视视线。不过,这在客观上应该是一个很好的身份掩护。1933年10月,他抵达英国以后,即使军情五局早就知道他之前与赖希及"性政治"运动关系密切,也很可能因为其不同寻常的职业生涯而认为他不太可能是一名苏联间谍。

1928年12月—1931年12月,多伊奇在经验丰富的地下工作者的领导下,在共产国际国际联络部驻维也纳机构工作,担任地下联络员和信使,从事一些技术工作。当时,他帮忙为苏联驻维也纳情报站传送护照,正是这个阶段的工作表现引起了国家政治保卫总局国外处的注意。因此,当共产国际驻维也纳地下组织因为叛徒出卖遭受失败后,多伊奇并没有被抛弃,而是在1932年1月被召到莫斯科,建议他到国外处工作。多伊奇毫不犹豫地同意了。当年,联共(布)中央委员会即将他的奥地利党籍转入联共(布),党证用名"斯特凡·朗",代号"斯特凡",这为他获得苏联国籍迈出了第一步。1938年初,多伊奇正式成为一名苏联公民。

1929年,多伊奇娶了奥地利女人约瑟芬为妻。当时,她也在共产国际国际联络部工作,加入苏联国籍后改名芬恩·巴甫洛夫娜·多伊奇。这位女革命者出生于1907年,1924年加入奥地利共青团,在一个保育院当保育员,1927年加入奥地利共产党,1931年化名莉莎·克莱默,被派到位于莫斯科的共产国际无线电技术学校学习,1932年毕业后,在共产国际的一个无线电台当报务员,1934—1936年初在马尔赫列夫斯基西部少数民族共产主义大学学习,1935年成为联共(布)预备党员。1936年2月,在获得了地下无线电报务员的资格后,芬恩带着女儿来到伦敦,与多伊奇夫唱妇随地工作和生活。尽管多伊奇夫妇分别持有各自的奥地利护照单独来到伦敦,但他们是以家庭为单位在一起工作的。1938年9月1日,芬恩在多伊奇撤离英国9个月之后回到莫斯科。

多伊奇在国外处的初期工作是到希腊、巴勒斯坦和叙利亚等国家执行各种各样的任务。1933年1月初,他奉命到法国巴黎的"非法"情报站从事地下工作,先任站长助理,后来升任副站长,成为一名真正的骨干秘派特工。同事们都知道他的化名斯特凡·朗,在向中心发送的加密电报和信件里都署名"斯特凡"。虽然他自己对巴黎期间的工作透露得不多,但字里行间仍能看出苏联对外情报机构对欧洲可能的冲突所做的准备工作多么扎实有效:在巴黎期间,他在卡林手下负责技术工作、拍照,建立从法国到比利时、荷兰和德国的非法越境点,还与法国、荷兰和比利时的渔民打交道,准备战事爆发后把渔船用作无线电器材设置处。

1933年10月,多伊奇奉命到英国伦敦,由此开始了长达4年的地下情报工作。20世纪30年代中期,苏联对外情报机构对特工真实身份和档案的保密规定尚不那么严格,因此虽然多伊奇曾化名"斯特凡·朗",在莫斯科接受过苏联国家政治保卫总局秘派特工的业务训练,但他到英国时向移民局提供的是自己的真实姓名和奥地利国籍。这在当年的苏联秘派特工中属于个例。这样做很可能是为了能够利用他的堂兄弟奥斯卡·多伊奇充当证明人。奥斯卡·多伊奇是欧点连锁影院的老板,一位百万富翁。阿诺德·多伊奇在英国内政部的档案内没有记录,档案中显然没有任何能够引起移民局怀疑的东西。由于保密工作做得较好,因此多伊奇的苏联特工身份直到1940年才暴露,而此时他离开英国已经很长时间,英国反间谍部门对他鞭长莫及了。在英国工作4年期间,1934年4—6月担任伊格纳季·赖夫的助手搭档工作;1935年6—7月在亚历山大·奥尔洛夫领导下工作,8—11月回莫斯科休假;1935年11月—1936年4月独自一人工作;1936年4—8月底在马利手下工作,两人在20世纪20年代初期就认识了;1937年1月又开始独自工作,同年6月再次与马利搭档,同年11月奉中心命令偷偷潜回伦敦10天以关闭伦敦情报站,之后撤回莫斯科。

来到伦敦后不久,多伊奇即从临时住所搬进了汉普斯特德科学城心脏地带——劳恩大道一所宽敞的公寓。劳恩大道当时云集了伦敦一批激进的知识分子,这里后来被称为"劳恩道公寓",是英国第一批建有外部走廊的"平台进入式"公寓,这种建筑方式之后风靡一时。多伊奇住在7号,其隔壁邻居就是著名犯罪小说家阿加莎·克里斯蒂,当时她正在撰写《东方快车谋杀案》。这幢楼大多数公寓房的前门从街道上就能看见,但多伊奇房间的正门正好被楼梯间挡住了,所以多伊奇进出和客人来访都可以不被人发现。

1934年秋天，伦敦大学迎来了一位来自维也纳的青年学者，攻读心理学研究生学位。从心理学故乡维也纳来到英国追求功名，这可能是多伊奇开始地下活动最理想的掩护身份，并因此获得英国大学生活的第一手资料。一开始他先当学生，后来在大学里任教，时间不长便在伦敦学术界结交了一大批朋友。他的住所里经常宾客满座。没有一个人怀疑，这个在交往中招人喜爱、充满睿智的年轻学者是受莫斯科内务人民委员会总部资助的，并按照其指示开展活动。他的学者朋友也没想到，多伊奇名下有一批代号："斯特凡·朗""阿诺德"。他也用过"奥托"这个代号，但只在与"剑桥五杰"等人交往时使用，4年来，他一直作为伦敦非法情报站领导人的主要助手之一开展活动，对菲尔比等人进行考察、培养、招募和经营。

在伦敦大学的学习和工作给多伊奇开辟了在青年大学生中广植人脉的平台和通道。况且他本人兴趣广泛，会讲故事，谈起话来善抓人心，还善于当忠实听众，所以身边吸引了一批才华横溢的人，这些人又不自觉地置于他的影响之下。他对人的心理和对方内部世界的微妙感受分析透彻，拥有招募大师最为有效的能力和素质。他也充分利用当大学老师的有利条件，对持有反法西斯倾向的大学生群体进行研究、培养和招募。他的第二个贡献是将目光瞄准牛津和剑桥的大学生，首先是那些有可能在未来很长时间内成为情报工作可靠帮手的人，因此有意识、目标明确地开展面向未来的工作。事实证明了多伊奇的正确和先见之明。他的第三个贡献是与同事们创建、培养和训练了"剑桥五杰"间谍小组。成员们在20世纪30—60年代能够自由出入英美最高国家权力机关，为苏联领导人搜集提供了决策急需的、权威准确的涉及国际政治所有方面的机密原件情报，以及欧洲大陆内外的军事计划和科研成果。多伊奇驻英期间，利用为共产国际开展多年地下工作的丰富经验，不仅为苏联招募了意识形态忠诚的情报来源，而且传授全方位的情报工作技能技巧。在他的指导下，"剑桥五杰"也亲自主动物色和吸收越来越多的新助手。这些人是愿意追求社会公正并在第二次世界大战前夕与法西斯威胁作斗争的意识形态战士，把苏联当作可以对抗和消灭希特勒纳粹主义的现实和唯一力量。他们的加入，进一步扩大了苏联在英国的秘密工作实力。

1934年10月—1936年1月，多伊奇修习了伦敦大学的心理学学位课程，可惜没有修完，否则就可以攻读博士学位了。其间，一直没有关于他研究生导师的记录，但军情五局后来的调查发现，此人很可能是伦敦大学心理学系主任西里尔·伯特教授(后来被授予爵位),多伊奇将他作为证明人之一。学习期间,多伊奇发现一些学生对共产主义充满激情,这给他提供了一个招募间谍的机会,从中精挑细选精明能干的学生,而且他们的公开背景应该属于英国上流社会,以便打入英国政府和安全与情报机构。在这方面应该赞叹苏联情报机构的高明之处。在风云激荡的30年代,他们将间谍招募的目光投向青年才俊荟萃的剑桥、牛津和伦敦大学等处,但又不要公开的共产党员和工人阶级子弟,因为这些人容易引起政府怀疑,并且没有希望进入一向被中上阶层子弟把持的外交部和安全与情报机构等。此后的剧情表明,他们很有耐心,培养新人如同酿酒,肯花十年甚至几十年时间等待新酒变成陈年佳酿。

在伦敦工作期间,多伊奇间谍招募大师的天赋发挥得淋漓尽致,其最大的功劳是在招募"剑桥五杰"中发挥了首要作用。其成功的关键除了具有组织特工的天赋之外,还在于得到莫斯科总部首肯的招募新策略,也就是在那些来自名牌大学的、有极高抱负的激进年轻人还未进入权力中心时就对其进行培养。30年代任苏联谍报机构派驻英国情报站负责人的奥尔洛夫说过:苏联谍报机构力求打动"那些过腻了特权阶级那种令人窒息的无聊生活的青年人"[1]。多伊奇忠实地履行上级和中心的指示与命令,他向中心建议说:"在这些大学里,由于共产主义运动开展得很广泛,而且来来往往的学生的数量也很大,这样,我们从党员中挑选个别人出来并不会引起党和其他人的注意。人们会忘记他们曾经加入共产党的经历。而且即使有时有人想起来他们曾经是共产党员,也只会认为那是他们年轻时的一时冲动,特别是对那些被视为资产阶级接班人的人。我们要做的只是给这些人(招募对象)一个新的(非党员)政治身份。"[2]菲尔比也承认,在实施该策略的技巧方面,没有其他任何一个指导员能与多伊奇相媲美。1938年夏天,苏联特工扎鲁宾一家与多伊奇一家在苏联别墅度假。他的女儿卓娅·扎鲁宾娜多年之后回忆说,多伊奇是一个非同寻常的有趣之人,与人交往时魅力十足、推心置腹、坦诚相待。克格勃档案记录显示,正是因为拥有这些品质和高超的职业嗅觉,他在英国工作的4年时间内亲自招募了20名宝贵无比的间谍,并与另外29人保持联系,其中的"剑桥五杰"更是成为苏联对外情报史上真正的瑰宝,为苏联提供了无数价值连城的情报资料,也成为世界谍报史上令人赞叹不已的传奇人物。

---

[1] 高金虎:《谍报魔法师——间谍的招募与培训大揭秘》,东方出版社2007年版,第121页。
[2] [英]克里斯托弗·安德鲁、[俄]瓦西里·米特罗欣:《克格勃绝密档案》(上),当代世界出版社2002年版,第92页。

1937—1938年苏联政治大清洗期间,对外情报机构绝大多数驻外官员被召回国内并处决,内务人民委员会许多情报站停止了工作,虽然驻伦敦、柏林、维也纳和东京的情报站没有关闭,但每个情报站也只剩下一名最多两名情报官员,绝大多数"大特工"遭了殃。作为犹太人和奥地利人的混血儿,多伊奇的职业生涯初期并不守正统,因此自然引起了中心的怀疑。但侥幸的是,1937年夏秋时节,内务人民委员会驻巴黎特工波列茨基(化名"赖斯",代号"雷蒙德")叛变。由于几年前多伊奇曾与他一起在巴黎工作,因此波列茨基叛变后,中心认为他可能把多伊奇出卖给了西方情报部门。因为多伊奇被视为托洛茨基和西方阴谋论的牺牲品,他才侥幸避免被指控为这些阴谋的参与者,更没有像马利那样被枪毙。1937年11月,多伊奇被召回莫斯科,除了短暂潜回伦敦处理情报站的有关事宜外,此后再未回到英国常驻。

1935年初,伦敦情报站因为赖夫的护照问题而发生了一次安全危机。多伊奇等人为此采取了一系列防范措施,以避开英国反间谍部门的监视。通常情况下,准备与间谍在伦敦市内会面前,多伊奇总是先让人开车把他送到城外,仔细地观察汽车是否被人跟踪。在确认没有"尾巴"后才乘坐公共交通工具回到伦敦,中间还要换几次车。旅途中,他把拍摄了秘密文件的胶卷藏在梳子、旅行必需品和生活用品里,给中心的报告通常用密写墨水书写,寄到哥本哈根的一个地址,再从那里转寄到莫斯科。尽管这样,如果多伊奇继续留在英国的话,他很可能被军情五局监视部门识别并跟踪。虽然他是一名富有感召力的间谍招募者和间谍活动组织者,但还是犯下了一些比较低级的错误,而且似乎并不在乎手下的间谍知道他们的朋友也被苏联情报机构招募。这其实是谍报工作的大忌。此外,更早以前,多伊奇就表现出了对安全工作的漠视,他所住的汉普斯特德劳恩道公寓,居住着大量与苏联情报机构有瓜葛的房客。1937年6月,多伊奇向内务人民委员会一名级别更高的官员报告称,他手下的特工伊迪丝·图德·哈特丢失了一本记有重要行动信息的日记,这会危及整个间谍网的安全。但这完全应归咎于多伊奇自己。后来多伊奇的遗孀在维也纳接受军情五局一名官员审问时,不假思索地回答道,她丈夫曾经丢失一本记录地址的笔记本。他很担心,认为东西落在了出租车里。设想一下,如果多伊奇没有从英国被召回莫斯科,他那种有时吊儿郎当的做法很可能导致他被军情五局发现。如果军情五局监视部门跟踪他到劳恩道公寓或者跟踪到他与手下间谍会面,那么整个间谍网都有可能土崩瓦解。

回到莫斯科后,由于在国内暂时无事可做,对外情报机构领导人多次打算把他派往国外工作。1937年12月,斯卢茨基向叶若夫提交请示,打算将其派往美国担任特工负责人,1938年3月15日,国家安全总局七处副处长施皮格尔格拉斯也递交了同样内容的报告,但那时正值大清洗、大恐怖时期,对外情报机构遭受全面破坏,重要人物频遭撤换和逮捕,多伊奇的出国问题根本无法解决。1938年10月,经过对外情报机构新领导人巴索夫向内务人民委员会副主席贝利亚请示获准,多伊奇被暂时安排到内务人民委员会以外的部门工作。1939年,对外情报机构开始摆脱因为大清洗导致的混乱局面,重新对多伊奇产生了兴趣。同年3月,国家安全总局中尉卡日丹找到多伊奇,要求他准备一些有关英国的材料,从英国的社会组织手册,一直到伦敦情报站招募和经营的间谍的个人鉴定情况,不一而足。多伊奇凭借丰富的特工工作经验和对"剑桥五杰"的熟稔程度,对菲尔比等人做了恰如其分的心理肖像描绘,给后任者恢复并加强对"剑桥五杰"的经营工作提供了极大的便利和帮助。

1939年9月9日,多伊奇向对外情报机构新领导人菲京提交报告,称自己已经无所事事21个月,请求见面详谈。后者于1940年12月31日向贝利亚请示,准备任命多伊奇担任驻美秘密情报站站长一职,其任务是与苏联间谍恢复联系,在美国军工企业和政府各部招募新人,并物色派往欧洲的特工。当时,大批犹太人从波罗的海国家向美国移民,正是千载难逢实施秘派的好机会,但不知什么原因,这一计划并未实现。一直到1941年11月,多伊奇才被获准派往美国工作。他与几个助手一起,准备到阿根廷建立情报站。当时阿根廷同情德国,而多伊奇公开同情德国的弟弟们早在1934年就移民到这里。不过,等多伊奇一行1942年2月来到伊朗阿拉伯河港口,坐上"卡亚克"号轮船来到印度港口孟买时,却发现日军偷袭珍珠港后,又在东南亚地区发动了大规模攻势,战事已经不允许他们继续穿越太平洋前行了,因此多伊奇不得已于同年6月返回莫斯科。

第一次出国尝试无果而终。多伊奇给菲京写信抒发郁闷的心情,要求把他派到前线工作,不管干什么都行。菲京建议他走北方航线继续执行此前的任务,即从摩尔曼斯克出发前往爱尔兰,再经加拿大抵达阿根廷。1942年11月4日,多伊奇小组再次进行前往阿根廷的尝试。不过其乘坐的"顿巴斯"号轮船在大西洋上被德国Z27潜艇发射的鱼雷击中,他在勇敢抢救别人时身负重伤而亡。[①] 也有一说称,多伊

[①] [俄]奥列格·察列夫:《克格勃特工在英国》,吉林人民出版社2003年版,第182页。

奇发现德国潜艇后,迅速冲向船艏的76毫米舰炮,像一个普通炮兵班士兵一样向敌人开火,结果双腿被弹片炸断,奄奄一息地躺在舰炮旁边,后来随着被炸断的船艏沉入冰冷的巴伦支海海底,生命永远定格在38岁。

多伊奇的领导和同事们对其作为情报人员的评价很高。从伦敦回国后,内务人民委员会在对他的鉴定和证明里连用了好几个"特别"的字眼,比如"特别认真和忠诚""特别能战斗""特别贡献""特别富于首创精神"等。1935年9月8日,奥尔洛夫向中心致函称:"非常高兴他对你们有用,而且你们对他像同志一样非常关注。斯特凡是一个非常认真的人,忠诚的同胞。他为我们工作非常值得。他已经做了大量工作,如果正确使用他的话,还能带来更多的好处。他值得我们机关表扬他出色的工作,因为,这会鼓励他;更主要的是,让他感觉到,对总部而言,他不会是一个默默无闻的技术人员……斯特凡从来不会带来麻烦,也完全不会辜负给予他的信任。"[①]多伊奇所在国外处"G"小组组长斯拉瓦京斯基很快做出回应,10月17日向国外处处长斯卢茨基呈交报告称:"在'G'小组工作期间,多伊奇同志在不同的地下区域表现出自己是一个非常能战斗的、忠于事业的工作人员。与他在一起工作的施维德同志和马尔同志多次表扬他为小组做出的杰出贡献……根据上述表现,我申请授予杰伊奇同志战斗武器。"[②]由此可见,多伊奇在对外情报机构中的明确地位。

事实也的确如此。一方面,他24岁就获得哲学博士学位,其学术成就也是苏联情报界历史上最卓越的。他对人性有着极为深刻的理解,同时具备丰富的人生经历。富于魅力的个性、深刻的社会洞察力和对未来人类一定能从资本主义剥削和贫富分化的社会中解放出来的信仰,在他身上已经浑然一体。一方面,他不仅提倡政治上的解放,而且提倡性的解放,这种对自由的独特解释对"五杰"产生了更大的吸引力,因为"五杰"都坚决反对严格的性道德以及两次世界大战期间英国那套陈腐的阶级制度:伯吉斯和布伦特是同性恋者,麦克莱恩是双性恋者,菲尔比是一个性生活能力很强的异性恋者,凯恩克罗斯则是一个坚决的异性恋者;另一方面,多伊奇身上具有一种吸引人与感召人的迷人魅力。五十多年后,菲尔比还充满敬佩地回忆他与多伊奇的初次会面,称那是"令人惊奇的":"他是一个了不起的人,绝对了不起。我很快就发现了这一点。而且这种感觉再也没有失去过……一见面,你就会注意到他

---

① [俄]奥列格·察列夫:《克格勃特工在英国》,吉林人民出版社2003年版,第175页。
② [俄]奥列格·察列夫:《克格勃特工在英国》,吉林人民出版社2003年版,第176页。

的眼睛。他注视着你,仿佛在这一刻世界上没有什么比你和与你交谈更重要的事了……而且他这个人非常幽默。"①此外,多伊奇还颇有民主风范,待人平等,以诚示人。他从来没有将"剑桥五杰"看作自己控制的下级间谍,而是把他们当成同志,是为了同一理想和共同的事业在他的指导下一起工作的同志。后来,再也没有哪个苏联经营人员像多伊奇那样对待"剑桥五杰"。1963 年,菲尔比到苏联后,发现自己只剩下间谍身份而没有军衔,这让菲尔比感到非常失望。除此之外,多伊奇对菲尔比等人不仅给予生活上的关心、工作上的指导,还非常注重从思想上进行引导。这一点在他 1938 年 2 月所写报告中体现得非常明显:"我 11 月初来到伦敦的时候,从您那儿收到了所有特工暂停活动 3 个月的指示。我给大家发放了 2 月 1 日以前的工资,还同他们商定,在此之前谁将同他们联络……我认为,与我们的同志即使不恢复个人联系,哪怕恢复书信来往也很重要。他们都非常年轻,还没有与我们工作的特殊经验。对他们而言,与老同志交往很重要,交往会使他们产生希望和信心。他们中许多人指望从您那儿得到钱,因为他们必须挣钱生活……如果从我们这儿得不到任何消息,他们会感到失望。他们都为了信仰而工作,工作热情很高,他们会因此产生再也不需要他们的想法。我不想引起恐慌,但是为了我们将来的工作,我们应该避免采取会使他们感到失望或对我们的可靠性和准确性产生怀疑的行动……我还想再次表扬我们的特殊群体。他们都信任我们。他们深信,我们就在当地,我们永远无处不在;相信我们无所畏惧,不会听凭命运摆布;相信我们总是谨慎、准时、可靠。在此之前,我们工作成功的部分原则是我们从来没有让他们失望过。因此,现在,即使我们不立即开始同他们工作,哪怕向他们发出自己的消息,在心理上也是非常重要的。"②

因为保密需要,一直到 1990 年,克格勃才公开承认多伊奇的苏联特工身份,而且至今其职业生涯的某些细节仍然被莫斯科认为不适宜公开。如今,多伊奇在维也纳故居的墙上有一块不起眼的纪念牌匾,上面写着这样的字眼:献祭在此,世人永记!

---

① [英]克里斯托弗·安德鲁、[俄]瓦西里·米特罗欣:《克格勃绝密档案》(上),当代世界出版社 2002 年版,第 94 页。
② [俄]奥列格·察列夫:《克格勃特工在英国》,吉林人民出版社 2003 年版,第 179—180 页。

(二)伊格纳季(希斯利亚,希耶尔)·雅科夫列维奇·赖夫[ИГНАТИЙ (ХИСЛЯ,ХИЕЛЬ) ЯКОВЛЕВИЧ РЕЙФ]

赖夫是多伊奇在英国工作时的第一任领导,1934年初担任伦敦秘密情报站站长,同年4月改任副站长。

赖夫1902年出生于苏联科维尔市一个食杂店主家庭,犹太人,联共(布)党员,国家安全大尉,1915年前居住在华沙,后移居到基辅。1918年起,赖夫即在盖特曼统治时期积极参加地下工作,1920年参加过为红军征收粮食的工作,1922年起在苏联驻魏玛共和国首都柏林全权代表处任图书室管理员,与柏林—勃兰登堡州德国共产党组织保持秘密联系,1924年被召回苏联,在《真理报》编辑部担任秘书。1925年,赖夫调入国家政治保卫总局总部机关工作,先是在经济局任职,之后调入国外处。

1934年4月15日,赖夫冒用马克斯·沃利施的姓名,持1933年在维也纳通过非法渠道取得的第468302号奥地利护照来到英国,担任驻英国秘密情报站副站长,赴英之前即获得业务代号"马尔"。他的住址是海德公园托尔伯特广场17号,从这里到位于肯辛顿宫花园大街的苏联大使馆,快走只要10分钟。

赖夫与多伊奇、马利等出身中欧国家的特工不同,他是一个地地道道的俄罗斯族秘派特工。伦敦弓街警察局发给他一张外国人身份证明,照片上的他长着一张圆脸,戴着一副眼镜,两只眼睛充满睿智,活像一个中学老师。在身份一栏里他注明,他是与斯堪的纳维亚国家做生意的商业代表。这样做主要是不想让人对他频繁地从伦敦到哥本哈根旅行起疑心。哥本哈根当时是赖夫和内务人民委员会的伦敦信使们与莫斯科的通联基地,机警的军情五局对此处鞭长莫及,所以相对安全。那时,苏联对外情报机构正在伦敦组建第一个秘密情报站,此前对在英国开展的地下情报工作也是在丹麦实施组织和领导的,囿于各方面条件限制非常不方便。赖夫喜欢用密写药水在最普通信件的字里行间书写报告,然后通过邮局发送到哥本哈根,再转寄莫斯科。但内务人民委员会落款时间为1934年6月19日的一封信称:"在过去两个月里,我们收到'马尔'两封密写信,但都无法显影。"[①]这很可能是内务人民委员

[①] Олег Царев. Джон Костелло, Роковые Иллюзии. Из архивов КГБ: дело Орлова, сталинского мастера шпионажа(Москва:Издательский Центр〈Аква-Терм〉,2011),стр. 126.

会对外情报机构领导人对赖夫不满的一个原因。因此,责令刚刚从巴黎匆忙撤到维也纳的奥尔洛夫,其首批任务中有一项就是与中心建立更加可靠的通信方式。

赖夫来到英国后,他的职务已经改为伦敦情报站负责人"施维德"(即奥尔洛夫)的副手,当时奥尔洛夫尚未来到伦敦,赖夫担任多伊奇的直接领导,后来在奥尔洛夫撤离英国之后,他负责伦敦情报站的全面工作。尽管在组建"剑桥五杰"间谍网的过程中,赖夫的作用比多伊奇要小,但也发挥了显著作用。正是经过他的同意,多伊奇才与菲尔比见了第一面。当菲尔比建议麦克莱恩与苏联对外情报机构进行合作后,也是赖夫先予以首肯,之后他再与麦克莱恩进行了第一次会面。从这个意义上讲,赖夫也是麦克莱恩从谍道路上的领路人和首任指导员。

1934年秋,马利在法国巴黎持姓名为"保罗·哈尔特"的奥地利正式护照向美国驻法领事馆申请签证,奉命赴美开展秘密工作。由于他的护照是采用"欺骗"手段在维也纳取得的,上面还盖有"赴美无效"的印章,因此马利不愿意与美国签证官直接打交道,而是吩咐所住"卡尔顿"酒店的服务生代他全权办理签证事宜。放在以前,这一招百试不爽,但这一次美国签证官非要让"哈尔特先生"亲自前来才能办理。马利为此惶恐不安,他对服务生说赴美计划有变,让后者把护照要回来。但领馆坚持说除非护照主人亲自来取,否则不予归还。马利明白自己被跟踪了,便很快离开酒店,向莫斯科紧急报告说不得不放弃护照和赴美任务。在此情况下,美国领事馆于是将这本护照寄到维也纳,后来查明护照是奥地利一个官员受贿后颁发给一个非法人员的。该官员是苏联间谍,被捕后供认称,经他手签发了一批这样的护照。莫斯科马上向持有该批护照的苏联秘派特工发出紧急撤退命令,涉案人员其中就包括赖夫和奥尔洛夫的妻子及女儿。因为赖夫持有姓名为"马克斯·沃利施"的奥地利护照,所以他还未来得及离开伦敦,就在1935年1月受到英国内政部传唤,要求他解释这是怎么一回事。幸运的是,赖夫在回答了一系列问题之后,并没有受到使用假护照的指控,而且获准回家,他准备在1935年3月15日之前离开英国。赖夫向奥尔洛夫报告说,他在询问他的内政部官员的办公桌上发现有一个很厚的卷宗,封面上写着"沃利施"的姓名,这意味着被他冒用姓名的这个人已经成为英国当局一个重要的调查目标,成为"不受欢迎之人"。由于担心身份暴露并殃及秘密情报站的安全,赖夫被迫于同年2月离开英国返回莫斯科。

回到苏联后,赖夫继续在内务人民委员会总部机关工作,先是在国家安全总局第七处任职,此后担任内务人民委员会第一局第五处科长助理,直到1938年5月。在总部机关工作期间,他的军衔已晋升为国家安全大尉(相当于部队上校),负责"剑桥五杰"以及驻伦敦所有情报站的活动情况。在1937—1939年的政治大清洗浪潮中,赖夫也没有逃脱被镇压的厄运。1938年7月29日,赖夫遭到逮捕,8月28日被苏联最高法院军事法庭以"参加反革命恐怖组织罪"判处死刑,当天晚上即遭枪毙。1956年12月15日,赖夫获得平反。

(三)亚历山大·米哈伊洛维奇·奥尔洛夫(АЛЕКСАНДР МИХАЙЛОВИЧ ОРЛОВ)

奥尔洛夫是多伊奇在英国的第二任直接领导。其最大的功劳是,在常驻伦敦的一年多时间内,领导多伊奇和赖夫成功地招募了菲尔比、麦克莱恩和伯吉斯,尤其是力排众议,坚持把行为怪僻的同性恋者伯吉斯拉入苏联谍报队伍,从而形成了"剑桥五杰"间谍小组的第一个圈子,之后因人而异、因地制宜,设计、指导他们利用自身条件,伺机打入英国政府要害机关。因此,尽管他为了避免杀身之祸潜逃美国,但在苏联乃至俄对外情报局的功劳簿上仍然占有一定的地位。

奥尔洛夫的真实姓氏为列夫(莱巴)·拉扎列维奇·费尔德宾,1895年8月21日出生于沙俄明斯克省博布鲁伊斯克的一个犹太人家庭。在内务人民委员会干部处的业务文件中,其姓氏为列夫·拉扎列维奇·尼科尔斯基,业务代号为"施维德"或"列瓦"。在美国姓氏为伊戈尔·康斯坦丁诺维奇·伯格,在西方则以亚历山大·奥尔洛夫这个姓名而出名。

1916年,奥尔洛夫应征加入沙俄军队,在后勤部门服役,二月革命后加入社会民主党,国内战争一开始便转入红军队伍,在第12集团军特别处任职,参加了破获基辅反革命组织等工作,曾经担任特种小队领导人,率领部下潜入波军后方,亲自指挥各种危险行动,表现出大无畏的勇敢精神,极大地鼓舞了战士们的士气。奥尔洛夫于1920年5月加入俄共(布)。

1920—1921年,奥尔洛夫调入阿尔汉格尔斯克省契卡,化名列夫·拉扎列维奇·尼科尔斯基,先后担任秘密行动部门、保卫北部边界谍报侦查科、侦查调查部门负责人,以及北方地区白色军官审查工作特派员等职务。1921—1924年,在莫斯科大学法律学校学习,与此同时在护法机关工作。1924年毕业后,调入国家政治保卫总局经济局担任局长助理,局长正是他的表兄弟济诺维·卡茨涅尔松。1926年调转到国家政治保卫总局国外处,从此开启了对外情报工作生涯。他经常奉命到法国、德国、美国、意大利、奥地利、捷克斯洛伐克、瑞士、英国、爱沙尼亚、瑞典和丹麦等国家执行或常驻或短期出差等任务,因此能说一口流利的英语、德语和法语,成功完成上级交付的任务。在德国工作期间,甚至在专业性很强的德国证券交易市场上也能得心应手、风生水起。在驻法国合法情报机构工作将近一年半时间后,1928—1931年奉调来到德国柏林从事公开的情报活动。从柏林归来后,又被派到巴黎担任非法情报机构负责人,与另外一个著名的苏联特工、未来的少将亚历山大·米哈伊洛维奇·科罗特科夫一起工作,执行向法国总参谋部军事情报部渗透间谍的任务。由于客观条件很复杂,这次任务未能如愿完成。但在德法等国家工作期间,他招募过一些很有价值的间谍,曾以自己的亲身经历为内务人民委员会高级专科学校写了一本教科书,专门介绍如何招募外国间谍。30年代初,奥尔洛夫领导苏联人民委员会国家政治保卫局国外处经济情报科,与西方商人进行秘密接触和联系,在从德国和瑞典向苏联运送新技术设备的行动中发挥了重要作用。他在自己的情报员当中建立了一个非正式的审计稽核小组,查清了苏联新经济政策时期新兴资产阶级分子们的实际收入。奥尔洛夫的这个秘密检查机构由斯卢茨基亲自领导。当时,斯卢茨基担任经济处处长,后来接任国外处处长,将奥尔洛夫调到对外情报机构工作。

奥尔洛夫早在1921—1924年就认识斯大林。当时,斯大林还只是一名党的书记,奥尔洛夫则在全俄中央执委会最高法庭担任侦查员。奥尔洛夫经办过几个重要的案子,他的专业素养给斯大林留下了非常深刻的印象,以至于斯大林成为苏联最高领导人之后,还经常邀请他前往克里姆林宫的办公室探讨一些情报侦察工作的细节问题。奥尔洛夫称,他的化名之所以从"尼科尔斯基"变成"亚历山大·米哈伊洛维奇·奥尔洛夫",正是他在赴西班牙就职前由斯大林亲自决定的。

1934—1935年,奥尔洛夫在伦敦任非法情报站站长,与闻名世界的"剑桥五杰"间谍小组建立了牢固的联系。1934年5月,就在他在法国的使命失败,从巴黎来到维也纳待命时,突然收到莫斯科派到伦敦担任秘密情报机构负责人的命令。中心一开始要求他在哥本哈根建立一个基地,从此地对伦敦的间谍网实施遥控指挥,还要负责在波罗的海国家开展的谍报行动,因为英国情报机构正是从这些国家指挥在苏联活动的己方间谍。但是,早在奥尔洛夫第一次踏上英国土地前,从丹麦对英国间谍网实施指挥就遇到不少困难,而此时苏联驻英国秘密情报机构负责人赖夫(即"马尔")已经开始招募菲尔比,迫切需要进行现地协调。因此,1934年7月15日,奥尔洛夫手持两年前在美国搞到的美国人威廉·戈尔丁的真实护照以及从驻斯德哥尔摩英国领事馆获得的入境签证,在英国东海岸哈维奇渡船港踏上英国领土。他的掩护身份是一个美国商人,打算在伦敦从事进出口生意。不过,他此行在伦敦逗留时间不长,7月25日就返回莫斯科汇报伦敦秘密情报站的工作。由于受困于秘密工作和家庭生活无法兼顾,他以女儿身体欠佳需要照顾为由,向国外处处长阿尔图佐夫提出不再出国工作的申请,但没有得到批准。在此情况下,他于9月18日回到伦敦,担任内务人民委员会伦敦秘密情报站负责人,一直到1935年10月为止。

在伦敦期间,奥尔洛夫指挥多伊奇和赖夫对菲尔比等人开展招募和随后的经营工作。作为下属,多伊奇在实施情报活动前必须得到他的批准,奥尔洛夫偶尔也会主动对多伊奇下达一些工作指示。1935年2月,赖夫因为奥地利护照问题被英国内政部招去进行口头审查,并指示雇主立刻予以解雇,导致伦敦秘密情报站出现了安全危机。奥尔洛夫向中心汇报说,看来英国"政府已经发现了一些线索,但还没有找到真凭实据,因此决定要辞掉他"①。奥尔洛夫宣布,作为一项防范措施,由他直接控制菲尔比、麦克莱恩和伯吉斯。

当时,奥尔洛夫在大英帝国的"心脏"、伦敦皮卡迪利广场雷根特街84号帝国大厦4楼开了一家"美国电冰箱股份有限公司",雇用一个英国人当经理,从美国进口质量最上乘的电冰箱出售,还在商业报纸上打广告做宣传。他吸取了在巴黎时掩护身份暴露的教训,选择了从法国迪耶普到美国纽黑文再到英国的新路线,因为他冒充的是一个美国人,这样一来,频繁地出国旅行就不会引起军情五局和伦敦警方特别处的更多注意和怀疑。正当各项工作顺利推进时,1935年10月9日,莫斯科突然收到哥本哈根情报站发来的密信,信上说奥尔洛夫在租住的公寓里邂逅了一个熟人,此人是一位英国教授,曾在维也纳教他英语课,他当时的身份是苏联公民,正在苏联使馆任职。而此时此刻,他却持着另一个国家的护照,连姓名都是别人的!10月10日,莫斯科向奥尔洛夫发出事先约定好的紧急密令:"洛季应回南方。"②这次不

---

① [英]克里斯托弗·安德鲁、[俄]瓦西里·米特罗欣:《克格勃绝密档案》(上),当代世界出版社2002年版,第99页。

② Олег Царев. Джон Костелло, Роковые Иллюзии. Из архивов КГБ: дело Орлова, сталинского мастера шпионажа(Москва: Издательский Центр〈Аква-Терм〉,2011),стр. 179.

期而遇彻底打乱了奥尔洛夫以美国商人戈尔丁的身份续写谍报传奇的计划。他急匆匆地退掉公寓搬进旅店,立即采取措施将秘密情报站的工作做了移交,关掉公司的生意,于10月29日返回了苏联,从此再也没有回到英国。此时,多伊奇正在莫斯科休假,接到奥尔洛夫的指令后,他马上启程返回伦敦,重新接管了在剑桥大学招募的菲尔比等几位间谍。同年,苏联特工在德国柏林也发生了与奥尔洛夫差不多的故事。此后,对外情报机构领导人做出决定,今后凡是在苏联使馆和贸易代表团担任过官方职务的人员,一律不得出国从事冒名顶替这样的秘密工作。

奥尔洛夫回到莫斯科之后,因为在国外工作期间功勋卓著而被授予列宁勋章,还在1935年12月4日按照第832/A号命令获得了"国家安全少校"特别军衔。当时这个级别相当于苏联红军旅长,也相当于目前美国陆军少将或准将。因此,无论是当时还是放在今天,奥尔洛夫此后流亡西方,他是脱离苏联的情报军官中军衔最高的。

1936年7月,西班牙内战爆发,西班牙成为法西斯和左派力量在欧洲搏斗的主战场。7月26日,联共(布)中央政治局开会通过了派遣奥尔洛夫赴西班牙任职的提议。8月,奥尔洛夫与内务人民委员会工作人员加琳娜·沃伊托娃的恋情告吹后,9月被好友斯卢茨基派往西班牙担任情报站站长。名义上他是苏联驻西班牙政治参赞,负责"准备并提交报告",但他的"国家安全少校"特别军衔赋予他的职权相当于一个苏联将军,因此,他在西班牙共和政府的反间谍和内部安全工作领域内享有无限的权力。在西班牙工作期间,他出色地完成了自己的分内工作,他与助手纳乌姆·马尔科维奇·别尔金一起,沉着冷静地应对变幻莫测的政治军事局势,解决了大量棘手难题。他领导属下同共和军反间谍人员一起与佛朗哥分子的破坏活动作斗争,破获了很多敌方间谍组织和人员。在巴伦西亚、巴塞罗那、毕尔巴鄂和阿尔让地区开设训练营,训练游击队和破坏分子。他的若干个游击排在民族主义势力后方成功地破坏输电线路、炸毁桥梁,多次袭击敌人的运输车队。他在回忆录中称:自己的目的是"建立一支受内务人民委员会控制的秘密警察力量,通过它在西班牙实现斯大林式的统治"[①]。但是,时任苏联驻西班牙共和国首席军事顾问扬·别尔津将军对此不以为然,认为奥尔洛夫和内务人民委员会对西班牙共和国的态度堪称对待苏

---

① [英]克里斯托弗·安德鲁、[俄]瓦西里·米特罗欣:《克格勃绝密档案》(上),当代世界出版社2002年版,第118页。

联的一个殖民地,而不是当作盟友。到了 1937 年春天,奥尔洛夫接到指示,开始把工作重点从监视和分裂托派分子转变成消灭托派领导人托洛茨基及其儿子谢多夫等人。奥尔洛夫向西班牙共和政府提供伪造的文件,努力证明马克思主义工人统一党是一个"德国—佛朗哥集团的间谍组织",导致该党主要领导人遭到逮捕,其总部被查封,武装组织也被解散。除此之外,他还接受了一些非常重要的秘密任务,其中包括将一批西班牙共和党的黄金安全运送到莫斯科,由于表现果敢勇猛而被晋升军衔。《真理报》报道称,国家安全大校(注:应为高级少校)尼科利斯基由于执行政府赋予的重要任务而被授予了列宁勋章。① 国外处的米·施皮格尔格拉斯对奥尔洛夫非常尊重,经常称赞他如何能干,如何一次又一次地完成招募间谍的任务。在刺杀西班牙托派分子领导人安德烈·尼因的行动中,奥尔洛夫也发挥了重要作用。尼因由于参与了托派分子在巴塞罗那举行的暴动而遭到共和党的逮捕,后被奥尔洛夫从狱中抢了出来,在离巴塞罗那不远处被打死。之后,奥尔洛夫以安德烈·尼因的名义起草了一份抨击托洛茨基的文章并四处散发,以图造成尼因的越狱是在德国特工机关帮助下进行的假象。这一举动严重损害了托洛茨基在西班牙的威信。时任内务人民委员叶若夫亲自向斯大林汇报了奥尔洛夫所取得的成功以及托派分子在西班牙被消灭的情况。但据称,他在西班牙组织消灭"人民公敌"的行动中一直生活奢侈。一名国际旅的青年战士奉命到他的住所办事,刚走进房间就闻到一股浓烈的科隆香水味,此时一位身穿白领制服的服务生推进来一餐车丰盛的早餐。青年战士已经 24 小时粒米未进,可奥尔洛夫愣是没有给饥肠辘辘的他一点赏赐。

除此之外,奥尔洛夫不仅及时完成了本职工作,还为对外情报机构的长远发展着想,培养和储备了大量年轻特工人员。如约瑟夫·格里古列维奇 1936 年下半年逐渐取得了秘密情报事业的成功,在战火纷飞的马德里崭露头角,凭借这一坚实基础后来成为著名的秘密特工"马克斯",并在卫国战争中立下了卓越功勋。奥尔洛夫也是 1940 年 8 月暗杀托洛茨基的组织者之一。他还成功地招募了美国人莫里斯·科恩。科恩 1910 年出生于纽约一个俄罗斯移民家庭,1936 年西班牙内战爆发后加入国际纵队,参加过反法西斯战斗,双腿负伤。治愈后,被时任内务人民委员会驻西班牙秘密情报站站长的奥尔洛夫招募,作为苏联对外情报机构的间谍,被安排进入专门培养西班牙共和政府特工机关间谍的特工培训学校。1938 年,科恩同意在美

---

① [俄]帕维尔·苏多普拉托夫:《情报机关与克里姆林宫》,东方出版社 2000 年版,第 45 页。

国继续与苏联对外情报机构合作,于是回到纽约,并成为代号"志愿者"的间谍小组领导人,与苏联对外情报机构取得了联系。1941年初,科恩与列昂京娜·捷列扎·佩捷克结婚,并吸收后者参加秘密情报工作。1942年,科恩应征入伍,参加了美军在欧洲的对德军事行动,1945年复员。1948年,科恩与苏联人重新恢复联系后,同担任联络员的妻子一起,领导"志愿者"小组中极有价值的间谍开展工作,其中就包括他1942年招募的原子间谍"珀尔修斯",即物理学家杰奥多尔·艾德文·霍尔。1949年,科恩夫妇受命与到达美国的秘派特工鲁道夫·阿贝尔取得联系,并共同工作了10个月。后来,由于美国联邦调查局逮捕了一个知道科恩与苏联对外情报机构有联系的苏联特工,因此科恩夫妇不得不秘密撤回苏联。经过一段时间休整后,科恩夫妇改名换姓,被秘派到英国工作,50年代末在苏联驻外秘密情报机构领导人"花花公子"科农·莫洛迪手下工作。1961年1月7日,科恩夫妇因叛徒米哈伊尔·戈列涅夫斯基出卖而不幸被捕,被判处20年监禁。1969年10月苏英相互交换俘虏,科恩夫妇在英国监狱关押9年多之后回到了苏联,双双加入苏联国籍,继续在对外情报机构工作。1993年和1995年,列昂京娜和科恩先后去世,两人被授予"俄罗斯联邦英雄"称号,以表彰其为保障国家安全而做出的突出贡献。

由于功勋卓著,苏联国内情报机关有传闻说,奥尔洛夫很快将担任内务人民委员会对外情报机构领导人。但国外处处长斯卢茨基暴毙,以及奥尔洛夫的表兄弟、曾任乌克兰内务人民委员会副主席的卡茨涅尔松在苏联大清洗期间被捕并被镇压,把奥尔洛夫吓坏了。1938年7月9日,奥尔洛夫突然接到中心发来的一封密电,要求他尽快赶到法国巴黎与苏联总领事比纽科夫会合,然后坐大使馆的汽车于7月14日之前到达比利时港口安特卫普,登上停在此地的苏联"斯维里"号轮船,与内务人民委员会的一位高级官员会面。实际上,此人正是国外处代理处长施皮格尔格拉斯。奥尔洛夫想到从国内陆续传来的大清洗的惨剧,回想起身边的战友一个个回到国内后即杳无音信,再联想到与叶若夫所发生的种种龃龉和过节,他担心这次在船上接头是国内有意安排对他进行的诱捕,因此没有与施皮格尔格拉斯会面。考虑到他的叔伯亲戚有许多住在美国,关系较好,所以决定潜往美国。

7月12日,奥尔洛夫离开巴塞罗那的办公室,带走了业务经费6万美元,与助手们告别后,跨过西法边界到达法国佩皮尼昂,在约定的时间和地点接上妻子和女儿后,就坐上夜行的列车,于13日早晨来到法国巴黎。这天正是法国国庆节前一天,美国大使恰好不在使馆。他听从妻子的建议来到加拿大使馆办理入境签证。加拿大领事善解人意，给国内移民部门写了一封介绍信，称苏联将军奥尔洛夫将持美国护照，携妻子玛丽娅·弗拉季斯拉沃芙娜·罗日涅茨卡娅和生病的女儿，前往美国赴任前在魁北克略作休憩。这令奥尔洛夫喜出望外。更让他高兴的是，命运之神也向他们伸出了援手，他恰好打听到当晚有一艘加拿大轮船要从瑟堡返回蒙特利尔，于是便急急忙忙购买了船票，与妻子和女儿幸运地在开车前几分钟登上了开往瑟堡的火车。当太阳落山后，他们已经顺利地登上了轮船，并于7月21日来到了蒙特利尔。到了8月的第二个星期，奥尔洛夫来到美国驻渥太华外交机构，出示了自己的苏联外交护照，称自己奉命到华盛顿苏联驻美全权代表特罗亚诺夫斯基手下任职，请求颁发入境签证。美国人满足了他的请求，发给他们作为外国外交官在美国任职期间的无限期逗留签证。奥尔洛夫不敢耽搁，很快买好了去美国的火车票，于8月3日顺利从渥太华抵达美国纽约州，此时距离他们离开巴黎刚好一个月。加拿大当局对奥尔洛夫非常友好，移民部门发给他一份身份证明，允许他们在赴美之前在加拿大逗留两个月。而这也意味着，奥尔洛夫在异国他乡长达14年的流亡生活正式拉开了帷幕。

  7月14日，莫斯科中心惊悉奥尔洛夫没有如约出现在苏联大使馆，悄无声息地从人间蒸发了。由于他对苏联驻英、法、德以及西班牙等国的特工和间谍非常熟悉，因此，内务人民委员叶若夫亲自处理此事。苏联谍报机构向所有驻外情报站下令务必全力找到他，叶若夫甚至准备派其精锐的"飞行骑兵连"执行这一任务。奥尔洛夫熟谙叶若夫的做派和冷酷残忍，为了留在苏联的家人安全，他从美国给斯大林和叶若夫写信解释逃跑的原因，威胁说如果对他进行跟踪和追杀，他就将有关向反对干涉西班牙内战国际委员会所发送的伪造材料的情报以及西班牙黄金是如何运出并秘密弄到莫斯科的情报予以公开。他还要求苏联不要迫害其留在莫斯科的年迈的母亲，并且保证，若答应其条件，他将保守他所知道的国外特工人员以及所掌握的内务人民委员会等机密。在此情况下，1938年11月，接替叶若夫的贝利亚下令中止追寻奥尔洛夫下落，如果恢复寻找，必须有他的亲口指示才行。克格勃曾于1969年和1971年两次派特工德米特里·彼得罗维奇·费奥克季斯托夫到美国与奥尔洛夫见面，劝他们夫妇回国，还答应给他们提供一套舒适的公寓和丰厚的养老金，并归还此前被剥夺的国家奖励和军衔，但均被他们严词回绝，此后一直在美国生活，至死都没有回去。奥尔洛夫在第一次见面时声称,他未曾在审讯中向美国出卖任何一个人。第二次见面时,他向苏联特工转交了一些具有经济意义的数据,还有一张据他观察有可能与苏联情报机构合作的联邦调查局和中央情报局官员名册。

奥尔洛夫自从离开莫斯科辗转来到美国之后,就无时无刻不生活在恐惧之中。他害怕美国当局知道他的身份,所以在美国深居简出,经常变换住处,从来不在任何地方长期居住,实在迫不得已与人打交道时也更名换姓。1940年7月15日,他们唯一的女儿因病去世,这对他们构成了第二次沉重打击。到了1942年2月11日,叛逃西方的内务人民委员会派驻荷兰特工负责人克里维茨基在华盛顿一家旅馆里神秘地"自杀"身亡,这让奥尔洛夫夫妇惊恐不安,感到斯大林的报复之手仍然在四处肆虐,于是更加竭力隐藏住处,四处辗转,更名换姓,这下子确实是转入了美国的"地下"。1953年3月5日斯大林去世后,美国《生活》杂志开始发表奥尔洛夫撰写的4篇有关斯大林的文章,第一篇于4月6日问世。他在美国图书馆里查阅了大量有关苏联历史的著作,在文中以亲身经历的事实以及内务人民委员会同事们作为目击者的口述为基础进行回忆。杂志社为了提高这些文章的权威性,特意找奥尔洛夫在莫斯科和马德里认识的美国记者路易斯·菲舍尔帮忙,证实奥尔洛夫的确曾担任内务人民委员会驻西班牙代表。文章发表后引起了轰动,预付的稿费也解决了奥尔洛夫夫妇的经济困难,但他的身份被公开曝光,这使他与美国联邦调查局之间出现了矛盾。胡佛怎么能容忍这样一个赫赫有名的苏联特工在自己鼻子底下待了15年,而他所领导的无所不能的联邦调查局却丝毫没有察觉呢?因此,他想方设法鼓动起诉奥尔洛夫,甚至怂恿移民局将他驱逐出美国。但是,胡佛以及联邦调查局的特工们很快发现自己低估了奥尔洛夫。他们发现奥尔洛夫个性极强,其外表为他的个性更增添了威严;他具备敏锐的洞察力,富有反侦察经验,对假情报具有很强的识别能力,能够巧妙地避开联邦调查局特工们为他设下的陷阱,他们真是拿他没有办法,根本无法从他口中套出所掌握的秘密,也没有取得起诉他的授权,更遑论将他驱逐出境了。后来,奥尔洛夫成功地获得了国会议员的支持,于1956年7月取得了在美国的长期居留权,不仅不会面临被驱逐出境的威胁,还获得了在美国完全合法的居住权。美国人不得不承认,奥尔洛夫并不在苏联谍报机构中那些位居高位的变节者之列。

在美国期间,虽然生活状况非常拮据,甚至一度靠借债度日,但奥尔洛夫顽强地保持了对列宁的革命事业的忠诚之心,至死都没有向美国人全盘抖搂他所掌握的机密情报;相反,他还竭尽全力隐瞒他亲自领导或掌握的那部分最机密的情报,没有出卖菲尔比及"剑桥小组",也没有交代有关绑架米勒将军的情况。即便是在迫不得已的情况下,他也只向美国人透露自己愿意说的那部分细枝末节;而对美国人确凿指出的事实,他通常都搬出自己的那套说法,让美国人莫名其妙。可以说,他在一定程度上甚至单枪匹马地改变了历史的进程。试想,如果他在1938年出卖了"剑桥小组"以及其他苏联间谍,斯大林就不会源源不断地从菲尔比和"红色乐队"这样的卓越间谍手中获取价值连城的情报资料,从而在相当程度上改变第二次世界大战的历史;如果他向美国人检举了苏联的原子弹间谍,克格勃可能永远拿不到宝贵的原子弹情报。因此在奥尔洛夫去世后,中情局一位高级官员称他是"在苏联情报机构73年的历史中独一无二的,最多面、最卓越也是最多产的一名军官"①。

奥尔洛夫还是一名才华横溢的记者。上文说过,1953年,他出版了一本有关斯大林的专著,一时间在西方引起了巨大轰动。他对苏联1934—1937年间进行的大逮捕和大镇压做了一些真实描写,也进行了许多推测,尽管当时他并不在莫斯科,但他在书中对这些事件的推测被当成了真实情况。10年后的1962年,他又出版了《反间谍和游击战教材》一书。他在书中以耳闻目睹的事实和遭遇为基础,从情报工作的专业角度出发,对自己从事情报工作的经历进行了一番总结与回顾,认为此书"可以在苏联翻译出版后作为实用指南使用",希望"能对我的祖国尽微薄之效"。②

1971年11月16日,奥尔洛夫的妻子玛丽娅·奥尔洛娃因突发心脏病去世。送别爱妻后,奥尔洛夫继续撰写他的回忆录。1973年3月25日,他也突发心脏病,在克利夫兰圣文森特慈善医院与病魔斗争两周后,与世长辞,终年78岁。克格勃档案显示,1972年12月2日,在时隔35年之后,他向苏联国内写了第一封也是最后一封私人书信。信是写给小姨子维拉·弗拉季斯拉沃芙娜的。他回忆1920年他们最后一次见面的情景,那时他在罗夫诺城第12军服役,自称列夫·尼科尔斯基,是个化名"亚历山大·奥尔洛夫"的"作家"。他询问了苏联的生活,向小姨子打听他的亲人谁还活着、日子过得怎么样,并把自己律师的地址告诉了她;他还打听故去的岳母坟

---

① Олег Царев. Джон Костелло, Роковые Иллюзии. Из архивов КГБ: дело Орлова, сталинского мастера шпионажа(Москва: Издательский Центр 〈Аква-Терм〉,2011), стр. 454.

② Олег Царев. Джон Костелло, Роковые Иллюзии. Из архивов КГБ: дело Орлова, сталинского мастера шпионажа(Москва: Издательский Центр 〈Аква-Терм〉,2011), стр. 20.

墓照料得怎么样,自告奋勇地说要订购一块"波兰花岗岩墓碑"并附上相应的墓志铭邮寄回苏联。

奥尔洛夫去世后,美国联邦法官把他的所有文件包括回忆录手稿全部封存起来送到档案馆,并注明1999年前不得对外公开。

1993年,俄对外情报局编写出版了《奥尔洛夫传记》,书中称他是在剑桥大学招募间谍的"主谋"。《克格勃绝密档案》作者之一米特罗欣认为,这种说法多少有些夸张,而且有掠人之美的嫌疑:一是他在伦敦工作时间太短,只待了一年多一点时间;二是克格勃的档案清楚地表明,是多伊奇而不是奥尔洛夫制定了把菲尔比和其他年轻的剑桥精英作为发展对象的总体策略;三是菲尔比自己也承认,在实施这个策略的技巧方面,没有其他任何一个指导员能与多伊奇相媲美。当然,克格勃和俄对外情报局这样做的目的很明显,就是希望把他树立成这样一个典型:尽管在苏联大恐怖时代被迫逃往国外,但同菲尔比一样,"仍然保持着对列宁革命的信仰"[①],并运用高超的谍报训练技能,欺骗了西方情报机构很多年,而美国情报机构和安全部门几十年都未发现,奥尔洛夫作为"剑桥五杰"最主要的招募和经营人员之一其实一直生活在他们的鼻子底下。可惜,斯人已逝,一切均化作泡影。虽然奥尔洛夫时常被人们提起,但因为他的出逃,致使他永远也不可能进入克格勃、现俄罗斯对外情报局的英烈祠。

(四)特奥多尔·斯捷潘诺维奇·马利(ТЕОДОР СТЕПАНОВИЧ МАЛЛИ)

俄对外情报局荣誉室的墙上,挂着该局前身——克格勃各个不同历史时期的英雄肖像画,其中一幅属于特奥多尔·斯捷潘诺维奇·马利。肖像画下的官方赞辞这样介绍称:他最显著的功绩是招募和领导过赫赫有名的"剑桥五杰"——菲尔比、麦克莱恩、伯吉斯、布伦特和凯恩克罗斯。这五人虽然出身贵族,却是最坚实的共产主义信仰者,第二次世界大战前以及战争期间打入了英国外交部、军情五局和军情六局等核心要害部门,为保卫苏联国家安全和利益立下了汗马功劳,克格勃始终将这五个来自剑桥的间谍视为最实干的优秀外国间谍。

[①] [英]克里斯托弗·安德鲁、[俄]瓦西里·米特罗欣:《克格勃绝密档案》(上),当代世界出版社2002年版,第95页。

● 从随军牧师加入苏联对外情报机构

马利 1894 年 9 月 20 日出生在奥匈帝国泰梅什堡（现罗马尼亚蒂米什瓦拉）一个财政部官员家庭，匈牙利族人，中学 8 年级毕业后，加入天主教僧侣会，曾在维也纳大学神学和哲学系学习，获得了第一个祭司职位，但之后辞去教职。第一次世界大战爆发后，以世俗大学生的身份参加奥匈军队，成为一名后备军士官，1915 年 12 月从军校毕业，获授准尉军衔。1915—1916 年在奥匈军队担任少尉军官，在俄国战场喀尔巴阡山地区作战期间任随军牧师，1916 年 7 月因伤被俄军俘虏，之后一直辗转于波尔塔瓦、哈尔科夫、罗斯托夫、奔萨、阿斯特拉罕、奥伦堡和车里雅宾斯克等地战俘营，待到 1918 年 5 月，由此熟悉了俄罗斯的道路、村庄和铁路等地理情况。后来他对一位间谍回忆说："我看到了惨不忍睹的景象。我看到肢体冻伤的年轻人在战壕里死去，我从一个俘虏营被转到另一个俘虏营，与其他俘虏一样忍饥挨饿。虱子咬得我坐卧不安，许多人死于伤寒。革命爆发之后，我不再信奉上帝，而是加入了布尔什维克者行列，彻底告别了过去。我不再是匈牙利人、不再是神甫、不再是基督徒，甚至也不再是谁的儿子。我只是一个'失踪'的战士。我成了共产党员，直至今天。"①

1918 年，马利自愿加入工农红军，在车里雅宾斯克附近打过捷克白匪，后来还与高尔察克分子、弗兰格尔白匪和马赫诺匪帮分子打过仗，同年 11 月不幸被高尔察克反间谍机构俘虏，关进了克拉斯诺亚尔斯克监狱，后来转移到集中营，所幸 1919 年 12 月被红军部队解救，加入第三国际师第一旅部队继续与白匪军作战。1920 年 1 月，加入俄共（布）。

马利离开俘虏营后，他那强烈的、保卫革命不受反革命侵犯的愿望很快便为他打开了通往契卡的大门。他对没有"人剥削人"的"新耶路撒冷"的信仰，不再作为一种纯宗教式的观点，而是成为伴随他终身的一种坚定信念。1921 年，调到契卡—国家政治保卫总局克里米亚分部工作，先后担任收发员、办事员、打击匪帮特派员助理、重案侦查员、秘密行动部门书记、秘书处主任、东方处处长，获得国家安全少校军衔。1926 年起，调到位于莫斯科的国际革命战士救济会中央委员会中央政治侨民处担任了 6 个月的责任书记，此后进入国家政治保卫总局总部机关工作，先后担任反间谍处特派员、科长助理，1930 年起任国家政治保卫总局特别处业务主管。

---

① 王铭玉等编译：《克格勃全史》，黑龙江人民出版社 1998 年版，第 217—218 页。

马利终究是一个良心未泯之人,内战的灾难对他造成了深深的刺激。面对这些人间惨剧,马利无可奈何,只能隐匿起来闭目塞听。他努力说服自己,反革命一旦被摧毁,内战的悲剧也会马上过去。但即便如此,马利有时也会为自己的过去而进行自我折磨。多年以后,有一次马利和一个间谍在饭馆喝得酩酊大醉后,开始回忆他不愿看到的骇人景象。赫达·马辛写道:"只要这个理智的、高贵的人一喝酒,就马上陷入可怕的抑郁症中,并开始自我悔过。当可怕的这一切过后,他又恢复了正人君子的模样,但后背的冷汗冒个不停。"①马利曾经疯狂地热恋伊格纳季·赖夫手下的间谍格尔达·法兰克福特,但"莫斯科知道他贪杯如命,就强迫他娶了一个他不爱的俄罗斯姑娘,充当保姆和监视者"②。

不幸的是,这些惨剧在农村集体化过程中再次重演:"我清楚我们在对农民做些什么,许多人或被驱逐出境,或被打死。但这次我没有避开。我相信,我会有机会赎罪的。"③有一次,马利在审理一个因为偷土豆给孩子吃却被判处死刑的父亲案子时,成功地说服上司改判此人有期徒刑,还告诉此人的妻子说她丈夫的命保住了。他很高兴这件事将为他赎罪,但是因公外出两周回来后,他却发现此人"已被枪决"!他深受刺激,第二天就跑到国家政治保卫总局国外处,请求将他派往国外任职。1932年末,马利顺利调到对外情报机构工作,担任国外处第三科科长助理,1931—1934年间多次化名"朗格"赴德国、奥地利、法国执行特别任务,曾经参加1934年的维也纳起义,在这里结识了菲尔比,并帮助将他拉入共产国际谍员队伍。

1934年6月至1937年7月,马利"作为在资本主义国家秘密特工机关负责人,长期受政治保卫总局国外处系统委派在国外出差"④。先是赴巴黎任非法情报站站长,并从这里督导苏联在荷兰的情报工作,1935年第一季度在莫斯科候命,同年5月以"非法"渠道潜入伦敦,与已被招募的英外交部译电员金上尉进行接触、培养和指导,10—11月再次返回莫斯科。

在其职业生涯期间,马利曾荣获克里米亚中央执行委员会(1924年)胸章、"全俄肃反委员会—国家政治保卫局荣誉工作者"(1932年)胸章,1927年还获得国家政治保卫总局局委会奖励的证书和银烟盒。

---

① 王铭玉等编译:《克格勃全史》,黑龙江人民出版社1998年版,第237页。
② 王铭玉等编译:《克格勃全史》,黑龙江人民出版社1998年版,第237页。
③ 王铭玉等编译:《克格勃全史》,黑龙江人民出版社1998年版,第218页。
④ [俄]奥列格·察列夫:《克格勃特工在英国》,吉林人民出版社2003年版,第184页。

● 跻身苏联"大特工"行列

马利身材魁梧、相貌英俊,中欧共产国际的地下工作者都称他"大马利"。国外处处长斯卢茨基对马利在物色间谍、鼓舞其斗志并赢得其忠诚方面的才能十分敬仰。伦敦情报站负责人奥尔洛夫曾不无好感地回忆说,马利有一张刚毅的面庞和一双坦诚的、近乎天真的淡蓝色眼睛;他有着迷人的外表和对共产国际理想的狂热执着,这使许多间谍面对他时产生了一种心虚的感觉,而这种感觉只会使他们更加依赖于他。天生的个人魅力和分寸感促成了马利的成功,从而使他跻身于克格勃各个历史时期的英雄榜单上。

1932年末,马利来到国外处的第一项任务就是到德国从事地下工作。纳粹分子在德国上台几个月后,马利来到奥地利首都维也纳。他坚持认为,应该在德国境外与纳粹主义作斗争:"唯一与纳粹斗争的方法是在国外斗争。我们在内部没能成功,因此要由外及内行动。"在与国际反法西斯进行的秘密战中,马利凭借自己早期的布尔什维克理想,以共产国际最终必胜的信念感染着其他间谍。当时,"剑桥五杰"之首的菲尔比在1933年夏天大学毕业后也来到维也纳,以信使身份活动于奥地利地下共产党员之间。1934年2月,奥地利左右派爆发了激烈内战,菲尔比在这种严峻的形势下,积极从事把社会主义者和共产党员秘密输送到国外避祸的行动,充分表现出了勇敢和机智。马利回忆说:"我打开衣柜,想选件衣服。当菲尔比看到那儿有好几套衣服时喊道,'上帝呀,你有七套衣服,都给我吧。我有六个朋友都为了逃避绞刑躲在城市下水管道里'。我们把衣服塞进了皮箱。假如菲尔比可信的话,这些衣服都已用来帮助他的朋友们偷越国境,逃往捷克斯洛伐克。"[1]马利从他身上敏锐地察觉出他完全具备充当内务人民委员会间谍的潜力,评价他为"最具潜力的苏联间谍"。马利授命菲尔比要渗入英国情报机构,时间没有限制,并在同年5月把他派回了伦敦。菲尔比回到英国后不久,马利又把自己的助手、另一位苏联情报人员多伊奇派往伦敦,在英国招募间谍并布建谍报网络,从而成就了多伊奇"招募大师""'剑桥五杰'杰出指导员"的美名,并在俄对外情报局荣誉室里与马利紧挨着占有一席之地,对他在招募和管理剑桥间谍方面所做出的贡献给予了几乎与马利同样高的评价。

1936年1月初,内务人民委员会国外处派遣马利及其妻子持伪造的名为波尔和

---

[1] 王铭玉等编译:《克格勃全史》,黑龙江人民出版社1998年版,第219页。

莉吉娅·哈尔特的奥地利护照来到英国伦敦,马利此行的唯一任务是指挥和指导苏联间谍约翰·金上尉,此前他已经两次到伦敦做后者的培养和招募工作。金上尉是英国外交部的译电员,1935 年被化名"库柏"在英国活动的苏联间谍皮克招募并指导,化名"马格",为苏联人提供英国外交部的密码材料等机密文件。因为皮克受身份限制,无法在英国与他频繁联系,而总部安排的联系人克里维茨基又拒绝做金的指导员,因此马利只能勉为其难地亲自出面指导。1月7日,马利与金上尉建立联系后,自称"彼得森先生",是一名实际上根本不存在的荷兰银行家的亲侄,负责银行最机密的业务,并转交了银行家的亲笔信。此前,皮克已让金做好了与银行直接联系的准备,所以金以为正是这家银行出钱购买他所提供的秘密文件,很快便相信了马利,开始源源不断地提供他所能接触到的外交部密码电报,直到 1939 年 10 月被克里维茨基出卖被捕为止。皮克通过生意伙伴在离外交部不远的地方租了一套房子当作绘画室,金几乎每天来一趟,把收集到的材料放在密藏处,离开前拉上窗帘,发出文件带来的信号。身在伦敦的苏联秘派特工看到信号后,便来到房间里翻拍文件,再把胶片交给苏联合法特工,加工后通过电报用马利的代号"曼"发给莫斯科。由于与"马格"这个很有价值的间谍取得了卓有成效的成绩,因此,1936 年总部包括内务人民委员叶若夫都给予他高度评价,甚至得到了"斯大林的赞许"。

1935 年 2 月和 10 月,伦敦秘密情报站发生安全危机,负责人赖夫和奥尔洛夫先后被迫返回莫斯科,只剩下多伊奇一个人。此时,多伊奇既要指导已经招募的"剑桥五杰"成员并继续发展人员拓展网络,同时还要在伍利奇兵工厂组织间谍小组,实在分身乏力。为了统一协调和领导内务人民委员会在英国伦敦的地下活动,1936 年初马利奉命来到伦敦,其任务是在管理和指导金上尉的同时,与多伊奇一起开展对"剑桥五杰"的指导和招募工作。1936 年春天,马利短暂返回莫斯科汇报和商讨对"剑桥五杰"的工作进程,4 月回到伦敦后正式担任伦敦秘密情报站的负责人。此时,多伊奇已于 1934 年 6 月正式吸收菲尔比加入了苏联情报队伍,同年 8 月在菲尔比的帮助下招募了麦克莱恩,后者于同年 12 月又引荐并帮助发展了伯吉斯。因此,马利和多伊奇面临着两方面的任务:一是巩固和发展与上述三人的关系并指导他们开展渗透工作;二是继续开辟渠道、扩大组织。

担任伦敦情报站站长后,马利开始在多伊奇的协助下与此前被招募的麦克莱恩密切合作,还与菲尔比和伯吉斯不定期接头,伯吉斯有时开车拉他到郊外会面。此前的1935年10月,麦克莱恩第一次踏入英国外交部的大门,成为"剑桥五杰"中打入英国政府核心要害部位的第一人。一开始,他在外交部国际联盟和西方局工作(主要与荷兰、伊比利亚半岛国家、瑞士和国际联盟打交道),接密条件要比处在有利位置上的金上尉差得多,但是,马利把麦克莱恩看作一个"长期"间谍。从他在外交部的仕途刚刚起步时,马利就命令他把主要精力放在混个一官半职而不是搜集情报上。麦克莱恩在这方面不负所望:1938年3月,他以使馆三秘身份被派到英国驻法使馆工作,这是他的第一份国外任职。行前,外交部人事部门给他提供了一封热情洋溢、评价极高的推荐信,当时甚至有传言称,当局有意栽培他担任外交大臣助理职务。

1936年秋天,凯恩克罗斯也进入外交部工作,次年初被招募加入"剑桥五杰"间谍小组,此后两年中先后在美洲、国联、西方、中央司工作,有段时间还与麦克莱恩做过西方司的同事。他不太擅长与人交往,因此一直没有找到属于自己的合适位置,但他经常有意请别人吃饭而且吃得很慢,并把在白厅吃饭时谈话的详细内容记录下来,然后报给内务人民委员会。在外交部工作一年后,马利建议凯恩克罗斯设法调往财政部,因为那里还没有内务人民委员会的人。到了1938年10月,凯恩克罗斯如愿调到了财政部,外交部的人在为他松了一口气的同时又为他惋惜,因为正是他的呆板妨碍他成为一名真正的外交官,否则前途可期。此后,凯恩克罗斯为苏联提供了大量宝贵的情报资料,进一步成就了"剑桥五杰"的美名。

除此之外,马利和多伊奇也积极开源扩大情报组织。1937年初,伯吉斯将好友布伦特介绍给多伊奇和马利并帮助招募成功。此后不久,布伦特又将自己年轻而富有的大学生、美国共产党员斯特雷特做了推荐并帮助发展为苏联间谍,还把另一位学生凯恩克罗斯引荐给他们,并在伯吉斯和英共活动家克卢格曼的协助下吸收为苏联间谍。就这样,到1937年上半年,马利和多伊奇最终完成了对"剑桥五杰"的组织发展工作。此时,麦克莱恩和凯恩克罗斯已经打入英国外交部并开始发挥情报作用;菲尔比于2月启程前往西班牙担任战地记者,开始其往英国核心要害部位的迂回渗透工作;伯吉斯利用英国广播公司这个平台,积极充当苏联间谍招募者的角色,并力所能及地搜集情报;布伦特则在剑桥大学从事科研教学工作的同时,积极扮演苏联间谍物色者的角色。第二次世界大战即将爆发,他们在战前、战争期间和战后分别打入苏联人孜孜以求的英国要害部位并搜集了大量核心内幕预警情报资料,开始枝繁叶茂、开花结果了。可惜的是,马利却永远看不到了。

● **生死度外,以身殉国**

1937年6月,马利被召回莫斯科,住在小卢比扬卡大街5号111室。此时,苏联国内正在掀起政治大清洗的浪潮,国内政治大清洗的狂热已经把怀疑的阴影投到了内务人民委员会国外处军官们的身上。但是,叶若夫对他工作的高度评价和一年前斯大林对他的感谢,给了他一些能顶住并去掉加在他头上罪名的希望。接到回国的命令后,他心里虽然有一种不祥的预感,但某种奇怪的感觉强烈地促使他回到苏联。他对曾经的上司、拒绝回国的奥尔洛夫说:"我知道当过牧师的经历使我根本不可能有机会,但是我之所以决定要回去,是因为这样就没有人能够说'那个牧师可能真的是德国间谍'。"①在从英国回莫斯科途经巴黎时,他去苏联特工波列茨基(化名"赖斯",后为逃避政治大清洗而叛逃)的豪宅拜访亲朋好友。他对赖斯说:"他们正在出卖自己人",并说他在伦敦的使命已经完成。他清楚地意识到,作为一名曾经的神父,并且不愿意执行恐怖暗杀任务,自己基本上没有任何机会活下去。他原本可以一逃了之,躲过杀身之祸,但为了不辱没自己的清白声誉,他并不愿意踏上此路。他对赖斯的妻子伊丽莎白·波列茨卡娅说:"他们要么在这儿,要么在国内把我干掉。这样最好还是死在国内。"②据赖斯的妻子后来在回忆录里说,他"决定回去,这样谁都不会说'也许这个神父真当过间谍'。"③于是,这名匈牙利革命者带着理想主义的宿命论毅然决然地返回了苏联。

1938年3月7日,马利被捕,被指控为德国间谍并受到审判,成了以捏造的叛变之罪名而遭到残酷镇压的"叶若夫主义"的又一个牺牲品。想当年,他不惜抛弃自己的神甫职位,为俄罗斯革命而奉献自己的信仰和真理,但在残酷的现实面前,他的所有幻想都被击得粉碎。很难想象,他在经受残酷的审查和清洗之时到底承受了怎样的磨难与煎熬。同年9月20日,苏联最高法院军事法庭根据《刑法典》第6章第58条规定,以捏造的间谍罪判处马利死刑,旋即执行枪决,死后葬在莫斯科市西南郊的"女公社社员"集体农庄地区。或许他可以感到些许欣慰的是,中心最后同意了他的

---

① [英]克里斯托弗·安德鲁、[俄]瓦西里·米特罗欣:《克格勃绝密档案》(上),当代世界出版社2002年版,第126页。
② 王铭玉等编译:《克格勃全史》,黑龙江人民出版社1998年版,第242页。
③ Олег Царев, Джон Костелло, Роковые Иллюзии. Из архивов КГБ: дело Орлова, сталинского мастера шпионажа(Москва:Издательский Центр〈Аква-Терм〉,2011),стр. 231.

建议，为身在法国的麦克莱恩创建了一条完全自主的"秘密"渠道，得以让后者与中心继续保持联系，也就是下文将要说到的选派精明能干的女特工"诺尔玛"专门负责与麦克莱恩进行联络。

1956年4月14日，苏联最高法院军事法庭通过第4/H-04358号文件确定为马利平反。之后，他进入了克格勃的烈士祠堂。如今，他的姓名也列入俄对外情报局纪念牌匾上，受到后人的膜拜。

对于马利取得的成功，时任国外处处长斯卢茨基归因于其独特的个人魅力和天生的分寸感。"菲尔比说这个人能容忍、有耐心、善于说服人，这些特点肯定是马利所具有的。""尽管他很少谈及他的过去，但在寻求新的信徒方面，他仍具有激励人们的热忱和献身精神的能力。"[①]

[①] [英]安德鲁·博伊尔：《背叛之风》，新华出版社1981年版，第176页。

第五章

整装待发

——"剑桥五杰"成军

随着多伊奇和奥尔洛夫分别于1933年10月和1934年7月15日登陆英国领土,对"剑桥五杰"的招募工作正式拉开帷幕。从时间线上讲,"剑桥五杰"的招募工作主要分布在1934年和1937年这两个阶段,因此五个人也相应地划分成两个圈子。在第一个圈子里,菲尔比发挥了主要作用。他不仅成为"剑桥五杰"首位成员,而且在他的大力举荐和协助下,多伊奇等"大特工"经过精心考察培养,先后将麦克莱恩和伯吉斯收入彀中。有意思的是,这三个青年才俊酷爱法国著名浪漫主义文学派作家大仲马的长篇小说《三个火枪手》。主人公阿多斯、阿拉米斯和波尔托斯三个火枪手不畏强权、勇敢斗争,积极参与国王路易十三、英国首相白金汉公爵与权倾朝野的红衣主教黎塞留之间的明争暗斗,表现出来的侠义、冒险与爱国的欧洲骑士精神令菲尔比三人敬佩不已,因此他们自称为"三个火枪手"。三人还有一个共同点,即均拥有德语代号。第一个圈子形成后,布伦特和凯恩克罗斯先后加入他们的行列,从而构成了"剑桥五杰"的第二个圈子。在这个圈子里,起主导作用的变成了伯吉斯和布伦特,经由与菲尔比同样的套路,到1937年上半年,对第五人即凯恩克罗斯的招募工作宣告结束。这一次,布伦特和凯恩克罗斯包括牛津大学的里斯等人,都没有再被赋予德语代号,说明这不是第一代被招募的剑桥人。至此,多伊奇、奥尔洛夫和马利等人彻底完成了对"剑桥五杰"的招募工作,"剑桥五杰"间谍小组正式成军,由此踏上了向英国权力部门渗透和潜伏的征程。

20世纪30年代,苏联的对外情报搜集工作在全世界都属于首屈一指的存在,在这方面"大特工"们居功至伟。招募到"剑桥五杰"和其他有抱负的意识形态间谍,打开了苏联人对西方帝国主义国家权力核心部门渗透和潜伏的大门,国外情报机构获得的大量英国文件和其他国家的外交文件,对于苏联外交政策的制定有着重大影响。即便放在今天,多伊奇能招募到像"剑桥五杰"这样优秀的外国间谍也实属难能可贵。因此,60年代以后,中心挖空心思地采取各种各样的措施,试图继续招募到像他们这样的新一代意识形态间谍,但都没有成功。不过,由于对"五杰"的成功招募和经营所取得的丰硕成果,让伦敦情报站在中心里面声誉鹊起。甚至到了戈尔巴乔夫时代,第二次世界大战期间及其后25年间在英国的谍报活动仍旧被克格勃第一总局所属的安德罗波夫学院作为样板和典范,用作年轻情报学员的培训教材。学院里的3名主要教员都曾经在伦敦合法情报站里工作,其中负责政治情报训练的莫金曾担任"五杰"的指导员;负责反间谍培训的伊万·希什金在1966—1970年间曾负责伦敦情报站的反间谍工作;而负责科技情报间谍训练的弗拉基米尔·巴尔科夫斯基在1941—1946年间也曾在伦敦情报站负责这个领域的工作。

"剑桥五杰"属于真正意义上的意识形态间谍。他们不是因为手上有把柄或"黑料"而被讹诈进苏联间谍队伍的,也不是利欲熏心贪图金钱物质而混进苏联情报行列捞钱的,而是被世界上第一个工农政权和浴血奋战打败法西斯的伟大国家的光辉形象所鼓舞,怀揣着共产主义的宏伟理想,在苏联"大特工"们的感召和领导下,不计得失、舍生忘死,付诸全部身心努力建立一个没有阶级、没有剥削、没有压迫的人类新社会的小团体。这可以从他们对待终身退休金的态度上略见一斑。1945年3月,苏联对外情报机构决定重奖那些为战胜法西斯做出重要贡献的情报来源。英国科以国家安全人民委员会一局局长菲京的名义,准备向国家安全人民委员梅尔库洛夫提交报告,提议向战争年代提供过特别重要情报的伦敦情报站几名间谍发放终身退休金,其中菲尔比每年1 500英镑,布伦特和伯吉斯每人每年各1 200英镑。菲京批示称,提交报告前,先直接征求情报来源的意见,讨论如何解决从技术角度来看非常困难的退休金发放问题。同年5月,特工克列申从伦敦向中心报告说,所有人员全部拒绝领取退休金,因为无法解释这笔巨额收入的来源。最后达成一致意见,只要把业务活动开支报销了就行了。而布伦特在与苏联人断绝业务关系之前,甚至婉言谢绝了苏联指导员莫金提供的大笔分手费。多伊奇关于与"五杰"的合作是建立在意识形态基础之上而非物质利益等因素之上的判断再一次得到证实。

"剑桥五杰"小组成形后,随着时间的推移,日益成为其他一系列同心圆的中心位置。每个小圈子都发誓保持沉默,急切地要保住自己的秘密不让外人知道。其中,有同性恋者的秘密小团体,他们对性伙伴的忠诚度超过了对其他一切义务的忠诚;有"使徒会"成员们的秘密世界,他们彼此之间的纽带终身都很牢固地维系着。

此外，还有布伦特和伯吉斯一些朋友们组成的外围小圈子。他们本身并非苏联间谍，但是知道或者可以猜到正在发生的事情，虽然分享了秘密，不过多年来一直尽力保护这两个好朋友。这三个小圈子相互支持、相互保护，因此 20 世纪 60 年代，军情五局在追查"五杰"成员期间发现，许多"五杰"外围人员在接受调查时也承认搞间谍活动不对，但推托说那时的情况与现在不一样。几十年过去了，他们还信守着 30 年前立下的保持沉默的誓言，导致军情五局审讯专家赖特颇感棘手和头疼。

一、"剑桥五杰""第一人"

在菲尔比被苏联人招募的过程中，伊迪丝·苏施茨基发挥了重要作用。1908 年伊迪丝出生于奥地利苏施茨基家族，曾是奥地利共产党员，1929 年在维也纳积极参加共产党的地下活动，1933 年为躲避法庭审讯来到伦敦。与利兹一样，她也嫁给了一个英国人，是个同情共产国际的医生，名叫亚历克斯·图德·哈特。伊迪丝是一个天才摄影师，来伦敦后开了一家摄影室，专门为儿童照相，很快便声誉鹊起。在照相之余，她还深受苏联秘密特工机构"天才猎人"的信任，四处搜寻像菲尔比这样的间谍招募对象。因为近视，她有时会因为行事不够小心而受到批评，但她被公认为是一个非常可靠、精明能干、可以完成莫斯科赋予重任的间谍。

1934 年 5 月的一天，伊迪丝请利兹夫妇喝茶。他们兴高采烈地谈论着发生在维也纳街垒后面的事情。菲尔比说起自己在维也纳当联络员所担负的秘密任务，说在奥地利积累的经验让自己更加确信，今后可以通过某种途径为英国共产党继续工作。他的激情和谨慎给伊迪丝留下了深刻印象，他通过父亲与英国权势圈的联系更加激起了她的兴趣。伊迪丝凭直觉认为，菲尔比很可能是苏联情报网未来很有价值的间谍人选，因此很快于 5 月底或 6 月初向多伊奇做了汇报。由于此前菲尔比已申请加入英国共产党，英共答应对他审查的 6 个星期时间很快就要到期，因此赖夫和多伊奇决定加快中心一直坚持要求的烦琐的认真审查程序。

伊迪丝通过奥地利地下党里的渠道和人脉对菲尔比的情况做了详尽调查，结果表明菲尔比值得信任。多伊奇在征得赖夫同意后，决定亲自与菲尔比见面。菲尔比清晰地记得，在前往会面地点的路上，图德·哈特采取了非常复杂的安全措施，以确定在与苏联特工会面过程中没有遭到监视。对这次改变了他一生的会面，菲尔比写道:"……我在奥地利时就认识了奥地利女人伊迪丝·苏施茨基。后来她嫁给了英国人图德·哈特……有一天她对我说,如果我真的对共产主义运动感兴趣,她可以介绍我与一个非常重要的人认识。我认为这是一件严肃的事。而且在前去与这个人见面时,我们走的路很复杂,不断变换交通工具,还做各种检查……"[1]菲尔比回忆说,内务人民委员会为了摆脱任何跟踪者,制定了非常复杂的保密规定,反而把最简单的路线变成了"需要好几个小时才能到达的特别复杂的线路"。而当他企图予以简化时,还遭到了她的埋怨。

大约30年之后,菲尔比才首次透露他被招募的详情:"1934年6月初的一个晚上,利兹回到家跟我说,要安排我与一个'至关重要的人'见面。我对此提出疑问,但是她没有向我透露详情。见面的地点约在雷根特公园。伊迪丝把我介绍给一个陌生人,便转身离开了。那名男子自称奥托。很久以后,我从军情五局档案中的一张照片上发现,他的名字叫阿诺德·多伊奇。我想他是捷克血统,身高约5.7英尺,身体结实,一双蓝眼睛,头发稍微有点卷。尽管他是一名坚定的共产主义者,但具有人文主义者的气质。他讨厌伦敦,喜欢巴黎,当谈起巴黎时充满了深情。他具有相当高的文化素养。双方打完招呼后,他让我躺到草地上,他本人则坐到长椅上,眼睛看向对面,好像我们根本不认识。奥托看上去明显来自中欧,他用一口流利的德语讲了很长时间。我很奇怪,他对我和我在奥地利的活动等所有情况都非常熟悉。多伊奇马上对我说,如果我公开加入共产党,未必会带来很大的好处,多半会像许多其他共产党员一样在大街上卖《工人日报》。相反,一个拥有我这样家庭背景和受教育程度的人,可以运用自己的能力带来更多好处。"[2]他劝说称,如果菲尔比同意的话,将有一份非常有意思而且严肃的工作等着他,其实质是搜集秘密情报并转交给秘密反法西斯组织。想到这样的工作对一个年轻人来说既富于浪漫色彩又引人入胜,而自己在英国国内并未碰到什么令神经感到舒服的事情,更无法在外交部谋到一个官差来养活自己与妻子,菲尔比在这样一个风和日丽的日子里怎么能对奥托的建议把持得住呢?"半小时后我说:'好,我同意。'"菲尔比还记得,他是怎样用如此普通的话语来决定自己的命运的:"那时我还不知道,他在为苏联工作,但这已经改变不了什

---

[1] Олег Царев. Джон Костелло, Роковые Иллюзии. Из архивов КГБ: дело Орлова, сталинского мастера шпионажа(Москва:Издательский Центр〈Аква-Терм〉,2011),стр. 152.
[2] Олег Царев. Джон Костелло, Роковые Иллюзии. Из архивов КГБ: дело Орлова, сталинского мастера шпионажа(Москва:Издательский Центр〈Аква-Терм〉,2011),стр. 153.

第五章　整装待发——"剑桥五杰"成军

么了。"①在此情况下,多伊奇下达的第一个指示是,让菲尔比和利兹尽快与他们的共产党朋友断绝一切个人联系。

6月,赖夫在听取了多伊奇的会面汇报后,向莫斯科汇报每月工作时写道:"以后我们将叫菲尔比'小男孩'或者'泽亨'。通过你们熟悉的伊迪丝,我们确定,这个原奥地利女党员带着她维也纳同志的推荐信与其英国丈夫一起从维也纳来到岛上。阿诺德也认识她。依迪丝对推荐信进行了审查,并从其维也纳朋友处得到了确认。我于是决定立即为反法西斯工作招募这个年轻人(当然不是为机关招募,目前为时尚早)。我和阿诺德与伊迪丝一起制订了趁'小男孩'及其妻子搬到父亲住宅前阿诺德同'小男孩'的会面计划。阿诺德同'小男孩'的会面进行得非常小心。结果是:完全同意工作。"②

但按照中心的有关招募规定,菲尔比此时还不算正式的苏联谍员,一直到奥尔洛夫同年7月来到伦敦,并在时隔6个月亲自与菲尔比见面之后,他才正式加入苏联间谍行列。菲尔比就此成为"剑桥五杰"中第一个被招募的,也是其中成就最大的苏联间谍,"剑桥五杰"也成为苏联对外情报机构曾经招募到的最能干的一个英国间谍小组。

按照苏联谍报机构的传统习惯,加入间谍队伍的新手需要接受严格的考察。为此,多伊奇让菲尔比推荐几名剑桥的同龄人。菲尔比首先推荐的是麦克莱恩和伯吉斯。那时,麦克莱恩刚以优异的成绩从剑桥大学三一学院毕业,伯吉斯则来自三一学院,当时正在撰写历史学博士论文(他始终没有完成这篇论文)。在菲尔比的帮助下,多伊奇在1934年年底前已经成功地招募到这两人,并像当初要求菲尔比一样,告诉他们要疏远自己的共产党朋友。在最初的阶段,多伊奇并没有告诉菲尔比即将开始一名苏联间谍的生涯,而是要他相信自己参加了共产国际反对国际法西斯主义的地下斗争。他给菲尔比下达任务说:"我们需要能够打入资产阶级政府机构里面的人。为我们打入进去吧!"③所谓时势造英雄,这次见面奠定了菲尔比此后长达29

---

① Олег Царев. Джон Костелло, Роковые Иллюзии. Из архивов КГБ: дело Орлова, сталинского мастера шпионажа(Москва: Издательский Центр〈Аква-Терм〉,2011),стр. 153.

② Олег Царев. Джон Костелло, Роковые Иллюзии. Из архивов КГБ: дело Орлова, сталинского мастера шпионажа(Москва: Издательский Центр〈Аква-Терм〉,2011),стр. 154.

③ [英]克里斯托弗·安德鲁、[俄]瓦西里·米特罗欣:《克格勃绝密档案》(上),当代世界出版社2002年版,第93页。

年的谍报生涯,开始了向英国权力和情报机构的渗透过程,并一步步将其塑造成为"本世纪最大的间谍"①。

菲尔比与多伊奇见面后,也立刻获得了他的第一个代号,它有两个版本:德语的Söhnchen(音译"泽恩琴",或者俄文发音"泽亨")和俄语的Сынок(音译"希诺克"),都是英语里"小男孩"的意思,此后他也使用过"斯坦利""Z"等名称。

二、英俊潇洒的外交官间谍

麦克莱恩长相英俊潇洒,高大魁梧且强壮有力,在学术上很有天分,令同性和异性都十分迷恋。通过好友的介绍,麦克莱恩与伯吉斯相识,伯吉斯由此成了麦克莱恩这个双性恋者的第一个情人。从此以后,两人不仅在生活中纠缠不清,而且在国际反法西斯斗争、维护苏联国家安全利益的过程中结成了战友和同志关系。1933年秋天那个学期中,伯吉斯成功地将麦克莱恩拉进了自己那个即将投入反对世界法西斯秘密战中的秘密小组,从而在政治问题上为麦克莱恩指点迷津。

菲尔比加入苏联情报部门之后的第一件事,就是帮助物色招募对象,供苏联秘派特工扩大谍员队伍。1934年6月的第一个星期,菲尔比就像女王陛下公主洗礼仪式上不请自来的邪恶魔法师一样来到剑桥,他的任务是仔细观察并寻找充满忠诚之心和坚定意志的人。其对象是这样的年轻人,他们的共产主义信念相当坚定,可以背叛自己的国家和阶级,秘密地为苏联所开创的伟大社会和经济试验效力。回到伦敦后,他就拟制了一份内含7个姓名的潜在人选招募名单。菲尔比承认,他故意把麦克莱恩的名字写在第一个,而把伯吉斯放在最后,理由是他对他们两个人潜力的评估不同。菲尔比指出,他之所以将麦克莱恩列为第一个招募对象,不仅仅因为他是剑桥老朋友,还因为麦克莱恩于1934年毕业时就已经是所在大学地下支部最活跃的成员之一。除此之外,他还很有希望在菲尔比遭遇失败的地方获得成功:他正在努力进入外交部工作。

麦克莱恩被多伊奇视为打入英国权力机关的几乎完美无缺的人选。1934年8月,多伊奇获得奥尔洛夫的首肯后,指示菲尔比与麦克莱恩见面。多伊奇在述说他所谓的"剑桥小组"成立材料里也证实了这一点。这份材料现存于俄罗斯对外情报

---

① (内部读物)国家安全部一局编:《知彼》(第二集),第591页。

第五章 整装待发——"剑桥五杰"成军

局有关伦敦情报站的档案文件里,讲述了招募麦克莱恩的最初过程。他说:"'施维德'计划招募'怀斯'(麦克莱恩)并通过'小男孩'(菲尔比)招募'梅德亨'(伯吉斯)。'小男孩'接受了与'怀斯'谈话的任务,内容如下:(1)确定他的能力和关系;(2)了解清楚'怀斯'是否与'泽亨'一样,准备好脱离积极的党务工作,并为我们工作。""'小男孩'完成了我们赋予的任务,结果对我们有利。"①多伊奇写道,并指出"怀斯"已经表示同意。这些话读起来干巴巴的,真实内容可以用菲尔比本人的话进行还原。

当时麦克莱恩来伦敦,菲尔比邀请他到自己位于基尔伯恩区阿科尔路的家中做客,希望不露底牌地对后者进行试探。由于记忆出错,菲尔比断定他们见面的时间是在1934年12月,但从俄对外情报局的档案来看,赖夫是在8月26日向中心报告两人初次接触情况的,因此可以断定,这次决定性的谈话发生在5个月之前。谈话过程中,菲尔比小心翼翼地引导着话题,希望证实他的朋友是否打算毕业后也仍然做一个活跃的共产党员。菲尔比很小心地询问,麦克莱恩是否认为自己可以一边在外交部里往上爬,一边还做一个活跃的共产党员。

"如果你在那里卖《工人日报》,我想你也干不长久。"菲尔比对自己的剑桥同学说。与此同时,他顺口神秘兮兮地暗示道:"但你可以在那里从事特殊工作。"②这句话激起了麦克莱恩的兴致,于是菲尔比开始简明扼要地解释自己与苏联人的接触情况,让麦克莱恩怎样从外交部的文件中获取有用的情报转交给苏联,来帮助共产主义事业。菲尔比说,麦克莱恩马上问道,他是为苏联政府还是为共产国际工作?

"老实说,我也不知道。但是与我打交道的人,地位都很重要,在非常重要的组织里工作。"菲尔比回答道。后来他回忆说,当年多伊奇同他谈论这个话题时,他甚至没有时间提出类似的问题,因为他想当秘密间谍的愿望太强烈了。因此,菲尔比对麦克莱恩说,他只知道"他们与莫斯科有关"。③

麦克莱恩陷入沉思,不再说话。菲尔比说,过了一会儿,他问能不能把所有这些事告诉克卢格曼,这个人早在他们上中学开始进行政治反抗时就是他的共产主义导

---

① Олег Царев. Джон Костелло, Роковые Иллюзии. Из архивов КГБ: дело Орлова, сталинского мастера шпионажа(Москва:Издательский Центр〈Аква-Терм〉,2011),стр. 207.

② Олег Царев. Джон Костелло, Роковые Иллюзии. Из архивов КГБ: дело Орлова, сталинского мастера шпионажа(Москва:Издательский Центр〈Аква-Терм〉,2011),стр. 208.

③ Олег Царев. Джон Костелло, Роковые Иллюзии. Из архивов КГБ: дело Орлова, сталинского мастера шпионажа(Москва:Издательский Центр〈Аква-Терм〉,2011),стр. 208.

师。菲尔比告诉麦克莱恩："你要是这么做,就把我们的谈话忘了吧。"①他解释说,他的苏联朋友明确告诉他,谁要是想秘密帮助莫斯科,就应该与党内同志断绝一切交往、停止一切联系,因为必须保证活动绝对保密。他告诉麦克莱恩,要与克卢格曼这样的英国共产党员断绝一切关系。这番话让他的朋友没有马上做出答复。两天之后,麦克莱恩才来找他,说他愿意接受这些条件。

  内务人民委员会的文件指出,麦克莱恩接受菲尔比建议的时间是在1934年8月中旬。此时奥尔洛夫正好身在苏联,他于7月底动身回国向阿尔图佐夫汇报驻伦敦非法情报站的工作情况。赖夫临时代理情报站站长,因此,他把菲尔比关于麦克莱恩做出肯定性答复的情报向莫斯科做了汇报。为此,他又去了一趟丹麦,通过设在哥本哈根苏联大使馆里的合法情报站与中心进行联系。在1934年8月26日的电报里,他汇报了与麦克莱恩谈话取得的成果:"'马尔'报告说,'泽亨'与朋友进行了联系。后者同意工作,他想与我们直接联系。'马尔'请求批准。"②然而,莫斯科仍然不同意直接与麦克莱恩进行联系。中心向身在哥本哈根的赖夫发来电报,对他的第55/4037号电报做出批示:"在检查他的能力并彻底查清之前,不许发生直接联系。对他的使用,目前暂时通过'泽亨'进行。"③

  这种小心翼翼的做法不仅体现了严格的保密规定,而且反映了中心对非法情报站活动的严格控制。中心之所以拒绝批准与麦克莱恩接触,大概有一部分原因是,由于联系持续不畅,中心对伦敦最近发生的情况缺乏最新的了解。情报站以前都是先对报告进行拍照,再把未冲洗的胶卷藏在女士香粉盒里,然后由一个代号为"法伊尔"的女信使以走私方式送到哥本哈根。她是专门派到奥尔洛夫的伦敦小组来取件的。但是到了莫斯科之后发现,因为曝光时间不准,报告的大部分内容无法读出,导致卢比扬卡对赖夫和多伊奇培育处于萌芽状态的剑桥小组所取得的迅速进展一无所知。如果奥尔洛夫当时在莫斯科,或许他能够消除中心对麦克莱恩的疑虑,但是赖夫的请示函到达卢比扬卡时,奥尔洛夫已经外出探亲去了。

---

  ① Олег Царев. Джон Костелло, Роковые Иллюзии. Из архивов КГБ: дело Орлова, сталинского мастера шпионажа(Москва: Издательский Центр〈Аква-Терм〉, 2011), стр. 208.
  ② Олег Царев. Джон Костелло, Роковые Иллюзии. Из архивов КГБ: дело Орлова, сталинского мастера шпионажа(Москва: Издательский Центр〈Аква-Терм〉, 2011), стр. 209.
  ③ Олег Царев. Джон Костелло, Роковые Иллюзии. Из архивов КГБ: дело Орлова, сталинского мастера шпионажа(Москва: Издательский Центр〈Аква-Терм〉, 2011), стр. 209.

奥尔洛夫9月18日回到伦敦后，决定亲自与麦克莱恩进行直接接触，为此他责成赖夫负责此事，后者于1934年10月中旬与麦克莱恩见了第一面。会面很顺利，奥尔洛夫11月向莫斯科报告说："我们与'泽亨'的朋友'怀斯'接触上了。这个人的情况我们以前报告过。他已经彻底断绝了与'老乡'①的联系，成了最高层社会的一员。他的关系非同一般，很可能获得一个好的职位。"②

奥尔洛夫还捎带着说服莫斯科，称麦克莱恩在报名参加公职考试前，已经与共产党员切断了所有联系。为了获得外交部的职位，必须经受严酷的竞争，即便是剑桥毕业生也要进行初步谈话，通过严格的考试，接下来还要回答选拔委员会的问题。

麦克莱恩和他的同志们并不用参加苏联情报机构的考试，他们也根本不知道考察对象必须经历的两个阶段。两个阶段相互关联，选择的程序很严格。1934年年底，菲尔比已经进入这个程序的第二阶段，而麦克莱恩愿意成为"招募对象"，他接受了一系列任务，以确定他完成秘密行动的能力到底如何。

根据赖夫返回莫斯科后所写的报告，到1935年1月，他相信麦克莱恩已经一劳永逸地断绝了与共产党员朋友的联系，"彻底了结了与'老乡'的工作"。

与菲尔比一样，麦克莱恩使用的第一个代号也有两个版本：德语的Waise（音译"怀斯"）和俄语的Сирота，在英语里都是"孤儿"的意思（暗指两年前他父亲去世了）。之后，他还使用过"利里克""L""霍默"等代号。

三、奇特的间谍

按常理来说，情报机构一般会招募拉伯雷那样的天才阴谋家和表面看上去品行端正之人。拉伯雷是法国文艺复兴时期的重要作家，人文主义时期一个典型的"巨人"，精通地理、数学、哲学等多门学科和希腊文、拉丁文、希伯来文等多种文字，其代表作《巨人传》主要以法国民间传说为题材，通过格朗古杰、高康大和庞大固埃这三个巨人的人生经历，歌颂了人的伟大，充分表达了文艺复兴时期人文主义思想对人性、人以及人的创造力的肯定，尤其是其提倡人的个性与解放、掌握丰富知识、培养全面发展的人的人文主义教育思想，至今仍具有借鉴意义。从这个意义上讲，拉伯

---

① "老乡"是内务人民委员会对共产党员的行话称呼。
② Олег Царев, Джон Костелло, Роковые Иллюзии. Из архивов КГБ: дело Орлова, сталинского мастера шпионажа (Москва: Издательский Центр 〈Аква-Терм〉, 2011), стр. 210.

雷这种类型的人才备受情报机构的青睐。而像伯吉斯这样生性喜欢吵闹、满身大蒜味、指甲缝里脏兮兮、喜欢酗酒、耽溺同性恋,而且什么事都能随时应付、说谎不打草稿的人,是不会入多伊奇、奥尔洛夫等人法眼的。为此,菲尔比曾警告奥尔洛夫:"当然,伯吉斯是一个信念非常坚定的人,但从性格上说,他就是个'不可一世之徒'。"①这说明,他对伯吉斯是否适合从事秘密工作充满怀疑。因为放在20世纪30年代初期,任何一个剑桥人都会提醒奥尔洛夫,伯吉斯的名声太臭太差,任何秘密组织与其发生接触联系,都会给自己的安全带来危险。因此,在向苏联人提交的7个"潜在间谍候选人"名单里,菲尔比不仅把伯吉斯排在最后一个,而且在其名字后面打上了整整4个问号!

然而,令人不可思议的是,行为如此乖张奇特的伯吉斯竟然最后被招募加入了苏联谍报队伍。此后的实践证明,这不仅是苏联"大特工"不拘一格降人才的明智举动,而且伯吉斯利用上述种种表现,非常巧妙地把为苏联人充当间谍的任务掩盖起来,充分证明了他的间谍天赋。

菲尔比与伯吉斯初次相见时,伯吉斯在政治上还很保守。通过上剑桥历史学课程,他遇见了英国共产党剑桥大学党小组创始人之一的吉姆·利斯,后者将他介绍给马克思主义的狂热分子戴维·哈登-盖斯特,这让伯吉斯开始了解马列主义。盖斯特的奉献精神给伯吉斯留下了深刻的印象,因此他花了一年中的大部分时间钻研辩证唯物主义,丰富自己的历史理论。通过盖斯特,伯吉斯又结识了克卢格曼。在上述两人的带领下,他逐渐投入有血有肉的马克思主义的怀抱,这使得他在信仰上发生了真正的思想蜕变。他曾说,他对马克思、恩格斯、列宁和斯大林的著作做了深入研究。他喜欢引经据典地向人展示自己对辩证唯物主义理论的了解,给奥尔洛夫和多伊奇等人留下了深刻的印象。在校期间,伯吉斯与菲尔比、麦克莱恩成为好朋友,共同的进步思想和半公开的亲共产党活动把他们紧密地联系在一起,而且因为同性恋的共同癖好,让他与麦克莱恩走得更近。到1933年年中时,伯吉斯一步步进入了英国共产党剑桥党小组,加入了英国共产党员行列,而此时麦克莱恩早就加入了。

在他为论文答辩准备的几个最喜爱的题目中,就包括"不列颠帝国迟早要灭亡"

---

① Олег Царев. Джон Костелло, Роковые Иллюзии. Из архивов КГБ: дело Орлова, сталинского мастера шпионажа(Москва: Издательский Центр 〈Аква-Терм〉, 2011), стр. 249.

这个选题,他对上述结论的预感远远超过了他的老师。他对马克思的思想深信不疑。他认为,先前的哲学家只打算完善世界,"而问题在于要改造世界"①。大学毕业后,伯吉斯逐渐显露出其斗争积极性的一面。他在1933年11月11日的第一次世界大战停战纪念日组织反战示威游行;当财政大臣张伯伦在三一学院大会厅就经济问题发表安抚人心的讲话时,他中途打断讲话,高喊:"废话!谁相信你那一套!"②他相信行动比空话更有力量,于是他帮助学校食堂的员工组织罢工,反对学生放假时大部分员工无事可做的劳工制度,因为罢工造成了许多不便,所以其所在的学院不得不重新考虑校内职工的待遇问题,行动一举成功。1934年春,伯吉斯将研究课题"17世纪英国资产阶级革命"换成"印度士兵起义",但他的整个身心越来越被反法西斯的秘密战所吞噬,因此缺乏足够的创作冲动。1934年夏天,伯吉斯为了护送牛津大学的共产党员、同性恋者德里克·布莱克(后死于第二次世界大战)去了趟德国和莫斯科。德国之行碰上了一起富于戏剧性的事件。他们还没来得及与年轻的德共党员共同商量逃往莫斯科的对策,就听到了枪炮声。这就是1934年6月30日希特勒与纳粹党中的对手算总账的"长刀之夜"。伯吉斯带着必要的介绍信,在莫斯科期间拜见了共产国际国际联络部主任奥西普·皮亚特尼茨基和前共产国际主席尼古拉·布哈林。这使他更加坚信他是在为组织反法西斯秘密战争的共产国际而工作。1934年10月,伯吉斯作为研究生再次回到剑桥大学,着手撰写名为"17世纪英国资产阶级革命"的博士论文,希望获得剑桥大学科研工作奖学金获得者的称号,但到了年末,他的想法发生了变化,他决定停止研究工作,离开剑桥大学三一学院,到外面的世界去闯荡一番,其背后原因在于,他的身份发生了翻天覆地的变化。

1934年秋天,麦克莱恩加入苏联间谍队伍后,按照指示断绝了与英国共产党的一切联系。麦克莱恩的一些剑桥"老乡"很难接受他与他们渐行渐远。传记作家罗伯特·塞西尔是麦克莱恩的同龄人,此前经常听麦克莱恩高谈阔论自己的共产主义理想,但麦克莱恩准备参加公职考试前,却突然与以前的同志中断了联系,这一举动让他感到非常奇怪。不过,最接受不了这一点的是伯吉斯。他认为,这是麦克莱恩自身弱点的一种表现,因此不允许麦克莱恩断绝与党的关系,一门心思要把他拉回共产主义的"故乡"。菲尔比深知伯吉斯的脾性:"如果伯吉斯打定主意要达到什么

---

① 王铭玉等编译:《克格勃全史》,黑龙江出版社1998年版,第225页。
② 王铭玉等编译:《克格勃全史》,黑龙江出版社1998年版,第126页。

目的,那么无论是上天还是入地,什么都不能阻止他。"①怎么都无法摆脱伯吉斯,这让麦克莱恩苦恼不已。伯吉斯执拗地要求麦克莱恩予以解释:"这根本不可能!我不相信!"麦克莱恩被逼得没有办法,不得不承认他已被吸收为共产主义事业而从事秘密工作,因此必须与英共切断关系,但接下来他又不得不解释为什么要假装与共产主义一刀两断。考虑到伯吉斯喜欢嚼舌根的"坏毛病",很可能经不起诱惑而在朋友面前吹嘘说:麦克莱恩哪里是脱离了共产党?他那是假装的,他还是共产党员,他正在为外国人当间谍!而这必将给正在组建的剑桥间谍小组带来败露的潜在危险,于是,他赶紧与菲尔比商量如何化解这一困境。菲尔比感到头一下子炸得老大,立即与多伊奇会面商量办法。接到报告后,奥尔洛夫处于两难境地,但他毫无选择,只能决定将伯吉斯吸收进间谍网,逼其保守秘密。会面招募的事,他指示多伊奇经办。

在此之前,多伊奇对伯吉斯也早有耳闻。作为一名年轻的大学生,伯吉斯外貌英俊、才智过人、精明能干,说话情感鲜明,具有与生俱来的交际手腕与自信,从不隐藏对共产党人的同情,是同时代大学生中的佼佼者。在当时的英国社会,同性恋是非法的,对同性恋关系即便是在成人双方间达成协议的情况下也被严格禁止,但他不管不顾,一点也不隐讳对同性恋的癖好,经常与年轻的工人阶级男性进行"粗暴的同性恋交易",在公开场合也把这种关系拿出来夸夸其谈。他对有关使徒、社交排外但酗酒成性的"皮特俱乐部"、愤世嫉俗的讽刺轻歌舞剧等文化话题一点也不陌生,谈起来头头是道,在这两个圈子里都被称为自己人。多伊奇慧眼识珠,认为伯吉斯无法无天的性格正好能给自身的间谍工作提供良好的掩护,特别是他毫不掩饰的同性恋取向正好给他提供了一个深入那些志趣相投的公务员的机会,其中很多人在清一色男性的公学里发生过同性恋经历,而此前的苏联历史上还没有像伯吉斯这种类型的间谍。

为了让伯吉斯一下子就被招募,置于秘密工作纪律的约束之下,并对麦克莱恩的身份予以保密,1934年12月底,麦克莱恩应多伊奇的要求,精心安排了一次邂逅,让多伊奇和伯吉斯进行了首次会面。伯吉斯给多伊奇留下了很好的印象,他盛情邀请伯吉斯参加共产国际反对法西斯主义的地下斗争。麦克莱恩清楚地记得,他的朋友听到建议后,高兴得满脸泛光。伯吉斯虽然觉得奇怪,但仍然严肃地答应说,他对

---

① Олег Царев. Джон Костелло, Роковые Иллюзии. Из архивов КГБ: дело Орлова, сталинского мастера шпионажа(Москва: Издательский Центр 〈Аква-Терм〉, 2011), стр. 254.

这一建议感到"非常荣幸,并准备为此牺牲一切"①。具有讽刺意味的是,苏联人给伯吉斯赋予的第一个代号是德语的 Mädchen(音译"梅德亨",俄语为 Девочка),意思是"小女孩",这与菲尔比的代号"小男孩"相对,明显暗示了他的同性恋倾向。此后他还用过"希克斯""M""X"等代号。伯吉斯获得的代号标志着他作为剑桥小组"第三人"的招募工作彻底结束。在此后的两年时间内,他和菲尔比与麦克莱恩结成了一个关系密切的三人小组,他人生中的一个新旅程从此开始扬帆起航了。

四、艺术家间谍

布伦特能够走上苏联间谍之路,伯吉斯在其中发挥了至关重要的作用。1930年10月,布伦特已经大学毕业,留在剑桥大学三一学院搞学术研究工作,专门研究写生和普桑(法国画家、古典主义代表人物)理论史,后来因为卓有成效的研究成果而被选为三一学院的科学委员会委员,而伯吉斯正在此处求学。两年后,正是布伦特介绍伯吉斯加入了"使徒会"。如果说,布伦特在马尔博罗上学时的同性恋行为还属于地下活动,那么到了剑桥就完全公开了。他有好几个同性恋伙伴,只是他们都不像伯吉斯那样大张旗鼓地公之于众而已。也正是在剑桥这段时间,两人认识了,从此不仅在肉体上相互纠缠,而且在学术交流方面相互切磋和吸引,人们经常看到新任的科学委员会委员与新来的"使徒会"会员打得火热、形影不离。两人的关系之所以如此亲密,部分原因在于布伦特在生理上更加狂热地追逐年幼的伙伴,而伯吉斯在择偶方面则比较审慎,也许正是他使布伦特摆脱了心理上的某种束缚,把他带进了无产者同性恋的圈子,使他享受到了与那些人发生关系所带来的快感。当然,真正吸引布伦特的主要还是伯吉斯的才智、优雅的谈吐和宽阔的眼界,他疯狂地迷恋伯吉斯,在伯吉斯的聪慧机敏面前简直要融化了。正因为如此,直到伯吉斯在莫斯科去世,布伦特都一直忠于和他的友谊。1972年,他曾经公开反对那些企图贬低伯吉斯在剑桥大学期间所表现出来的出众才能的人:"我认为需要提请注意的是,他不仅是一个我所打过交道的、在智力上最发达的人,而且是一个魅力十足的活生生

---

① [英]克里斯托弗·安德鲁、[俄]瓦西里·米特罗欣:《克格勃绝密档案》(上),当代世界出版社2002年版,第97页。

的人。"①甚至在1979年被撒切尔夫人宣布为苏联间谍之后,他在接受《泰晤士报》记者采访时还为朋友辩护说:"盖伊·伯吉斯是我遇到过的最聪明的人之一,当然他有时令人生气的看法也绝对正确。"②

当然,伯吉斯与布伦特如此亲近还有一个目的,那就是竭力让布伦特相信自己的信仰,成为一个信念坚定的共产党人。那时,伯吉斯还担负着一项更重要的任务。他被苏联人招募后,积极效仿并发展了多伊奇等人关于招募有前途的大学生的独特想法,首先将目光投向身边最亲近的人——密友布伦特,并做了大量的招募工作。除了性吸引之外,伯吉斯还具备这样的才能,既能把自己对艺术的执着与马克思主义历史的学说有机地联系在一起,又能把这种学说与他到剑桥帮助组织进行公共汽车司机罢工有机地结为一体。他非常信奉自己最喜爱的克洛德·科克伯恩回忆录中的一句话:"你的行为以某种方式与你的言语相一致的时刻到了。这就是所谓的'真情时刻'。"③因此,他竭尽全力对布伦特施加影响,让后者确信自己的职责就是把马克思主义理论观点体现在为共产国际所做的实际工作中,体现在与法西斯主义的国际斗争中。在这方面,阿利斯特·沃特森助了他一臂之力。当时,沃特森正在"罗马英国学校"担任图书管理员。他们对布伦特的招募工作一开始没有取得一点进展,尽管布伦特对他们的理想好像表现出了些许兴趣,但并没有被他们说服。虽然他们在"皮特俱乐部"里整夜与布伦特谈心,但后者始终不为所动,他拒绝参加集会和示威活动,让人很难期待他会接受左倾思想,不过许多年之后,科学家们在分析布伦特当时的著作时,认为他的思想观点已经具有了马克思主义的味道。

所谓功夫不负有心人,在伯吉斯的不懈努力下,布伦特终于被伯吉斯拉进反法西斯积极分子的圈子,站到了自己这一边。1933年秋天的学期末,伯吉斯来到法西斯统治下的意大利首都罗马。那时,布伦特正在撰写14—17世纪法国和意大利造型艺术历史和理论专著,与"罗马英国学校"图书管理员埃利斯·沃特豪斯在意大利生活了很长一段时间。伯吉斯、布伦特和沃特豪斯一起在罗马四处游览,到博物馆参观,经常到酒吧小酌、到郊区度假。虽然布伦特与沃特豪斯从不谈论政治,但伯吉斯时不时地提起马克思这个话题。其实,当时伯吉斯并没有考虑为苏联情报机构服

---

① 王铭玉等编译:《克格勃全史》,黑龙江人民出版社1998年版,第228页。
② Yuri Modin, *My Five Cambridge Friends*. London: Headline Book Publishing, 1994, p. 67.
③ 孙建民主编:《世界大间谍》,上海社会科学出版社2007年版,第195页。

务的问题,也没有思考秘密工作和情报工作的事,他的所有想法都集中在与法西斯作斗争上,而布伦特在此问题上的最好反应就是对有关积极斗争的谈话表现出耐心,他与伯吉斯、麦克莱恩和菲尔比不同,他只是苏联事业的同情者。但伯吉斯就有这个本事,他唤醒了布伦特对马克思主义的兴趣,让他重新审视有关艺术史及其与社会生活的联系方面的观点,并在确定艺术在生活中的地位这个背景下了解马克思主义学说,成功地将后者吸收成为旨在协助共产国际进行反法西斯秘密斗争的积极分子。

伯吉斯到罗马几个星期前,就已经与麦克莱恩结为密友。到 1934 年初,伯吉斯、布伦特、麦克莱恩和另外几人已经结成了一个小组,决心投入反法西斯斗争之中,并按照马克思主义的方法改变全世界的面貌。同年 5 月,菲尔比从奥地利返回英国后来到剑桥与伯吉斯见面,苏联对外情报机构对伯吉斯、麦克莱恩、布伦特等人的招募工作开始了。同年夏天,在多伊奇的安排下,伯吉斯、布伦特等一行 4 名大学生来到苏联旅游。旅行的目的是为伯吉斯和布伦特提供"不在现场"的证据,即让他们返回英国后可以在大庭广众之下公开宣布自己已经如梦初醒,他们亲眼所见的苏联的现实生活非常丑陋,从此他们将抛弃以前的共产主义追求。离开英国前,他们接受了有关指导,知道回国后该说什么。他们先是坐船来到列宁格勒,然后坐火车到达莫斯科,先后会见了共产国际西方局成员奥西普·皮亚特尼茨基和布尔什维克党的意识形态领袖尼古拉·伊万诺维奇·布哈林。布哈林让年轻的英国青年们坚信,只有与共产国际结成联盟开展残酷的斗争,才能压制法西斯主义。布伦特对苏联的文化生活最感兴趣,他迫切希望参观列宁格勒艾尔米塔日博物馆(国立美术历史文化博物馆)和莫斯科克里姆林宫里的艺术藏品。艾尔米塔日博物馆让布伦特叹为观止,愈发坚定了对马克思主义的信仰,认为这是一种保护文化艺术的意识形态。但是,他认为苏联尽管很美丽、充满激情,却仍有不尽完美之处,这从她的人民、生活方式甚至自然景色中都能表露出来,尤其是在艺术方面。回到英国后,所有人都承认苏联令他们失望。尤其是布伦特未被允许参观克里姆林宫,于是他下决心再也不踏足苏联土地。其他三人也从内心认同他的看法,无法想象自己能够在苏联生活下去。总之,他们对苏联的期望完全落空了。

尽管如此,布伦特回到英国后,仍与多伊奇一直保持着联系,这是伯吉斯介绍他们认识的。虽然多伊奇没有向布伦特提出任何问题,但布伦特已经意识到他要在共产国际的名义掩护下为苏联情报机构工作,对他及其好友来说,反法西斯斗争是眼下的主要任务。当然,他不用像菲尔比、伯吉斯、麦克莱恩等人那样演戏,声称自己早已断绝与共产党的关系,他只需要简单地继续声称自己对政治毫无兴趣就行了。

1937年初,经由伯吉斯安排,多伊奇与布伦特进行了第一次正式的工作会面,进行了最后谈话。由于有了上述扎实的基础做铺垫,因此布伦特就这样加入了苏联谍报机构。俄罗斯情报部门档案里没有保留招募布伦特的确切日期,但马利1937年1月29日写信向总部报告称:"安东尼·布伦特,代号'托尼',他已经被我们招募为眼线。关于他的情况,我上报过详细材料。"①克格勃现存档案也未回答马利在何时以及如何向总部报告布伦特的详细材料的,但可以推测,详细材料是马利1936年到莫斯科的时候向总部提交的。此外,多伊奇返回苏联后在撰写剑桥间谍小组组建历史时写道:"1937年初,'梅德亨'把'托尼'介绍给了我。"②

布伦特被招募后,获得了间谍生涯中的第一个代号"托尼"。之后改为"约翰逊",第二次世界大战期间设在苏联大使馆的内务人民委员会合法情报站在加密电文里一直用这个代号指称他。后来,他还用过"T""扬"等代号。

布伦特是"剑桥五杰"中唯一在战前即引起军情五局注意的人。1935年,他在访问苏联时加入了其兄弟威尔弗里德所称的"左翼朝圣者"组织,他的名字出现在8月10日的乘客名单中,他当时正从伦敦前往列宁格勒。一个月后,他从苏联返回的行程再次被记录。布伦特本人并未受到任何形式的监视,但依据内政部授权令,针对伦敦马克思故居展开的搜查发现,1936年3月15日,他主动要求在马克思纪念图书馆举办讲座。

20世纪30年代初时,苏联谍报机构正在英国政府各部门中寻找支持者,特别是那些事业上有所成就,最好是所在岗位能提供重要机密情报的人。虽然从接触秘密情报机会的角度来看,搞艺术的人在这方面的价值最值得怀疑,也从来没有人给他们布置过这种任务,但是布伦特作为大学讲师、研究员的工作特点,有机会接触和研究自己的学生,可以从中物色一些人选,这些人与共产党思想接近,从出身和知识水平来看,适合到英国政府部门工作,能够在外交部或机要部门飞黄腾达。因此,布伦特很自然地就被苏联人物色上并指派为"天才发掘人",协助伯吉斯、伯吉斯的同性

---

① [俄]奥列格·察列夫:《克格勃特工在英国》,吉林人民出版社2003年版,第206页。
② Олег Царев. Джон Костелло, Роковые Иллюзии. Из архивов КГБ: дело Орлова, сталинского мастера шпионажа(Москва: Издательский Центр〈Аква-Терм〉,2011), стр. 282.

恋者和麦克莱恩开展工作。1939年3月，负责经营"五杰"的特工戈尔斯基引用伯吉斯的话称："托尼是一个完全靠得住的人，无以替代的招募者和眼线……他不仅了解梅德亨与我们工作的一切细节，经斯特凡（杰伊奇）的同意，有时还为我们印刷梅德亨的简报……"①

五、小资间谍"第五人"

凯恩克罗斯是"剑桥五杰"中最后一个被发展，也是最后一个被公开的"第五人"。军情五局专案官员赖特对他的评价很高，赖特说："凯恩克罗斯是一个执着的共产党人。他有自己的信仰，并以典型的苏格兰人的坚韧精神坚持其信仰。"②在剑桥求学时，因为对马克思主义的热衷，导致《特里尼蒂杂志》给他起了一个绰号叫"血十字"③。布伦特加入苏联谍报机构之后，与菲尔比等人一样受命物色间谍发展对象。作为剑桥大学艺术史老师，布伦特是教授凯恩克罗斯法国文学的导师之一，他每周都给凯恩克罗斯上单人课程。布伦特那种令人鼓舞的举止、从阶级斗争的严峻现实中抽象出来的马克思主义理论知识，深深地打动着这个热情的苏格兰共产党员。后来，布伦特介绍他与伯吉斯相识，让两人建立起紧密的联系。1937年，布伦特把凯恩克罗斯作为对苏联情报部门有用之人和间谍招募对象推荐给了多伊奇。布伦特认为，凯恩克罗斯发展前途光明，可以为中心提供包括美国在内的感兴趣情报资料。但此时中心领导人已经握有菲尔比、麦克莱恩、伯吉斯和布伦特等人在手，因此对于招募凯恩克罗斯显得不那么急迫了，而是要求多伊奇更深入、更全面地研究凯恩克罗斯的个人品质、业务素质和政治信仰等情况。多伊奇按照中心的指令，找到剑桥大学圈子里的人脉关系，对凯恩克罗斯进行了各种考察，收到的评价意见都是正面、积极和肯定的。

1937年初，多伊奇把与凯恩克罗斯进行联络的任务交给了伯吉斯，这与1934年菲尔比招募麦克莱恩时的情形非常相似。同年2月的最后一个周末，伯吉斯作为一个天生会迷惑人的杰出大师来到剑桥，布伦特趁机把凯恩克罗斯请到自己家里过周

---

① [俄]奥列格·察列夫：《克格勃特工在英国》，吉林人民出版社2003年版，第207页。
② [英]彼得·赖特：《抓间谍者——一个老牌特工生涯的自述》，军事译文出版社1987年版，第295页。
③ [英]克里斯托弗·安德鲁、[俄]瓦西里·米特罗欣：《克格勃绝密档案》（上），当代世界出版社2002年版，第103页。

末。这是伯吉斯与凯恩克罗斯人生中的初次见面,并由此发展成为长期的交往。3月1日,伯吉斯撰写了一份报告,详细描写了两人交往的情形,称他与凯恩克罗斯交上了朋友,一起从剑桥回到伦敦,凯恩克罗斯昨天还来他这里住了一晚,从谈话中能看出来,后者已经对自己产生了兴趣,并答应还会再来。伯吉斯分析了凯恩克罗斯的思想倾向,称后者称不上"绅士",小资家庭出身的背景比他还低,"我和他长时间地谈论法国和英国的思想、法国历史等。我们从这些问题转到政治上(我把自己装成考茨基的支持者,我们谈论修正主义、超级帝国主义、保守主义和马克思主义)。我对他形成了一些初步的看法。他出于什么原因接近我们?同'社会的'和'激进的'想法相对立的纯'文化'想法支配着他"。伯吉斯指出:"他是典型的小资产阶级,总是认为,他能够在资本主义社会获得许多东西,特别是在他从事的事业上。要是他还在剑桥,任务会更轻松些,但是现在机会还没有完全失去。他对党的态度在一定程度上证明了这一点。比如,他常说下面的话:'的确,我现在放弃了它(即放弃党员资格),但是,在理论上和精神上,我永远站在党的一边。'"①伯吉斯清楚地断定:"他属于小资产阶级,陶醉于自己的成功,陶醉于他已经进入了英国统治阶级,现在还有机会享受资产阶级生活的奢华和诱惑。但是,他是这样得到这些的:六年来,他不停地工作,没有节假日,没有消遣。他周围信奉'长老会'的人们怂恿他的虚荣心,所以他的愿望就是如何进入外交部。但是,他不仅得到一份工作,而且精神上也得到发展。经过五年的学习,他在思想上接近马克思主义。凯恩克罗斯问:'接下来我做什么?我已经是一个有信仰的人。为党工作对我来说,意味着放弃六年来我一直努力追求的东西。我不知道,将来我要从事什么。要是我以前就接触了党的话,那么,我或许会放弃自己的一切追求,但是,当目标现在已经近在眼前的时候,我不会这么做。'"②在认真分析了凯恩克罗斯的各方面情况后,伯吉斯提出招募工作应注意的问题:"他认为,马克思主义在文化上有助于解决理论问题,所以他从这个角度与我讨论这些问题。他从来都不是真正意义上的党员。但是,我认为,还得同他工作一阵子并拉拢他,所以我倾向于认为,直接接近他会不太安全,至少在托尼或随便其他一名党员掌握了他之前是不安全的……但总的来说,他找到了一份好工作,对在那里工作也很满意。我并不是想以此说,他已经有意被收买,暂时还没有办到,而且

---

① [俄]奥列格·察列夫:《克格勃特工在英国》,吉林人民出版社2003年版,第289页。
② [俄]奥列格·察列夫:《克格勃特工在英国》,吉林人民出版社2003年版,第290页。

我觉得,把他拉过来还需要一些时间。他暂时还很坦诚和直率。"① "所以情况对我们并非没有希望。我觉得,要是我们告诉他,他能够既得到这个也得到那个;也就是说,既接近党,也得到在外交部的工作,他就会为我们工作。但是,我想无论是我还是安东尼·布伦特,在这种情况下都不能冒险,因为他个人和社会的成熟都包含着危险。他从来没有时间也没有钱享受生活,他压抑自己,总是放弃未来的一切。现在他的目标就在眼前,尽管我认为,我们可能指望上他的善良意志,而且他的性格中潜藏着许多危险因素,但是,这一切仍然伴随着一定的危险。如果得到他这样的人是一件如此重要的事情,为此需要牺牲我、安东尼·布伦特和其他什么人的话,在这种情况下才值得冒一下险。我觉得,让一个我们完全信得过的,而且只用他办这一件事的正式党员说服他是唯一的办法。但是,我担心这个办法实施起来很难。但它可以减少一些如果我和安东尼·布伦特直接干所冒的风险。我认为,凯恩克罗斯至少现在会同意向我提供他所知道的一切。他不太看得起英国外交部或他的同事。"②

因为伯吉斯非常透彻地分析研究了凯恩克罗斯的个性和精神状态,所以马利和多伊奇决定接受他的招募意见和建议。3月9日,马利写信向中心报告招募计划说: "我们找到了不通过 M 和 T 接近 K 的办法。剑桥以前的党组织负责人现在在巴黎工作,他将与凯恩克罗斯谈谈,这丝毫也不会涉及我们。他姓克卢格曼。"③这样一来,招募凯恩克罗斯的实际工作又交给了克卢格曼。现在的档案资料中没有招募凯恩克罗斯的详细材料,只有 4 月 9 日马利在发给莫斯科的简报中写道: "……我们已经招募了凯恩克罗斯。我们将把他叫做莫勒。④ 我们成功地处理了这件事,无论是我们和 M,还是 T⑤ 都没有危险。为此,我们利用克卢格曼,他两次从巴黎到这儿来。莫勒来过这儿一次。他已经答应克卢格曼为我们工作,但是,他当然只知道我们想从他那里得到的一部分。他暂时只同克卢格曼联系。我们将在 5 月底从克卢格曼手里把他接管过来。"⑥由此可见,凯恩克罗斯正式加入苏联谍报队伍的时间是 1937 年 4 月。

---

① [俄]奥列格·察列夫:《克格勃特工在英国》,吉林人民出版社 2003 年版,第 289 页。
② [俄]奥列格·察列夫:《克格勃特工在英国》,吉林人民出版社 2003 年版,第 290—291 页。
③ [俄]奥列格·察列夫:《克格勃特工在英国》,吉林人民出版社 2003 年版,第 291 页。
④ 即莫里哀。——作者注
⑤ 梅德亨和托尼,对应的伯杰斯和布伦特。——作者注
⑥ [俄]奥列格·察列夫:《克格勃特工在英国》,吉林人民出版社 2003 年版,第 292 页。

5月底,多伊奇来到巴黎,与克卢格曼讨论了同凯恩克罗斯第一次见面的情况。凯恩克罗斯后来说,见面是在一天晚上,地点在伦敦雷根特公园:"突然,树后面闪出一个身材矮小但结实的身影,大约40岁。克卢格曼向我介绍说,这个人是奥托。随后,克卢格曼就消失了……"①见面很成功,多伊奇向莫斯科汇报说,凯恩克罗斯"非常高兴我们与他建立了联系,而且准备立刻就开始替我们工作"②。6月9日,马利向总部报告说:"我和他取得了直接联系,他非常高兴能与我们取得联系,感觉到没有脱离党……"③6月19日,总部对马利的报告做出反应,内容言简意赅:"莫勒——这是最大的收获!"④

多伊奇在与凯恩克罗斯的最初几次接触中发现,后者的确是苏联意识形态的同路人和好朋友。考虑到凯恩克罗斯在秘密工作方面尚属"菜鸟",因此,多伊奇深知应该教授这些新人谍报工作的基本方法和规则,做好从事地下工作的充分准备。在多伊奇的建议下,凯恩克罗斯与菲尔比等人一样脱离了英国共产党,并中断了与英共党员之间的联系,但公开场合仍然有意识地表露自己的爱国立场。

1939年,已经回到莫斯科的多伊奇根据总部指示,向接手马利-多伊奇经营"剑桥小组"和"牛津小组"间谍的戈尔斯基描绘了成员们的心理肖像。关于凯恩克罗斯,他是这样写的:凯恩克罗斯25~26岁,曾在剑桥学习,还是当地共产党的积极分子。他通过了英国外交部的入职考试,由于学识渊博,因此考试成绩荣列第一名,1936年开始在外交部工作。"莫里哀"来自苏格兰小资产阶级家庭,苏格兰人是信仰宗教的民族,因为他们生活艰难,因此非常热爱劳动,并且生活俭朴。苏格兰人恨英格兰人。"莫里哀"继承了其中的一些特点。他是一个墨守成规、讲求实干、勤奋努力和生活俭朴的人。他知道钱意味着什么,因此会精打细算。他待人诚恳、朴实憨厚。当我第一次与他见面,还雇了一辆出租车的时候,他大吃一惊。这是他平生第一次坐出租车。当时我与他联系时,尽管他在外交部工作,但他住在伦敦贫民区一间摆设简朴的房子里。他学识渊博、做事认真,是一个信仰坚定的共产党员。他很快就表明了与我们合作的决心,对我们的事情严肃认真。他对我们党的一切实践

---

① [英]克里斯托弗·安德鲁、[俄]瓦西里·米特罗欣:《克格勃绝密档案》(上),当代世界出版社2002年版,第104页。
② [英]克里斯托弗·安德鲁、[俄]瓦西里·米特罗欣:《克格勃绝密档案》(上),当代世界出版社2002年版,第104页。
③ [俄]奥列格·察列夫:《克格勃特工在英国》,吉林人民出版社2003年版,第293页。
④ [俄]奥列格·察列夫:《克格勃特工在英国》,吉林人民出版社2003年版,第293页。

和理论问题都很感兴趣,并且有一定的研究。

伯吉斯还介绍说:"他是一个单纯,有时很幼稚和土气的人。很容易轻信人,不会伪装自己。在我认识他之前,他一直认为自己是外交部内的左派。这是因为,他从不隐瞒自己对一些政治问题的看法。他外表憨厚,招人喜欢,对妇女规规矩矩。他绝对信任我们,我们在他面前很有威信。因为他没有任何经验,所以他一开始不敢拿文件。我在完成了自己的工作后,还能及时对他进行指导,因此,他开始把文件给我。对怀斯一开始也是那样……对莫勒,我们已经达到了那个程度,但是我离开了,于是无人与他联系……莫勒——一个活生生的和富有激情的人。他喜欢法国(这完全是苏格兰人有别于英格兰人的突出特点。英格兰人仇恨法国)。"[1]

至此,对凯恩克罗斯的招募工作大功告成,其获得的第一个代号即为"莫里哀",这是他最欣赏的法国作家的名字,后来他还用法语撰写并发表过两篇有关这个作家的学术研究文章。不久后,"莫里哀"这个代号换成了"李斯特"。此外,他还用过"C""卡累利阿人"等代号。

---

[1] [俄]奥列格·察列夫:《克格勃特工在英国》,吉林人民出版社2003年版,第296—297页。

第六章

惊心动魄

——"剑桥五杰"的间谍生涯

在苏联特工们的逐步培养和精心经营之下,以菲尔比为代表的"剑桥五杰"充分发挥各自的聪明才智,八仙过海、各显其能,长袖善舞、纵横捭阖,攻坚克难、逢凶化吉,分别打入英国外交部、情报和反间谍机构、政府通信总部和财政部等核心要害敏感部门。在西班牙内战、第二次世界大战期间和冷战初期,利用所获地位和职务上的便利条件,为苏联提供了大量重要的情报资料。在潜伏过程中,有的"剑桥五杰"成员还成为上述机构的重要负责人选。比如,菲尔比1940年打入军情六局,1944年担任该局对苏谍报工作的第九处处长,1949年派往美国担任驻美联络员,协调两国谍报机构的行动,如果后来没有暴露的话,他很有可能登上局长宝座,1951年受怀疑后与调查人员斗智斗勇,又坚持工作12年;麦克莱恩成为英国外交部高级官员,1944年5月前往英国驻美大使馆担任一秘,有机会接触使馆里的所有文件,是外交部负责军情六局事务的常务次官人选;伯吉斯历经千辛万苦,先后渗透进英国BBC广播电台、军情六局和外交部;布伦特先打入军情五局,后来担任过英国女王的书画鉴定官员;凯恩克罗斯则渗透进英国外交部、财政部和信号情报机构政府通信总部等单位。他们在相当长的谍报生涯里,为苏联对外情报机构提供了大量核心内幕预警性情报资料,为保卫苏联国家安全、战胜世界法西斯立下了汗马功劳。

"剑桥五杰"在各自岗位上发挥作用时间之长,令人惊叹。伯吉斯和麦克莱恩1951年最早暴露并逃往莫斯科,凯恩克罗斯受其牵连,随之身份曝光,三人均从事谍报生涯长达10余年;布伦特一直到1964年才在政府答应给予赦免的情况下承认间谍行为,并于1979年被撒切尔夫人褫夺封号,暴露时间最晚;菲尔比从1934年被招募直到1963年初逃至苏联,从谍时间长达近30年。他们潜伏时间之长、埋藏之深、发挥作用之大,实属谍报案例中之罕见。

一、20世纪最出色的间谍

菲尔比加入苏联谍报机构后，立即按照他的间谍领路人多伊奇布置的任务进行改头换面的"去红化""灰色化"，与共产党断绝一切看得见的联系，在思想上与政府保持一致，以便今后能成功地打入政府机关。此后，人们发现菲尔比不再谈论共产主义信仰了，而是经常听到他的一些法西斯主义"高论"；那些曾经与他密切接触的进步分子也发现，菲尔比不再与他们来往，也不再参加进步分子的活动，就像换了个人似的。他在三一学院时的好友吉姆·利斯对他持有右翼思想也感到十分惊愕。与此同时，菲尔比开始了向英国政府白厅的渗透工作。他回了一趟三一学院，在为维也纳的战友们筹款的同时，也找母校的老师为他进入政府部门工作寻求支持。他递交了到外交部任职的求职申请，但没想到，母校的经济研究室主任丹尼斯·罗伯特逊和他家的世交唐纳德·罗伯特逊（两人非亲属）了解他在校期间的共产主义背景后，回信称，他们对其热情和聪明才智非常尊重，但不得不考虑到"他的政治信仰可能影响他正常履行国家赋予的义务"[①]，因此不能予以推荐。于是，菲尔比撤回了申请，改走曲线运动方式以图打入英国上层权贵集团。他决定加入英国共产党，不过英共对他的请求态度也非常冷淡，导致他最终没有加入英共。但塞翁失马焉知非福，入党被拒也是他人生谍报生涯中的一个转折点，正因为如此，他没有被英国警察纳入视线，否则苏联人也不会招募他。

进入外交部和加入英国共产党遭拒，让菲尔比打入英国政府尤其是情报机构的努力看起来毫无希望，特别是，军情六局是一个非常封闭的机构，习惯于从傲慢的上级军官的老朋友圈子里吸收年轻军官充实自己的队伍，喜欢从帕尔马尔街和圣詹姆斯地区的权贵俱乐部里招募人员。菲尔比原本可以凭借自己的社会出身和受到的教育顺利进入这个圈子，但他曾经公开支持左翼社会主义，因而相当于自断"后路"，所以不得不选择一条可以进入白厅，但相对来说不那么绅士的途径：先成为一个体面的记者，再在政府里面培植关系。于是，菲尔比开始四处求职，希望从事一心向往的新闻工作。对于一个从未做过记者特别是还不喜欢这一行当的剑桥毕业生来说，这项任务相当不容易。不过，他并不气馁，坚持在父亲的报纸杂志朋友圈里寻找熟

[①] 王铭玉等编译：《克格勃全史》，黑龙江出版社1998年版，第222页。

人和人脉。1934年9月,经过一番努力,他进入一家不引人注意的《评论综述》月刊,当上了副主编和总助理。这份工作枯燥乏味但很清闲,使他有充分的机会了解外界的情况,包括学习阿拉伯语。他很用心地处理来稿,根据主编要求偶尔写一些毫无创见的文章,比如《三年的关税保护主义制度》《凭什么取得了胜利?》《太平洋上的日本群岛》等,借此表现自己的政治可靠性。他在日常生活中也很低调,即使有人请他把自己的政治主张毫无保留地发表出来,他也只不过讲些一般的看法而已,对那些可能招致正统的自由主义者强烈反对的观点则只字不提,从而埋葬了自己的左派过去,以至于杂志社老板罗杰·钱斯先生认为他是一个"有点自由主义的人",说他是一个"值得尊敬的年轻人,有幽默感,和他父亲不一样,没有任何可以明判的政治观点"[①]。工作之外,经妻子利兹介绍,他与来自维也纳的一个年轻人彼得·斯莫尔卡在一家注册为伦敦大陆新闻有限公司的小通讯社里进行短暂合作,该通讯社向规模很大的电讯交换公司提供有关中欧的特别新闻。

1935年10月,奥尔洛夫匆匆撤离伦敦,多伊奇奉命接过了对菲尔比的指导工作。此时,菲尔比的记者生涯出现了很大转机,不仅给他带来了很好的政治声誉,而且最终帮助他被英国情报机构所接受。菲尔比告诉多伊奇,他在英国政府军事部的好朋友怀利的介绍下,在"卡尔顿俱乐部"里认识了《俄英贸易报》杂志主编和出版者斯坦福·塔尔博特。这份刊物名不见经传,是十月革命前在俄国做生意的英国金融家协会机关报,目前正为了生存下去而苦苦挣扎。中心怀疑塔尔博特与英国情报机构有关系。塔尔博特告诉菲尔比,他的杂志寿命已经屈指可数,他准备在柏林的支持下将杂志改办成一份有关英德关系方面的定期刊物,促进英国与希特勒第三帝国的贸易发展以及关系和谐化,不过自己年岁已老,需要找一个新的主编来经办这份新杂志,但薪水付得不高。菲尔比觉得这份工作非常不错,在与马利商量并获得同意之后,辞去了《评论综述》的职务,答应塔尔博特出任主编,此后不久他又在伯吉斯的帮助下被推荐加入了"英德友谊协会"。

"英德友谊协会"是由中央银行的银行家、右翼议员和社会活动家组成的一个组织,从1932年起就致力于推动英国政府与纳粹德国接近。作为一个宣传部门,该协会由德国纳粹资助,在当时亲德氛围浓厚的英国影响日益扩大。菲尔比凭借其精明

---

① Олег Царев. Джон Костелло, Роковые Иллюзии. Из архивов КГБ: дело Орлова, сталинского мастера шпионажа(Москва: Издательский Центр〈Аква-Терм〉,2011),стр. 165.

能干,再加上担任亲纳粹杂志社的主编,很快便以协会一名年轻有为的成员而闻名,实际上,他也意识到他已作为一名苏联侦察员打入了敌方阵营内部。他负责主编一份宣传小报,从很多消息来源中节选一些材料,以证明英国报界在有关英德两国政府政策的问题上正在把英国公众引入歧途。他经常参加协会举办的招待德国来宾的宴会。1936年春天,冯·里宾特洛甫担任德国驻伦敦大使以后,他成为德国大使馆的常客,时常参加德国人招待英国贵族和其他有影响人物的宴会,还经常与里宾特洛甫在大使馆建立的专门情报机构"里宾特洛甫情报处"的大部分官员见面。他几乎每个月都飞到柏林找宣传部门讨论问题,每次逗留一周左右,与纳粹官员会面。他不止一次地向时任希特勒外交顾问的冯·里宾特洛甫请教,还不止一次见过纳粹宣传部长戈培尔,试图让纳粹出钱资助他在英国创办一份刊物以促进英德关系,不过因为狂热的亲德分子海军上将巴里·多姆维尔爵士支持者的阻挠而未能如愿。在国际法西斯日益猖獗的形势下,菲尔比谨慎地执行着一项艰巨任务,观察和分析他们在英德协会中的右翼同事们的政治活动情况以及英国政府对希特勒的支持程度,然后报告给多伊奇等苏联指导者。英国外交部在秘密备忘录中记载称,英德协会对他予以"好评",说他与戈培尔和德国宣传教育部"来往甚密"。[①] 但他对自己的总体表现并不满意。

  1936年7月,西班牙内战爆发,这里变成了世界反法西斯的伟大战场。同年秋天,他与妻子利兹到西班牙过了两个假期。在一次定期接头会面时,苏联谍报机构认为菲尔比马上去西班牙要比在伦敦可以发挥更大的作用,因此命令他赴西班牙法西斯占领区,在尽可能接近要害部门的地方潜伏下来,全面搜集有关法西斯战争准备的第一手资料。除此之外,他还有一项更危险的使命,即千方百计混入佛朗哥的身边,伺机刺杀他。当时,伦敦情报站负责指导菲尔比的是站长马利和特工多伊奇。为了配合他完成任务,多伊奇给他提供了活动经费、密写器材和密码(密码印在一张很薄但非常结实的纸上,紧急情况下可以揉成一团吞进肚子里销毁)以及巴黎的一个地址,可以发送搜集到的情报。此外,如果遇到紧急情况,还有一个特殊的通信渠道:他可以通过身在里斯本的妻子利兹转交情报(他本人也在这里的"佛朗哥通讯社"拿到了签证),利兹接到的命令是在这里与苏联信使保持联系。菲尔比由此开始执行第一项任务,即以记者身份开展情报活动。他要给外界留下这样一个印象,即

[①] 王铭玉等编译:《克格勃全史》,黑龙江人民出版社1998年版,第240页。

他是一个自由记者,要去西班牙报道当地战况,依靠从战地发回的稿件支付此行的所有费用,而实际上他所有的费用全部由苏联情报机构支付。为了使靠出售故事养活自己的说法自圆其说,他说服伦敦的《旗帜晚报》给他开了一张采访军事事件的编外记者采访权证明,他还可以代表《伦敦中央新闻》《大陆新闻服务》这两家新闻通讯社出头露面,也可以打经常刊登他稿件的德国《地缘政治》杂志的旗号;另外,他与亲德的《泰晤士报》达成协议,如果能严格按照自由投稿的原则提供令人满意的材料就雇用他。凭着与德国使馆的良好关系,他又找到了阿尔伯公爵,此人曾担任西班牙王国大使,现在是佛朗哥的驻伦敦代表。公爵给菲尔比写了一封推荐信,让他带给担任佛朗哥阵营军事新闻检查部门负责人的儿子,信中嘱咐儿子必要时要帮菲尔比的忙。万事俱备,只欠东风了。

1937年2月3日,菲尔比从伦敦启程。来到西班牙之后,他就马不停蹄地向《泰晤士报》发送有关佛朗哥军队地区战况的文章,并很受重视获得发表。不过,菲尔比的谍报生涯刚刚起航就差点夭折。4月的一个星期五,他心情不错,觉得应该休息一下,就来到离前线很近的科尔多瓦,想观看星期天的斗牛比赛。当天夜里,他的旅馆房间突然闯进两个全副武装的佛朗哥国民近卫军战士,命令睡眼惺忪的他穿好衣服到警察局去。他在监视下穿衣服时,突然想到裤子口袋里还有一份内务人民委员会的密码,它们被写在一张烟盒纸上,但在去警察局的路上他没能把纸条处理掉。到达之后,他被两个人带进了一间没有灯罩的强光灯照射的房间,接受一个矮个、秃头的近卫军少校的审问。他命令菲尔比掏出口袋里的东西。"我不能再迟疑了,我先把钱包拿出来,向那张光滑的桌子上扔去,在脱手的最后一刻我的腕子一抖,使钱包旋转着滑到了桌子的尽头。正合我意,他们三个人像老鹰扑食般向桌子那边的钱包冲去。乘三个人的屁股朝着我时,我从裤袋里掏出那张纸,连嚼带咽一下子就把它消灭了。"[1]菲尔比由此得到了教训,认为真正的冒险行动并不总是会带来最大的危险,因为可以事先估计到那些实际存在的危险并预先采取措施进行避免,但像此类几乎没有什么意思的小事往往会置人于死地。

为了隐藏身份,他站在法西斯一边进行"冒险"报道,而且善于抓住要害,不久便小有名气,愈加巩固了其作为佛朗哥军队一名正式战地记者的地位,从此便吉星高照。谁也想不到这个害羞还有点口吃的年轻英国记者,总爱提一些学究式的问题,

---

[1] [苏]金·菲尔比:《谍海余生记》,群众出版社1984年版,第3页。

把佛朗哥的军人弄得头疼不已,竟然是一名苏联间谍!但在这副外表掩护下,菲尔比搞到并向巴黎寄去了大量情报,包括佛朗哥的军事态势、作战计划、部队武器装备和部署以及一些政治情报。这些情报最后都到了内务人民委员会驻西班牙情报站站长奥尔洛夫的手里,他又转手交给了西班牙共和政府。说句笑话,菲尔比不知道的是,要不是命运向他露出笑脸,他早就暴露了,因为多伊奇给他的那个地址巴黎格勒纳勒大街79号,正是苏联驻法大使馆所在地!如果西班牙邮局足够警惕并展开调查,或者佛朗哥的军事情报机构根据战事发生地的西班牙邮戳,均可以轻而易举地确定这名英国记者的真实身份及其间谍活动。另外,他发送情报所用的密码也过于简单,可以轻松破译并发现几个星期以来他所写信件的真实内容。后来,苏联对外情报机构也承认,这是一个令人无法容忍的错误。

临近5月底时,菲尔比回到伦敦作短暂停留。尽管初出茅庐的他没有完成刺杀佛朗哥的任务,但取得的成果已经足够让多伊奇喜出望外、兴奋不已了。多伊奇认为,为了更好地开展工作,他应该在一家声誉良好的报社谋个差事。马利灵机一动,建议菲尔比为何不写一篇有关西班牙的文章,投给那些著名的出版物呢?菲尔比接受了这个建议,很快从一个亲身经历过的目击者的角度,撰写了一篇有关法西斯西班牙情况的文章,并拿给父亲看。老菲尔比建议儿子把文章寄给《泰晤士报》。过了几天,父亲给菲尔比打电话说,他已与《泰晤士报》副总编辑见过面,报社对这篇文章很感兴趣,准备登报,还支付了30英镑稿酬。更重要的是,报社准备聘请他担任该报常驻西班牙记者。第二天,菲尔比忐忑不安地来到朝思暮想的《泰晤士报》大楼,拜访了父亲的老相识、报社外事编辑拉尔夫·狄更斯,狄更斯随后又把他作为"阿拉伯学家菲尔比的儿子"介绍给了总编辑杰弗里·道森。菲尔比对当时这位英国权势集团的代表人物之一表现得毕恭毕敬,道森要求菲尔比在返回西班牙之前,先在报社里待两个星期来熟悉这家报纸的职业特点。等到实习期结束菲尔比走出报社大门时,他已经正式成为《泰晤士报》的工作人员,成为其在西班牙派驻佛朗哥军队的两名战地记者之一,而且每月还有50英镑的随军记者补贴。这个职位极大地拉近了与英国军情六局的距离,因为该局通常喜欢找那些著名的英国记者获取情报。因此,当菲尔比在狄更斯手下进行短暂实习时,马利兴奋地向莫斯科报告说,"小男孩"的目的达到了。此后不久,马利就永久地撤离了伦敦并返回苏联。

菲尔比于6月4日启程返回西班牙,开始其第二阶段驻外生涯。到1937年底前,他已经两次采访过佛朗哥本人。《纽约时报》的萨姆·波普·布鲁尔等战地记者注意到,菲尔比在新闻发布会上的提问总是喜欢刨根问底。一般的情况他不感兴趣,他要了解部队的名称、番号和实力。在安全和新闻检查允许的限度内,他还热衷于打听有关增援部队和下一步推进方向的情况。西班牙新闻官员路易斯·波伦等人有点亲英思想,再加上菲尔比有亲国民军的倾向,因此尽管他总爱包打听,但也喜欢他。这使菲尔比既能获取很多情报,又没有引起怀疑。每当遇到有机会回伦敦,他就把为报社所做工作以及谍报工作完成情况逐一进行汇报。这名年轻的战地记者甚至还在西班牙找了一个情妇弗朗西斯·利德塞·霍格夫人,一方面从恋爱中得到最大乐趣以排解孤寂的战地生活,另一方面为自己打掩护。这个"小兔子"曾经回忆说,菲尔比"即便和她很亲密时也从不提什么社会主义、共产主义之类的词语"①。

菲尔比回到西班牙后,多伊奇直到9月4日才接到中心的指示,让"小男孩"通过内务人民委员会巴黎合法情报站长格奥尔基·科先科(代号"芬恩"),亲自与身在西班牙的奥尔洛夫恢复联系。大约10天后,菲尔比来到法国大西洋沿岸疗养胜地比亚里茨。在"米拉马尔"饭店咖啡厅,两人时隔两年后第一次见面,约定今后将根据事先约定的日期,每月至少两次在法国纳博讷会面交接情报。小城纳博讷靠近西班牙北部边境,奥尔洛夫可以轻松地从共和军控制区到这儿来,而菲尔比短暂中断前线采访写稿任务来也不会引起怀疑。后来,两人的会面地点转移到巴黎和法国其他城市,用来转交情报和接收指令。菲尔比回忆说:"与奥尔洛夫会面时,我们经常讨论我在报告中提及的那些政治问题。他提出一些需要澄清的问题,下达任务,然后分手。"②

12月31日,菲尔比乘车从萨拉戈萨前往特鲁埃尔省的战场时,遭到西班牙共和军的炮弹袭击,同车的3名记者不幸身亡,但他非常幸运地只擦破一点皮。第二天,他头缠绷带在萨拉戈萨庆祝了自己的25岁生日,弗朗西斯很是忙活了一番,然后国民军报界的这位宠儿被表彰授勋。1938年3月2日,他原本要亲手杀死的佛朗哥将军再次接见他,并亲手将象征着军人高尚品质的军功红色十字勋章挂在了他的胸前,他一跃成为当地的英雄。为此,英国议会唯一的共产党议员维利·加拉赫尔还在议会表示抗议。菲尔比后来回忆说:"我在西班牙所受的伤无论是对我的记者工

---

① 王铭玉等编译:《克格勃全史》,黑龙江人民出版社1998年版,第242页。
② Олег Царев. Джон Костелло, Роковые Иллюзии. Из архивов КГБ: дело Орлова, сталинского мастера шпионажа(Москва: Издательский Центр 《Аква-Терм》, 2011), стр. 191.

作还是谍报工作都起到了不可估量的作用。在此之前,佛朗哥的军官们总是严厉批评英国记者,他们认为英国人都是共产党员,因为的确有太多的英国人战斗在国际纵队里。在我因伤受到佛朗哥亲手授勋之后,我以'受佛朗哥奖赏的英国人'而远近闻名。于是,我面前的许多大门都敞开了。"①但是,这扇大门开得晚了一些。随着德意法西斯对西班牙内战武装干涉力度不断加大,英、法、美等国又奉行不干涉政策,战局对西班牙共和政府和"国际纵队"变得越来越不利。1938年11月,共和军在埃布罗河的最后一个有效据点被攻占。在此前的10月28日,国际纵队举行告别检阅式,不久之后即从西班牙完全撤出。1939年3月28日,法西斯叛军攻占马德里,西班牙共和国被扼杀,佛朗哥政权全面控制了西班牙。菲尔比在这里已无事可做了,只能勉强待着,为《泰晤士报》报道佛朗哥部队最后的扫荡战和共和军的无条件投降。这个时候,菲尔比越来越频繁地去法国的昂代和圣让德吕兹。有人认为他这是为了安全地传递重要情报,但事实上,佛朗哥的胜利已使菲尔比成为多余之人:大的战事已经结束,只剩下扫荡共和军的残余势力了。

1938年9月30日,英、法、德、意签订了臭名昭著的《慕尼黑协定》,但协定墨迹未干,1939年3月15日,希特勒便在时隔5个半月之后挥军全面占领了捷克斯洛伐克全境,之后又向波兰提出对但泽以及通向但泽的走廊的领土要求,如不应允,即对波兰开战。英法政府对波兰的保证提供得太晚了,欧洲不得不准备与希特勒开战。为了备战德国对法国等西欧国家的进攻,英军两个师组成远征军越过英吉利海峡,部署在法国马其诺防线达不到而又易受打击的东北翼。就在这一系列事件走马灯似的上演时,菲尔比要求《泰晤士报》保留其每月50英镑补贴的要求遭到拒绝,他愤愤不平地收拾好行李,给报社写了封辞职信,告别了弗朗西斯,便返回了伦敦。但《泰晤士报》并没有批准他的辞职要求,1939年8月,报社要求自己最有经验的军事记者菲尔比离开西班牙,调到英军设在巴黎附近的阿拉斯司令部当随军记者。这在当时是菲尔比最希望得到的美差,因为可以积累大量新闻检查部门不准发表的情报。不过,这个职位虽然很好,接密条件却并非十分理想,而且连续几个月英法和德国双方都按兵不动、静观等候,采访任务极其令人厌烦,只有偶尔去巴黎开怀畅饮并冥思苦想如何把琐事变成较有意思的新闻向报社和读者交差时,才会使他高兴一些。此外,苏联指导人员也一再催促说,他的首要任务应该是打入英国秘密情报机

---

① 王铭玉等编译:《克格勃全史》,黑龙江人民出版社1998年版,第242页。

构。于是，菲尔比在经历了英军在法国布洛涅和布勒斯特两次撤退之后，于1940年6月跟随从敦刻尔克狼狈撤退的英国远征军回到了伦敦。回到英国后，《泰晤士报》既不给他布置工作，也没有表示解雇他，这给了他充分的闲暇时间来设计自己的未来。的确，通过在德国和法西斯西班牙几年来的考验和锻炼，菲尔比增长了知识、丰富了阅历，"实习结束了"，也应该考虑向英国情报机关渗透的问题了。

菲尔比在此期间也念念不忘为苏联人做招募员。1939年底，尽管菲尔比与妻子利兹的关系出现裂隙，各自有了不同的情人，但他们还是联手将奥地利记者亨·斯莫尔卡发展为苏联间谍，后来此人在内务人民委员会对西方舆论开展的"积极行动"中发挥了很大作用。斯莫尔卡是利兹在维也纳时结识的一个马克思主义者，性格不太活泼，有些胆小和懒散。1933年，他作为一个充满浪漫思想的年轻苏联间谍，以维也纳右派杂志《新自由新闻》记者作为掩护身份，被马利派到伦敦。1934—1935年间与菲尔比打过交道，两人打算合开一家新闻社，但没有成功。1936年夏天，他在《泰晤士报》专栏发表了系列文章，生动记述了他到苏联北极地带旅游的情况，虽然里面不乏非共产主义思想，但非常有力地渲染了苏联第一个五年计划所取得的巨大成就，讴歌了沉浸在"征服自然"和开采矿产热潮中、为社会主义建设成就而自豪的苏联人民，并把以残忍著称的劳改营精心描述成新型的理想化的社会实验场，为此他在英国声名大噪，获得了报社和英国外交部新闻处的高度评价和信任。1937年，这些文章汇编成书出版，3年不到的时间里再版了3次。1938年3月，纳粹德国吞并奥地利之后，斯莫卡尔加入英国国籍，改名彼得·斯莫雷特，几个月后他开始在电报交换公司工作，领导重建的对外处。同年11月，他带着外交部新闻处开具的评价甚高的介绍信，先后到英国驻布拉格、华沙、布达佩斯等大使馆进行了一番"巡视"，每到一地，他总要"尽可能找机会考察……地方新闻事业的状况，尤其是与那些官方、非官方通讯社的'恶毒'宣传相比，从他的祖国发出的消息所占的地位"[①]。第二次世界大战爆发后，斯莫雷特如愿以偿地进入战时情报部，并凭着与1941年6月当选丘吉尔政府情报部长的布伦丹·布雷肯的私人关系，开始官运亨通，后来当上了情报部俄国处处长，中心赋予其代号"阿保"（ABO）。他在这个位置上显示出"超凡"的领会能力，一方面把丘吉尔先前的指示抛诸脑后，另一方面却拿丘吉尔6月22日关于向"俄国和俄国人提供一切可能的帮助"的讲话片段做文章，给自己规

[①] 王铭玉等编译：《克格勃全史》，黑龙江人民出版社1998年版，第349页。

定的首要任务是：与一切妨碍援苏政策实施的英国反苏情绪作斗争，反对敌人在英苏同盟问题上任何分裂民族统一的企图；遏制可能使陛下陷入尴尬境地的左翼的过分亲苏宣传，预防共产党员挑起攻击，不使共产党抓到主动权。除此之外，他还给自己制定了新的工作职责，即"负责处里的全面领导工作，并与英国外交部、苏联大使馆、政治斗争局保持联系"[①]。而苏联驻英大使馆中负责与他联系的人正是"剑桥五杰"的指导员戈尔斯基。斯莫雷特还成功说服了情报部对内情报局长 P. X. 帕克，让他提醒外交部，应在涉及苏联的言辞中避免谈及"白色俄国人和红色英国人"，如此直露的建议使内务人民委员会欢喜不已。他还向帕克建议，请苏联大使馆帮助从苏联国内派一些经过专门培训、能与英国和苏联使馆保持严格一致的评论员来英国，这项建议也受到帕克的好评和信任。1943 年 2 月 23 日，为庆祝苏联红军成立 25 周年，斯莫雷特邀请英国主要政党的活动家云集阿尔伯特宫，举行了盛大集会，英国国内还在其他一些地方举办了展览，一些企业还放映了电影《战争中的苏联》。此后，情报部安排了许多场次的"苏联问题专家见面会"，一时间对苏宣传活动声势浩大，由他在情报部内部亲自策划和领导并秘密进行的"积极行动计划"，让西方人觉得苏联人民的英雄主义和斯大林专制间的分歧不再那么明显。英国下议院一名保守活动家为此抱怨说："情报部放映的电影描绘了苏联生活的动人画面，这会促进许多人改变对共产主义的看法。"[②]斯莫雷特还成功地对许多有关斯大林时期镇压的评述施加高度影响，例如，说服出版商不出版著名英国作家、政论家乔治·奥威尔的讽刺作品《兽园》，还与伯吉斯所在的 BBC（英国广播公司）保持紧密合作，以确定宣传苏联的对内广播脚本。1943 年 5 月，共产国际突然宣布解散，这是一件西方没有预料到并且十分严肃的大事，客观上巩固了苏联在西方作为强国的形象，因为苏联从此可以不必忙于通过领导国外共产党来输出革命，反而可以巩固战时的盟国关系，并把这种关系带入战后的和平时期。英国议会国际关系委员会主席、议员汤姆·康奈利认为，这是苏联共产主义不再干涉别国内政的具体保证。《纽约先驱论坛报》做出结论称："共产国际的解散，证明苏联已由世界共产主义中心转变为一个由共产党执政的纯粹的国家了。"[③]斯莫雷特紧跟形势、推波助澜，他向 BBC 和其他大众媒介大肆兜售"斯大林时期苏联政策已发生巨大变化"的思想，积极配合克格勃针对西方舆论

---

① 王铭玉等编译：《克格勃全史》，黑龙江人民出版社 1998 年版，第 350 页。
② 王铭玉等编译：《克格勃全史》，黑龙江人民出版社 1998 年版，第 351 页。
③ 王铭玉等编译：《克格勃全史》，黑龙江人民出版社 1998 年版，第 354 页。

第六章 惊心动魄——"剑桥五杰"的间谍生涯

界的"积极行动计划"。第二次世界大战后,斯莫雷特再次化名"斯莫尔卡",回到日内瓦干起了他的记者老本行。

回到英国后,菲尔比在朋友的安排下,找到曾任剑桥历史学教授的弗兰克·贝尔奇,希望能在他领导的政府密码研究所(专门负责破译敌方以及友好国家的密码)里谋得一职,但对方以不能为其提供值得去挣的钱为由拒绝了他的要求,这令菲尔比感到非常沮丧,只好再等待良机。机缘巧合的是,由于第二次世界大战爆发,秘密情报局苦于人手不足,正在大力招兵买马,因此已先期打入秘密情报局的伯吉斯趁机向他伸出了援手。1940年6月的一天,国防部的莱斯利·谢里登打电话找到报社,询问菲尔比是否可以做些有关国防方面的工作。菲尔比喜出望外,很快应约赴一位非常可爱的老太太——玛乔丽·麦克瑟的面试。她谈了很多在欧洲进行反德政治工作的可能性,菲尔比胸有成竹的思考和回答给她留下了很好的印象。几天后又进行了第二次谈话,这次伯吉斯也参加了,"由于伯吉斯在场给我增添了信心,我开始像人们在进行谋职谈话时那样炫耀起来,满不在乎地随便提一些要人的名字。他们俩不时地交换眼色,伯吉斯还时而严肃和赞许地点点头。结果证明我是在浪费时间,因为他们早已经做出了决定。"① 在这里面还有一个原因,那就是当时正值战时,政审检查制度又混乱不堪,负责国内安全的军情五局官员只是简单翻看了他的档案,就说"没有问题",菲尔比就这样轻松而又阴差阳错地打入了英国情报机关——军情六局,这不仅让他本人备感惊讶,也让苏联经营人员喜出望外,还以为选错了部门。此后,菲尔比辞去《泰晤士报》记者职务,于7月的一个星期一的早上来到位于卡克斯顿大街伯吉斯的办公室正式报到。

菲尔比在军情六局的工作单位叫D处(来自英文Destruction的首字母,意指"破坏"),由劳伦斯·道格拉斯·格兰德于1938年3月成立,其任务是鼓动人们积极抵抗敌人的统治,并用非军事手段破坏敌人的力量,以战胜敌人。伯吉斯的代号为"DU",菲尔比的代号为"DUD",他的第一项重大任务是按照伯吉斯的构想,为D处计划成立的间谍培训学校——"盖伊·福克斯学院"——制订详细计划,对尚未学习过地下破坏技术的特工进行训练。学校征用了以前的私立学校布里肯顿伯里公学。开学后,菲尔比和伯吉斯都在里面担任教官,不过他们在这里接近不了秘密,并且感觉很乏味,"除了去找校长、与他谈话并帮助他向几乎从不给批示的总部写报告

---

① [苏]金·菲尔比:《谍海余生记》,群众出版社1984年版,第8页。

以外,我们也没什么事可做"①。没过多久,1940年夏,按照丘吉尔的命令,英国成立了特别行动执行部,由经济作战部领导,全面负责针对轴心国的地下活动,尤其是破坏和颠覆活动,其任务是派遣特工潜入纳粹占领区组织抵抗运动,直到常规部队能够再次夺回领土。D处脱离军情六局,并入特别行动执行部,间谍学校被撤销。菲尔比和伯吉斯受命到位于贝克街64号的特别行动执行部新总部报到。不久,伯吉斯被解职,新单位没有费心给菲尔比安排工作和办公室,但每月给他照付15英镑的工资,这意味着他幸运地留了下来。

一开始,由于办公地点远离伦敦,菲尔比担心影响他要做的其他事情,想过放弃,但后来考虑到要保持自己在秘密机关里已取得的地位以及需要对特别行动执行部的情况进行深入了解,他决定在此处干下去,直至找到更有利可图的位置为止。不久,他成了汉普郡博留间谍学校训练中心的一名教官,按照中心主任科林·格宾斯的安排,负责讲授如何进行政治颠覆和地下宣传。菲尔比认为需要向外派间谍"进行一些政治教育,使他们在派往敌区之前至少能大致了解英国政府对未来局势的一般想法"②。为此,他经常借机回到伦敦,与经济作战部大臣休·多尔顿的首席私人秘书休·盖茨克尔共进午餐、探讨问题,或者回后者办公室去征求分管特别行动事务的高官杰布的意见,这种交往不无用处。菲尔比因为有过地下工作经验,并且还恶补过宣传技巧,因此讲起课来深受学员的欢迎,获得了"政委"的绰号,但博留显然不是搜集情报的理想位置。菲尔比渐渐萌生了去意,利用各种可能的途径寻觅自己的发展方向。

1941年6月22日苏德战争爆发后,菲尔比通过耐心的寻访,终于在D处特工学校时的老同事、现供职于军情五局的好友汤米·哈里斯(原系艺术品鉴赏家,后来成为"盖伊·福克斯学院"的管家)那里找到了机会。7月的一天,哈里斯说,军情六局第五处负责事先从国外获取有关针对英国的谍报行动情报,但与专责英国本土及海外领地反谍报活动和保安工作的军情五局龃龉不断、矛盾很深。由于德国人对英国的谍报活动大部分在伊比利亚半岛进行,所以第五处处长费利克斯·考吉尔计划扩充西班牙和葡萄牙科的人员编制,急需一名了解西班牙情况的人负责该科工作。如果菲尔比同意,他可以予以推荐,而且成功的希望很大。菲尔比对新位置的利弊

---

① [苏]金·菲尔比:《谍海余生记》,群众出版社1984年版,第17页。
② [苏]金·菲尔比:《谍海余生记》,群众出版社1984年版,第29页。

得失进行了认真分析,几天后同意后者的建议。于是,哈里斯首先说动了顶头上司——军情六局伊比利亚处处长迪克·布鲁曼·怀特,另一位名叫迪克·怀特(以下简称怀特)的军情五局专职人员也向考吉尔提到了菲尔比的名字。但另一个人在吸收菲尔比的事情上功劳更大,他就是与老菲尔比深交30多年的军情六局副局长瓦伦丁·维维安。维维安是一位著名的维多利亚肖像画家的儿子,身体瘦弱,身高5英尺10英寸,一头精心梳理过的卷发,眼睛湿润,长年饱受胃溃疡的折磨,不沾酒精。1925年,他从印度警察署调到秘密情报局,第二次世界大战前曾担任第五处处长。一开始他还担心小菲尔比在剑桥念书时曾被赤化,但老菲尔比不以为然地说:"那是学生时代的胡闹,现在他的性格已经变了。"[1]一番努力下,几天后考吉尔即电话邀请菲尔比前去面谈。在当晚的长谈中,考吉尔明确了菲尔比今后的工作职责,实际上意味着菲尔比已被录用。1941年9月,菲尔比正式从特别行动执行部调回秘密情报局,担任五处伊比利亚科长,开始了打入该局核心的旅程。

第二次世界大战爆发后,五处和军情五局的档案中心离开圣詹姆斯公园车站对面的百老汇大楼,搬到圣奥尔本斯办公。在伊比利亚组里,菲尔比负责管理在西班牙和葡萄牙活动的间谍,尽管这还不是他要找的十全十美的工作,但他仍然对此倾注了心血与汗水。由于很少得到上司的指导,因此他边干边学,并依靠经验丰富的女秘书的帮助,很快就熟悉了工作,并多次避免了严重错误。不久,他领导的工作小组就非常全面地掌握了德国军事情报局在伊比利亚半岛的活动情况,准确掌握了其驻西班牙许多情报站大多数人员的背景简历,还充分发挥他的想象力搞了一些成功的反情报活动。类似行动使原本死气沉沉的五处变得活跃起来。五处隔壁就是秘密情报局的档案室,仗着近水楼台先得月,借助杜松子酒和马丁尼酒,他很快就与老熟人档案管理员比尔·伍德菲尔德搭上了联系,不仅经常聚在一起议论局里的事,还借口查阅主管的在西班牙和葡萄牙活动的谍报人员档案,一步步将该局在国外活动的所有谍报人员的档案全部做了研究,其中自然包括有关苏联的情报来源。这样一来,苏联人不仅得到了来自西班牙和葡萄牙的专案文件,还获取了两本详细介绍英国秘密情报局战前反苏间谍的资料,到1941年底,苏联谍报机构就掌握了在苏联内部进行活动的所有英国谍报人员的身份背景。他又把军情五局官员的个人档案翻了一遍,对每个人的习惯、特点乃至弱点都做了大致了解。此外,他还自告奋勇,

---

[1] [英]安德鲁·博伊尔:《背叛之风》,新华出版社1981年版,第272页。

每个月到秘密情报局位于百老汇的总部大楼值一两次夜班。作为值班官员,他可以看到来自秘密情报局驻世界各地情报站的电报,这使他对秘密情报局的活动有了更清楚的了解。英国国防部使用秘密情报局无线电频道拍给驻莫斯科军事代表团的电报更是让他兴奋不已。这就意味着,苏联当局在与英国驻苏军事代表团举行历次定期会议前,就能十分清楚地知道英国对于向苏提供军援、进行情报交换以及1942年6月决定减少向苏提供"超级情报"问题的底牌与立场,从而赢得了主动。

伊比利亚小组搞到的最有价值的情报是截获并破译的德国侦察与反侦察机构"阿勃维尔"的信函,含有德军1942年前在西班牙和葡萄牙实施情报侦察的概况。里面还提到德海军少将威廉·卡纳利斯即将启程西班牙的详细旅行路线,这引起了菲尔比的强烈兴趣。他建议由特别行动执行部在马德里和塞维利亚之间的一家宾馆里将卡纳利斯干掉。处长考吉尔同意此方案并呈报给军情六局局长斯图亚特·孟席斯审批,几天后孟席斯回复称:"我不希望采取任何反对将军的行动。"[1]菲尔比敏锐地感到这一答复暗藏蹊跷,一定程度上表达了孟席斯的希望,并可能证明英国与纳粹德国存在着某种秘密交易。卡纳利斯后来变成了希特勒的敌人,并在欧战结束前一个月因叛变投向盟军一方而被纳粹处以绞刑。然而,菲尔比还是从中看出了与法西斯德国秘密交易的证据,后来孟席斯对菲尔比说:"我总认为,我们能与将军打交道。"[2]

在五处工作时,菲尔比一方面要尽可能窃取欧洲国家的无线电通信情报,另一方面要使用相当复杂的技术拆看外交邮袋,猎取对象主要是波兰和捷克这样的中立国和较小的盟国。他解开邮袋的绳结,打开封条,取出里面的东西进行拍照,最后也是最艰巨的工作是把邮袋里的东西再一丝不差地放回原处,并且极其精确地按原样重新系好绳结、贴上封条。对通过上述方式拿到的情报进行分析和对比后,就能发现一些重要的情报线索。

通过对越来越多的情报进行分析研判,菲尔比确定德国军队正在西班牙策划一次代号为"博登"的行动,主要是使用一套先进的侦察夜间通航情况的技术设备,破坏直布罗陀海峡的通航,这将给西地中海的供给线带来新的危险。菲尔比一开始打算让特别行动执行部参与对付德国人,但在权衡利弊之后,他向秘密情报局提交报

---

[1] 王铭玉等编译:《克格勃全史》,黑龙江人民出版社1998年版,第319页。
[2] 王铭玉等编译:《克格勃全史》,黑龙江人民出版社1998年版,第319页。

告,建议通过外交途径解决这一难题。菲尔比选取了部分截获的电讯信号,作为抗议西班牙纵容德国情报人员在其境内为所欲为的主要依据。在英国的外交努力下,佛朗哥的西班牙政府最终屈从了英国人的意见,经过一番交涉,柏林向马德里发出了断然命令:"博登行动必须完全停止。"[①]这一行动让菲尔比名声大噪,使得他在情报界的声誉日益增高。

由于五处处长考吉尔对属下疏于管理,缺乏想象力,粗枝大叶,并且为人刚愎自用、疑神疑鬼,特别是在他的"一亩三分地"里更是独断专行,生怕别人限制了他的活动范围或贬低了他的权威,因此不仅与秘密情报局其他部门存在一些问题,与其主要业务客户军情五局等单位的关系也搞得非常僵。菲尔比敏锐地发现了这个问题,为此,他背着处长考吉尔,暗地里主动与无线电安全局、政府密码研究所、军情五局也包括秘密情报局有关科室修好关系,通力合作,建立了广泛的人脉关系。1942年美国战略情报局成立后,向英国派来许多情报人员学习反间谍业务,菲尔比借工作之机与他们接触很多,并建立起友谊。苏联人认为这一发展更加令人高兴,因为这些美国人后来都成了组建中央情报局的骨干,有的还身居高位。随着时光的推移,菲尔比很快便赢得了处长考吉尔的信任,不仅让他在自己出国时代理处长职务,而且从1942年到1943年期间将他的职责范围扩大到了北非,又扩展到意大利,后来还任命他担任自己的情报事务副手,连局长孟席斯也不得不对他另眼相看。事实证明,菲尔比走出这一步对苏联人来说非常值得。菲尔比在伊比利亚组开始发迹,成功地在秘密情报局打开了一条通往权力中心的道路。

1943年,五处搬迁至伦敦赖德大街,这里距军情五局只有2分钟的路,距百老汇的军情六局总部只有15分钟,这样菲尔比就可以与情报、反情报机构和政府其他部门保持密切联系以全面了解情报工作,这让他非常高兴。同年4月,英国安全机构宣布破获英国共产党领导人道格拉斯·斯普林霍尔窃取早期喷气式飞机引擎技术情报的间谍案,秘密情报局为了"研究苏联和共产党人过去活动的档案"[②],开始筹建一个第九处,专门负责刺探苏东情报,由年届退休的军情五局官员杰克·居里担任处长。这是一个过渡性安排,一旦对德工作量减少,就会任命一个正式的局内官员来接替。而且战后秘密情报局肯定要裁员,五处与九处工作性质相同,很明显不可

---

① [苏]金·菲尔比:《谍海余生记》,群众出版社1984年版,第61页。
② [苏]金·菲尔比:《谍海余生记》,群众出版社1984年版,第98页。

能同时保留,谁留下来,谁就将在局里处于举足轻重的地位。1944年初,菲尔比及时将这一情况报告给化名克罗托夫的新任指导员鲍里斯·克列腾什尔德,并对其未来的发展和该领导职位的争夺情况提出详细分析报告。克罗托夫敏锐地看到了该处在未来所具有的重要意义,认为这无疑是打入敌人心脏的机会,如果菲尔比真能成为九处处长,不仅意味着重要的擢升,而且将有更好的时机决定事情的进程,其作用绝非一个普通间谍所能取代。为此,他紧急向中心请示汇报,中心经研究后通知说,菲尔比"必须为保证自己能够成为第九处的处长——不管它是否同第五处合并——而尽一切努力,不管用什么样的办法!"①

经过仔细考虑,菲尔比认为搞掉处长居里不难,但最重要的是要除掉竞争对手考吉尔,这样才能达到目的。为此,第一步,菲尔比选择副局长维维安作为突破口。由于考吉尔到处树敌、口碑甚差,又一贯趾高气扬,根本不把自己的顶头上司维维安放在眼中,处处挤兑、极不尊重,弄得维维安根本无力掌控这位实力派下属,软弱到甚至多次趴在菲尔比的肩头哭诉自己的失权,所以维维安举双手赞成除掉考吉尔。第二步,菲尔比巧妙地施展手腕,让维维安出面引荐,与局长的首席参谋官克里斯托弗·阿诺德·福斯特进行了一次会面。他有备而来,与后者深入讨论了秘密情报局的现在与未来,以及为了适应和平环境而需要加以改进、调整的地方与程度,谁也未提考吉尔的名字,但实际上他已经顺利通过了首席参谋官的考察。机缘巧合的第三步,考吉尔替局长起草了一封信准备签发给美国,信中猛烈攻击联邦调查局局长埃德加·胡佛为了华盛顿的政治利益而牺牲情报工作的做法。这封信犹如一颗定时炸弹,如果传出去可能造成无法预料的后果,因此引起了英国外交部的强烈不满。外交部官员批示说:"我认为第五处起草的信函是完全不合适的,如果寄出去的话,将会使英国秘密情报局局长成为取笑的对象。"②菲尔比趁此良机,按照维维安的要求认真撰写了半页纸,点到为止地提出一些小问题后,就将信函重新提交。第二天,维维安就被请到外交部做了一次有趣的谈话,这等于给考吉尔压上了最后一根稻草。第四步,在孟席斯召见他进行处长任命谈话时,他巧妙地利用局长迷恋于在部门间耍手腕的喜好,提出为了局里将来免受批评,也为了给自己增强工作信心,这一任命最好能获得军情五局的同意。富于官场经验的孟席斯非常赞赏菲尔比的建议,

---

① [苏]金·菲尔比:《谍海余生记》,群众出版社1984年版,第99页。
② 姜子钒:《世界特工档案》,凤凰出版社2012年版,第185页。

答应很快给军情五局局长写信。不久,军情五局就正式同意了菲尔比的任命,考吉尔被迫退休。多年以后的实践证明,菲尔比的这一招极富远见。能够担任军情六局专事开展反苏活动的业务部门领导人,这是菲尔比多年苦心经营的成果,标志着他逐步跻身于英国秘密情报机构的最高领导层。

1944年底,菲尔比走马上任后,建议并促成由局长孟席斯签发了九处章程,即:该处负责搜集和解释来自所有英国本土以外世界各地关于苏联及各国共产党人的间谍与颠覆活动的情报;九处处长要与军情五局保持最密切的联系,相互毫无保留地交换有关情报。局长还特别规定,在任何情况下都不得与美国情报机构打交道。在随后的一年半时间,菲尔比为自己制定了一个目标,那就是在英国情报系统内部将自己打造成主要的苏联反间谍专家。作为九处处长,菲尔比定期会见军情五局的反间谍专家罗杰·霍利斯,商讨苏联和共产主义事务。他在自己的回忆录中写道:"(霍利斯)十分谨慎……虽然他缺少我认为对于一个完美的人来说至关重要的应变能力,但我们相处得很融洽,我们之间的交流'十分坦诚'。"[1]在菲尔比的领导下,九处迅速扩展,成了一个极富进攻性的谍报单位。这样一来,菲尔比既可以掩护包括他自己在内的渗透进来的苏联间谍,又可以向莫斯科报告所有针对苏联的谍报活动。在他的促成下,不到一年时间九处与五处合并,菲尔比理所当然地成为新五处的第一领导人,成了除主管副局长之外的最高反间谍官员,1945年9月还当上了秘密情报局改组委员会成员。该委员会的任务是考虑和决定用什么办法可以使人数较少的机构在执行其战后任务方面更为灵活、更具专业性。委员会做出决定:把反情报工作的全部责任集中在可靠的菲尔比本人身上,以此协调对有关共产党和苏联的材料所作的估计。[2] 大家围绕着难以解决的老问题展开讨论:秘密情报局各部门应该纵向还是横向划分?每个部门是否应当对它所提出的材料既负责进行估计,也负责进行处理?或者是否应把提出材料的工作和估计材料的工作划分开来,这样菲尔比就能接触到他所需要的来自秘密情报局各个地区各个部门的材料?非常巧合的是,积极发言的委员会委员戴维·福特曼坚决支持菲尔比的立场。孟席斯本人最后也予以坚决支持,认为在全面而不是局部的基础上研究问题有许多可取之处。从此以后,英国情报机关就像是打开了一扇大门,只要菲尔比能接触到的情报,苏联人

---

[1] Christopher Andrew, *The Defence of the Realm*: *The Authorized History of MI5*. London: Penguin, 2010, p. 344.
[2] [英]安德鲁·博伊尔:《背叛之风》,新华出版社1981年版,第352页。

均能即时了解。毫无疑问,仍在岗位工作的英国间谍因此受到损害,保守的估计是,从1945年到1947年死伤36人。菲尔比在秘密情报局的同事罗伯特·塞西尔后来以钦佩的语气评价称:"菲尔比此举……确保了克里姆林宫能够完全掌握英国在战后展开的所有反共产党间谍的行动。间谍史上极少——如果有的话——有能与此相提并论的妙举。"①

菲尔比当上九处处长后,接连碰到了两件棘手事件,差点导致他的谍报生涯毁于一旦。其中一件是格鲁乌译电员伊戈尔·古津科叛逃事件。1945年9月5日晚,苏联派驻加拿大使馆年仅26岁的格鲁乌军官古津科偷偷地将100多份涉密文件藏在衬衣内,手捂着肚子走出大使馆,企图叛逃西方。他的妻子后来说,他看起来像一个孕妇。事实上,真正的叛逃要比古津科想象的复杂得多。他先向加拿大司法行政部和《渥太华日报》的人员求助,但对方告知他第二天再来。9月6日,司法行政部和《渥太华日报》的人与他见了面,但未对他的叛变表现出特别感兴趣。6日深夜,苏联大使馆发现古津科和大量涉密文件失踪。古津科刚将妻儿藏在邻居家,苏联情报人员就闯入他的公寓开始搜查。古津科后来告诉利德尔说,自己是基于意识形态才叛逃的。但实际上,因为在渥太华期间屡屡违反格鲁乌的保密规定,未能保守涉密材料,他已被要求尽快返回莫斯科。因为对回国后的命运忧心忡忡,所以他决定携带全家叛逃西方。古津科的叛变在伦敦和渥太华引起了不小的震动,他出卖了很多有关苏联在美情报活动的证据,还揭露格鲁乌在加拿大的特工已经渗透到国会、外交部、空军情报部、军需与补给部和科研机构。古津科叛变后,最适合审问他的情报军官应该是简·阿彻,但可惜阿彻已经于1940年从军情五局调往军情六局。1944年,阿彻调到军情六局新成立的主要负责反共产主义间谍活动的九处工作,而该处的负责人正是菲尔比。菲尔比首要的工作是应对简·阿彻造成的潜在威胁,他非常敬重这个人:"除了盖伊·利德尔之外,简可能是五处使用过的最有才干的情报官员了。她把精明的一生中的大部分时间投入了研究共产党在各方面的活动。"②1940年,阿彻在审问苏联叛逃者克里维茨基时,敏锐地发现了一些有关一名年轻英国记者的零散信息,后来证明他正是苏联情报部门在西班牙内战时派去的间谍。菲尔比当时便意识到,阿彻今后可能成为自己的"劲敌"。于是,在阿彻被调到九处后,菲尔

---

① [英]克里斯托弗·安德鲁、[俄]瓦西里·米特罗欣:《克格勃绝密档案》(上),当代世界出版社2002年版,第205页。

② [苏]金·菲尔比:《谍海余生记》,群众出版社1984年版,第111页。

比为了分散她的注意力,故意让她分析共产主义在东欧活动时被截获的大量无线电信号,以确保她无暇参与古津科和另一个叛变者伏尔科夫的案件。菲尔比听到渥太华传来的消息后,立刻明白古津科掌握的证据会暴露自己的身份,便很快向他的上司鲍里斯·克列腾什尔德做了汇报,后者不敢怠慢,立即报告给了莫斯科:"斯坦利(菲尔比)有些不安……我尽力让他保持平静。斯坦利说,他有万分紧急的情报要向我们传递。因此,斯坦利要求几天后再次会面。我拒绝了会面,但是我允许他通过希克斯(伯吉斯)将紧急的重要情报传递给我。"①除此之外,他还向莫斯科报告,古津科已经出卖了他剑桥大学同学、苏联原子间谍、英国科学家艾伦·纳恩·梅,尽管古津科有关梅的证据不足以将其定罪,但是古津科已经透露了梅返回英国后与在英国的苏联情报负责人接头的相关情况,因此务必取消此次会面,从而阻止对艾伦·纳恩·梅的起诉。结果,到了预定会面的10月8日,虽然军情五局和英国警察部门的特别分局已经在大英博物馆外做好了布控措施,但梅和他的苏联负责人并未出现。11月18日,菲尔比向上级报告说,自己感到轻松了许多:"根据军情五局掌握的情况,梅返回英国后一切正常。他没有任何令人怀疑的证据。他并未表现出害怕或者担心的迹象,仍然在科研机构工作。军情五局认为,在没有'新的、确凿的证据'之前,梅是一个可靠的人,是不会有问题的。"②直到1951年,伯吉斯和麦克莱恩的叛变才使菲尔比首次成为怀疑对象。军情五局开始怀疑梅在返回伦敦后之所以未与其主管情报官接头,是因为菲尔比提前向苏联情报总部提供了情报。军情五局还怀疑菲尔比向苏联情报总部报告了被古津科出卖的其他苏联特工的名字。半个多世纪之后,梅在临死前,承认他收到了苏联情报机构(显然是菲尔比向莫斯科提供的情报)指示,命令他不要接头。除此之外,菲尔比还利用他担任九处处长的有利条件,再三企图主导古津科的案件,最终因为受到军情五局的反感而不得不作罢,但好在古津科叛变引发的危机就这样有惊无险地过去了。

几乎与古津科叛逃事件同一时期,发生了苏联特工、驻土耳其外交官康斯坦丁·德米特里耶维奇·伏尔科夫叛逃未遂事件。伏尔科夫的公开职务是苏联驻伊斯坦布尔领事,但实际上是国家安全人民委员会的高级官员。1945年8月27日,他

---

① Christopher Andrew, *The Defence of the Realm : The Authorized History of MI5*. London: Penguin, 2010, p. 342.
② Christopher Andrew, *The Defence of the Realm : The Authorized History of MI5*. London: Penguin, 2010, pp. 343—344.

给英国驻伊斯坦布尔领事馆副领事佩奇写了一封信,要求与后者紧急会晤,但佩奇没有答复。9月4日,即古津科在加拿大叛逃的前一天,伏尔科夫亲自来到领事馆,提出要求说,如果能给他和妻子政治避难权以及5万英镑(大约相当于今天的100万英镑)的话,他将向英国提供他所掌握的一些重要文件和情报,包括2名潜伏在英国外交部(有可能指伯吉斯和麦克莱恩)和7名潜伏在英国情报机关的间谍,其中有一人还担任英国某反间谍机关的负责人(肯定指向菲尔比),至于他们的名字,因为苏联已经破译了英国的密码,出于保密原因,只有当他到达伦敦后才能透露给英国人。9月19日,菲尔比从英国驻土大使馆公使给英国外交部的外交邮件中获悉此事,感到十分恐慌,因为里面所提及的反间谍组织中的某个负责人可能正是他!如果伏尔科夫叛逃,菲尔比一定没有机会逃脱,他的好运就到头了,而两个星期前古津科在加拿大叛逃得手一事证明,伏尔科夫的背叛行动也很可能成功。

菲尔比在回忆录中说,为此,"当天晚上,我工作到很晚,形势刻不容缓,需要采取非常行动"[①]。这里指的就是与苏联指导人员克罗托夫联系紧急会面通报此事。9月20日,伯吉斯在与克列申接头时情绪激动,说昨天他值班,接到了菲尔比的电话,问他什么时候与马克斯会面,得知就在今天晚上时,菲尔比要求转交一包材料并提出第二天见面的请求,自己不知道菲尔比包里有什么东西或者情报内容是啥,但情况显然很紧急,而且菲尔比可能还暗示自己要更加小心,所以他也没敢把值班时接触到的外交部所有通信材料拿来。幸运的是,英国驻土耳其大使莫里斯·彼得森此时正在休假,临时代办又鄙视间谍活动,因此没有人把此事通知秘密情报局驻伊斯坦布尔负责人西里尔·梅克雷。此人精通业务,如果他插手,肯定会将伏尔科夫视为至宝并帮助他逃到西方。

当天,克罗托夫就向莫斯科总部汇报了伏尔科夫的叛逃企图。9月21日,土耳其驻苏领事即给国家安全人民委员会的两名"专家"(苏联情报总部派出的杀手)签发了护照,允许其以外交信使身份赴土。按照惯例,英国对于伏尔科夫案件的调查应由秘密情报局中东站负责,其负责人道格拉斯·罗伯特当时恰好在伦敦。菲尔比很幸运,因为罗伯特讨厌乘坐飞机。趁此良机,菲尔比顺理成章地从斯图尔特·孟席斯爵士那里获得了参与该案的机会。9月22日,在经过烦琐的人员变动之后,军情六局最终决定派菲尔比本人亲自出面赴伊斯坦布尔处理此事。接着,菲尔比办理

[①] 王铭玉等编译:《克格勃全史》,黑龙江人民出版社1998年版,第397页。

好出国手续,又到密码部门要了一份一次性的密码表,并学习更换密码的用法,当他登上经开罗飞往伊斯坦布尔的飞机时,时间已拖延了整整三天。更凑巧的是,飞行过程中遇到马耳他上空有雷暴雨,只好临时降落突尼斯,待天气好转后再飞经马耳他到开罗,这又为菲尔比赢得了24小时。第二天下午,等终于到达开罗时,菲尔比又赶不上去伊斯坦布尔的航班,所以又隔了一天才到达目的地,这时已经是9月28日了。接下来,为了取得英驻土使馆对行动计划的同意,菲尔比又磨磨蹭蹭地度过了一个周末,直到再也无法拖延了,菲尔比才让英国副领事佩奇星期一打电话给苏联总领馆找伏尔科夫。接电话的是一个男人,自称伏尔科夫,但绝对不是佩奇所熟悉的伏尔科夫口音。过了几分钟,他又打去电话,但女接线员莫名其妙地回答说这几天伏尔科夫不在。第二天上午,佩奇在给苏联总领馆打电话无果后,又亲自去了一趟,得到的答复竟然是查无此人!其实,此时苏联杀手已经完成使命。早在菲尔比到达土耳其两天前,伏尔科夫及其妻子就被完全麻醉,躺在担架上被抬上了一架飞往莫斯科的飞机,回到苏联接受审讯。在莫斯科,伏尔科夫受尽了酷刑,他承认他向英国申请政治庇护和5万英镑,坦白自己至少透露了314名苏联特工的名字,其中可能包括菲尔比。认罪之后,伏尔科夫随即被处决。对伏尔科夫的暴力清洗保证了菲尔比的安全,帮助菲尔比躲过一劫。他后来说,事实证明伏尔科夫案件的结果纯属侥幸。9月,在渥太华的古津科倘若稍微有点不够幸运的话,他就不可能叛变。而如果伏尔科夫稍微幸运一点的话,他就可能揭露菲尔比的身份,并在更大的范围内打乱苏联的情报活动。

在返回伦敦途中,菲尔比给孟席斯草拟了一份处理此事的工作报告,分析苏联人发现伏尔科夫叛逃的原因:"我的主要论点是认为伏尔科夫坚持用邮袋联系造成了他的失败。在他第一次与佩奇联系后到我们第一次想找他时,时间已过了将近三个星期。其间,俄国人得到了足够的时间来识破他。他的办公室和住所无疑都被窃听了。据说他和他的妻子都很紧张。或许是由于他的举止暴露了他,也可能是他喝醉了讲话太多,甚至还可能是他改变了主意向他的同事们坦白交代了。当然,我承认这些只不过都是猜想,事实真相也可能永远不会被人所知。我的另一个论点是,苏联人已得知伏尔科夫找了英国人。但这一点由于没有可靠的根据,所以不值得在我的报告里讲。"[①]

---

① [苏]金·菲尔比:《谍海余生记》,群众出版社1984年版,第133页。

在紧张的谍报生涯里,菲尔比的感情生活也没有闲着。他本来就是一个感情丰富的年轻人,认为女人像酒一样也是不可缺少的,1940年法国军事大溃败之前,他曾与帕特里夏·林赛·霍格和另外一个差不多类型的姑娘短暂交往一段时间。随着时光的流逝,他与第一任妻子利兹·弗里德曼的夫妻感情渐渐变淡,第二次世界大战爆发后好几年里,菲尔比一直没有获得过利兹的消息。利兹与一个名叫乔治·霍尼希曼的共产党积极分子在东柏林一起生活,两人生有一个女儿,但在1966年离婚。莫金在《我的五个剑桥朋友》里称,直到菲尔比去世,利兹都一直与他保持通信联系,80年代时利兹来到西柏林与女儿住在一起。菲尔比本人也于1940年春第一次见到了艾琳·弗斯。在他逗留于贝克大街64号(特别行动执行部所在地)期间,两人的关系进一步密切起来。艾琳是一个肤色微黑、娇媚迷人的姑娘,是英格兰西部农村一个富有的古老家庭的闺秀,曾在布莱奇利庄园与那些破译密码的人一起工作,目前在军情五局档案部门工作。她犯过精神失常病,不过在两人关系的早期美好阶段并没有表现出什么不正常,菲尔比也未过多地追究其过去的秘密,因此被蒙在鼓里而不知情。当他们的第一个儿子出生时,他们在圣奥尔本斯的郊外租了一间独门独院的乡间小屋,过着幸福的家庭生活。从1944年起,菲尔比与艾琳住在切尔西的卡莱尔广场一幢很舒适的大房子里。1946年9月25日,两人在切尔西的婚姻登记处登记结婚,已是3个孩子母亲的艾琳挺着大肚子参加了这一非正式婚礼,正式成为菲尔比的第二任夫人。同年11月,结婚还不到两个月,他们的孩子就出生了。

菲尔比与艾琳结婚的决定经过了一番长期而仔细的考虑。当年菲尔比进入考吉尔的部门时,因为背景审查草率,所以他在维也纳的那段婚姻被忽略了。现在,当他在秘密情报局的地位步步上升时,就不得不面对这段历史,并使自己与艾琳的现有关系合法化。因此,1946年早些时候,为了迎娶艾琳,他向军情六局副局长维维安上校报告了当年与利兹结婚以及最近几年两人关系不和的情况,冒着利兹是共产党员这个事实可能暴露的危险,要求维维安准许他去法国巴黎探望利兹并请求离婚。维维安例行公事地要求军情五局提供有关利兹的情况。五局通知说,艾丽斯·弗里德曼与乔治·霍尼希曼目前住在东柏林,是一个苏联特务。但是,"所揭露的这一情况竟然未给菲尔比已经向维维安承认的事情补充任何东西,这表明菲尔比的同事对他的信任和爱戴的程度"[①]。等到第二次世界大战结束时,菲尔比终于打听到了利兹的下落,开始恢复通信联系。利兹同意离婚,离婚协议于1946年9月17日正式生效。不过,菲尔比坦承的这件事情让正在军情五局平步青云的怀特记在心里了。怀特早在1936年在牛津大学时就加入了军情五局,后来又到美国密执安大学和加利福尼亚大学进修,曾担任该局接受和评估情报并决定应采取何种行动的B处副处长。1946年春天,局长戴维·皮特里爵士退休,珀西·西利托爵士接任局长,怀特接任B处处长。从1951年伯吉斯和麦克莱恩出逃、菲尔比受到怀疑并接受审查,再到最后逃到莫斯科、怀特对他的苏联谍报生涯由心生怀疑直至最终确定这段时间,利兹的身份问题一直是构成菲尔比罪状的一个组成部分。

第二次世界大战后,根据秘密情报局的规定,每个干部都应成为多面手,不搞专业化,即在可能的限度内使总部和基层干部都在进攻和防守两方面掌握自如。为此,1947年初,菲尔比以英国驻伊斯坦布尔大使馆一秘的身份担任秘密情报局土耳其站站长,负责直接对苏联和巴尔干半岛的社会主义国家以及中东进行谍报活动,但这并不意味着他的地位降低了。相反,作为一名老资格的反间谍专家,菲尔比还是有机会插手五处的事,并且为谍报人员授课。在土期间,菲尔比能够提供从土耳其东部边境地区向苏联非法越境情报人员的名单,查清他们在苏联的关系网和家庭住址。他还提出了从土耳其对苏联边境地区进行远距离摄影侦察的"窥视镜行动"计划,颇得伦敦方面的好评,但未及实施即被委以更重要的使命。

菲尔比从第二次世界大战末期开始在军情六局的一系列职务升迁、外派镀金,让许多人觉得此人前途不可估量,这是培养他担任这个神秘的情报机关首脑的前奏。这种说法随着他下一个任职命令的到来而得到了加强。1949年夏天,菲尔比被任命为秘密情报局驻美联络官,负责协调英国情报部门与美国中央情报局、联邦调查局的联络工作,公开职务是英驻美大使馆的一等秘书。之所以如此安排,是因为中情局和秘密情报局在总部一级的合作已经密切到了这样一种程度,即凡是在秘密情报局里担任要职的人都必须熟悉美国情况,为此需要提高联络员的职务级别。这是秘密情报局最重要的职务之一,具有大使和情报联络官的双重职能,必须每天与英国政府联系,就英美合作问题提出建议;必须既了解英国的政策目标,也了解美国的政策目标,还要了解两国的情报工作范围。身处此位,经常可以听到联邦调查

---

① [英]安德鲁·博伊尔:《背叛之风》,新华出版社1981年版,第354页。

局和中央情报局领导的吹风。菲尔比非常高兴,在回忆录中就此写道:"这项工作正好使我回到了制定情报政策的中心,而且可以仔细地看清美国情报机构的情况。我认为这两点要比在英国相应的机关工作更为重要。"① 可以说,菲尔比被委以此职,说明他在秘密情报局已经青云直上。

1949年9月底,菲尔比从土耳其回到伦敦,在办理完必要的出国手续并在总部接受了一个月的情况介绍和工作指示后,于10月底乘坐"卡罗尼亚"号轮船抵达纽约,艾琳带着4个孩子随行。菲尔比在华盛顿履职期间,既要与联邦调查局保持联络,还要与中情局打交道,而且处理每件事情时首先遇到的问题就是在取悦一方的同时不要得罪另一方。另外,他还得同加拿大骑警保持联系,与想搞一个独立的加拿大情报机构的外交部人员打交道。对中情局,他打交道最多的是战略行动处和政策协调处,特别是后者,因为负责管理在全世界范围内进行的颠覆破坏活动,因此菲尔比尤为看重,为了了解他们在干什么,所以走动得更为频繁。在这方面,军情六局特工詹姆斯·麦卡格给予他很大的帮助。他在此位置上给苏联送去的每份情报,都使西方付出了沉重代价。1949年12月,美国中情局和英国秘密情报局联合起来,第一次向阿尔巴尼亚秘密派遣特工,以期推翻恩维尔·霍查领导的共产党政权。英美借助阿尔巴尼亚经济饱受战争重创、人民生活极度贫困之机,网罗了一批曾经与德意法西斯分子合作的阿尔巴尼亚难民,提供武器装备,训练在该国海岸登陆的方法,企图派遣他们潜入阿国内部煽动人民起义来推翻霍查政权和共产主义制度。菲尔比参与了该行动计划的制订工作。他获悉这一计划后,及时将这份绝密情报的所有细节原原本本地报告给了苏联人,致使数百名英美特工人员一踏上阿国土地即遭包围,数人被打死,绝大多数被俘,只有几个人乘木筏逃走,行动彻底失败。1950年春天,英美两国又策划了第二次行动,这次动用的是伞兵。阿尔巴尼亚人提前得到情报,此次行动又落了个全军覆没的下场。1950年秋天,英美两国情报机构第三次试图派人从意大利经南斯拉夫,再从陆地潜入阿尔巴尼亚实施颠覆破坏活动。菲尔比又提前将情报报告给苏联人,行动再次以惨剧告终。至此,英美两国消灭霍查政权的热情开始消退。同年10月,地拉那法庭宣判12名英美特务终身监禁、2人死刑。中情局和军情六局始终不清楚行动失败的原因,美国人怀疑问题出在情报泄露环节,但参加计划制订的人员太多,所以菲尔比没有受到任何怀疑。除此之外,他还帮

---

① [苏]金·菲尔比:《谍海余生记》,群众出版社1984年版,第150页。

第六章　惊心动魄——"剑桥五杰"的间谍生涯

助苏联情报机关破获了英美等西方国家安插在苏联和东欧的大批间谍,而有些想投靠西方的苏联人往往刚安排好潜逃计划,就"出师未捷身先死",而且死得不明不白。

菲尔比还是英美两国各种情报工作协调会议的常客,1951年2月,他参加了巴尔干地区情报工作会议。会议结束后,菲尔比很快将会议详细报告提供给苏联人。苏联人从中发现军情六局和中情局存在分歧,两国无力从根本上摧毁巴尔干半岛各共和国的稳定,但他们打算对乌克兰采取联合渗透行动。行动方案如下:从流亡在美国和加拿大的乌克兰移民中招募间谍,以帮助他们实现与乌克兰家人团聚的梦想为诱饵,加以训练后,分成几个小组,以空投或其他方式秘密派遣到乌克兰各个地区。菲尔比如法炮制,将所有伞兵的姓名及其在乌克兰的着陆地点都告诉苏联人。菲尔比后来在回忆录里说:"在一个月之内,英国飞机从塞浦路斯起飞进行了三次空投,每次六个人。他们这一批降落在里沃夫和塔尔诺波尔之间;另一批在普鲁特河源附近,离科罗姆亚不远;还有一批恰好在波兰境内桑河的发源处。为了避免交叉和完全重复的危险,英美两国交换了他们行动的准确时间和地理坐标。我不知道那几批人发生了什么事情,但我可以有根据地猜测出来。"①

不过,天有不测风云,人有旦夕祸福。危险正在逐渐向菲尔比逼近。先是1950年夏天,伯吉斯来到英驻华盛顿大使馆工作。行前,他给菲尔比写信说:"我有一个让你吃惊的消息——我刚被派到华盛顿来工作。"②菲尔比为了让伯吉斯摆脱酒精和那些使他日益臭名昭著、声名狼藉的闹得沸沸扬扬的"尴尬"及所带来的其他"麻烦",同意让他住在自己位于内布拉斯加大街4100号宽敞的具有新古典风格的家里。但是,伯吉斯丝毫没有收敛,闯出的乱子一个接着一个,这为菲尔比日后的暴露埋下了祸根。这是后话,但是眼下,菲尔比面临着另外一个迫在眉睫、必须紧急处理的灾难。

1927年以来,国家政治保卫总局为了保密起见,严格规定内外联络和传递情报必须经由苏联外交人民委员会进行,特别是在与驻外间谍机关进行密码通信时,不再使用容易被窃听和截获的无线电通信方式,而是采用一套非常可靠的密码本系统。总部机关在给每封信函加密时,每个词甚至每个字母均用密码本中的一个5位数字表示,而且驻外间谍机关的译电员还要从一个"粉红色笔记本"中任意选出一组

---

① [苏]金·菲尔比:《谍海余生记》,群众出版社1984年版,第164页。
② [英]克里斯托弗·安德鲁、[俄]瓦西里·米特罗欣:《克格勃绝密档案》(上),当代世界出版社2002年版,第251—252页。

5位数字,加到第一组5位数字中。这种"粉红色笔记本"是一次性的册子,为密码本的变体,它仅有的第二本副本存放在莫斯科。严格地说,如果每组数字都只用一次就废弃销毁,那么西方当时实际上是不可能破译该密码的。但由于种种原因,苏联人在发送电报时不止一次地使用了一次一密本,再加上叛徒出卖,因此留下了进行密码分析和破译的漏洞。

从20世纪40年代中期起,英美两国的无线电情报机构就开始联合实施"维诺纳"(Venona)计划,对1945—1948年间截获的约3 000份苏联外交情报和其他机密电报进行分析与破译。刚开始时,破译工作非常辛苦而且进展缓慢,所获得的信息也很零碎。但到了1946年底,美国陆军安全局(技侦情报局)一位著名的语言学家和出色的密码破译专家梅雷迪思·加德纳,在弗吉尼亚的阿灵顿山带领着他的团队,在英国政府通信总部的协助下,破译出战争时期莫斯科情报总部和驻美国情报站之间的通信。1947年夏,加德纳从破译出的情报中积累了大量关于第二次世界大战期间在美国活动的苏联间谍的证据。他还发现,苏联情报总部与驻堪培拉情报站之间竟然反复使用一次性对译簿。美国人于是邀请英国政府通信总部派人来华盛顿,联手对苏联来往堪培拉的情报进行破译,这大大加快了破译进程。1948年,破译工作取得重大突破,加德纳成功地破译了战争最后一年由莫斯科总部发出及发给总部的几段密码,从中发现了二十年来苏联在美国开展间谍活动的蛛丝马迹,通过调查,很快就发现了苏联窃取美国原子弹机密这一国际阴谋的确凿证据。

"维诺纳"计划是冷战期间美国最有力的秘密武器。由于该计划高度机密,就连杜鲁门总统和中情局也被蒙在鼓里。如果胡佛不得不将自己从该计划中提取的情报呈交上级,他就会对这些情报进行净化处理,并声称它们来自"某个高度敏感的消息渠道"。但对于"维诺纳"这个秘密以及加德纳的破译方法,苏联人比中情局早五年(即1947年)就已经了解到了。这名间谍是潜伏在陆军安全局里的威廉·魏斯班德(代号"佐拉"),一个移民到美国的俄国人的儿子,后来加入美国外交人员协会任职。他是陆军安全局里的俄语专家,借口寻找能够发挥自己语言特长的差事,整天在局里东游西荡,喜欢询问你正在从事的工作情况。梅雷迪思·加德纳回忆说,1946年底,当他的工作进展到关键时刻,魏斯班德曾经从背后偷窥他的工作。当时加德纳正在破译苏联国家安全委员会1944年12月2日由纽约发往莫斯科的一份电报,列出了参与研发原子弹的科学家名单,反映了苏联对洛斯阿拉莫斯实验室进行渗透的情况。1945年苏联间谍伊丽莎白·本特利叛变后,苏联人采取安全措施中断了与魏斯班德的联络,直到1947年才重新恢复。1950年,魏斯班德被联邦调查局逮捕。苏联根据魏斯班德提供的情报,从1948年开始在全世界范围内改变密码程序,取消了所有一式数份的密码本。

除了魏斯班德提供"维诺纳"计划的消息外,莫斯科还有一个更为重要的情报来源。1949年9月,菲尔比前往华盛顿担任军情六局驻美代表处了解情况时,即被告知了"维诺纳"的秘密,得知英国驻华盛顿大使馆1944—1945年曾发生泄密事件,洛斯阿拉莫斯的原子能机构也发生过此类事情,因此英美正在联合对苏联在美国的情报活动进行调查。之后,他向莫斯科汇报称,不断化名为"雷斯特"和"查尔斯"的原子弹间谍在多份破译情报中被提及,后来证实此人是克劳斯·福克斯。因此,莫斯科得以通知那些与福克斯有联系的居美间谍通过墨西哥逃离美国。这其中就有莫里斯·科恩和罗娜·科恩,他们之后化名为彼得·克罗格和海伦·克罗格又出现在英国,并在1961年以间谍罪被起诉。抵达华盛顿后,英国军情六局即将离任的安全联络官彼得·德维尔带着菲尔比前往美国外交人员协会,并将他介绍给了加德纳。50年之后,加德纳依然对那次会面记忆犹新:"我和德维尔对信号情报取得的进展都感到十分高兴,毫无疑问,菲尔比也在一旁全神贯注地听着,但一言不发。这是我最后一次看到他。菲尔比本来还指望继续这样的拜访,但帮助我是他最不情愿的事。"[①]尽管未能与加德纳再次会面,但菲尔比依然设法进一步接触"维诺纳"计划的破译情报。1950年6月,一份1945年9月从莫斯科发往伦敦的情报被部分破译,这进一步加剧了他的迫切心情,这份情报显示,在英国存在"价值重要的"苏联情报网。菲尔比当然清楚,他就是其中的主要成员。军情五局安全联络官帕特森在1950年7月18日致局长的信中写道:"菲尔比向军情六局局长建议,英国政府通信总部传给驻华盛顿联络官的任何资料都应当向我俩提供一份副本。以前联络官只有一份资料,当然会给我们过目,但他没有时间坐下来为我们复印一份。如果菲尔比和我能有一份副本,那么在我们与联邦调查局就其内容进行沟通之前,就会有更多的时间加以研究。"[②]自从手里握有"维诺纳"计划破译情报的副本,菲尔比就一直把它们传

[①] Christopher Andrew, *The Defence of the Realm: The Authorized History of MI5*. London: Penguin, 2010, p. 376.

[②] Christopher Andrew, *The Defence of the Realm: The Authorized History of MI5*. London: Penguin, 2010, p. 377.

给莫斯科。那时,他是伦敦和华盛顿唯一能够识别在英国的苏联间谍的人。

由于魏斯班德和菲尔比的存在,因此,莫斯科比美国总统和中央情报局更早得知"维诺纳"计划的秘密。随着魏斯班德1950年被捕,克拉克、布莱德雷和胡佛认识到他们一直向总统和中情局隐瞒的秘密已经被斯大林和苏联情报总部获悉了。尽管美国和英国的保密程序未能阻止莫斯科得知"维诺纳"计划的秘密,但他们在英国和美国国内保守这一秘密方面还是做得相当成功的。

菲尔比熟悉苏联人在美国的侦察行动,在对英国外交部的有关名单进行核查后,立即明白英国大使馆里的泄密者就是麦克莱恩,并向苏联指导人员做了报告。联邦调查局一开始将注意力集中在使馆里一些非外交人员的职工身上,特别是在当地雇佣的那些打扫院子、收拾屋子、刷瓶子和干其他活的人身上,没有调查任何一个外交官,更不用说职位相当高的外交官,故苏联人认为,麦克莱恩目前并没有直接威胁,"必须让他留在工作岗位上,而且时间越长越好"[①],中心会制定对方收网前营救他的方案。因此,菲尔比决定静观其变,在任期结束离开美国前再采取一些有力的措施。到达华盛顿后不久,他就获得了定期了解"维诺纳"破译情况的权力,一直保持足够的关注和跟踪掌握。加德纳后来懊丧地回忆说,菲尔比一直站在他的身后,一口接一口地抽着烟斗,饶有兴趣地注视着对苏联间谍的情报进行解码的步骤。[②]一直到1951年6月离开前,他都能够接触到"维诺纳"的解码文件,及时地预先通知莫斯科总部哪个苏联间谍正处于危险之中,来帮助苏联人采取措施止损。然而,莫斯科总部也越来越清楚,"维诺纳"计划是一颗即将在几年内爆炸的"定时炸弹",而这颗"定时炸弹"对其间谍网来说具有巨大的潜在破坏力。从1948年夏天起,莫斯科最担心的事终于一件一件地发生了,并引发了一系列严重而惨烈的后果,"剑桥五杰"等苏联间谍的噩运开始了。

1948年,加德纳等密码破译人员发现,他们从苏联通讯网截听的情报,与3年前美国总统杜鲁门发给英国首相丘吉尔的电报非常相似,这个可能把杜鲁门的电报发给莫斯科的间谍代号"霍默"。"维诺纳"破译的文件中首次提到"霍默"时非常模糊,既不能肯定他是英国大使馆的工作人员,也不能肯定他的国籍,所以英美两国安保部门将凡是横越大西洋进行联系者都纳入嫌疑对象,总数高达7 000余人。但随着

---

① [英]克里斯托弗·安德鲁、[俄]瓦西里·米特罗欣:《克格勃绝密档案》(上),当代世界出版社2002年版,第254页。

② [俄]鲍里斯·阿宁:《无线电电子谍报战》,吉林人民出版社2003年版,第329页。

破译工作的不断深入,1950—1951年冬天这张网逐渐缩小,到1950年底怀疑对象减少到了35个,而到了1951年4月嫌疑者名单缩减至9人,除了未来的外交部常务助理保罗·戈尔·布思、大使梅金斯等人外,麦克莱恩的名字赫然在列。为了拖延时间,菲尔比假装帮助寻找泄密者,向军情六局写了一份备忘录,建议不必浪费时间对大使馆的佣人进行调查,应该将注意力放在1937年叛逃法国的格鲁乌驻荷兰高级官员克里维茨基的证词上面。此人在1949年接受询问时称,苏联有一名情报员在英国外交部工作,出身名门,曾就读于伊顿公学和牛津大学,是一个理想主义者,工作不要报酬。菲尔比建议把他所说的这些资料与1944—1945年泄密期间派驻华盛顿的外交官的材料核对一下。负责使馆安全的官员鲍博·麦肯齐很快怀疑上保罗·戈尔·布思,他曾在伊顿和牛津就读,当时主修古典人文科学,"霍默"这个代号对他而言再合适不过,同他的姓氏"戈尔"也很相配,而且此人30年代中期进入外交部。这招虽然奏效,但耽搁的时间并不很长,4月中旬又有一份密码情报被破译,戈尔·布思的怀疑马上被解除了。里面提到,"霍默"于1944年两次从华盛顿到纽约看望正在那里的怀孕的妻子。经过排查,符合条件者只有时任英国外交部美洲司司长的麦克莱恩,1944年他正好在英国驻华盛顿大使馆任一秘。因此,军情五局建议秘密情报局停止麦克莱恩的机密接触权限并对其予以监视,待情况调查完再找麦克莱恩。

由于英方决定在对麦克莱恩的指控中绝对不能使用"维诺纳"计划的任何材料,所以军情五局必须寻找其他有关他从事间谍活动的有力证据,这项工作费时费力,从而给麦克莱恩的逃跑留下了好几周时间。菲尔比本就了解"维诺纳"的破译进展,相比于麦克莱恩的命运而言,他更为关注的是自己会不会因此而暴露。从麦克莱恩神情紧张的状态来看,他很可能在审讯时垮掉,如果他垮掉了,那么菲尔比和其他三人都将处于危险境地。于是,菲尔比在与苏联联系人接头时提出,要求麦克莱恩立即撤回苏联,这样他就不会受到牵连;同时,他还必须确认伯吉斯不会和麦克莱恩一起逃往莫斯科,因为那样也会牵连到他。克格勃档案里对此有一段记录称:"斯坦利(菲尔比)要求立即把霍默偷渡到苏联,这样才能够保全他自己。"①双方共同研究制定了应急方案,决定安排当时在英驻华盛顿使馆任二秘的伯吉斯回国通知麦克莱

---

① [英]克里斯托弗·安德鲁、[俄]瓦西里·米特罗欣:《克格勃绝密档案》(上),当代世界出版社2002年版,第255页。

恩。在乘坐"玛丽皇后"号客轮离开纽约前的一天晚上，菲尔比与伯吉斯在一家中餐馆共进晚餐。借着每个小房间里发出的哇啦哇啦的声音作掩护，他们研究了逃跑计划的每个步骤：5月7日一回到伦敦，伯吉斯就先与苏联联系人莫金接头，汇报全部情况；然后就带着一张写有约会时间和地点的纸条去麦克莱恩的办公室，把纸条贴着桌子递给他；之后伯吉斯与麦克莱恩再次碰头，把实际情况全部告诉麦克莱恩，并商议他出逃的计划。谈话中，他还迫使伯吉斯保证不会与麦克莱恩一起去莫斯科，以免威胁到自己的安全。为了催促该计划尽快实施，菲尔比找到了一个直接给伯吉斯去信的借口："大使馆的交通官员两次问我伯吉斯放在停车场的那辆林肯牌大陆型汽车怎么办。于是我就用紧急的言辞给伯吉斯写信，告诉他如果不立即办就太晚了——不然我将把他的车送到废物堆去，因为我别无他法。"①经过一系列复杂的安排，1951年5月25日晚，麦克莱恩成功地逃离英国。菲尔比回忆说，几天后的一个清晨，他走进军情五局驻华盛顿使馆联络官杰弗里·佩特森的办公室，后者"脸色阴沉，用几乎是耳语的声音说：'金，鸟儿飞掉了。'我表现出吃惊的样子（我希望是这样）。'什么鸟儿？是麦克莱恩吗？''是的，'他回答说，'但更糟糕的是……伯吉斯这家伙也跟他一块儿走了。'这一下我的震惊就绝不是装出来的了。"②这是5月30日的事。

伯吉斯和麦克莱恩的出逃，特别是伯吉斯背叛与菲尔比的约定一起逃跑，一下子将菲尔比置于暴露的危险境地，也受到同事们的鄙视，主要原因是他与伯吉斯的关系引起的。伯吉斯来华盛顿就职后，请求住在菲尔比的家里。虽然菲尔比也犹豫过此举是否合适与理智，但考虑到两人相识多年，如果贸然拒绝的话，会危及自身的安全，而且他也希望与伯吉斯同住可以使后者少卷入一些是非之中，所以还是迈出了这错误的一步。但错已铸成，菲尔比不得不抓紧处理两件非常紧急的事。第一件事，他与佩特森一起到联邦调查局，向主管官员莱德和兰菲尔通报了伯吉斯和麦克莱恩出逃一事，观察和试探该局对他的态度，结果两位官员对他态度正常，而且此后他平安无事地度过了几天。第二件事，获悉伯吉斯他们逃跑的消息后，菲尔比在脑子里把手头有可能给其定罪的所有东西和文件过了一遍，想出了处理办法。文件最容易处理，回家后他把所有文件统统扔进壁炉付之一炬。对于照相机等谍报器材，

---

① ［苏］金·菲尔比：《谍海余生记》，群众出版社1984年版，第177页。
② ［苏］金·菲尔比：《谍海余生记》，群众出版社1984年版，第177页。

菲尔比后来回忆说,从联邦调查局回来的当天,"在我的车库里,我将一把小铲放入我的提包,然后去到地下室。我把照相机、三脚架和附件包起来放到防水盒子里,同小铲捆在一起。我曾经在想象中一再预排这一必要的行动,为此打下了基础。我过去常常在同中央情报局和联邦调查局联络的空隙时间里开车去大瀑布静静地消磨半个小时,路上已为现在需要采取的行动找好了一个适合的地点。我把车停在一段废弃的路上,其左边是波托马克河,右边是一片林地,树丛很密,能够藏身。我经过树丛往回走了二百码,开始用小铲挖地。几分钟以后我又从树林出来,扣上裤扣驾车回家。去吃午饭前,我随便在花园里摆弄了一阵小铲。就物证来说,我现在是干净利索了。"①

剩下的事就是估计一下逃脱调查甚至暴露被捕的机会有多大了。在研究麦克莱恩的逃跑计划时,克格勃的联系人就考虑到可能出问题,因此为菲尔比精心策划了一个逃跑方案,让他相机而行。菲尔比认为,他现在的机会比以往任何时候都要好。他已经在情报部门干了11年,其中7年担任高级职务,同军情五局也密切合作了8年,与美国情报机关紧密配合了将近2年,前后断断续续地联系了8年,这使他对敌人的了解程度已经到了足以能预见其一般将会采取什么行动的地步。他了解他们的档案材料,更重要的是,了解法律和惯例给他们带来的种种限制,而且在伦敦肯定有许多身居高位者非常希望看到他清白无辜,他们将会有助于消除对他的怀疑。菲尔比写道:"军情五局不可能不得到军情六局的同意就把我派到国外搞特工,我想,后者在诋毁他们的一名高级军官之前是会有所犹豫的。"②最关键的一点是,他们根本拿不出什么实质性的证据对其进行指控。的确,军情五局在搜查伯吉斯住处时发现了菲尔比拍的那封关于忘掉了的汽车的电报,但这能说明什么呢?因为并没有找到伯吉斯写给菲尔比的信件,足够用来对他进行定罪。因此,菲尔比决定先不动声色,暂不逃跑,哪怕需要蛰伏一段时间,甚至这段时间可能很长,即便非常难受也要忍住,只要熬过去,以后再找机会接着干。为了打消别人对自己的怀疑,他把人所共知的事实都编在一起,实际上将责任推给了军情五局,编造了这样一个起码找不出破绽的案情:麦克莱恩是一个有经验而干练的情报员,这样一个始终保持警惕的人会很快发现有些文件不给他看而感到不安,过了不长时间他又发现自己遭到跟

---

① [苏]金•菲尔比:《谍海余生记》,群众出版社1984年版,第179—180页。
② [英]安德鲁•博伊尔:《背叛之风》,新华出版社1981年版,第487页。

踪。这使他左右为难。跟踪的目的是抓住他与苏联人接头,但如果不接头,他逃跑的机会就大大减少。正在他冥思苦想时,他的老同事伯吉斯走进了他的房间,这解决了麦克莱恩的问题,因为伯吉斯与苏联人联系以后,可以做一切必要的安排。由伯吉斯安排的如租用汽车等细节有力地证明了这一点。那么,伯吉斯为什么也要逃跑呢?佩特森和麦肯齐都清楚伯吉斯在外交部的前程完了,而且总的来说已经到了山穷水尽的地步。毫无疑问,他的苏联朋友会认为,最好是把他从再待下去就会危及他人的局面里弄走。这个说法很管用,胡佛领导的联邦调查局完全接受了。而对沃尔特·史密斯领导的中央情报局,菲尔比则只用报刊上已经发表而为人所共知的、迟到的和不太准确的情况敷衍应付。尽管如此,伯吉斯的逃跑,令与其过从甚密的菲尔比不可避免地成为怀疑对象。联邦调查局和中央情报局的调查结果指出,麦克莱恩和伯吉斯出逃前曾接到某个人的暗示信号,而菲尔比正是发信号的人!在这种情况下,他作为英国驻华盛顿联络官的日子到头了。

事情果然不出所料。菲尔比从华盛顿回来还不到一个星期,便获知,因为怀疑菲尔比是剑桥间谍小组的"第三人",所以联邦调查局局长胡佛要求英国方面立即将菲尔比召回英国,史密斯也通知军情六局说,菲尔比不能再继续履行协调官的职务,并威胁说:"如果不召回菲尔比,我们将终止与你们的情报合作关系。"[①]于是,军情六局局长孟席斯一声令下,将菲尔比召回伦敦。菲尔比回到伦敦后,尽管大部分同事仍相信他是清白的,但甫一回国,他便受到军情五局局长怀特对案情连续两次的询问和审查。怀特声称自己认为菲尔比是"剑桥五杰"里的"第三人",指控他派伯吉斯回英国给麦克莱恩报警,从而协助麦克莱恩逃跑。菲尔比曾经在脑子里无数次推演过这一场景,所以一点也不紧张,他勇敢而坚定地为自己辩护说:"我公开承认伯吉斯是我的一个朋友,但我没请他做过类似的事。我从来不允许自己把公事与任何一种朋友关系相混淆。如果您有别的看法,请您拿出证明来。"[②]他在心里暗下决心,不管需要多少年,他都将坚持这种说法。

总的来说,怀特在军情五局的审问过程中对菲尔比的态度还算友好,这打消了菲尔比的戒心。不过负责此次调查的是王室法律顾问律师"大个儿"赫尔姆斯·米尔摩(第二次世界大战期间曾在军情五局工作,后来成为最高法院法官,脾气很暴

[①] 史韦编著:《揭秘:二十世纪世界著名间谍》,九州出版社2009年版,第35页。
[②] Yuri Modin, *My Five Cambridge Friends*. London: Headline Book Publishing, 1994, p. 220.

躁)。他警告菲尔比称,这里在进行"法律质询",不能吸烟！谈话过程中,关于伯吉斯的问题,菲尔比谈了后者很多过去的情况以及对他人品的印象,说像伯吉斯这样一个希望引人注意而且以言行不谨慎著称的人,很难使人相信他居然是一个秘密情报员,更不要说是一个对保密要求最为严格的苏联情报员了。他一口咬定,他们之间只是校友关系,他所做的只是出于"校友间的友谊"。菲尔比说,联邦调查局曾提交一份关于伯吉斯可能是间谍的报告,他刚看完报告,伯吉斯恰好走进办公室,在这种情况下,他很自然地问对方:"你能想象出美国联邦调查局正在散播那种无聊的谣言吗？他们说你是苏联间谍。"[1]伯吉斯听后态度非常冷静,继而一脸轻蔑地大笑,断然予以否认,随后不久即发生了叛逃事件；至于麦克莱恩,他表示完全不了解,只是听说过,可能在什么地方见过面,但是无法马上说出对方长什么样。其实,自1937年以来,他只与麦克莱恩秘密见过两次,一共也就半小时。实际上,这也是含蓄地针对他提出的指控进行预先辩护。为了不陷于被动,他主动提出将谈话情况写成书面提要,以此纠正会谈可能被偷偷录音而出现的错误；他还向怀特提到《泰晤士报》派其到佛朗哥部队当记者前那次西班牙之行的一些情况,说旅行是为了进入高级报业生涯,费用是变卖了书和留声机唱片等所有家当筹来的,而只字不提他是奉苏联人之命前去,经费也是由苏联人提供的,伯吉斯还为他弥补过不足的经费。精明的怀特询问过后认为,菲尔比不仅仅是向伯吉斯和麦克莱恩通风报信的"第三者",而且是一名长期为苏联工作的间谍,但因为没有掌握确凿的证据,仅凭臆断是无法定罪的。米尔摩在经过4个小时的审问后,也得出结论认为:"菲尔比一定是特工,并且担任苏联特工多年。"[2]

为了从菲尔比口中榨出实情,米尔摩和威廉·斯卡登(当过警察,第二次世界大战时任军情五局审讯员,战后初期曾担任一些重要案件特别是著名苏联原子间谍克劳斯·福克斯案件的首席审讯员,迫使福克斯认罪)等审讯高手可没少费心。在接下来的几年时间里,他们定期把菲尔比叫到军情五局问话,还时不时地在周六、周日把他拉到郊外,一边在树林里散步,一边闲聊各种各样抽象的话题,闲谈间好像是很顺便地问起他们所感兴趣的问题。实际上,这些问题他们早就准备好了,只是要让菲尔比即兴回答罢了。经验丰富的审讯人员都知道,这种方法意在让同样一个问题

---

[1] 姜子钒著:《世界特工档案》,凤凰出版社2012年版,第187页。
[2] Christopher Andrew, *The Defence of the Realm：The Authorized History of MI5*. London：Penguin, 2010, p.427.

变换成各种各样的形式,看菲尔比如何回答,并从中发现漏洞和破绽,希望被调查者因此而招供。菲尔比到莫斯科之后,曾对莫金说,对付这样的问话令人异常难受、疲惫不堪,一不小心就容易说错话、自相矛盾,一般人很难承受审讯高手施加的这种压力。第一回合,菲尔比凭着过硬的心理素质和充分的细节准备,艰难地度过了军情五局的首轮审问。1951年秋天,军情五局通知菲尔比,称他因为与伯吉斯的关系而被列为头号嫌疑人,建议他在上法庭之前申请依法应该享受的退职金。菲尔比一开始装模作样地予以拒绝,后来还是同意了,并提出了申请。不久,孟席斯再次召见他,要求他提出辞职,可以提供4 000英镑作补偿金,先付2 000英镑,余下的一半3年内分期付给他,理由是怕他用来做投机生意把钱败光,真实想法可能是提防他在3年内被送进监狱,这样剩下的2 000英镑就不用支付了。回国后不久,外交部也将其解职,这让他彻底变成了无业者。整个夏天,菲尔比都在找房子,最后在里克曼思沃斯附近的一所小房子住了下来,他很快花完了2 000英镑,剩下的他准备省着点用,以防真要在监狱里待上几年。

1951年11月中旬的一天,孟席斯来电,要求他第二天上午10点到局里去。见面后,菲尔比得知,他必须到军情五局总部接受对伯吉斯和麦克莱恩逃跑详细情况的法庭调查,审问由富有审讯经验的王室法律顾问赫尔姆斯·米尔摩负责,外加麦克莱恩案主要调查人之一的马丁。这个法庭实际上是非正式的,因为军情五局总部不是搞法院质询的地方,但菲尔比没有抗拒这种形式。他抱定一个想法,就是要给人一个积极配合的原秘密情报局成员的形象,急于想弄清伯吉斯和麦克莱恩案的真相。审问持续了3个小时,菲尔比在大部分时间里态度和顺,只在人格受到攻击时才带点怒气。因为有备而来,所以他兵来将挡、水来土掩,对米尔摩提到的很多问题都知道而且准备好了答案,就是坚决不让对方拿到足以指控他的确凿证据,气得米尔摩大声咆哮:他以伯吉斯的性格毛病为由,很好地解释了为什么托付伯吉斯保管自己的剑桥大学毕业文凭;至于为什么有关伏尔科夫的情报到伦敦两天后,莫斯科与伦敦和伊斯坦布尔间的无线电通信往来显著增加,以及1949年底他收到驻美使馆泄密情况的正式传达后,莫斯科的无线电通信量也明显增加,他一概推说"我不知道";至于上缴护照的要求,他更是欣然同意,并亲自带着军情五局官员威廉·斯卡登回家取。一名英国情报机构的官员曾回忆说:"离开法庭时,每个人对菲尔比有罪都确信无疑。"①

在此后的几周里,斯卡登 6 次登门讯问,但他发现很难使一个说话结结巴巴、对一些难应付的问题总是回答"是"或"不是"的人继续讲下去。由于斯卡登认为菲尔比几乎隐瞒了所有重要情况,又提供了很多干扰情况,所以终于停止了走访。1952 年初,秘密情报局副局长约翰·辛克莱少将招来菲尔比进行最后的较量。他们明确表示,他仍受到怀疑,但由于搞不到铁证,所以对他的控告无法证实。在这种情况下,孟席斯最后决定停止讯问。菲尔比后来回忆说:"我真不愿意公然地欺骗诚实的辛克莱;现在我希望他认识到我欺骗他正像他自己一样是出于坚持原则。"②在此后的两年里,菲尔比几乎想干什么就干什么。他向斯卡登追要护照,护照就立即还给了他。他在秘密情报局的好友们为他的生计问题帮了不少忙。战时就关系非常密切的老同事杰克·艾文斯在伦敦金融区开了一家柑橘进口公司,让他去当了一个办事员;他在伊比利亚科的老上司布鲁曼·怀特完全相信他的清白,游说已在《每日电讯报》担任副主编的马尔科姆·马格里奇同意派其做该报驻外记者,可惜没有成功;有时候他也作为自由投稿人企图在新闻界东山再起。菲尔比在军情六局结交的一群老朋友继续支持他,认为他是受麦卡锡主义迫害持不同政见者的无辜牺牲品。秘密情报局局长孟席斯更有意思,他坚持认为伯吉斯和麦克莱恩的逃跑与本局无关,怀疑菲尔比毫无道理,是一贯与本局钩心斗角的军情五局对兄弟部门极不信任的表现。所以,他和他领导下的秘密情报局对菲尔比一案始终采取不合作的态度,不愿采取任何措施。在此后的两年多时间里,军情五局既没有结案,也没有对菲尔比提出指控,"第三人"一案始终无所进展,大有不了了之趋势。菲尔比避免了牢狱之灾,不过也失去了所有职务和接密条件。

1951 年菲尔比被从华盛顿召回英国后,莫金认为,军情五局对菲尔比监视太严,在此情况下与他直接会面过于冒险,因此在 3 年时间内与其断绝了联系,遇有紧急情况则通过布伦特进行联络。菲尔比对军情五局的工作程序非常熟悉,肯定知道从米尔摩开始审讯时,军情五局就已经获得了内政部对其信件和电话进行检查的授权令。因此,直到 1954 年同莫金那次未被察觉的会面之前,他都未曾与克格勃联系,这使得军情五局对他的检查一无所获。军情五局一份对 1951 年到 1956 年的 33

---

① 王铭玉等编译:《克格勃全史》,黑龙江人民出版社 1998 年版,第 429 页。
② [苏]金·菲尔比:《谍海余生记》,群众出版社 1984 年版,第 193 页。

份检查卷宗的分析总结称,唯一的情报就是"桃子"(菲尔比)仍与军情六局有联系并从那里领取补助。但是,检查也发现了菲尔比有时非常污秽的私生活,那就是"桃子"喜欢喝得烂醉如泥,很粗鲁地对待他最好的朋友们。但菲尔比最糟糕的行为是对待他第二任妻子艾琳的态度与做法。由于缺少有价值的情报,对艾琳的冷暴力也不足以构成继续进行监听和检查的依据,因此对菲尔比的调查于1956年停止了。

这时,"剑桥五杰"里只剩下布伦特和他在一起了。布伦特与他的关系远远不如同伯吉斯那样亲密。菲尔比是一个强势、对别人颐指气使的人,但他非常需要布伦特从军情五局的老同事那里打听自己案件的进展情况。两人经常在一起谈论幸存下去的可能性问题。布伦特1964年春天充满钦佩地评价菲尔比,即使在天罗地网已向他俩收拢之际,菲尔比还念念不忘他在军情六局的前程,似乎失去这个前程他就一切都完了:"金和我的人生观不同,他毕生只有一个雄心壮志——当间谍。我还追求其他东西……""金从不动摇,他总是忠贞不渝。"① 当然,在受审查和被打入冷宫闲置的日子里,在穷困潦倒、无助苦闷之际,菲尔比有好几次产生了逃跑的念头。从美国逃跑的计划到了欧洲只要稍加修改就可付诸实践,而且从伦敦逃跑要比从华盛顿逃跑更加容易,但他每次想到这个计划时,都觉得情况还没有到最糟糕的程度,所以一直按兵不动。那时他已经穷困潦倒,把家从里克曼斯沃斯租的一幢别墅搬到了肯特郡和苏塞克斯郡之间阿什当森林东部边缘克劳镇的一所大房子里,房子在占地两英亩半的杂乱无章的花园里,是既破烂又不方便的爱德华时期的建筑。

直到1954年初夏,莫金终于同他恢复了联系。一天晚上,在考陶尔德艺术学院上完课后,莫金来到布伦特身边,这大概是自1951年以来的第一次。他递给布伦特一张印着名画的明信片,并问他觉得怎么样?明信片背面是莫金手写的便条,上面约他第二天晚上在"天使"啤酒馆见面,莫金在那里请布伦特帮忙向菲尔比传递所急需的资金以助其渡过生活难关,并了解菲尔比的近况。30年后,莫金在安德罗波夫学院课堂上讲起布伦特执行任务时所表现出的职业技能时,仍然赞叹不已。菲尔比对此回忆说:"最后,发生了一件事,使我把逃跑的念头完全打消了。我收到了苏联朋友通过最为巧妙的途径传来的信息,恳切要求我振奋精神,并且表示要尽早地恢复关系。这立即且急剧地改变了整个局面。我再也不孤独了。"②

---

① [英]彼得·赖特:《抓间谍者——一个老牌特工生涯的自述》,军事译文出版社1987年版,第304—305页。

② [苏]金·菲尔比:《谍海余生记》,群众出版社1984年版,第195页。

第六章 惊心动魄——"剑桥五杰"的间谍生涯

1954年4月5日,克格勃驻澳大利亚高级官员彼得罗夫夫妇叛变,打破了这一平静局面。他们在卢比扬卡工作多年,知道克格勃在英、法、德等国不少谍报秘密,也知道第二次世界大战开始后即在伦敦工作的苏联间谍小组的情况,听说过这些谍员的代号,好在多年后已经忘记了。他们向新主子透露,苏联间谍已经渗透进英国外交部或反间谍情报机构,但这些信息尚不足以让英国当局展开新一轮调查。1955年9月18日,英国《人民报》首次刊登了彼得罗夫的证词,称伯吉斯和麦克莱恩早在剑桥大学毕业前就被招募为间谍;他们逃出英国是苏联人允许和安排的;麦克莱恩的妻子梅琳达在1953年9月逃离瑞士也是这么组织的。英国其他报纸纷纷转载,给政府造成了很大压力。1955年9月23日,英国政府被迫发表了关于麦克莱恩和伯吉斯叛逃的白皮书,其中只字未提对菲尔比的怀疑。但10月23日,英国《星期日新闻》发表文章,指名道姓地说菲尔比就是"第三者"。这让菲尔比获得了主动权,抓到了突然间时来运转的天赐良机,因为按照政府保密法,未获批准前任何人都不得公开谈论未被公开的案情。结果两天后的10月25日,工党律师、议员马库斯·利普顿在下议院开会时又第一个站起来质问:"首相是否已决心不惜一切代价掩盖不久前还是驻华盛顿大使馆一秘的哈罗德·菲尔比先生这个可疑的第三人的活动?他是否决心压制对倒霉的白皮书——这份白皮书把全国人民当作傻瓜——中回避了的一些十分重要问题的讨论?"[①]这一指控很严重,但是报社在选择用词时仍然十分谨慎,因为在利普顿讲话两周前,一家美国报纸曾就该话题做了报道,因此英国报纸编辑们害怕因为诽谤罪而被告上法庭,只是或多或少地引用了利普顿的声明原文。当时,倒霉的英国驻美国大使罗杰·梅金斯成为人们耻笑的对象。他之前在什么地方写过,指控受怀疑的外交官麦克莱恩"没有任何根据"。里丁勋爵也说过伯吉斯和麦克莱恩从来未受过任何怀疑的话,现在他不得不在上议院发表声明称,他这么说只是为了保护社会利益而已。但是,也有一两家报纸不赞同利普顿的指控,因为如果菲尔比是苏联间谍,那么为什么佛朗哥会在1938年授予他勋章、乔治六世授予他大英帝国勋章呢?这岂非怪事?在此压力下,首相安东尼·艾登答应于1955年11月7日在下议院进行辩论。代表政府调查的外交大臣哈罗德·麦克米伦认为菲尔比事件是秘密情报局与军情五局之间的一场争吵,本应由它们自己去解决,现在他只想找一个妥协的办法。于是,麦克米伦要求秘密情报局必须开除菲尔比,以

---

① [英]安德鲁·博伊尔:《背叛之风》,新华出版社1981年版,第516—517页。

彻底了结"第三者"这个悬案。秘密情报局则抱怨称,一个人在被证明有罪前是无辜的。最后,麦克米伦同意发表一份实际上宣布菲尔比无罪的声明,秘密情报局则同意进行改组和"大扫除"。于是,1955年11月7日,麦克米伦在下议院发表了简短声明:"他的案件一直受到周密的调查。并没有发现什么证据说明是他警告了伯吉斯或麦克莱恩。他在政府工作时,出色、认真地完成了任务。我没有理由得出结论说菲尔比先生曾在任何时候背叛了我国的利益,也不能说他就是那个所谓的'第三人',如果确实有这么个人的话……同麦克莱恩和伯吉斯一起当过外交官或在其他地方同过事的若干官员已受到外交部保卫处的审查。当然,如果下议院内外有任何人能拿出现在还没有获得的任何证据,我相信这种证据将提交有关当局。"①

麦克米伦的无罪声明,让菲尔比的嫌疑就这样被消除了,他决心向敌人发起急风暴雨式的反攻。之前,他总是躲避媒体,现在他不怕了。11月8日,他在母亲家里举行了一场轻松自如的记者招待会。他精心地准备了讲话,向前来的记者分发了一份用打字机打好的声明。他坦承在美国与伯吉斯交往的轻率,就利普顿仅凭传闻证据而对他进行指责表示了愤怒,并向后者提出了挑战:要么把真凭实据告诉保安当局,要么在议会外享受不到特权的情况下重复他的指责并承担法律后果。他挑战性地声称:"我第一次与共产党人交谈是在1934年,这个人我知道。最后一次与共产党人交谈是在1951年4月,那时盖伊·伯吉斯住在我家里,但我不知道他的身份。"②他泰然自若的表现打消了向他提问的许多人的怒气,秘密情报局里那些从1951年起就支持他的老同事们纷纷打电话表示祝贺。招待会后的周末,利普顿虽然非常勉强,但不得不就指控菲尔比一事在议会做出公开道歉,从此再也没有在公众面前重复对菲尔比的指控。对此,菲尔比公开发表意见说:"我认为利普顿中校做得对。对我来说,这件事了结了。"③菲尔比用无比高超的技巧打了一副好牌,他得出结论,英国政府手中并没有足够分量的证据定他的罪。自此以后,菲尔比被看作一个受了伤的英雄和一个安全调查的牺牲品,并作为一名外勤官员被列入秘密情报局的花名册。不过,也有明白人在。军情五局局长怀特对菲尔比仍耿耿于怀,他写信提醒1953年接替退休的孟席斯担任秘密情报局局长的约翰·辛克莱爵士,不应再让菲尔比担任能接触机密的任何职位。

---

① [英]安德鲁·博伊尔:《背叛之风》,新华出版社1981年版,第521—522页。
② Yuri Modin, *My Five Cambridge Friends*. London: Headline Book Publishing, 1994, p. 234.
③ [英]安德鲁·博伊尔:《背叛之风》,新华出版社1981年版,第524页。

第六章　惊心动魄——"剑桥五杰"的间谍生涯

此后,为了糊口并且远离是非之地,菲尔比接受早先驻安卡拉大使馆时的同事艾伦的建议,到爱尔兰帮他汇编他家里在沃特福德郡卡帕开办的一家企业的历史,在这里愉快地待了几个月,到了1956年2月和4月还两次幸运地出国旅行,这种经历让他逐渐恢复了过去的热情和自信。他在军情六局结交的好友布鲁曼·怀特此时已经成为保守党议员,几年来一直在为他的工作一事上下忙活,这时也说动了六局局长辛克莱爵士派其常驻国外当记者。菲尔比在编史的工作即将结束时听说了此事,感到喜出望外。他谨慎地与《观察家报》主编戴维·阿斯特进行了非正式联系,其实4年前他的另一个好友马尔科姆·马格里奇就曾为此事向他做过一番试探。阿斯特清楚菲尔比的遭遇,认为"这么能干的一个人既然在外交大臣那里得到了批准,竟连靠当记者为生都遇到了困难"[①],这实在太不公平了,因此他与《经济学家》主编唐纳德·泰尔曼商量后,同意让菲尔比到中东工作。局长辛克莱出于曾经共事的老同事的交情,也顺水推舟送个人情,约菲尔比叙谈了一次,批准他以记者身份作为掩护,到黎巴嫩首都贝鲁特,在自由行动的基础上进行秘密工作,搜集中东情报,但活动范围要严格限制在非共产党目标上。1956年4月,英国著名的海军蛙人莱昂内尔·克雷布中校在朴次茅斯港外企图窥探苏联"奥尔忠尼启则"号巡洋舰时不幸丧命,事发于秘密情报局和海军部之间惊人的互不通气,艾登政府又试图掩盖真相,结果导致辛克莱局长被迫提前退休,同年底,怀特接任军情六局局长。他本来就对菲尔比充满狐疑,得知这一安排的详情后,虽然不喜欢其前任的做法,但并没有否决这笔交易,因为他相信这个机会可能有助于菲尔比最终落网,干脆放长线钓大鱼吧。

菲尔比孤身一人到达贝鲁特,艾琳没有与他一起前往黎巴嫩,而是带着5个孩子约翰、约瑟芬、汤米、米兰达和哈里留在英国,因为菲尔比认为如果全家都去贝鲁特,日子会过得很艰难。来到黎巴嫩后,菲尔比住在位于城北阿贾尔唐的马罗尼特山间一个阿拉伯村庄的他父亲家里,这里离贝鲁特不远,不仅房租便宜,生活也很方便。老菲尔比此时已被沙特阿拉伯已故国王的一个儿子赶出了沙特阿拉伯,与他的沙特妻子罗西和两个儿子哈立德、法里德暂时隐退在这座白石砌成的房舍。菲尔比除了到城里履行新闻记者的职责外,大部分时间与父亲待在一起,这可能是他一生中与专制、古怪的父亲处得最长也是最推心置腹的时间了,但他从未向父亲承认他

---

① [英]安德鲁·博伊尔:《背叛之风》,新华出版社1981年版,第526页。

正在为苏联工作的事。1956年11月,老菲尔比与沙特王室实现和解,携妻带子返回了沙特阿拉伯。

此时的中东,英国战后在此地的影响已变得无足轻重,苏联人乘虚而入,同美国人竞相充当阿拉伯民族主义的新朋友和保护者,这里成了世界霸权争夺的新焦点,美、英、苏各方均时刻注视着对方在该地区的战略动向。作为世界公认的情报活动中心,贝鲁特与开罗、莫斯科的联系非常方便,于是,菲尔比得以在中东这个变幻莫测、日益重要的地区恢复活动的机会,使他仍有资本为苏联服务。他有时到气氛热烈的贝鲁特的酒吧间找人闲聊,有时看事态发展情况去黎巴嫩以外的其他阿拉伯国家采访,有时就待在作为基地的山间的孤零零的村子里,基本上过着半隐居的日子,但他发回伦敦报社的新闻稿子不仅消息灵通、充满活力、文笔流畅,而且能够做到按时无误,有关近东方面的文章在英国很受欢迎。当然,他也总是将这些材料提供给他的苏联指导人员,秘密情报局和克格勃双方都向他付钱。他在回忆录里说:"一般都认为我当时是在以新闻记者的身份作掩护为秘密情报局工作。的确,如果当时不用我那才是怪事。他们惯于使用新闻记者,而我在那里完全了解他们的需要,并且比谁都更想得到他们的好评。我请可能看到这本书的阿拉伯朋友们放心,我认为我并没有把他们的真实想法告诉英国政府来危害他们的事业。"[1]当时,苏联贝鲁特情报站相当活跃。菲尔比提供的有关英国在该地区政策的情报对苏联政府很有价值,帮助苏联理顺与阿拉伯国家的关系。他的材料与其说是政论分析文章,不如说是侦察情报:"如果说秘密情报局在中东不用我是怪事,那么如果说苏联情报机关对我置若罔闻就更加奇怪了……事实上,苏联对中东的情况有着广泛的兴趣,首先就是想知道英美两国政府在该地区的意向如何。要对这个问题做出估计,我所处的地位还算不坏。一个作家在谈到我的案子时,说我很少直接提问题,我是一个最不爱打听事的新闻记者。当然喽,如果你向美国或英国官员直接提出实质性的问题时,他们往往是闪烁其词,或者撒上一个弥天大谎。但是在一般性的谈话、讨论和争论中,就有可能了解对方的思想变化或者可以相当准确地估计出他们在决定政策时的立场。"[2]除此之外,菲尔比每次回英国休假,都要与布伦特见面,回来后便将布伦特的近况告诉苏联人。据菲尔比反映,布伦特还是经常被军情五局特工问话,事先不打

---

[1] [苏]金·菲尔比:《谍海余生记》,群众出版社1984年版,第203页。
[2] [苏]金·菲尔比:《谍海余生记》,群众出版社1984年版,第204页。

招呼就把他叫到办公室,企图从他的话里捕捉到矛盾之处;有时他们也变换战术,让他一个人待一会儿;同对待菲尔比一样,多次向他提出同样一个问题。军情五局坚信布伦特曾为克格勃工作,因为他与伯吉斯关系亲密。菲尔比认为,军情五局在与布伦特打交道时犯了两个错误:一是布伦特不仅是伯吉斯的好友,还是他的情人。如果只考虑到这层因素,那么他们中任何一个人都不可能背叛对方;二是布伦特是一个重气节之人,根本不愿意放弃年轻时的理想。不论布伦特的情绪如何,菲尔比说布伦特表现得特别坚强。

尽管菲尔比在贝鲁特可以一人吃饱全家不愁,但远在英国的妻子艾琳和孩子的情况则让他牵挂不已,他勉强能给他们寄去足够的钱来维持体面的生活。随着岁月的流逝,菲尔比与艾琳的关系慢慢地疏远了。而艾琳自从菲尔比离开后,身体健康状况每况愈下,起初是致命的呼吸综合征,接着出现了心脏问题和肺结核早期症状。她坚持认为,菲尔比为苏联人服务,既给自己带来了不幸,也给家庭带来了羞辱,因此经常向他人诉苦,弄得菲尔比很是头疼。她的精神病医生告诉军情五局,称她的问题就是相信丈夫有罪——至少一部分原因是菲尔比想要"撕碎艾琳"。医生确信她手里有关于丈夫和她自己过去共产主义者身份的重要情报,而且艾琳和医生都认为菲尔比有一种精神暴力,驱使他"尽最大努力让她寻求自杀"。有其他证据表明,艾琳最后意识到了丈夫的叛国行径,这使她成为他的潜在威胁。艾琳的一位朋友后来称,有一天晚上她听到艾琳突然对菲尔比说,我知道你就是那个"第三人"!这种想法连同菲尔比的精神暴力一起加速了艾琳的绝望,她开始酗酒以寻求解脱。恶性循环之下,1957年12月11日,艾琳死于充血性心力衰竭、心肌变性、呼吸道感染和肺结核,终年47岁。她死后,她的精神病医生曾怀疑艾琳也许是被菲尔比谋杀的。但那根本不可能,因为那时菲尔比已经到贝鲁特去做记者了。但是,菲尔比对艾琳的冷漠无情有可能加速了她的死亡,这也昭示了他对那些威胁到自己安全的人有多么粗暴残忍。后来,他的好朋友伯吉斯在莫斯科即将离世时,他也拒绝前去探望,可见他从未原谅伯吉斯和麦克莱恩一起逃往莫斯科从而使他身陷危境。

1956年11月,随着老菲尔比与沙特王室重归旧好而回到沙特,菲尔比又变成一个人生活。1957年,又一个噩耗传来,他那操劳一生、备受孤独煎熬的母亲多拉撒手归西。直到临终前,多拉都一直企盼她心爱的儿子菲尔比能够回到她的身边,但菲尔比难遂此愿。受此沉重打击,他开始酗酒。

几乎与此同时,菲尔比在圣乔治饭店酒吧遇到了《纽约时报》驻中东记者萨姆·波普·布鲁尔的妻子埃莉诺,后者比他小两岁,性格单纯,感情丰富,但婚姻不幸。两人一见钟情,迅速坠入爱河。布鲁尔在西班牙内战时就认识菲尔比,当他发现菲尔比与妻子的奸情后,便拒绝让菲尔比再登家门。结果菲尔比与埃莉诺干脆公开同居,接着埃莉诺就向丈夫提出离婚要求。由于菲尔比要不时去伊拉克、沙特阿拉伯、也门和其他地方采访,两人不能长相厮守,所以埃莉诺到美国待了一整年。1957年12月艾琳病逝后,菲尔比飞回伦敦办理后事,成为单身汉。1958年7月4日,埃莉诺经过一场艰苦的离婚大战,也在墨西哥恢复了自由身。6个月后的1959年1月24日,两人终于喜结连理,在伦敦举行了一场没有宗教仪式的婚礼。他的威斯敏斯特同学、秘密情报局的同事蒂姆·米尔恩和给他提供过短暂的进出口公司工作的杰克·艾文斯为他们做证婚人。夫妻俩返回中东前,一向为人忠实的布鲁曼·怀特经常去看望他们,秘密情报局的尼古拉斯·埃利奥特有一次从维也纳情报站定期回国时也前来探望一番,这让菲尔比很受感动。菲尔比将新婚妻子介绍给自己的孩子,然后一起返回贝鲁特。此时距离伯吉斯和麦克莱恩潜逃莫斯科已经过去8年,看起来军情五局已将菲尔比忘在脑后,他可以高枕无忧了,但实际情况远非如此。

1959年夏初,军情六局驻贝鲁特情报站站长职务出现空缺,更加相信菲尔比有罪的怀特做出了一个大胆决定,选派菲尔比的好友、一直认为他受到了过分而且不公正折磨的埃利奥特接任这个职务。在此后的两年半时间内,两人在贝鲁特发生了交集。埃莉诺后来回忆说,埃利奥特见到菲尔比之后说:"告诉我一些最新情况吧,好朋友。"[①]埃利奥特把菲尔比当成自己了解错综复杂的阿拉伯政治情况的非正式顾问。"他们每周会见一两次面,两人避到另一间房里,留下我同他的妻子聊天。"[②]菲尔比享受着好友对自己的信赖,逐渐摆脱了过去那种几乎与世隔绝的状态。他花了很多心血帮助埃利奥特了解中东问题,让埃利奥特从他的中东经历中获益不少。埃利奥特对此非常满意,而他实际上不知不觉地干了些对怀特有利的事。同时,与埃利奥特这个情报站站长打交道,他又巧妙地从中套取了不少有关英国情报机构的内幕消息,提供给苏联人。这种一仆侍二主的举动,几乎迷惑了所有的人,包括他的苏

---

① [英]安德鲁·博伊尔:《背叛之风》,新华出版社1981年版,第536页。
② [英]安德鲁·博伊尔:《背叛之风》,新华出版社1981年版,第536页。

联指导者。苏联人有理由苦恼,因为他们害怕菲尔比为秘密情报局做的工作比为他们做的更多。

但危险正在一步步逼近。1958年,莫金从伦敦来到黎巴嫩,通过贝鲁特情报站警告菲尔比不要回英国,英国方面可能逮捕他。菲尔比与苏联人一起讨论了自己在万不得已的情况下逃往莫斯科的可能途径,做好了最坏准备。福无双至,祸不单行。1960年9月30日,菲尔比的父亲在莫斯科开完东方学专家会议途经贝鲁特时,因心脏病突发猝然去世,时年75岁。父亲的离世给菲尔比带来了特别沉重的打击,他在贝鲁特的穆斯林墓地为父亲举办了一个盛大的葬礼。之后,他的酗酒恶习越来越严重,埃莉诺也好不到哪儿去,结果短短两年之后菲尔比就形容憔悴,甚至熟人都很难认得出他。埃莉诺说:"菲尔比伤心透了,拼命喝酒,过了好几天才坐下来答复唁函。"[①]实际上,父亲去世只是造成菲尔比心力交瘁的一个因素而已,布莱克的悲惨遭遇可能才是主因。

1959年,波兰军事情报局副局长米哈伊尔·戈列涅夫斯基匿名向美国中央情报局写信投诚,称克格勃已搞到一份秘密情报局的文件,上面列有英国在波兰的谍报人员名单。中情局赋予其代号为"狙击手",并将情报通知了秘密情报局。他还透露说,秘密情报局内部隐藏着一个极为活跃的克格勃间谍,代号"钻石"。然而,秘密情报局查遍了总部和驻柏林以及华沙间谍站的所有特工,结果还是一无所获,不仅"钻石"没有找到,反而暴露了"狙击手"的存在。"钻石"立刻向克格勃报告,波军情报部内部有一个为西方工作的鼹鼠"狙击手",但不知道其具体身份。"狙击手"和"钻石"都知道对方的存在,清醒地意识到对方能将自己置于死地,因此急切地要求自己的主子清除叛徒。克格勃比英国人下手更快,但他们找来抓叛徒"猪"的正是戈列涅夫斯基自己,大吃一惊的戈列涅夫斯基于是在1961年1月5日仓皇逃往美国。秘密情报局专家立即赶往美国调查那份名单的情况,得知克格勃不是从秘密情报局总部和波兰获得的名单,而是从驻柏林谍报站得到的,并且自1960年以后"钻石"提供的机密文件突然中断了。军情六局如梦初醒,这才相信"钻石"千真万确存在,而且这名间谍就是此时正奉局里之命在贝鲁特学习阿拉伯语的布莱克!

布莱克1922年11月11日出生于荷兰,1940年德国入侵荷兰时参加了当地的抵抗运动,因表现英勇而获得荷兰女王授予的四级拿骚十字勋章,后为躲避盖世太

---

① [英]安德鲁·博伊尔:《背叛之风》,新华出版社1981年版,第543页。

保追捕来到英国,参加了英国海军,因为具备语言天赋而进入军官学校接受培训,之后先到海军情报部门工作一段时间,随后转到特别行动委员会荷兰分部从事密电码的截收和破译工作。1947年,布莱克进入外交部,并被派到剑桥大学唐宁学院学习俄语,毕业后分配到外事局九处一科暂任代理领事,此时他已经成为秘密情报局特工。1949年,布莱克抵达韩国汉城到英国公使馆任职,1950年6月朝鲜战争爆发后被朝鲜人民军逮捕,后来被苏联国家安全部策反成为克格勃间谍。1953年3月,布莱克在苏联驻华大使馆的安排下,经北京、莫斯科等地辗转回到英国,经过一段时间休养后进入秘密情报局克伦威尔街分部工作,将秘密情报局的"战斗序列"即全局工作人员名单和工作情况悉数报告给了克格勃。1955年春,布莱克被派往西柏林奥林匹克体育场内的秘密情报局工作站任技术行动部副主任,在此后的四年间,他向苏联报告了秘密情报局布建间谍网的情报,其中包括在共产主义国家中招募的近400名间谍人员名单,直接导致42名英国间谍死于他手。布莱克最为得意、给英美情报机构造成最大损失的要数他出卖了"柏林隧道"秘密。这是秘密情报局和中央情报局历时一年、耗费2500万美元打造的"黄金行动"计划,意在通过一条长约500米、从西柏林通到东柏林的地下隧道,窃听苏联与东德间的军政电话以及东柏林到波茨坦的苏联军事管制总部、苏驻德防区和华沙间的电话。但是,早在隧道动工前,布莱克就把这项绝密计划的相关文件泄露给了克格勃,苏联人从此把机密情报改在其他线路上传送,同时利用这一隧道向西方传送假情报,直到1961年布莱克间谍案曝光,英美情报机构才意识到自己彻彻底底被苏联人当成猴子耍了。布莱克案发后,埃利奥特此时正在黎巴嫩担任军情六局驻贝鲁特站站长。他借口要布莱克回伦敦去谈一项新的有意思的工作并谈谈晋升问题,于1961年4月将布莱克骗回了伦敦。1961年5月3日,伦敦中央刑事法院以叛国罪判处布莱克42年徒刑,一条人命抵一年刑期,这是英国自废除死刑以来最严厉的一次判决。

这个警报让菲尔比深信不疑,所有当双重间谍的人都会遇到这种职业上的巨大危险;如果他被揭发出来、被捕并受审,下场也好不到哪里。因此,在苏联人决定把戈利岑叛变并将其出卖的消息通报给菲尔比前的15个月里,他逐渐变得害怕起来,他越来越表现得心神不定。当他沉思反省时,连埃莉诺也无法安慰他,只有杯中之物才能浇洗他的莫名苦楚。由于压力巨大,菲尔比在黎巴嫩的最后两年中几乎处于崩溃的边缘,时而暴饮,时而处于沮丧压抑的状态。他做客时也常常喝得烂醉,需要

第六章 惊心动魄——"剑桥五杰"的间谍生涯

别人把他抬上出租车送回家,朋友们对此已习以为常。到了1962年,特别是这一年的第四季度,菲尔比几乎要崩溃了。埃莉诺说:"他的生活中无缘无故表现出莫名其妙的紧张。随着这一年的消逝,这种情况变得越来越糟,这反映在他的意志十分消沉和酗酒上。现在我知道,他已察觉到罗网在向他收拢,他作为一名苏联间谍的生涯即将结束。"①

1961年12月22日中午,中情局驻赫尔辛基站站长弗兰克·弗里伯格听到一阵急促的门铃声,一个又矮又胖的陌生人带着一个女人和孩子站在他面前。不速之客告诉弗里伯格,他叫阿纳托利·克利莫夫,是一名克格勃少校,请求避难。弗里伯格开始不相信,克利莫夫不得不承认他的真名叫阿纳托利·戈利岑,曾在克格勃第一总局工作,负责对英美采取行动,之后才到赫尔辛基苏联使馆任职。弗里伯格一听到戈利岑这个名字,就觉得十分耳熟。1954年克格勃军官彼得·德里亚宾叛逃美国后,曾列出一份名单,说名单上的人最容易被中情局招募过来,戈利岑在名单上位居第二。德里亚宾曾专门提起,戈利岑的妻子作风放荡,即使中情局不能在这点上使戈利岑就范,他本人也并非无懈可击。他好炫耀自己的学识,在同事中很不得人心。果然,戈利岑自动上门了。戈利岑与中情局联系上后,没等他们发问就滔滔不绝地抖出他所知道的一切,他带来了克格勃在赫尔辛基的全部特工人员名单,还表示将把克格勃在世界各地的特工人员都说出来,这让中情局的专案官员欣喜若狂。戈利岑还交代说,他知道苏联人30年代在英国发展了著名的"五杰"间谍,他们互相认识,而且知道其他人也是间谍,但他说不出他们的真正身份和姓名,只知道有个人代号叫"斯坦利",与最近克格勃在中东开展的行动有关。这一线索与菲尔比的情况完全符合,此时他正代表《观察家报》在贝鲁特工作,这对菲尔比来说构成了灾难性的证据。由于戈利岑的交代材料提到了"五杰",1962年3月美国人将相关材料转交给英国人,英国马上成立了一个代号为"影响委员会"的专门小组,全面研究他所提供的情报,从调查了解菲尔比的情况而又不愿意作证的人员开始。戈利岑叛逃后,1962年1月4日到2月16日,中心指示全球仍在活动的54个情报站站长,尽量减少这一事件造成的损失,一段时间内所有与重要间谍的会面都被推迟,只能通过"死信箱"等"非人力手段"进行联系。尽管如此,套在菲尔比脖子上的绞绳又紧了一扣。

1962年8月,菲尔比战前的女友、俄国籍移民弗洛拉·所罗门在背后又捅了他

---

① [英]安德鲁·博伊尔:《背叛之风》,新华出版社1981年版,第543页。

一刀,使军情五局对菲尔比的重新审查取得了一个重要突破。所罗门年轻时长相漂亮,迷恋于政治,是一个犹太复国主义者,与罗斯柴尔德家族有亲戚关系。她对菲尔比在《观察家报》上所发表的那些反以色列的文章很生气,再加上要对30年代时被菲尔比抛弃一事报一箭之仇,于是向军情五局官员作证说,他在担任《泰晤士报》驻西班牙记者时,有一次在回伦敦的旅途中曾带她外出午餐。吃饭时,他告诉她说,他正在为和平从事一项非常危险的工作,他需要帮助。在这项任务中,她能帮助他吗?他正在为共产国际和苏联人工作。如果她参加这个事业,那将是一件大事。她拒绝参加这个事业,但告诉他说,当他穷途末路时,他总是能从她这里得到帮助的。①

由于拿到了戈利岑和所罗门提供的情报,秘密情报局的怀特和军情五局的霍利斯均同意在贝鲁特对菲尔比进行再次讯问,一为作证,二为评估菲尔比所造成的危害,如有可能,还要把他弄回伦敦。为此,军情五局精明能干的反谍报官员马丁的女助手伊夫林·麦克巴尼特从1962年8月一直干到年底,起草了一份冗长的材料。按照原计划,应派阿瑟去贝鲁特,他从1951年事发就一直抓菲尔比的案子,比任何人都更清楚内情,但计划到了最后一分钟改变了,临时通知他改派六局的埃利奥特前去。埃利奥特最近刚从驻贝鲁特站站长任上回来,作为菲尔比的密友,之前他一直抗议说菲尔比是无辜的,现在他相信菲尔比有罪了,上面认为派他去能够更好地激起菲尔比的高尚情操。另外,军情六局挑选埃利奥特也是想把事情保持在本机构内部,毕竟家丑不可外扬。于是,1963年1月,埃利奥特随身带着一份正式的对菲尔比免予起诉的建议书,飞到了贝鲁特。一周后,他得意地回来了,菲尔比招认了,承认自己从1934年起就当了苏联间谍。他想回英国,甚至准备撰写认罪书求得宽恕。这个长期以来折磨英国两个情报机构的谜底终于解开了。

1963年1月10日,埃利奥特不打招呼飞到贝鲁特后,从他租住的一套私人房间里打电话给菲尔比约请见面。菲尔比那时耽于酒中之物中毒太深,丧失了应有的警惕性,对埃利奥特的到来毫不怀疑,一见面就说:"你还欠我一次酒,我自从元旦过生日那天以后就没有喝过了。"②埃利奥特见他头上缠着绷带,便问他怎么回事。他解释说,前不久一个美国人举行酒会,他喝得酩酊大醉,回家后不小心在浴室里跌了一跤,结果暖气片把头碰破了,不得不去医院把伤口缝上。他们边喝酒边寒暄着,等到

---

① [英]彼得·赖特:《抓间谍者——一个老牌特工生涯的自述》,军事译文出版社1987年版,第228页。
② [英]安德鲁·博伊尔:《背叛之风》,新华出版社1981年版,第546页。

从桌子后边站起来,埃利奥特便不再顾及情面,单刀直入地冲着他从前的朋友大吼起来:"你骗了我这几年,现在,我要把你的真面目揭露出来,即便是我也被扯进去了,我也不在乎。"①他气呼呼地说:"我曾经尊敬过你,菲尔比,天哪!现在我多么鄙视你!我希望你还算一个正派人,足以理解我为什么这样对待你。"②菲尔比对他的指责予以坚决否认,于是埃利奥特便把所罗门的供述和盘端了出来。菲尔比以前从未见过他这个样子,更没听他直呼过自己是叛徒,心中不由得大吃一惊。他一声不吭地倾听着埃利奥特根据英国情报部门掌握的确凿证据对他提出的指控,被他的当面攻击吓着了,在对方的步步紧逼之下,他逐渐说出了下面一些情况:他是在何时何地以及如何被招募的;战前所受的间谍训练和从事的活动情况;战争期间和战后充当双重间谍为克格勃和秘密情报局两家效劳的情况;自己在麦克莱恩逃跑事件中与伯吉斯等人的同谋关系,还说伯吉斯原来没打算逃走,而在两人一起逃跑之后,他曾担心自己受到牵连而暴露进而被捕;1955年叛逃的彼得罗夫揭发一些情况时,英国报纸过早披露消息的混乱状态帮助他再次摆脱了危机;1956年之后,他曾为苏联和英国两边工作,但范围和效果都要比以前小得多。当然,作为一名老练的苏联间谍,只要一谈到他的苏联指导人员、他们所用的工作方法以及工作对象这些敏感话题,他便躲躲闪闪,不肯讲实话。不过,埃利奥特已经不在乎这些了,因为菲尔比已经做了一般的招供,他到贝鲁特来的目的已经达到了。接下来,他想趁热打铁,于是当场要求菲尔比把他的招供写下来并签上名字,并说一来他不能揣着一张空头支票回伦敦交差,二来如果菲尔比同意回伦敦一劳永逸地把事情讲清楚的话,这份自愿写下的供状可能给他带来好处。菲尔比听到这里犹豫了,说希望给他一些时间再考虑一下,这件事也许可以留待以后再谈。

两人分手后,埃利奥特回到下榻的宾馆,在随后的48小时内再也没有看到他的踪影或听到有关他的消息。菲尔比则利用这两天时间聚精会神地分析了自己所处的形势,与苏联人取得了联系,告诉他们自己犯了一个弥天大错。当克格勃驻贝鲁特情报站站长问他下一步准备怎么办时,菲尔比毫不犹豫地回答说立即去苏联。埃利奥特向国内做了请示,获准之后只身飞回伦敦,临走前还与菲尔比夫妇一起到外面吃了顿饭。这也是他们最后一次见面,此后不久菲尔比就逃到了莫斯科,过了一

---

① 张仁坚、晓年编译:《二十世纪间谍世界揭秘》,黑龙江人民出版社1993年版,第29页。
② [英]安德鲁·博伊尔:《背叛之风》,新华出版社1981年版,第546页。

段时间之后,他给埃利奥特写了一封措辞友好而且极具说服力的信,建议在某个方便的中立地点——比如赫尔辛基与这位曾经的同事再见一次面,以澄清双方之间存在的所有误解,但绝不要事先通知自己的上级。埃利奥特有点动心,他将信拿给怀特看,怀特看后叫他不要去,而且连信也不要回。

还有一件事也加快了菲尔比的撤离。秘密情报局发现,菲尔比经常去叙利亚、约旦和其他阿拉伯国家旅行,对石油公司的情形了如指掌,一方面与沙特保皇党神秘接触,另一方面又与反保皇党的人员经常联系,活动极不寻常,于是就与黎巴嫩秘密警察贾波特上校交涉,请他提供特别支援。贾波特接到英国人的请求后,立即派人日夜监视菲尔比。有一天晚上,他们有了一个重大发现:菲尔比出现在公寓阳台上,看了看手表,然后手持黑色物件在空中挥舞。黎巴嫩特工申请了一副星光镜后,于次日晚发现菲尔比做了相同动作。贾波特推测菲尔比可能是在发送某种信号,于是做了一次地毯式的搜索,捕获了一个美国人。美国人承认当时是在接收菲尔比的信号,但他并不知道这些秘密信号的含义是什么,黎巴嫩秘密警察和一起工作的英国秘密情报局官员也无法破译。虽然没有直接证据指控菲尔比犯有间谍罪,但他在这种情况下也确实无法再开展工作了。

苏联人也看清了菲尔比的困境,并为他的安危忧心忡忡。他们担心菲尔比一旦回到伦敦,精神状态就会失去控制而崩塌下来,因此决定执行早就准备好了的解救其逃跑的紧急计划。此后的几天里,一筹莫展的埃莉诺想方设法安慰菲尔比,但他的丈夫不为所动,还继续同平常一样给伦敦的两位报纸主编发稿,其实他已经做好了逃跑的准备工作,只待苏联人一发信号便逃之夭夭。

1963年1月23日星期三晚上,贝鲁特狂风暴雨大作。英国驻黎巴嫩大使馆一秘格伦·鲍尔弗·保罗为从事考古工作的几位英美人士举行了一场盛大晚宴,菲尔比与妻子埃莉诺均被邀请。临行前,菲尔比给家里的妻子去电说,他要先到邮局发报,请她先走一步。埃莉诺对丈夫的记者工作的特殊要求已经习惯,再说她也知道他还为军情六局办事,有些事也不能问得太细,于是便独自一人前去参加招待会,但直到宴会临近尾声,埃莉诺也未见丈夫的踪影,当晚他也没回家。从这一天起,菲尔比就从英国情报机构的视线中消失了。与此同时,克格勃开始按照惯例掩盖菲尔比的踪迹。之后,埃莉诺收到从几封从阿拉伯国家寄来的信,其中一封是3月3日菲尔比从开罗发来的电报,说他临时决定去执行一项时间较长的采访任务,近期不能回家。但这一次英国报刊没有被愚弄,因为很明显的是,菲尔比已经步伯吉斯和麦克莱恩的后尘,跑到苏联去了。埃莉诺在贝鲁特待了一阵子,等到确定她的丈夫菲尔比再也不会出现之后,她很平静地回到了美国的娘家。她在美国收到菲尔比从莫斯科写来的信,了解了所有内情,不久后便答应到苏联与他相聚。而一直到3月29日,英国外交部才宣布菲尔比失踪;6月初,军情六局才搞清楚菲尔比已在莫斯科;快到6月底时,美国《新闻周刊》杂志准确肯定、无所畏惧地宣称,菲尔比的确就是"第三人",他从青年时候起就充当苏联间谍,他现在几乎肯定在莫斯科;7月1日,英国政府正式宣布,菲尔比在1946年进入秘密情报局之前就是苏联间谍,而且的确就是"第三者",现在他已逃往苏联;7月30日,苏联《消息报》向全世界宣布,苏联政府将为一名叫菲尔比的记者提供政治庇护,还给予他苏联公民享有的特权,这一消息在西方引起了巨大震动。英国举国上下为之哗然,纷纷指责前秘密情报局的首脑昏庸无能,竟然让这样一个人占据要职如此之久。孟席斯此时才如梦方醒、有口难辩,只得默不作声了。

1988年初,专程赶赴莫斯科采访他的英国《泰晤士报》记者菲利普·奈特利问道:"你是通过什么方法逃到苏联去的?"菲尔比当时回答:"我怎样历险到莫斯科,这是不能泄露的,因为这是克格勃的内部机密。"①但据说那天夜里,菲尔比离开公寓后,先乘出租车来到贝鲁特交通繁忙的夜总会区,然后步行到另一条反方向的单行道,又乘出租车来到贝鲁特另一个区的公用电话亭,简短通话之后,几经周折到达一栋黑色公寓楼,几分钟后与苏联大使馆的官员接上了头,此后被两个保镖模样的人保护着,于14日凌晨乘船离开了贝鲁特。1月23日晚上,"多尔马托夫"号货船启锚远航。菲尔比站在船上的扶栏边,看着美丽的朱尼耶海湾慢慢向后退去,心里知道他与英国的最后一丝联系将永远被切断,从此以后将与12年前已经到达苏联的伯吉斯和麦克莱恩作伴了。

4天后的1月27日,菲尔比首次踏上苏联领土。对于到达苏联黑海港口敖德萨时的情景,菲尔比做了详细描述:"那是隆冬季节的一天清晨5时,我到了一个很小的苏联边防站,里面有一张桌子和几把椅子,一个取暖火炉上面煮着一壶茶,空气中弥漫着香烟烟雾。在那里等候我的有三四个人,其中有一名会讲英语的克格勃官员,他是专程从莫斯科来接我的。"一番寒暄之后,菲尔比对前来接他的苏联人表示

---

① 姜子钒:《世界特工档案》,凤凰出版社2012年版,第190页。

歉意:"我本想留在西方,继续为苏联情报机关服务,但我受到的压力太大了。"那位克格勃官员握着他的手说:"菲尔比,你的任务已经完成了。我们搞情报工作的都知道这么一句行话:一旦反间谍机构对你产生兴趣,你的使命也就快完结了。我们知道英国反间谍机构在1951年就对你产生了兴趣,现在是1963年,过了整整12年。亲爱的菲尔比,你还有什么可遗憾的呢?"①

二、机智多变的英国外交官

1934年6月,麦克莱恩以优异成绩通过剑桥大学三一学院的毕业考试。起初他的愿望是要么去苏联教英语,要么留在剑桥着手哲学博士论文的撰写工作,题目为《吉恩·凯尔文活动的马克思主义分析与资产阶级的兴起》,但他并未开始论文写作,而是对母亲说想试试到外交部任职,因为多伊奇告诉他,留在伦敦为他们工作,比公开去苏联所做的贡献要大得多。他母亲很高兴,但很想知道他的共产主义信念是否会妨碍他的打算,是否还打算参加伦敦工人的政治示威活动。麦克莱恩撒谎说:"你可能以为我像风信标一样打转转、绕圈子,实际上,我不久前就不再干那些事了。"②这让他的母亲松了一口气,继续像以前那样,精力充沛地活动丈夫在部里工作时的老同事,希望他们保证她的爱子能踏上外交工作岗位。当时塞西尔还天真地以为他的朋友听从了母亲的劝告,已经翻开了新的政治篇章了。

塞西尔之后也成了一名职业外交官,后来他才恍然大悟,明白麦克莱恩当时实际上正在完成莫斯科下达的指示。赖夫被迫撤离伦敦后不久发出的报告证实了这一点:"1935年2月,将'怀斯'转交给了'施维德'。"这说明,奥尔洛夫开始直接与麦克莱恩进行联系,而后者开始完成招募过程中"培养"阶段所规定的任务。

1935年几乎整整一年,麦克莱恩都在离不列颠博物馆不远处的"斯昆斯"学校准备公职考试。当时,那些拥有良好人脉的毕业生在选择了外交部的仕途之后,通常要在这所学校里积累必需的知识以应付即将到来的考试。中心必须确信,"怀斯"的确符合它打算向他提出的要求。因此,中心命令伦敦情报站向他下达几项具体的侦察性任务。奥尔洛夫要按照命令行事:"即便'怀斯'还没有获得我们感兴趣的职

---

① (内部读物)国家安全部一局:《知彼》(第二集),第600页。
② 王铭玉等编译:《克格勃全史》,黑龙江出版社1998年版,第233页。

务，也要使用他。把具体的意见报给我们。"

奥尔洛夫与麦克莱恩见面时，建议他利用与政府最高层达官显贵们的家族关系，获取对莫斯科有用的情报。他暗示说，这项任务有助于他在外交部的职位得到提升。麦克莱恩与菲尔比一样，还不知道他是在为苏联情报机构效力。奥尔洛夫在列举了麦克莱恩为执行莫斯科指示所采取的步骤后报告说："'怀斯'正在准备外交部的考试"，"他还加入了'妇女俱乐部'，这里有许多女性，主要是各部和政治性组织的女秘书"。所谓的"俱乐部"，可能是白厅其中的一个大食堂，各部工作人员都在这里就餐。奥尔洛夫还提到，"怀斯"认识了外交大臣约翰·西蒙先生的妻子兼秘书，出嫁前姓哈尔平。实事求是地说，麦克莱恩与西蒙夫人最多就是点头之交，很难说能从对方手里获取什么东西，但最重要的是，奥尔洛夫在报告结尾部分开列了一份名单，里面包括外交部西班牙处的官员沙克伯格。奥尔洛夫认为，此人可能是麦克莱恩仕途最初阶段一个有用的情报来源。后来，麦克莱恩通过他与部里的其他工作人员建立起了联系；名单里还称，某个身份不明的美国记者给麦克莱恩介绍了外交部官员奥利佛·斯特雷奇，此人是"布鲁姆斯伯里"团体的著名作家和维多利亚女王的传记作者利顿·斯特雷奇的弟弟："有另外两个来源证实了斯特雷奇与'秘密处'的关系。"斯特雷奇引起了莫斯科极大的兴趣，因为当时他是外交部的密码专家。就是他之后在第二次世界大战期间截获了德国情报机构阿勃维尔的通信并破译了电文内容；后来另一份报告也证实称，麦克莱恩"认识了某个叫凯尔·汉特的人，他也在外交部'秘密处'工作。"罗伯特·凯尔·汉特是军情六局的军官，会说俄语，后来成为局里的共产国际问题专家，也是外交部有关苏联问题的公认的权威人士之一。菲尔比在战争期间加入军情六局之后，他与菲尔比成为同事。之后，当菲尔比于1945年职务得到提升，开始在九处领导反苏工作后，凯尔·汉特又成了他的部下。

奥尔洛夫的下一份报告增加了中心对麦克莱恩的兴趣，因为渗透进军情六局是苏联情报机构的主要目标，而他展示出自己有能力与局里的某些资深工作人员建立联系。这让"怀斯"成为一名非常宝贵的潜在间谍。1935年3月9日，中心对奥尔洛夫来信做出答复，说明中心的注意力现在已经集中到麦克莱恩身上了："关于'怀斯'，你们提交的有关他的报告，我们非常满意。我们对他的基本方针是：通过他打进外交部。因为'怀斯'借助自己的关系具备进入外交部的现实可能，请你们沿着这个方向毫不动摇、坚定不移地开展工作。他的新关系哈尔平（以后将称呼她'瓦霞'），尤其是沙克伯格（'马尼亚'）和斯特雷奇（'索尼娅'），因为他们都在外交部'秘密处'工作,我们对他们特别感兴趣。"接下来,中心在"我们对'怀斯'的基本打算"这一部分里指出,对麦克莱恩寄予厚望。中心估计,他"毫无疑问是一个具有发展前景的来源,值得予以特别关注。而且,从你们的报告中可以看出,他对我们抱有好感,工作不是为了物质利益。当然,不要把最后一点当成你们不用付钱给他的指示。尤其是因为他正在往外交部活动,可能还需要物质支持"。

考虑到莫斯科对麦克莱恩寄予厚望,奥尔洛夫通过自己的助手赖夫采取了一系列措施来实现这些愿望。奥尔洛夫担心仅靠一张成绩优秀的毕业文凭可能不足以支持麦克莱恩进入外交部；再说,麦克莱恩还有以前的左翼思想这个旧底子,因此,他建议后者尽可能多地从有影响力的家族朋友手中搞到推荐信,将他不适合此项工作的最微不足道的怀疑——消除。奥尔洛夫报告说,对莫斯科来说,麦克莱恩夫人的活动成效最大。她获得了保守党首领斯坦利·鲍德温首相的支持,赖夫一回到莫斯科就向领导报告了这件事。"因为鲍德温是麦克莱恩家族的私人朋友,'怀斯'的母亲从他手里搞到一封信,"赖夫向卢比扬卡的领导人报告说,"这封信我亲眼见过,上面写着将倾尽全力帮助'怀斯'踏上外交仕途。信里还提到,他,鲍德温本人,已经让外交部的相关人士了解到,他本人对'怀斯'的晋升很关注。"

1935年8月,考试时间到了。由于麦克莱恩在"斯昆斯"学校得到了很好的"培训",所以顺利通过了公职考试,而且位列前10名。塞西尔第二年也参加了同样的考试。他说真正需要克服的障碍是外交部选拔委员会的谈话。委员会由外交使团的资深官员及其夫人组成,对于任何一个年轻人,只要他们认为他的言行举止或政治观点令人生疑,或者认为他不适合担任英国外交官,就会剥夺他进入外交部工作的机会。尽管麦克莱恩手中握有家族朋友写的推荐信,但他知道自己必须回答在剑桥时迷恋共产主义这个问题。他知道无法否定这个过往的事实,所以认为最好的策略就是公开承认这件事,以坦诚和真诚来换取对自己有利的结果。谈话快结束的时候,当不可避免地被问到他在剑桥读书时的"共产主义观点"时,他决定"毫不掩饰地承认"。"'是的,'我说,'我曾经有过那样的观点,而且至今也没有完全摆脱它。'我想,他们一定喜欢我那种坦诚的态度,因为他们相互点了点头、交换了一下目光,然后笑了。然后,主考人说:'谢谢你,就这些了,麦克莱恩先生。'"[①]后来他说,他指望着灵感转瞬间激发出来,虽然这一切最有可能早就排练好了。更加幸运的是,委员会早就对他抱有好感。主席理查德·查特菲尔德与朗博尔德夫人、博纳姆·卡特夫人一样,都是他父亲的老朋友。后两位对委员会的决定施加了巨大影响。

1935年10月,麦克莱恩顺利进入英国皇家外交部,成为"五杰"中第一个渗透到权力机关的人。在外交部里,他用已经彻底抛弃了马克思主义的假面目示人,开始了在外交部担任低级职务的"菜鸟"生活。他家有很多地位显赫的自由派朋友,外交部的上司经常给他打气,鼓励他适应环境、努力工作。他也对自己的新角色非常满意,但一下班就变成了一个游手好闲的年轻人。他穿着晚礼服,戴着黑帽子,披着绸布里子的斗篷,大步穿过切尔西,找一些喜欢的饭店或夜总会,与一些富有而轻浮的社会名流觥筹交错,培植人脉。而在他位于奥克利街的不大的单身住房里,只是偶尔招待少数经过精心挑选的男朋友,伯吉斯就是其中之一。随着时间的推移,麦克莱恩对日常外交工作的神秘性早就不再感到烦恼,他精明干练、工作勤恳,做起事来踏踏实实、兢兢业业,具备很强的记忆能力,分析复杂的政治问题也头头是道,尽管暗中对大多数上司抱着一种轻蔑的心理,认为他们所体现的价值标准注定要使英国蒙受祸害,但表面上对待上司和同事庄重有礼,上司大多看好这个青年才俊的前途,愿意为他说好话。就这样,他在外交部里不声不响地获得了办事稳健的好名声,并且逐渐传播开来。处在这样的职场环境下,再加上单身汉的生活,这对他的双重生活很有好处。

1938年9月,英国外交部派遣麦克莱恩到驻法国巴黎大使馆任三等秘书,由此开始了他人生中第一次驻外工作经历,不声不响地加强着他在外交部里以稳健著称的好名声。他手里拿着外交部给他写的充满肯定言辞的推荐信,信上说:"麦克莱恩,老唐纳德·麦克莱恩爵士的儿子……两年来的工作中表现出色,是西方事务部里的一个支柱。他人品好、有头脑且主动热情。另外,他相貌英俊。我们认为,无论是从丰富社会经验角度还是从工作角度出发,他都应该在巴黎取得成功。"[②]如果说此前他只是和伯吉斯讨论工作中得到的第一手报告,那么现在的职位使他能为苏联

[①] [英]克里斯托弗·安德鲁、[俄]瓦西里·米特罗欣:《克格勃绝密档案》(上),当代世界出版社2002年版,第98页。

[②] [英]克里斯托弗·安德鲁、[俄]瓦西里·米特罗欣:《克格勃绝密档案》(上),当代世界出版社2002年版,第132—133页。

人更好地服务了。在 10 余名常驻英国外交官中数他最年轻,在正式招待会上总是打扮得仪表堂堂,像个轻骑兵的样子,这与他在工作之余的俗气的穿着打扮形成了鲜明对比。他工作勤奋敬业,很受使馆上司的信任。他的单身宿舍离苏联使馆很近,溜达着就能过去,但不能在这里进行间谍活动,他更喜欢在像拉丁区的弗洛咖啡馆和多克斯马戈茨饭馆这类人来人往的地方,在混杂着艺术家、学生和知识分子的人群中约会。他凭着对情报工作的浓厚兴趣,把那些信任或者关心他、级别较高的同事泄露出来的点滴情报都收集起来,然后找机会传递给苏联人,尽管苏联人已经通过伯吉斯的同性恋朋友爱德华·普法依弗获取了法国的各种政治和军事秘密,但麦克莱恩顺从地做出了应有的反应,多少满足了苏联谍报机构要求获得确凿情报的胃口,这也是他作为一个见习间谍的必修课。

1939 年 12 月,麦克莱恩经朋友介绍认识了在巴黎大学选修法国文学艺术课的美国姑娘梅琳达·马琳,他对这个漂亮优雅、口齿伶俐、小他 4 岁的女人一见钟情,随后展开了猛烈的追求攻势。两人很快坠入爱河,结成了形影不离的一对。但在随后的半年时间里,梅琳达发现麦克莱恩身上有两个非常明显的缺点:一是情绪沮丧时就要大喝一场,直到酩酊大醉才罢休;二是在这种情况下他竟然还渴望搞同性恋爱,这让梅琳达既惶恐又感到迷惑不解。这种放纵行为可能与他在正式场合中不得不过着令人压抑的双重生活而带来的紧张状态有关,而这又为其今后的间谍生涯带来了不少麻烦。好在经过一番分分合合的感情纠葛,两人于 1940 年 6 月 10 日在巴黎波旁宫区政府走进了婚姻的殿堂。而此时德国正集中主要兵力对法国发动进攻,纳粹铁蹄势如破竹,由北向南迅速推进直逼巴黎,法国雷诺政府被迫迁到波尔多,英国大使馆也随迁而去,夫妻俩立刻乘坐朋友的小轿车前往法国西南部地区,经过一段漫长的旅程之后到达了目的地,在比亚里茨附近一个与外界隔绝的村庄度过了相当平静的两天。6 月 16 日,贝当组成卖国政府,20 日正式宣布向德国投降。等麦克莱恩回到他的临时办公室,打算安排数千名受困的英国公民紧急撤离法国时,已为时太晚,23 日麦克莱恩夫妇乘坐一艘英国驱逐舰撤离法国,途中又与其他难民一起从驱逐舰换乘到一艘不定期货船上,辗转 10 天后才回到伦敦,就此结束了在法国的驻外生活,但因为在最后的危急时刻表现出的令人惊讶的拖拉和玩忽职守,麦克莱恩受到时任驻法大使老罗纳德·坎贝尔的指责,认为他是一个意志薄弱之人。

1940 年 7 月初回到英国后,麦克莱恩在伦敦定居下来,默默忍受着婚后的艰苦生活。纳粹空军经常进行空袭,他们的两套住房均被炸毁,每次都险些丧命或受重伤,于是不得不躲在一个拥挤不堪的防空洞里,彻夜不眠。这段日子里,麦克莱恩工作过累,夜里工作时间太长,经常在深更半夜蹑手蹑脚地回家,还奇怪地不爱说话,这不能不使人生疑;而且他爱争吵,喝酒后往往变本加厉。梅琳达不喜欢这样的伴侣,与他的同事及其妻子和他那些知识分子朋友们也合不来。在这种情况下,1940年11月,梅琳达怀着一种复杂的心情,乘坐一艘护航舰安全地回到美国娘家——纽约城外的南埃格莱蒙。麦克莱恩偶尔给她写封信,表达思念之情和安慰之意,希望能弥补过去对她关心不够的问题。当听说他们的孩子一生下来就夭折的消息后,他竟像个孩子似的放声大哭,这一举动既让他的亲戚感到很惊讶,也让他的同性恋朋友们觉得迷惑不解。

1941年,梅琳达经过一番周折从美国回到麦克莱恩身边,她响应政府号召在伦敦西区的一家小书店当上了售货员,在迎来送往中找到了乐趣,排解了以往的寂寞与压抑,也比较适应周围的生活环境,对她丈夫在外交部里的苦差事的好奇心越来越少了。外交部因应战争的需要新设了主管航运、反走私和其他一些战时经济问题的总务司,麦克莱恩每天晚上都要加班加点工作,有时在俱乐部,有时在回家的途中与朋友们见面。梅琳达知道丈夫喜怒无常,心里还隐藏着某些秘密,但她对麦克莱恩和一些不太熟悉的人交往也没有产生好奇心,只是怀着某种不安的心情爱着他,希望同他平平安安地过日子。1941年6月22日爆发的苏德战争使麦克莱恩突然变成了一个"双重身份的爱国者",他感到如释重负,英国人终于不再单独地对付一个似乎不可战胜的敌手了,而且尽管战争初期每天都在讲纳粹德国的迅速推进,但麦克莱恩不愿设想苏联人会失败。为此,他表现出了由衷的欣喜,就像一个英国的爱国志士听到好消息后自然流露出来的真情实感。

苏德战争爆发后,苏联人对情报的需求日益增加,苏联间谍也加快了工作节奏,但英国保密机构并没有睡大觉。时任英国共产党全国组织人之一的道格拉斯·斯普林霍尔(曾任国际纵队政委,负责在剑桥物色有才能者充当苏联间谍,当时的任务是负责刚组成的"剑桥五杰"间谍小组与苏联大使馆情报官员之间的联系工作)在诱使空军部的年轻女秘书提供有关喷气式飞机引擎技术秘密时,被军情五局当场抓获,1941年10月被判刑7年。此事对麦克莱恩产生了很深的影响,他开始变得胆怯和畏缩,因而被伯吉斯大加嘲笑和看不起。为了对麦克莱恩表明这种威胁是严肃的,而且对双方都有害,伯吉斯邀请麦克莱恩到他位于本廷克街的住所参加了一次特意安排的狂饮。酒后,他警告麦克莱恩,他(盖伊·伯吉斯)的影集中增加了一张麦克莱恩性生活的相片。这张相片是在麦克莱恩一丝不挂、毫不在乎地躺在另一个男人怀里时拍摄的。① 这是一种明目张胆的威吓与讹诈,但对麦克莱恩产生了一定效果。

1944年3月,麦克莱恩由于"长期出色的工作"而增加了自身荣誉,被任命为英国驻华盛顿大使馆的一等秘书。4月下旬,他把梅琳达留在岳母位于南埃格莱蒙的农舍,独自来到华盛顿就职,并对同事说妻子生下孩子后很快就会来与他团聚。虽然两人天各一边,但在同事面前,他很少谈论妻子,不肯细说梅琳达生下他们第一个孩子后是否会前来过小日子的打算,这让大家有时怀疑他们的夫妻关系是不是出现了什么问题。不过,他也偶尔展示一下他非常拿手的业余摄影师的才干,让大家看看他为妻子亲自拍摄并且冲洗出来的照片。在最初八九个月的独居日子里,他通常每周两次从华盛顿到岳母家去探望梅琳达。作为一个老资格的外交官,他在办公室以外想干什么,完全是个人私事,因此使馆工作人员对此并不吃惊,更无人过问。

到使馆后,他最初与一个岁数不大的年轻同事共住一间公寓。同事注意到,麦克莱恩经常在晚上把文件带回来,独自干上几个小时。他对同事说,干这种工作不能拖拉,他喜欢干这种单调乏味的事。他参加以他的身份应该出席的正式招待会和宴会,但很少接受私人邀请,过着一种安静的社交生活。他给人留下的印象是有魄力、忠于职守、办事认真、工作效率高、适应性强,愿意承担额外工作,只是有点傲气。他努力把私生活和公务活动严格区分开来,以免有人在使馆内对他正式提出抱怨意见。到使馆任职后不久,麦克莱恩与同事罗迪·巴克利一起被任命为英美制定对意大利和约委员会成员。巴克利对麦克莱恩十分赞赏,认为"他善于制定方案并善于解决复杂问题"②。麦克莱恩在华盛顿的另一位同事罗伯特·塞西尔也回忆说:"对他来说,没有一项任务是复杂的,他精力过人,要干多久就能干多久。而且胜任各项工作,尤其是对待那些生病、休假或不太勤恳的同事的工作,他总能应付自如。"③ 1945年夏到华盛顿担任经济事务公使的罗杰·梅金斯非常高兴地把自己负责的原子能方面的例行事务交给他办,认为他是一个"工作效能高的官员,工作认真、仔细

---

① [英]安德鲁·博伊尔:《背叛之风》,新华出版社1981年版,第262—263页。
② 王铭玉等编译:《克格勃全史》,黑龙江人民出版社1998年版,第342页。
③ 王铭玉等编译:《克格勃全史》,黑龙江人民出版社1998年版,第342页。

和明智。如果说有时他看来是沉默寡言和犹豫的,便马上认为这是由于苏格兰人固有的谨慎作风"①。麦克莱恩在上级面前具有天生毕恭毕敬的态度,从来不向使馆领导透露自己内心的想法。大使哈利法克斯勋爵是他父亲的老朋友,谅解并同情他的家庭困难。公使罗纳德·坎贝尔(第二次世界大战前,麦克莱恩在巴黎在他手下工作过)同意让他担任使馆办公室主任。由于这些上司的庇护和支持,再加上兢兢业业的工作态度,麦克莱恩逐渐获得了一个好名声,大家都把他当成一个前途无可限量的年轻外交官看待。

对麦克莱恩来说,办公室主任这个职位既非常重要,对他来说又特别合适。这使他能够拿走并估计在大使办公桌上的每一份重要文件。只要他知道他的公寓里只有他一个人,他就能把文件带走,在家里摄制缩微本,然后在下次前往纽约市外的岳母家探亲时转递给苏联人。他喜欢晚上独自一人处理摆在他面前的官方文件,手边放一瓶威士忌,这成为他的怪癖之一。如同大使馆其他官员对麦克莱恩酗酒和私生活中一些不正常行为熟视无睹一样,梅金斯说:"我没有机会问他在空闲时干些什么,也没有理由说明为什么他不应当有机会去纽约时到那里去。"②

1945年夏天,英国大使任命麦克莱恩担任英美加共同发展原子能政策协调委员会的英方代表,其地位可以使他能在核计划上提供重要的情报资料。1946年,美国国会通过了成立美国原子能委员会的《麦克马洪法案》,禁止再向英国提供美国原子能研究的新情报,英国工党政府失去了美国的原子能研究资料,决定在1947年独立制造原子弹。尽管颁布了《麦克马洪法案》,麦克莱恩却仍享有接触原子能研究资料的权力,因为禁令并不涉及核原料和已公开的战争期间的研究成果。作为英国大使馆的正式代表,他负责将原子能用于政治目的的工作,因此获准单独出入美国原子能委员会总部。从1947年夏到离开华盛顿之前,他充分利用手中的出入通行证,经常在闭会期间进行访问考察,前后多达12次,有几次甚至是在夜间。"根据美国原子能委员会的损失报告显示,他可以接触有关铀矿需用量的估计数据,以及对1948—1952年需用量的预估,尽管后来证实,后一组数据是不准确的。"③他每两个星期到纽约一趟,把他弄到的情报,包括美国及其盟国的核思想、核计划和核储存等非常可观、精挑细选的详细材料交给苏联总领事,再转送到莫斯科。这些材料说明

---

① [英]安德鲁·博伊尔:《背叛之风》,新华出版社1981年版,第365页。
② [英]安德鲁·博伊尔:《背叛之风》,新华出版社1981年版,第365页。
③ 王铭玉等编译:《克格勃全史》,黑龙江人民出版社1998年版,第404页。

了美国原子能研究的发展动向，与苏联原子间谍福克斯、纳恩·梅提供的原子弹研制技术机密一起，大大加速了苏联第一颗原子弹的研制步伐。苏联历史学家梅德维杰夫称，朝鲜战争期间，美国总统杜鲁门禁止麦克阿瑟将军将战争扩大到中国领土，正是麦克莱恩将此情报交给了苏联，斯大林将其转给了中国领导人，这才使中国不再害怕美国入侵和使用原子弹，从而放心地决定派中国人民志愿军赴朝参战。①1945年7月24日，美国总统杜鲁门在波茨坦会议一次全体会议结束后，为了对苏联进行恫吓，故意装作漫不经心的样子走向斯大林说："我们拥有了一种破坏力异常强大的新式武器。"此时丘吉尔正在远处偷偷地注视着斯大林的反应，但斯大林既未表示震惊，也似乎没有什么特别兴趣，只是淡淡地说道："我听到这一消息很高兴。"说完便若无其事地走了。丘吉尔等人当时都以为斯大林并不了解这种新式武器的重大意义，其实斯大林的镇定自若正是一种卓越的政治家所具备的领袖风度，因为他早就掌握了美国成功研制原子弹的情报，这同样也要感谢麦克莱恩和菲尔比。可见，麦克莱恩的情报对苏联有多么重要！但是，早在1948年，麦克莱恩准备结束他的长期任务离开华盛顿之前不久，新建立的美国原子能委员会的刘易斯·斯特拉斯令人不安地发现："一个外国人持有进入委员会总部的长期通行证，而且它是这样一种通行证，它使他可以无须由别人陪同而待在这幢建筑物里。从警卫人员保持的记录可以看出，这个外国人经常在正常的工作时间以后，在晚上到这幢建筑物里来。我对此感到关注，便向我的同事提出这个问题，我发现他们都不知道有这种情况。于是立即收回了这个通行证。这个外国人的名字是唐纳德·麦克莱恩，是英国大使馆的一个参赞……"②麦克莱恩的获密渠道就此被切断。

　　梅琳达生完孩子后来到华盛顿与丈夫团聚，租住在一处带有一个小小内室的房子里，麦克莱恩既把这里当成书房，又作为冲洗照片的暗室。他无法掩饰对美国人的蔑视态度和反美情绪，反而表现出对一切苏联事物都不合理性的喜欢心理，这让梅琳达既感到十分气愤、令人厌恶，又使她极为恼火、忐忑不安。为此，两人经常吵架。梅琳达尤其受不了他的酗酒，说他在酒精刺激下的恶劣表现就连行为最不检点的美国人都感到羞耻，他阴郁的沉默和不时表现出的沮丧情绪像极了一个被宠坏的小学生。但这些都不起作用。他每次旅行前后都表现出一种紧张神色，也不同她说

---

① 《前苏联间谍50年代窃取美总统不愿对华作战情报》，新浪军事，2010年6月8日。
② ［英］安德鲁·博伊尔：《背叛之风》，新华出版社1981年版，第367－368页。

到哪儿去、干了些什么,他时常在书房干到很晚,动不动就喝威士忌消愁解闷,梅琳达则成了他的"出气筒"。大使和公使一如既往,从来都没注意到他继续定期前往纽约,好像妻子还住在娘家似的。出于对他的绝对信任,也没有人对他想到哪就到哪(不论是私事还是公事)的权利提出疑问。

1948年9月,麦克莱恩从美国回到伦敦,受到外交部上司的赞扬,并在休假期间听取有关埃及和英国外交关系困难的汇报。尽管看起来更为苍白、衰老和肥硕,但他踌躇满志,谈吐方式依旧迷人,给人的感觉是,已经没有任何东西能够阻止他成为"唐纳德爵士"、成为不列颠陛下外交部门中一颗璀璨的明珠:"他举行了一次晚宴……他已经成了一个杰出的东道主;他的魅力不是建立在虚荣而是建立在诚恳上面,他不是以专家的姿态而是以学生的姿态来谈论外交事务。"①10月,英国外交部将麦克莱恩调离美国,任命他担任驻埃及开罗领事并负责使馆的办公室事务,这使他看上去走上了一条通往外交部最高职务或接近于这个职位的道路。麦克莱恩携妻子梅琳达和两个孩子来到开罗,住在一幢宽敞的三层楼房里,雇了一位女家庭教师给孩子上课、四名佣人收拾家务,生活富足、和谐而且美满。罗纳德·坎贝尔大使对有才华的麦克莱恩非常偏爱,认为他的业务工作万无一失,因此把他当成自己的保护对象。麦克莱恩也很欣赏在开罗的新职务,在大使馆里干得特别出色,他努力讨大使的欢心,并尽力在他心目中留下好印象。由于驻开罗大使馆属于"一级"单位,在外交部同包括华盛顿在内的其他神经中枢间往来的各种机密文件和电报也都发给它一份,因此,麦克莱恩对于全部外交策略能够掌握到与过去一样的完整程度,英国当前的中东政策发生任何变化都逃不过他的眼睛,而这对苏联来说很有价值。在驻美和驻埃及使馆任职期间,他除了向苏联提供有关西方的原子能政策、贮存和供应的第一手情报外,还把即将成立北约组织的计划及时通知莫斯科,在美、英、加拿大等国代表就成立北约而讨价还价的过程中,他没有放过任何实际性的内容,将每一点值得注意的东西都送给了莫斯科。

不过,在开罗期间,麦克莱恩与苏联开罗情报站的关系却一度跌入低谷。莫金等人曾在伦敦提醒驻开罗的苏联指导人员,麦克莱恩是一个绝对重要的间谍,现在正处于上升期,应该对他予以特别关心,做每件事都要与他保持良好关系。但驻开罗情报站指导人员我行我素,表现得相当愚蠢,对他提供的情报既不做任何反馈,也

---

① [英]安德鲁·博伊尔:《背叛之风》,新华出版社1981年版,第404页。

不给他下达进一步的工作指示,这让他感到非常压抑和郁闷。他一到开罗,苏联人便开始对他发号施令,让他非常恼火。苏联指导员在阿拉伯地区安排的约会更加剧了他的愤怒:一个身材高大、头发金黄的英国人穿着整洁的西装,打着领带,出现在露天市场上,鹤立鸡群,要想做到不惹人注意,简直是不可能完成的任务。对此,麦克莱恩建议取消他与苏联指导员的所有会面,改由梅琳达·麦克莱恩与指导员的妻子见面这种方式,她们可以在美发馆这样的地方见面。梅琳达同意这样做,但开罗情报站则坚决拒绝了这一提议。麦克莱恩又提出在公众场合会面,地点可以在外交场所,也可以在饭店和酒吧,但这个提议同样被驳回。在巨大的压力之下,麦克莱恩的精神开始崩溃,酗酒变得更加厉害,脾气也变得更加暴躁,言谈中处处流露出他对埃及及其虚伪的社会准则的厌恶,这与他的外交身份很不相符。

1949年12月,麦克莱恩在给苏联指导员提供的一包机密外交文件中夹了一张纸条,希望开罗情报站转交给中心,这类似于一种SOS呼叫。莫金说:"他在里面写道,他早就希望在苏联工作,觉得这是他与美国和西方帝国主义做斗争最好的地方。他写了很多话请求通过克格勃把他转移到莫斯科。"①结果,对工作极端不负责任的开罗情报站竟然没有发现这张纸条,将它原封不动地送到了莫斯科。更令人难以置信的是,中心也未看见这张纸条,直到1950年4月麦克莱恩再次提出放弃这种令人难以忍受的双重生活的要求时,中心才看到了4个月前就发出的第一张纸条,而此时的麦克莱恩就要疯了:他曾在正式的外交招待会上当众小便;3月底,他和使馆同事陪同妻子及妻妹乘双桅帆船沿尼罗河游玩时,因严重醉酒和极端狂躁而将同事失手打伤并住院。坎贝尔大使为此于1950年春天向外交部提出警告,称麦克莱恩有着时好时坏的双重人格的倾向,尽管措辞非常委婉,但不能不说这也是麦克莱恩职业生涯中的一个污点,必将对其今后的间谍生涯构成证据和威胁。

就在上述事情勉强了结后,麦克莱恩又上演了一出更大的闹剧。5月8日晚上,他与左翼老相识、《观察家报》记者菲利普·托因比陪同梅琳达及其妹妹先参加了一个鸡尾酒会,又去参加一个招待会,后来与朋友走散了,次日凌晨才回到家里。麦克莱恩意犹未尽,叫醒托因比,拉着他来到大使馆一个低级官员家,强行让人拿出一瓶威士忌,一直喝到该馆员早晨上班先走、瓶底朝天了才离开;但接着,麦克莱恩又闯进了同一幢楼房另一层楼两名美国使馆女工作人员住所,洗劫了她们的卧室,扯开

---

① Yuri Modin, *My Five Cambridge Friends*. London: Headline Book Publishing, 1994, p. 164.

了她们的内衣,又去破坏浴室。托因比事后回忆说:"麦克莱恩把一面大镜子举过头顶扔向浴盆,让我感到奇怪和高兴的是,天啊!浴盆碎成了两半,镜子却完好无损。"① 5月10日上午,梅琳达鼓足勇气拜访了坎贝尔大使,说她的丈夫精神过于紧张,需要由专科大夫进行治疗。对他过于宽大为怀以至于几近纵容的大使立即安排麦克莱恩乘飞机返回伦敦。

尽管苏联对麦克莱恩的控制十分严厉,但无助于减轻他严重的精神问题,不过,无论是英国外交部还是伦敦名医云集的哈里街的精神病专家都没有怀疑他是间谍。外交部给他放了暑假,建议他挑选一个精神病医生进行治疗,还替他支付了治病费用。哈里街那位精神病专家向外交部报告称,麦克莱恩的精神问题非常严重,怀疑他可能有器质性的病因,建议他到莫德斯利医院进行检查:"……我发现很难相信周六早上我看到的这个人会在外交部工作。我觉得对于外交官这一工作来说,他显得有些缓慢和迟钝。当然,我对他糟糕现状的了解与他妻子或是开罗的其他同事相比显得微不足道。"财政部的医疗顾问在检查完麦克莱恩之后告诉外交部人事处称:"我个人认为很难找到解决办法,因为他的整个家庭关系失去平衡,而且他有明显的嗜酒倾向,这也与他的家庭环境有关。"由于麦克莱恩坚持接受自己选择的精神分析学家厄娜·罗森鲍姆医生治疗,而不是外交部的精神病专家(可能是担心自己在接受外交部指定的精神病专家治疗时会说漏嘴),使得事情变得更糟。然而,财政部对麦克莱恩的选择并不满意,罗森鲍姆医生"没有英国的行医执照,因此担心她可能是江湖医生"。不过,她的治疗似乎使麦克莱恩的病情稳定了一些。经过一段时间的治疗和恢复之后,同年秋天,麦克莱恩至少能在上班时间控制住自己。难以置信的是,1950年秋他被诊断已经完全康复,随后外交部任命他担任美洲司的司长。在那里,尽管他晚上经常到加格勒俱乐部喝酒,自诩为"英国版的希斯"(一位以前在美国国务院的苏联间谍),但是据他的副手回忆说,他在办公室工作时是一丝不苟、非常高效的。他在外交部的朋友认为他没有问题,并想方设法保护他。1950年6月爆发的朝鲜战争增强了麦克莱恩提供的情报在莫斯科的影响力。克里姆林宫发现麦克莱恩提供的情报"在建议中国和北朝鲜应该采取的战略和谈判原则方面具有无法估

---

① [英]克里斯托弗·安德鲁、[俄]瓦西里·米特罗欣:《克格勃绝密档案》(上),当代世界出版社2002年版,第250页。

量的价值"①。他在提供机密文件时,还把自己的反美态度附加进去,这样做增加了苏联认为美国可能把朝鲜冲突升级为世界大战的担心。在外交部的一次会议记录中,麦克莱恩在其外交生涯里第一次公开认同了斯大林的分析,认为美国的金融资本天生就带有侵略性,而且美国经济过于依赖其军事机器的说法也有一定道理,看起来与因大批军人复员而造成经济不景气相比较,发动一场全面战争似乎是一种更好的选择。

好景不长,麦克莱恩的酗酒毛病很快又犯了,差一点让他原形毕露。1950 年冬天的一个夜晚,那时伯吉斯已经到华盛顿就职去了,伯吉斯的朋友里斯夫妇和两个朋友在"奇形雕像俱乐部"与麦克莱恩不期而遇。麦克莱恩喝得酩酊大醉,变得让里斯都认不出来了,但他一看见里斯,就跟跟跄跄地从房子另一头来到里斯等人的桌前,用一种挑衅而威胁的语调对里斯说:"我知道你的老底。你过去是我们一伙的,可是你叛变了。"②看他那怒气冲冲的架势,好像还要揍里斯一顿似的。但是突然间,麦克莱恩的双腿似乎一软,人一下子就跪到了地上,嘴里还在大骂里斯,骂了一阵子才摇摇晃晃地站起来,东倒西歪地走开了。里斯突然觉得麦克莱恩肯定是伯吉斯的同伙,因为当年伯吉斯拉自己入伙遭拒的事,他从来没有向任何人透露过,如果不是伯吉斯说出去的话,麦克莱恩怎么可能知道呢?这件事的后果想起来就叫人后怕,因此里斯从此就一直努力把麦克莱恩的歇斯底里发作从记忆中完全抹掉。

除此之外,麦克莱恩还学伯吉斯的样子,变成了一个态度鲜明的反美狂热分子。一天晚上,外交官安东尼·朗博尔德和麦克莱恩共进晚餐回家后对妻子说,麦克莱恩看来对斯大林着了迷,任何外交官只要像他那样说话,都不过是找骂:"麦克莱恩在俱乐部的举动有失体统,还说了那样古怪的话,我明天早上不能不向外交部汇报。"③幸好他的妻子责备丈夫说:"别忘了麦克莱恩身体不好,而且结婚时还做过我们的伴郎呢!再说,真向外交部汇报了,那不是把老朋友的前程都葬送了吗?最好别干这种残忍的事。"这才把朗博尔德的火气压了下去。1951 年 1 月,麦克莱恩到巴黎参加妻妹哈里特与一个美国人的婚礼时,又长篇大论地攻击西方的愚蠢政策,说它们与苏联共产党寻求世界秩序的有见识的计划比起来相形见绌。5 月初,新婚夫

---

① [英]克里斯托弗·安德鲁、[俄]瓦西里·米特罗欣:《克格勃绝密档案》(上),当代世界出版社 2002 年版,第 250 页。
② [英]安德鲁·博伊尔:《背叛之风》,新华出版社 1981 年版,第 460 页。
③ [英]安德鲁·博伊尔:《背叛之风》,新华出版社 1981 年版,第 460 页。

妇来到麦克莱恩位于塔茨菲尔德的家里时,麦克莱恩自嘲说,他对于每天穿戴着规定的深色衣帽、手提规定的公事包和卷好的伞去外交部上班的日子已经感到十分厌倦,这一套使他觉得自己活像一只盛装的绵羊,他真心实意地渴望自己能够飘然而去。更有甚者,有一天晚上,麦克莱恩和一个作家朋友参加一个酒会时发生了激烈争论。麦克莱恩最后与朋友翻了脸,用一种挑衅的口气说:"就算是我对你说我是个共产党间谍,你又能拿我怎么办?"

"我不知道。"

"那么,"麦克莱恩固执地又问,"你会去告我吗?"

"我不知道。向谁告呀?"

"哼,我就是个间谍。去呀,去告我呀。"[1]

1951年4月,由于麦克莱恩在纽约领馆泄密事件中的嫌疑越来越大,因此外交部已经禁止给麦克莱恩传阅绝密级文件。麦克莱恩预感到不祥,他在钟爱的威士忌酒精的刺激之下,鼓足勇气把一切小心谨慎抛到了脑外,露出了自己的本来面目,要是有人不愿意看他的真面目,就会大发雷霆,他已经习惯于明知保安部门正在缩紧对他的包围圈的情况下的胆战心惊的日子,所以并不在乎偶然以挑衅的口吻暗示自己正在为苏联效劳。他痛恨外交部上司的做法,既然不让他接触绝密文件,为什么没有勇气提出这么做是出自什么理由呢?实际上,了解内情的顶头上司罗杰·梅金斯早就想让麦克莱恩来个"竹筒倒豆子——一干二净"了。有一天,他向凯里·福斯特建议说,为什么不能先在门口放一名军情五局的人员,然后冲进去叫他交代呢?保卫处长回答说,外交部常务次官威廉·斯特朗爵士明确禁止过早对他采取行动,而且这是美英联合行动的一个组成部分,包括对麦克莱恩的审讯日期都必须与美国联邦调查局协商一致才行,而后者不知出于什么原因似乎并不急于动手。

不过,在这种备受煎熬的日子里,麦克莱恩却一直没有忘记自己的老本行和使命,抓紧一切机会搜集能够到手的文件。由于经常外出狂欢纵饮,耽误了末班火车,导致来不及拍照处理到手的文件,所以他有时候不得不在周末拿回家去干。如果有客人到他家做客,他就开车到威斯特汉姆按小时租用村里怀特药房楼上那间暗室。他向欧内斯特·怀特老板解释说,他要冲洗的胶卷感光度很强,再说在租金上也不会亏待房主。听他这么一说,老板也就打消了疑虑,把暗室租给他用。只有一次,麦

---

[1] [英]安德鲁·博伊尔:《背叛之风》,新华出版社1981年版,第461页。

克莱恩用完后没有彻底打扫干净,药剂师发现拧在轴上的一段曝光过度的胶卷,上面可以隐约看出外交部的印鉴和文件标题。他当时考虑要不要报警,但后来又改了主意,只是在看到了两名英国外交官神秘失踪的消息后,怀特才揭发了这个情况。

从5月初听伯吉斯说他泄密的事东窗事发后,麦克莱恩的精神就崩溃了,但他表现出一种玩世不恭、满不在乎的神情,看来对自己可能落得什么下场丝毫不予关心,既然已经不给他看绝密文件了,而且每天傍晚还有便衣警察跟踪他到查林·克罗斯车站,那么一味逃避便毫无意义,剩下的就等待苏联人安排,听天由命吧!伯吉斯对他的表现不能苟同,他告诫麦克莱恩必须保持谨慎的联系,在接到更为具体的潜逃计划之前,最好是处之泰然,就好像一点心事没有才好。但麦克莱恩心火太旺,哪能管得住自己?5月底的一天晚上,他与大家有一搭没一搭地议论一个案子,有个朋友莽撞地为惠特克·钱伯斯辩护,还喜欢顶嘴,把麦克莱恩惹火了。他突然攥紧拳头吓人地摇晃几下后,就把这个朋友一拳打倒在地,当场见血。围观者把受害人扶起来时,麦克莱恩还怒气冲冲地嚷嚷说:"你认为我崇拜的英雄是谁,是赫斯还是希斯?"①

1951年5月25日是麦克莱恩38周岁生日。就在军情五局最精干的审讯专家威廉·斯卡登要对他进行审查前,他在菲尔比的警告和伯吉斯与布伦特的帮助下与伯吉斯一起逃到了苏联。

麦克莱恩暴露的主要原因在于美国的密码分析工作。1944年,美国战略勤务局从芬兰人手中搞到一本后者从战场上捡来的烧得半焦的苏联密码本,美国情报人员奉国务卿爱德华·斯退丁纽斯之令将密码本原件还了苏联有关方面,但将原件复印后留了下来。战后,这个密码本帮助破译了苏联国家安全人民委员会与华盛顿和纽约情报站之间的往来电报。一方面,驻纽约苏联总领事和苏联的通信联系太过频繁,这引起了美国情报部门的注意和怀疑;另一方面,苏联总领馆的密码译电员犯了一个不可原谅的错误,粗心大意的两次使用一次性的密码表来翻译麦克莱恩搜集到的情报,结果被美国的破译人员破译了。其大致经过是:1946年底,美国陆军安全(技侦情报)局出色的密码破译专家梅雷迪思·加德纳破译出第二次世界大战中苏联克格勃总部与驻美情报站之间的通信。1947年夏,他从破译出的情报中积累了大量关于第二次世界大战期间在美活动的苏联间谍的证据。1948年,陆军安全

---

① [英]安德鲁·博伊尔:《背叛之风》,新华出版社1981年版,第466页。

局向联邦调查局通报了这一情况,10月起特工罗伯特·兰菲尔开始全权负责"维诺娜"的工作,试图确认曾出现在"维诺娜"解码材料中的代号所代表的间谍。由于部门间的矛盾和斗争,中情局直到1952年才得知"维诺娜"的情况,但中心早在1947年就获悉了这一秘密。菲尔比1949年启程赴美就任前,被告知了"维诺娜"的情况,10月到达华盛顿后不久就获得了定期了解"维诺娜"破译情况的权利。菲尔比接触到的"维诺娜"解码材料中多次提到过一位第二次世界大战结束时在华盛顿活动的代号为"霍默"的间谍,虽然一开始这个间谍的真实身份线索很模糊,但他很快意识到"霍默"就是麦克莱恩。得知麦克莱恩被怀疑,菲尔比便向苏联人提出了警告,但中心告诉他"麦克莱恩必须留在他的工作岗位上,而且时间越长越好",中心会制订在"敌人收网前"营救麦克莱恩的计划。① 随着破译工作的顺利开展,1950年底列入怀疑对象名单的人数减少到了35个,1951年4月初又减少到了9个。几天后,梅雷迪思·加德纳惊喜地发现,驻纽约苏联总领事与苏联本土通信联系最多的时间,均发生在麦克莱恩每两个星期去纽约以后;而发出的情报表明情报来自英国大使馆,窃密之人的妻子正在怀孕。美国人排查后发现,1944年6月"霍默"的妻子因为要生产,正住在纽约她母亲家中,而怀疑对象中只有麦克莱恩的妻子梅琳达·麦克莱恩符合这一情况。这个间谍正是麦克莱恩!出于各种考虑,中情局决定暂时不动他,但把情况通知了英国情报部门。英国人接到美国人通报后,才不得不相信他们的一秘原来是个苏联间谍!

由于英国方面决定在任何诉讼中都不能使用"维诺娜"的材料,因此搜集证据证明麦克莱恩从事间谍活动的工作变得复杂起来,这样英国安全局就要花上一段时间才能逮捕麦克莱恩。经过一番精心设计,1951年4月,伯吉斯在一系列引起弗吉尼亚警方、国务院和英国大使愤怒的越轨行动后被命令回国。在乘"玛丽女王"号轮船离开纽约前的那个晚上,伯吉斯与菲尔比在一家中餐馆吃了一顿晚饭,席间两人商定,伯吉斯一回到英国就把这个消息告诉麦克莱恩并通知伦敦情报站。

5月25日晚上,伯吉斯和麦克莱恩按照与苏联人制订的计划,顺利地从英国坐船来到法国,之后辗转来到莫斯科。他们的潜逃就此打开了"潘多拉"魔盒,导致"剑桥五杰"其他成员菲尔比、布伦特和凯恩克罗斯受到怀疑和审查。"剑桥五杰"小组

---

① [英]克里斯托弗·安德鲁、[俄]瓦西里·米特罗欣:《克格勃绝密档案》(上),当代世界出版社2002年版,第254页。

就此走向解体之路。

三、对外情报机构的"费加罗"

1778年,法国剧作家博马舍创作了"费加罗三部曲"中的第二部《费加罗的婚礼》。1786年,由奥地利古典乐派作曲家莫扎特完成歌剧的音乐创作,首演后引起轰动,两百多年来常演不衰。作品中的主人公费加罗虽然是伯爵府的仆人,处于社会底层,被上层社会肆意践踏,但充满了智慧。当得知伯爵试图对自己的恋人恢复"初夜权"时,他非常愤怒,于是巧妙地利用各种矛盾和冲突,使用各种聪明与智慧,巧妙地布下计策,不断使自作聪明的伯爵陷于被动与难堪,最终战胜了伯爵。从某种意义上讲,伯吉斯就是苏联对外情报机构里的"费加罗"。在加入苏联谍报队伍的情报生涯里,他总是处于不断"运动"之中,哪里需要就奔向哪里,就像戏剧里的费加罗一样演技高超、动作娴熟,在各种人物中间腾挪闪转。好友戈伦韦·里斯曾这样评价他:"从性格上说,他就是另一个费加罗,总是表现得精明能干,随时准备为别人效劳,但其目的是接下来为了自己的利益而将他们操弄于股掌之中。"[①]令人惊讶的是,他总能迅速博得"剑桥五杰"感兴趣对象的好感和信任。

1935年夏天,伯吉斯完成了对印度士兵起义的马克思主义解读论文之后,放弃了获得剑桥学位的努力。像他这样心理上极度渴望获得赞扬的人,一旦离开剑桥那些共产党员的朋友圈,内心必定是无比痛苦的,而且一旦决定离开剑桥,就意味着他放弃了一年440英镑的教师薪水,他将不得不寻找别的生计才能填补上,但他仍义无反顾地转身走了,这让一直为他担心的多伊奇松了一口气,因为只有离开,才能在别的岗位上为苏维埃的革命事业做出更大贡献。离开剑桥大学后,他在剑桥大学近代史钦定教授特里维廉的帮助下,找到了讲师和家庭教师的临时工作。后者曾劝他到彭布罗克学院参加大学评议委员会委员考试,从而获得半固定的适当地位,伯吉斯答应考虑。他也有机会担任伊顿公学的校长助理,但剑桥大学高级讲师丹尼斯·罗伯逊爵士婉言谢绝、不予推荐,这使他的希望化作泡影。后来他找的第一份工作,是给大学同学、"使徒会"协会的战友、后来成为国会议员的维克托·罗斯柴尔德的

[①] Олег Царев, Джон Костелло, Роковые Иллюзии. Из архивов КГБ: дело Орлова, сталинского мастера шпионажа(Москва: Издательский Центр〈Аква-Терм〉, 2011), стр. 249.

母亲当财政顾问,每月可以获取一笔相当可观的补助费。实际上,他是在帮助出版罗斯柴尔德资助的经济和政治问题研究项目,该项目是一个名叫鲁道夫·卡茨的德国共产党员移民推动的。在布伦特的介绍和推荐下,他还加入了由同情希特勒的保守派等人士组成的松散团体"英德友谊协会",负责对外宣传事宜,从而开始了法西斯主义宣传家的新职业,定期把"英德友谊协会"的政治活动和人物情况简要报告给多伊奇,汇报中不是面面俱到,而是运用他惯有的洞察力和敏锐眼光对情况做出适当选择。在这个期间,他与多伊奇经常在咖啡馆见面,谈论最多的就是如何打入英国政权内部并渗透进秘密情报机构。为此,他曾经试图进入保守党情报局(当时的领导人是前英国安全局调查处处长、之后任首相张伯伦贴身顾问的约瑟夫·鲍尔)任职,但未能如愿。由于威尔士亲王即后来"不爱江山爱美人"的爱德华八世具有浓郁的亲德倾向,因此希特勒竭力加以利用,斯大林出于苏联国家安全利益考虑而忧心忡忡。在这种情况下,多伊奇等人指示菲尔比和伯吉斯,通过参加英德谅解和友好活动,并装成它的热情支持者来了解及赞同这一活动的实际力量。伯吉斯身体力行,随着时间的推移,1935年下半年,他慢慢成为年轻的法西斯分子、右翼保守党国会议员、同性恋者杰克·麦克纳马拉上尉的私人助理,并陪同他数次前往纳粹德国开展调查取证工作。伯吉斯曾吹嘘说,他曾带一群英国学生去参加纽伦堡集会;参加过在柏林举行的奥运会;1936年春天,他还和麦克纳马拉以及两个朋友一起完成了对第三帝国的放荡不羁的旅行,其中一人是国防部的酒肉朋友怀利,另一个是麦克纳马拉的养父、富裕的英国圣公会副主教夏普,旅行的费用由英国教会对外关系委员会资助。实际上,此行主要是和与其观点相似的希特勒青年团的同性恋成员发生同性恋行为而已。后来,伯吉斯将麦克纳马拉、副主教与一群漂亮的雅利安男子赤身裸体拥抱在一起的照片转交给多伊奇,至今还保存在克格勃的"梅德亨"专案卷宗里面。

苏联指导员鼓励他要继续保持这种联系,因为这种广泛的交往让伯吉斯与欧洲大陆的许多同性恋者搭上了关系,帮助他获得了预想不到的成功,而且还能做得神不知鬼不觉,这在以后的工作中屡屡发挥了很大作用。例如,他通过亲德的"英德友谊协会"结识了法国人爱德华·普法依弗。此人是共产党员,曾担任法国极端社会主义政党的总书记,现任总理爱德华·达拉第(1936年1月—1940年5月担任法国国防部长,1938年4月—1940年3月出任法国总理)的办公室主任,深受达拉第信任,委托他充当与法国右翼的联系人。普法依弗在工作之余经常屁颠屁颠地参加法国的童子军活动,将性与秘密政治活动巧妙地结合起来,让伯吉斯也从中找到了无与伦比的乐趣。1936年3月德国未遭反对即占领莱茵兰后,法国内阁仅以1票的多数否决了派军队去莱茵兰驱赶希特勒的动议。这份情报的消息来源就是在法国身居高位的同性恋者爱德华·普法依弗。伯吉斯曾对朋友吹嘘称:"他和普法依弗以及另外两名法国内阁成员……曾一起在巴黎的一家男妓院里度过了一晚。他们围着一张桌子又唱又跳,并不时地用皮鞭抽打绑在桌子上的一个光着身体的男孩。"[1]他还津津有味地回忆说,有一天晚上在巴黎,他在普法依弗的住处参加了一场聚会。一群法国政府官员穿着礼服在打台球,而一个肌肉男自行车手赤身裸体的躺在台球桌上,充当球网。再如,随着伯吉斯的影响力越来越大,他把菲尔比也拉进了"英德友谊协会",不仅为其解决了职业掩护身份,还为其今后向英国核心部位渗透奠定了基础。

加入苏联情报机关队伍后,伯吉斯按照多伊奇的指示,与共产党实行了戏剧性的决裂,这让三一学院共产党头目中资格最老的多布颇感不解和失望,而那些与他在理智上、感情上以及有时在肉体上都保持密切关系的剑桥时代的知己们,比如约翰·康福德、戴维·黑登·格斯特和其他年轻的马克思主义好斗分子简直想杀死这个叛徒!在西班牙内战期间加入英国广播公司之后,西里尔·康纳利回忆说:"他竟成了一个法西斯分子!他仍然嘲笑资产阶级知识分子,现在又吹捧起纳粹领导人强烈的当代现实主义来了:他对经济上的无情措施和掌权捷径的敬佩,使他转向另一个极端,他声称,他参加过一次纽伦堡集会。"[2]只有伯吉斯最为亲近的人布伦特,才知道伯吉斯采取这个鲁莽而冒险行动的原因所在,但他决定故意装出淡然的惊讶态度,并不对外透露和揭穿伯吉斯的把戏。尤其是1937年驻伦敦非法情报站关闭,他们与莫斯科的直接联系中断9个月期间,伯吉斯正是以这样的外表作为最好的掩护。

奥尔洛夫力排众议把伯吉斯拉进苏联谍报队伍里,现在开始收到丰厚的回报了。驻伦敦非法情报站关闭后,伯吉斯像多伊奇和马利许诺的那样,把自己当成内务人民委员会的官员,而不是处处依靠指导员领导和经营的间谍,因此在积极搜集

---

[1] [英]克里斯托弗·安德鲁、[俄]瓦西里·米特罗欣:《克格勃绝密档案》(上),当代世界出版社2002年版,第98页。

[2] [英]安德鲁·博伊尔:《背叛之风》,新华出版社1981年版,第184页。

情报的过程中，把自己视为多伊奇的间谍发展策略的继承和发扬者，继续按自己的意愿发展间谍，积极主动地为苏联人做招募工作。1938年，伯吉斯发展了他的一个情人、瑞士记者艾里克·凯斯勒。凯斯勒后来当了外交官，在瑞士驻伦敦大使馆任职，他在中心的代号是"奥伦德"和"瑞士人"，提供了许多关于瑞士与德国关系方面的情报。大约在1939年，伯吉斯又把他的另一个外国情人——匈牙利人安德鲁·雷沃伊——发展为苏联间谍，此人后来成为战争时期流亡在伦敦的自由匈牙利组织的领导人，中心给他的代号是"太妃糖"，克格勃档案记载他是一名男妓，还有人说"他与一名外交部里的官员有同性恋关系"[1]。到了1942年，伯吉斯还想让雷沃伊从英国军情五局向外提供情报。

当然，伯吉斯的招募活动也有"走麦城"的时候。斯图尔特·汉普希尔就是一例。汉普希尔第二次世界大战时曾在无线电安全处工作，是著名的密码破译专家和分析家，战后在外交部任职，之后到牛津大学和美国普林斯顿大学教授哲学，20世纪60年代受内阁大臣伯克·特伦德邀请主持对政府通信总部未来发展的研究工作。1967年，军情五局专家赖特专程赴美向他询问有关伯吉斯的情况时，他回忆说，1937年，他和布伦特到巴黎旅行。一天晚上，他们同克卢格曼和另一位艺术家本·尼科尔森共进晚餐。饭后，克卢格曼在一次冗长的会议上首先发言，他们对汉普希尔的政治信仰进行了考察。几个月后，汉普希尔被邀请到伯吉斯位于切斯特广场的公寓里吃晚饭，觥筹交错之下都喝了不少酒。子夜后，伯吉斯劝他要为和平工作，说这项工作虽然很危险，但非常值得干。谈话中还涉及知识界当时的动乱，谈到了纳粹的威胁，谈到有必要在学术研究中采取更多的马克思主义立场。汉普希尔当时认为这是邀请他参加左翼辩论学会的前奏，那是在牛津—剑桥知识分子当中很流行的一件事，压根儿也没意识到自己可能是伯吉斯的招募对象。后来他回伦敦时对彼得说，伯吉斯的试探混乱不清，以致他从来不能肯定它的重要意义。再说，他从来没想到布伦特出席晚宴与伯吉斯的试探有何关联，而且布伦特与怀特和利德尔私交甚笃，他认为他是完全可以信赖的。

"梅德亨"的专案卷宗显示，伯吉斯可能是唯一知晓内务人民委员会打入行动意图和规模的剑桥小组成员。1939年3月12日，他给莫斯科写了一封《关于对准备投

---

[1] [英]克里斯托弗·安德鲁、[俄]瓦西里·米特罗欣：《克格勃绝密档案》(上)，当代世界出版社2002年版，第136页。

入公职的大学生开展工作的发展意见》的信函。信中系统地阐述了苏联的打入计划,实际上这个计划早就由多伊奇等人制订出来,而他就是这一计划实施后首批被招募的人员之一:"在大学生中开始组织意义最为重大,因为通过这项工作,我们能够有规律地控制前往国家机关担任公职的人流。这些人可以在成为特别卓越的人才之前就把他们招募,并把其安排到某一工作领域的安全位置上。当然,牛津和剑桥是最重要的两所大学。在这里开展工作,我们需要有某个与大学生们有密切联系的人。"①他把自己视为"牛津剑桥网"的"天才发掘人",提出一个又一个建议,试图扩大和巩固苏联人的打入行动。1938年,他的苏联保护人向莫斯科报告说,伯吉斯认为:"最重要、最有发展前景的工作,他坚信这项一定会成功、一定会取得成效,因此将以更大的道德满足感来投入的工作,就是为我们在牛津和剑桥大学年轻的、准备进入政府部门工作的毕业生中间发展成员。在这项工作中,他有两个助手,一个是剑桥的'托尼',另一个是牛津的'格罗斯'。'梅德亨'每次会面都谈及这件事,他的理由是,只有这样的间谍人员才能够为我们提供唯一而且值得信任的情报。"②"托尼"是布伦特的代号,"格罗斯"则是牛津大学好友戈伦韦·里斯的代号。而伯吉斯自豪地相信,能与大学生们保持密切联系的人,包括他自己正在扮演一个关键的角色,在那些即将在英国政府和情报机构里混迹的人员中挖掘"鼹鼠"。为此,他不断地在牛津和剑桥大学里将上述想法付诸实践,招募那些才华杰出的、能够渗透到政府部门的大学生。牛津大学的戈伦韦·里斯就是一个非常重要的发展对象。

戈伦韦·里斯并非同性恋者。1932年,他与伯吉斯初次相见,虽然伯吉斯极力对他施展同性恋诱惑,但都被他抵抗住了。不过,伯吉斯还是给他留下了深刻的印象:"在我看来,他具备一些与生俱来的东西,他的谈吐都能反映出他鲜明的个性。"③伯吉斯在"皈依"法西斯之后,里斯曾与他有一番激烈的辩论,关系一度闹翻,但伯吉斯不为所动,依然对他充满关注。1936年,里斯当上了《观察家》杂志助理编辑,大约在1937年下半年就贫穷的威尔士南部地区的大规模失业现象发表了一篇带有明显同情倾向的书评。有可能是在1938年元旦的晚上,伯吉斯来到里斯位于埃伯里

---

① Олег Царев. Джон Костелло, Роковые Иллюзии. Из архивов КГБ: дело Орлова, сталинского мастера шпионажа(Москва: Издательский Центр 〈Аква-Терм〉,2011),стр. 281.

② Олег Царев. Джон Костелло, Роковые Иллюзии. Из архивов КГБ: дело Орлова, сталинского мастера шпионажа(Москва: Издательский Центр 〈Аква-Терм〉,2011),стр. 281.

③ [英]克里斯托弗·安德鲁、[俄]瓦西里·米特罗欣:《克格勃绝密档案》(上),当代世界出版社2002年版,第129页。

街的公寓,像往常一样,两人面前摆着一瓶威士忌,开始了一次不同寻常的谈话。伯吉斯在对里斯及其在《观察家》上的文章大加夸奖之后,异常严肃又直率地说:"我是共产国际的间谍,自从离开剑桥以来我一直是。我要你和我一起干,帮助我。"[①]看到里斯满腹狐疑的样子,伯吉斯向他保证,自己说的都是实话。里斯很惊愕地向他提了一连串问题:这是什么意思?他要什么帮助?别人知道吗?他是一个人干吗?如果不是,那么还有谁?伯吉斯打断了他,平静地说出了布伦特的名字。这把里斯吓得目瞪口呆,布伦特可是自己心目中博学、正直而值得喜爱和尊敬的人,他怎么可能干这种事呢?里斯没有同意伯吉斯的邀请,不过他答应说,自己永远不会让布伦特知道他们俩刚才的谈话,但是他心里越来越迷惑不解,害怕自己成为伯吉斯精心炮制的无情玩笑的牺牲品,即便伯吉斯真的是在与自己分享秘密,但他说的话也不能都信。带着满腹猜疑,里斯去见了他和伯吉斯共同的朋友、约翰·莱曼的妹妹罗莎蒙德,把伯吉斯如何拉他参与间谍活动、自己又是如何回绝的情况告诉了她,当然没有提布伦特的事。罗莎蒙德是剑桥大学格顿学院的毕业生,拥有许多左翼朋友,非常了解伯吉斯奔放不羁的想象力,于是安慰他说,这只不过是伯吉斯满足其愿望的一种典型的想象而已,根本不值得大惊小怪。里斯将信将疑地离开了。事后,伯吉斯也把与里斯谈话一事告诉了麦克莱恩。里斯的拒绝造成两人间的关系有些紧张,但并没有导致伯吉斯与他的友谊小船翻船。

在此后的几年里,里斯一直试图表明自己并不同意当苏联间谍,但在克格勃关于他的档案里清楚表明他的确被发展了(此后其代号为"弗利特"或"格罗斯"),当然档案记录也确认,伯吉斯并没有要求他为苏联内务人民委员会工作,而是要求他"帮助党"。中心认为,里斯是一名非常具有潜在价值的重要间谍。外交大臣哈里法克斯爵士、后来担任内务大臣的约翰·西蒙爵士和《泰晤士报》主编杰弗里·道森三人是英国主要的绥靖主义者,均是威尔士同学会的成员,里斯应该能与他们搭上线并利用他们搜集对苏联有用的情报。中心声称他经常在高层会议上见到这三位大员。里斯还有一个朋友厄尼斯特·斯温顿爵士,是一位退休少将,曾从1925年起担任丘吉尔的军事历史学教授。事实上,中心对该人的作用估计有点过高,实际关系并非那么深厚。1939年8月23日,《苏德互不侵犯条约》在莫斯科举行签字仪式,这给内务人民委员会的英国间谍们在思想上造成了沉重打击,因为这些人20世纪30年代

---

① [英]安德鲁·博伊尔:《背叛之风》,新华出版社1981年版,第187页。

在意识形态的驱使下成为苏联间谍就是为了（至少有一部分是）同法西斯作斗争的，现在苏德突然握手言和，这让少数人因此产生了思想动摇。戈伦韦·里斯就是其中一个。1993年，他的女儿珍妮在莫斯科期间，俄对外情报局明确告诉她说，里斯自苏德签署条约后就拒绝再提供合作了。伯吉斯知道里斯打算退出后非常紧张，紧急向中心发报说，里斯有可能出卖他和布伦特，要求暗杀里斯，以绝后患，不过中心没有同意。实际上，里斯出于同伯吉斯长期以来的友谊，并没有背叛他和布伦特。为了稳住里斯和实行自我保护，伯吉斯有一次对里斯说，他本人对苏德条约也备感失望，因此停止了与共产党的秘密合作。麦克莱恩也对里斯的"叛变"非常担心，多年之后有一次酒后，他曾在大庭广众之下对里斯的背叛行为破口痛骂。1951年伯吉斯和麦克莱恩逃跑后不久，里斯找到时任军情五局局长怀特，说他知道伯吉斯长期以来一直是苏联间谍，伯吉斯战前曾试图招募自己，只是因为当时苏德签署了《苏德互不侵犯条约》，他为此感到幻灭，所以拒绝继续保持任何秘密关系。里斯还声称，布伦特、利德尔、前军情六局官员罗宾·扎纳和斯图尔特·汉普希尔都是伯吉斯的同伙。到了1956年，里斯更是在一家销路很大的报纸上匿名发表了一系列文章，绘声绘色地描述了伯吉斯及其好友的淫荡活动，一时间引起社会轰动。

普法依弗不仅贪恋伯吉斯的男色，还推荐伯吉斯为纳粹资助的一家法国期刊写稿。伯吉斯在投稿的过程中既锻炼了文笔，也结识了不少新闻界人士，这让他信心大增，决定尝试一下到新闻界发展。1936年初，伯吉斯接受同性恋朋友罗杰·富尔富德的建议，在《泰晤士报》副编辑室试用了1个月。当时富尔富德在这家报社担任记者，后来加入了军情五局。伯吉斯很快就厌倦了墨守成规的报纸出版工作，也没给上司留下好印象，一个月后即遭辞退。他变得烦躁起来，对"英德友谊协会"的杂务工作有点不感兴趣了，特别是在同年3月，英法按兵不动，希特勒领导的德国不费一枪一弹即占领莱茵兰非武装区之后更是如此。

1935年10月，奥尔洛夫奉命离开英国之前，从一个代号为"教授"的间谍那里听说，英国情报机关准备在伦敦大学斯拉夫学院开班，教军事情报军官学习俄语，学校有个女老师叫伊丽莎白·希尔，她是总部设于巴黎的反苏维埃的俄罗斯军人协会主席米勒将军的亲戚。同年6月，奥尔洛夫指示伯吉斯到学校报名学习俄语，目的是结识希尔女士，听俄语课，找出听课的军情六局工作人员，并与他们交朋友。伯吉斯奉命来到学校报上了名，如愿与希尔相见，并单独听了一堂课，但对希尔的培养工作真正取得进展是在奥尔洛夫离开英国一年之后。当时,希尔收听了伯吉斯在 BBC 的一期节目,他为她展现了到广播公司做节目的美好愿景,结果很快就赢得了毫无戒备之心的希尔的信任。1936 年初,多伊奇向中心报告说,"梅德亨"证实斯拉夫学院的学员全部是情报军官,学校可以说是"地方'公司'(伦敦特工对军情六局的称呼)的工作中心";校长是前军情六局军官,打算重返苏联重操旧业;校长秘书是一个共产党员,希尔教授本人看起来与军情六局的人关系良好,准备参加六局的工作计划。伯吉斯还发现,希尔是乔治·A. 希尔旅长的妹妹,他是英国著名的军事情报军官,俄国十月革命后与化名"IK-8"、传奇般的西德尼·赖利[①]并肩在彼得格勒活动过;希尔教授本人以前也曾在军情六局工作,可能很快就会重操旧业前往莫斯科,为此她积极获取那些同情苏联、持左翼观点的学员们的信任。伯吉斯在语言学校的使命只能说成功了一部分,因为他没有培养出一个军情六局官员,但他的活动向中心证明,他有可能成为一个有价值的间谍。

1936 年 10 月,伯吉斯轻而易举地在位于布里斯托尔的英国广播公司座谈节目部找到了一份工作。原来,他找到剑桥现代史钦定教授特里维廉,让他给英国广播公司二把手塞西尔·格雷夫斯写信,亲自对伯吉斯的工作申请表示赞同。格雷夫斯一看申请人无懈可击的学院成绩单,这不正好是给广播公司准备的现成人才吗?而对伯吉斯来说,这份工作就是请善于澄清和说明英国国内外动乱形势的专家来做广播谈话,英国广播公司有责任把真实情况告诉听众,教育他们,使他们身心娱乐而已,再加上自己天性活泼而且健谈,因此这份工作再合适不过了。他在工作中表现得富有进取心和首创精神,在隔音的广播室内或者在食堂里与同事们在餐桌边聊天时,扮演了一个广播行家的角色,言行举止丝毫没有引起同事们对他真实身份的怀疑。尽管大家对他能说会道和明显玩弄手腕的做法不怎么感兴趣,然而事实表明,他天生就是一个厉害的对手。他可以承认自己脾气古怪,从而消除这一级或更高一级批评者的非议,同时又把自己打扮成带有独特右翼色彩的"政治宦官"。他克制住爱吹牛的毛病,必要时言行举止小心谨慎。他总能请来英国社会生活中一些知名人

[①] 西德尼·赖利(1874 年 3 月 24 日—1925 年 11 月 5 日),出生于俄国敖德萨的俄国妇人与维也纳犹太医生的私生子,曾为伦敦最受欢迎的社交界宠儿,是 20 世纪初期英国的神秘王牌间谍,其间谍生涯充满传奇色彩,同时也是一个搞暗杀的专家,通晓下毒、刺杀、枪杀、扼杀等致死手段,"拥有 11 本不同国籍的护照和同样数量的妻子"。系英国当代著名间谍小说作家伊恩·弗莱明在其小说里虚构的典型全能间谍詹姆斯·邦德"007"的原型。

士来做广播谈话,因此很快成为公司那些有前途的节目安排人中最有能耐的一个,博得了上司的赞赏,同事们也把他看作一个快乐、机智有时有点别扭的利己主义者,只是对男人比对女人更为欣赏,但他在广播公司期间,不仅能设法克制住不在走廊里追求男性,而且在同事中间给大家留下了在同性恋兴趣方面只是个"光说不干"的家伙的印象。

英国广播公司对职员个人私生活的态度是,只要不酿成丑闻,便很少过问,更不干涉。伯吉斯与上司和同事也没有什么共同朋友,这让他很容易长时间过着三重生活而平安无事。他利用在广播公司的职位物色议员、重要的文官和其他头面人物,比如利德尔和戴维·富特曼这样的英国情报人员,哈罗德·尼科尔森和布伦丹·布雷肯这样富有和解精神的政治家,这些人的影响力和对内幕情况的了解日后可能对克里姆林宫和他本人派上用场。苏联人在金钱方面为他提供了资助。伯吉斯在广播公司的年薪不到500英镑,还能从其父亲家产中得到一些补贴,但是结交朋友、维持关系需要花很多钱,为此,苏联指导者慷慨地提供了资助,维持其在切斯特广场顶层公寓里的奢华生活。戈伦韦·里斯经常注意到,伯吉斯的房间总是乱七八糟的,而且房间的颜色设计非常扎眼:窗帘是鲜红色的,墙壁是白色的,床罩和靠垫却是蓝色的。卧室的一个大橱柜里有一堆乱七八糟的信件和一厚叠纸币。伯吉斯有一次开玩笑说,这些信是害相思病的男朋友主动寄来的:"我从来不把它们扔掉,没准有朝一日还有用处呐。"里斯发现,那一捆捆的纸币"好像从来不会减少似的"[1]。广泛的社交活动也使他有时能够提供几条非常有价值的内部情报,比如法国内阁那次反对采取单方面军事行动将希特勒驱逐出莱茵兰的投票的详情,英国没有心情而且没有力量卷入欧洲的纷争中去的材料等。

奥尔洛夫招募菲尔比等剑桥精英还有一个目的,即建立起与英国秘密情报机关的直接接触。幸运的是,伯吉斯第一个达成了这个目标。1936年10月,麦克莱恩报告说,外交部来了一个名叫戴维·富特曼的军情六局军官。马利此时已经担任伦敦情报站站长,他立即决定由伯吉斯对富特曼进行培养。为了打消中心因为对"梅德亨"乱七八糟的生活方式而对其业务能力的严重怀疑,马利费了不少心思,为他辩护说,他现在严谨多了,不再那么羞怯,相反还粗鲁起来。不论给他什么任务,他都能混进去。多伊奇也说,伯吉斯"几乎能和任何人认识并交上朋友",现在随时准备作

---

[1] [英]安德鲁·博伊尔:《背叛之风》,新华出版社1981年版,第190页。

为一个间谍完成任何一项任务。但计划没有变化快。1936年,多伊奇第一次向中心报告与富特曼的接触之后不久,没想到伯吉斯的梅毒病发作,结果一治就是10个月,直到1937年7月25日,多伊奇才向总部建议由伯吉斯对富特曼进行培养。病愈后,伯吉斯马上行动起来。富特曼参加过第一次世界大战,获得过"军人十字勋章",干过一段黎凡特领事工作,之后到情报部门任职,是军情六局主要的苏联问题专家之一,为了写小说而开始学习俄国历史。当时他刚刚出版了两部长篇小说,一部是《巴尔干假日》,另一部是《猪和胡椒粉》,两部小说都在伦敦文艺界引起强烈反响。富特曼的一个文艺界眼线在出书过程中帮过大忙,因此伯吉斯找到他牵线,掩护身份是BBC的制片人。听说有机会上电台为自己的最新一本书做节目,富特曼备感荣幸。他传话说,很高兴与伯吉斯见面。后者当然求之不得,为了使两人的关系更加巩固,他提议为富特曼支付高于普通水平的报酬。两人终于约好时间,在广播电台大厦对面的波特兰广场附近的"兰吉姆"饭店共进午餐,席间相谈甚欢,富特曼盛情邀请伯吉斯第二天一起吃午饭。伯吉斯针对军情六局的第一场战役就这样圆满结束了。不过伯吉斯有所不知的是,会面过程中,有一个代号"吉普赛人"的苏联女特工一直在他不知道的地方,监视着他如何完成自己有生以来第一项重要任务。后来,多伊奇向莫斯科报告说,他们是在饭店大厅见的面,会面进行得和我们与他商量的路子一样准确,也与他后来告诉我的情况相吻合。"吉普赛人"一下子就认出了"梅德亨",看到他非常激动。伯吉斯事后对多伊奇说,这是因为他很害怕富特曼有可能不来。作为一个刚刚入门的间谍新人,伯吉斯非常严肃认真地对待他的第一项重要任务。他把他认为富特曼身上可能对莫斯科有用的细节都做了仔细观察,不论是生理形体上的,还是生平履历方面的,事后都形成书面材料交给了多伊奇。不仅如此,他还发挥他的漫画才能,为富特曼画了一幅脸部轮廓像,随同富特曼写在伦敦西区一家汽车经销商办公笺纸片上的家庭住址一起递了上去。多伊奇后来把这些东西都转交回莫斯科,现在应该存放在"梅德亨"的专案卷宗里。

伯吉斯后来请富特曼共进午餐,说服后者同意为BBC做两期广播节目。为了突出他们之间的特殊关系,他还宣称"我们已经是好朋友了"[①]。他这么做的目的并不仅仅局限于BBC的广播间,而是打算成为深受富特曼信任的情报员。结果是,一

---

① Олег Царев. Джон Костелло, Роковые Иллюзии. Из архивов КГБ: дело Орлова, сталинского мастера шпионажа(Москва: Издательский Центр 《Аква-Терм》, 2011), стр. 266.

年后他如愿以偿地开始执行军情六局下达的编外任务。1938年5月,苏台德地区的德国纳粹领导人科拉德·根莱恩访问英国,与英国政府讨论希特勒对捷克斯洛伐克北部地区的领土要求,住在"戈林"酒店里。伯吉斯自告奋勇地请他在这个酒店当电话接线员的好朋友杰克·休伊特帮忙,窃听了德国人的所有电话谈话。完事后,休伊特来到位于当时军情六局总部百老汇大厦后面的威斯特敏斯特一家啤酒馆,事无巨细地向伯吉斯和富特曼做了汇报。军情六局认为伯吉斯对他们很有用处。同年夏天,军情六局又要求他执行第二个秘密使命。当时伯吉斯接受普法依弗的建议,充当将法国总理达拉第的密信转交给英国首相张伯伦的信使,两人在信中阐述了通过对希特勒实行绥靖政策来调解捷克斯洛伐克危机的计划。普法依弗每次从巴黎返回伦敦,伯吉斯就把达拉第的信件送到军情六局在"圣艾尔敏"酒店租用的房间,在这里照相,伯吉斯再把内容翻译给富特曼听,因为后者已将法语差不多忘记干净了。

1938年年中,伯吉斯听说军情六局为派到驻外使馆的军官充当掩护平台的护照检查处出现了空缺,他在与富特曼吃午饭时讨论了自己从BBC辞职转入军情六局工作的可能性,后者认为这个人选非伯吉斯莫属。大约一周以后,富特曼把伯吉斯介绍给了军情六局布拉格情报站原站长诺曼先生,会面地点在帕尔马尔街的皇家汽车俱乐部,这里是军情六局军官们非常喜欢的消遣之处。在吃午餐的过程中,伯吉斯了解到,诺曼打算将自己派到意大利,任务是了解墨索里尼对西班牙的真实态度,现在受德意支持的佛朗哥将军看来马上就要赢得内战的胜利。苏联内务人民委员会派人打入英国情报机构的愿望眼看就要顺利实现了!

诺曼教伯吉斯如何完成这项秘密侦察任务。伯吉斯按压住内心的狂喜,表态说他非常乐意接受这项任命。诺曼提醒他BBC记者的头衔容易引人怀疑,伯吉斯说他可以请罗斯柴尔德勋爵在其家族银行驻罗马办事处安排一个差事作掩护。诺曼很高兴,说罗斯柴尔德正在剑桥为军事部研究一个秘密的科研项目,军情六局可以为此找他帮忙。下一次见面时,富特曼告诉伯吉斯,尽管为他的意大利行动提供掩护不是那么容易,但他给诺曼留下的印象很好。伯吉斯转而提出,他可以以讲师的面目出现,而且自己在科学界熟人众多。事后,他向苏联保护人描述说,他装作无所谓的样子,找机会对富特曼说,自己读大学时曾是一个共产党员,他不想隐瞒这件事。没想到富特曼却说,这不要紧,如果意大利行动不能成行,这个身份反而能够带

第六章　惊心动魄——"剑桥五杰"的间谍生涯

来新的机会,他的经验和与共产党的接触经历可能对"反共处的小伙子们"更为有用。富特曼还答应给他安排引见军情六局反间谍处的领导。不久之后,伯吉斯见到了军情六局五处处长维维安。维维安对马克思主义理论知识的掌握犹如一本百科全书,对共产国际的政策研究也十分透彻,这让从1934年退党以后就很少阅读马克思理论的伯吉斯既感到非常震惊,又觉得很不舒服。维维安告诫他,为了在英国的共产主义运动中当好秘密情报局的眼线,首先就要扩大知识面,切实掌握马克思主义的原理。他的工作对象不是那些活跃的共产党员,这些人不危险,由警察和特别处的人来对付他们就行。他要思考的是如何对付那些非党人士,比如左派书籍俱乐部的出版商和创立人维克托·戈朗茨,还有青年大学生丹尼斯·詹姆斯。牛津大学和剑桥大学都有一些秘密党员;这些秘密社团应该连窝端掉!想到英国秘密机构对剑桥党支部的情况掌握得如此透彻,伯吉斯感到身上像爬满了蚂蚁一般难受。维维安说,BBC里也有一个秘密党组织,军情六局一直想连根拔掉,应该查清楚里面到底有谁?伯吉斯听到这里,故作天真地说,他真不明白共产党人利用这样的人到底图的什么?维维安脱口而出:"共产国际最近的指示特别左。"[①]说到这里,维维安突然打住了话头,把脸转向富特曼:对不起,说多了!然后又对伯吉斯说,尽管不久前截获的共产国际的指示十分保密,但不久后就会公开发表,到时会给他一份。午餐结束时,富特曼和维维安告诉伯吉斯,他的主要任务是渗透进共产党,争取派到莫斯科去。

伯吉斯很高兴自己终于获得了打入英国秘密情报机构的机会,但是他高兴得太早了。当时苏联国内正在进行政治大清洗,马利被召回莫斯科,多伊奇也于1937年10月离开英国,结果菲尔比和伯吉斯等人在长达近10个月的时间里处于无人管理的状态,一直到1938年8月,伯吉斯才在巴黎通过时驻西班牙的列昂尼德·艾廷贡恢复了与莫斯科的联系,请示是否准许接受维维安的安排。中心考虑到这些渗透活动都是伯吉斯自发进行的,担心让伯吉斯这样容易感情冲动的人执行打入英国共产党的计划过于冒险,而且内务人民委员会的任务中也没有世界共产主义运动的安全问题;此外,如果伯吉斯接受这个建议,必定会偏离渗透进英国政府且直接针对苏联情报机构的主要方向,因此不止一次向伯吉斯下达叫停指令。伯吉斯对中心的这个

---

① Олег Царев. Джон Костелло, Роковые Иллюзии. Из архивов КГБ: дело Орлова, сталинского мастера шпионажа(Москва: Издательский Центр《Аква-Терм》,2011),стр. 270.

决定坚决反对,他向莫斯科写了一封信质疑中心的这个决定:"我遇到过一个反共分子,他告诉我,他利用他在牛津上大学的儿子在左翼大学生运动中当间谍。很明显,他们用这种方式把某个人塞进了牛津大学或剑桥大学,他有可能揭露我或者您认识的其他人。我举这个例子是想证明并指出,最好由我们的人去做这个工作,这样就有可能隐藏我们需要的人,或者把事情弄得让这些人看起来无关紧要或令人迷惑不解,否则,他们就会自己找人去干这种事。如果他们对我们这样干,那我们为什么也不这样对付他们呢?"①但中心不为所动,1939年3月戈尔斯基接任伦敦情报站站长一职后,严令伯吉斯拒绝维维安要他充当为军情六局工作的地下间谍党员的计划。

在这种情况下,伯吉斯不得不让步。他在给中心的报告中汇报说,他已明确拒绝了在英国共产党内部充当军情六局间谍的建议,理由是自己无法伪装成"左派人士",而且英国共产党员对他严重缺乏信任。但是他依然非常执着,又在信中提出了另一个方案,希望中心予以批准。方案看起来好像是维维安向他提出的,实际上是他自己制定的,内容大致如下:富特曼有一天对他说,如有可能,不妨与苏联驻伦敦大使馆发生联系。果真这样的话,这是一个成为军情六局编内眼线的绝好机会,因为维维安曾给他一些撰写一本苏联恐怖主义运动专著的素材,他可以给大使馆写信,请他们帮忙搜集写书的材料,这样就能与苏联驻伦敦大使迈斯基建立关系,"然后,如果英国人有这个愿望,而且苏联人发出邀请的话,我就可以赴莫斯科继续自己的工作"②。不过,中心不敢冒断送剑桥小组的风险,让伯吉斯这样喜怒无常的人去担任向军情六局秘密渗透的间谍,因此答复他的仍然是冷冰冰的"不"字。

当然,拒绝归拒绝,伯吉斯仍然继续干他的间谍工作。1937年春天,当菲尔比遭遇丢失密码以及资金不足的困难时,伯吉斯按照苏联指导者的要求,充当信使为远在西班牙的菲尔比提供了新的密码和活动资金。1938年春末,他毫无困难地摆脱了轮流值班的安排,来到欧洲大陆保障与菲尔比及时会面。他相当频繁地跑巴黎,与在西欧的共产国际宣传机构主要负责人维利·明赞和奥托·卡茨(捷克外交官)秘密接头。卡茨是他与法国同性恋朋友爱德华·普法依弗之间的联系人。普法依弗向他传递第三次上台的达拉第内阁(1938—1940年)日益加剧的困难和忧虑方

---

① Олег Царев. Джон Костелло, Роковые Иллюзии. Из архивов КГБ: дело Орлова, сталинского мастера шпионажа(Москва:Издательский Центр《Аква-Терм》,2011),стр. 272.

② Олег Царев. Джон Костелло, Роковые Иллюзии. Из архивов КГБ: дело Орлова, сталинского мастера шпионажа(Москва:Издательский Центр《Аква-Терм》,2011),стр. 273.

面的情报。伯吉斯把这些情报交给了三个不同的发饷者,并分别获得 30 枚银币(犹大出卖耶稣获得 30 枚银币,英语中指"出卖"的意思)的报酬:一是保守党研究室主任约瑟夫·鲍尔爵士,3 年前曾拒绝伯吉斯的工作申请,现在则认为他是来自法国的有用的情报来源;二是英国情报机关;三是他的苏联指导者。当时,时任首相张伯伦对外交部尤其是常务次官范西塔特不信任,而将名义上的政府首席工业顾问霍勒斯·威尔逊爵士当作几乎各种问题特别是外交问题的最亲密顾问。鲍尔在幕后为威尔逊工作,参与白厅事务,伯吉斯则在幕后只为鲍尔干活,实际上为了张伯伦的对德绥靖政策,白厅绕开了正常的外交部途径。伯吉斯对这种阴谋诡计没有太过认真,他对转交给法国总理达拉第的张伯伦的信件,曾对记者朋友汤姆·德赖伯格描述道:"这是一个头脑糊涂而又惊慌失措的爱国者给一个学识浅显的地方小五金商人的书信。"①

对伯吉斯业余期间的这些活动,他在英国广播公司的上司像往常一样一无所知,他们继续对他表示赞赏,说他是一个精力充沛、富有创造精神的节目安排人。但是,他公开嘲笑公司在政治上保持平衡以及不发表有争议性言论的规定。1938 年 6 月,广播电台更换了领导人,此时奥地利已被德国吞并,捷克斯洛伐克正受到威胁,然而,英国广播公司还在尽量努力避免涉及这些最重要的事件,这让伯吉斯越来越感到不安。6 月初,亲德的捷克领导人孔拉德·亨莱因访问伦敦,伯吉斯趁机安排可靠的朋友杰克·休伊特在来访者下榻的旅馆里当电话接线员,监听亨莱因的所有来往电话,并及时通知他的许多秘密接头人。而到了八九月慕尼黑危机愈演愈烈之时,他经由约瑟夫·鲍尔让张伯伦知道,达拉第的法国内阁面对纳粹德国对捷克斯洛伐克的政策束手无策,有百分之四十的部长赞成屈从希特勒的无耻要求。9 月 26 日,伯吉斯陪同主张对德强硬的工党议员哈罗德·尼科尔森来到英国广播公司,听了希特勒一次咆哮如雷的讲话,随后尼科尔森通过广播发表了一篇心平气和的具有极端建设性的评论。英国各地无数个普通家庭竖起耳朵收听,及时了解危机的发展情况。尼科尔森的这份评论,伯吉斯隔一段时间就重播一次,直到张伯伦从慕尼黑回到国内,大家觉得压在头顶的战争阴云终于被吹散了,这才松了一口气,欣喜若狂。

但战争并没有排除,只是推迟而已。与此同时,英国广播公司对节目安排人和

---

① [英]安德鲁·博伊尔:《背叛之风》,新华出版社 1981 年版,第 205—206 页.

演讲人的要求越来越严格、措施越来越谨慎,这让伯吉斯烦躁不已。1938年11月下旬,在政府首席工业顾问霍勒斯·威尔逊的施压之下,英国广播公司决定取消海军上将里奇蒙关于英国在地中海战略态势的技术性谈话,而这是伯吉斯早就安排好的活动,温斯顿·丘吉尔原定要作开场白,但在《慕尼黑协定》后改变了主意。为了让丘吉尔改变决定,伯吉斯开车来到后者位于肯特郡恰特韦尔的乡居,两人待了几个小时,讨论慕尼黑危机和今后的黯淡前景,这给丘吉尔留下了很深刻的印象。临走时,丘吉尔把新出版的演讲集《武器与协定》在衬页里题字后送给他,说道:"如果我将来还能回到负责岗位,而你希望帮助我的话,把书带来就行了。我不会忘记你的。"[①]此后,伯吉斯动不动就说起这次会面,拿书里的亲笔题字说事,把那些对他有疑心的人驳得哑口无言,同时让英国广播公司的上司们难堪和愤怒。

就在伯吉斯拜访丘吉尔后不久,他吃了一个官司,被人控告说在公共厕所勾引一个男人。原告声称自己正在解手时,被告从隔间墙底下塞进一张含有挑逗色情的纸条。伯吉斯对此予以否认,说自己当时正在看乔治·埃利奥特的小说《中间行》,纸条从那边塞过来,把他吓了一跳。官司因原告证据不足而被驳回,但事情被公开了,弄得伯吉斯一度感到很难堪。伯吉斯在这件事上扮演了一个无辜受害者的形象,而在做间谍工作时也能做到非常自然。他的朋友1951年向英国情报机关回忆说,1938年的一天,他们正在伦敦东区一家中餐馆吃午饭,伯吉斯突然说了声"请原谅",就走出店门,穿过马路,在一家关了门的破旧海员用品店前站了一会儿,然后从上衣里掏出一个信封,塞进信箱,接着走回来继续不动声色地聊天。他出逃后,他们才知道那个信箱是苏联间谍几个已知的"投递口"之一。

不过,英国广播公司的条件毕竟有限,这里只是伯吉斯的临时落脚处,他为苏联从事的终身事业应该放在别处。作为一个见习间谍,苏联人也不指望他做出惊天动地的事,他们看重的是他将来的用处。虽然他们不敢按照他的计划让他打入军情六局,但并不反对他作为一个编外工作人员为英国情报机构的地方机关服务。这一天很快就要到来了。1938年3月,军情六局按照辛克莱上将的指示成立D处,这是陆军部一个试验性的部门,仿效西班牙内战时的第五纵队而建立,训练在敌后进行骚扰的宣传分子和破坏分子,其目的是利用破坏活动和心理战等一些不正当手段打击对手。D处成立后急需人手。由于D处在英国参战前的任务主要是研究战争进行

---

① [英]安德鲁·博伊尔:《背叛之风》,新华出版社1981年版,第210页。

的各种可能性，其中利用无线电台向德国进行无线电转播即是其中一种可能，而伯吉斯既具有在英国广播公司工作的经验，学术和社会背景也没有问题，又爱好交际，拥有良好的伙伴关系，有本事轻而易举地与外国人接触交友，在秘密情报局里还有各种人脉关系，于是自然而然地成了新成立机构的理想人选。1938年底，伯吉斯离开英国广播公司，戴维·福特曼给他引荐了军情六局D处处长劳伦斯·格兰德上校，约瑟夫·鲍尔爵士大力举荐，因此他在未经询问（那时还没有严格的审查手续）的情况下即正式调入D处工作。这样，伯吉斯就成为20世纪首位打入英国情报机构的外国特工，这让苏联指导者兴奋不已。尽管以后还需要艰苦努力，但在第二次世界大战爆发之时，苏联在英国间谍活动的未来比以往任何时候都要光明。

D处处长劳伦斯·格兰德是一个军事工程师，身材瘦长、风度翩翩、举止优雅，对伯吉斯很是欣赏。1938年12月，伯吉斯在给莫斯科写信时说，他与格兰德做的第一件事是研究犹太人和巴勒斯坦问题，他的任务是在政治方面"激活"罗斯柴尔德勋爵，首先是利用他来分裂犹太运动，为犹太复国主义和魏斯曼博士培植反对派。军情六局的企图是孤立并中立犹太复国主义首领，使英国政府有可能与阿拉伯人达成交易。伯吉斯按照要求获得了罗斯柴尔德的支持，在黎巴嫩和埃及之间建立犹太社区。这样一来，既可以打击犹太复国主义院外游说集团，同时能够建立起缓冲区，抵销意大利人从其不久前占领的阿比西尼亚（今埃塞俄比亚）向北部英国保护国埃及的任何推进。除此之外，D处当时因为属于试验性的部门，按战时任务的轻重缓急被排在次要地位，尚处于萌芽阶段，故没有什么好情报可以提供。而且陆军部对没有规定明确职务的伯吉斯要求也不高，况且他已经学会了在疑虑中生活，并按照他崇拜的学者福斯特"重视个人关系"的信条交朋友。因此，伯吉斯在向苏联指导者提供工作中所能接触到的一鳞半爪的有用秘密材料之余，有很好的条件在晚间实行灯火管制的掩护下大搞其"个人关系"，即网罗合乎其条件的年轻人在一起组织喝酒等纵情声色的活动。1939年的前几个月里，伯吉斯又到圣让德吕兹拜访菲尔比，他兴高采烈地告诉后者自己如何打入了一个搞情报的新部门，也带来了苏联指导者要求菲尔比尽快打入的指示，这让菲尔比这个已被战争搞得非常厌烦的人感到些许满意和欣慰。

1939年9月第二次世界大战爆发，英国被迫卷入战争。尤其是1940年5月丘吉尔组建战时内阁之后，下令格兰德扩大D处，并重组整合英国所有公开和秘密的宣传机构,以加强彼此间的协调与合作。伯吉斯发挥其长袖善舞的本领,在征得格兰德的同意后,成了秘密的联合广播委员会会议上一个抛头露面的人物。联合广播委员会由外交部主办,英国广播公司出于不信任而对其极力加以抵制。但联合广播委员会拥有大量资金、完善的设备和很大的权力,可以编制它自己的录音广播节目,打造出一个集宣传、文艺和流行歌曲于一体的综合性栏目,与英国广播公司比较乏味的官方宣传进行竞争。它把介绍时局的新闻报道发到匈牙利、保加利亚和南斯拉夫,每周向阿根廷发"新闻提要",向法国报道妇女参战情况。伯吉斯利用他的广播技巧使英国广播公司那些一本正经的人的处境越来越困难。可笑的是,他还提出过一些一举挫败希特勒的不切实际的计划,来取悦那些比较稳重的同事们。1940年7月,伯吉斯在一次联络会议上发言说:"结束战争的办法就是等着刮西风,然后往中欧方向放大批气球,以期系在气球上的燃烧弹使匈牙利普什托塞尔的麦田着火,从而使德国人挨饿。"①这番话令参会人员几乎都动了心,却让特别行动执行部的未来明星比克汉·斯威特·埃斯科特惊讶万分、啼笑皆非。不过,在这些公开活动的背后,掩藏着伯吉斯不为人知的秘密活动。他协助格兰德准备针对希特勒的宣传广播节目,从卢森堡和列支敦士登向德国播发。为了准备节目,有时必须使用外交部提供的报告。尽管伯吉斯签署了保密协议,但他岂能放过这个获取英国政府对外政策确切情报的大好机会呢!于是,外交部大量对苏政策的情报经由他的手传到了莫斯科。比如,1939年初,他向中心报告,英国政府的政策方向在更大程度上是针对苏联的,而不是希特勒的第三帝国:"基本政策是无论如何都与德国在一起,最终目标是针对苏联。"②同年8月3日,他报告说,英国三军参谋长坚信,与德国的战争不费吹灰之力就可以取胜,因此英国政府没有必要与苏联签订防务条约。伯吉斯从内部呈报给克里姆林宫的情报只会使斯大林更加相信,英法政府对签订这样的协议并不是真的感兴趣。斯大林的这个考虑在很大程度上促进了《苏德互不侵犯条约》的产生。伯吉斯在里宾特洛甫访苏签订条约前夕向内务人民委员会的指导员报告说:"所有政府机关、看过(英国政府和苏联)谈判文件的人都认为,我们从来没有打算签订一份严肃的军事条约。首相办公厅公开宣称,他们认为完全可以摆脱与苏联的条

---

① [英]安德鲁·博伊尔:《背叛之风》,新华出版社1981年版,第231页。
② Олег Царев. Джон Костелло, Роковые Иллюзии. Из архивов КГБ: дело Орлова, сталинского мастера шпионажа(Москва: Издательский Центр 〈Аква-Терм〉, 2011), стр. 275.

约(秘书戈拉斯·威尔逊的确说过这些话)。"[①]第二次世界大战开始后,伯吉斯继续搜集报告各种有益的情报。这既证实了马利有关此人必将是个"多面女孩"的预言,也反映了所搜集情报的广泛特点,从他协助格兰德制订的刺杀希特勒的计划细节,到他以军情六局中间人弗朗西斯先生身份出面、通过工党组织瑞典矿工罢工以断绝对德煤炭供应等,不一而足。1940年初,他一边担任BBC节目的制片人,一边继续为格兰德做编外顾问。与此同时,他还担任与情报部之间的联络官,一直到离开BBC为止。

在此期间,伯吉斯的信仰发生过迷茫和动摇。20世纪30年代末期,英法出于一己之私,对德国法西斯实行绥靖政策,导致德国扩军备战的步伐越来越快。德意两国于1936年8月联手武装干涉西班牙内战,英法则推行不干涉政策,实际上纵容德意干涉者,结果导致西班牙共和国被颠覆,德国趁机在西班牙战场完成了军事实验。1938年3月,英法听任德国吞并奥地利,10月伙同德意把《慕尼黑协定》强加给捷克斯洛伐克,让德国占领了苏台德地区。在英法的一味退让之下,希特勒得寸进尺,于1939年3月占领捷克斯洛伐克,到了9月1日更是悍然入侵波兰,点燃了第二次世界大战的导火索。而就在战争爆发前的8月22日,世界舆论突然传来苏联外长莫洛托夫和德国外长里宾特洛甫在莫斯科签署《苏德互不侵犯条约》的消息。苏德这一出人意料的举动,震动了西方世界数百万左翼知识分子,英法共产党退党人数成倍增加,英法两国对德宣战之后更是如此。这一新闻犹如晴天霹雳,把"剑桥五杰"震得目瞪口呆,顿时觉得他们自20世纪30年代以来以及成为苏联间谍以来所做的计划并为之奋斗的一切都好像被彻底粉碎了!伯吉斯的反应尤为强烈。他是在法国地中海边的海滩上晒太阳时知道这个消息的。晚上,他像疯子似的驾车一路向北驶去,抵达布洛涅时,已经神志恍惚。他在码头边丢下汽车,搭上轮渡火车回到伦敦,然后又坐上一辆出租车从维多利亚车站来到埃伯里街(其实步行只要2分钟),找到了戈伦韦·里斯。里斯发现伯吉斯的脸色从来没有这样苍白,情绪从来没有这么沮丧和不安。他们就苏联这次180度的大转变漫谈了一阵。里斯认为,伯吉斯这么悲痛欲绝,很有可能就此抛弃共产主义和他过去为此事业所干的一切见不得光的阴谋诡计。所幸就在伯吉斯惊慌失措、徘徊彷徨的时候,正在伦敦的菲尔比伸出了

[①] Олег Царев. Джон Костелло, Роковые Иллюзии. Из архивов КГБ: дело Орлова, сталинского мастера шпионажа(Москва: Издательский Центр〈Аква-Терм〉,2011), стр. 275—276.

援手。他倒是对《苏德互不侵犯条约》没有感到任何不安,认为苏联人的这一行为具有很强的现实目的,并非荒谬不经。他曾多次向伯吉斯谈起这个看法,央求他打起精神来,不要轻信政府的大肆宣传。他们互相保证,不论是顺境还是逆境,都要为这一事业效劳,绝不能食言,否则只会使他们遇到比现在的怀疑更为糟糕的事。

  D处还有一项职能即从事破坏活动,特别是在希特勒欲横渡英吉利海峡对英国发动全面入侵计划的时候,这一需要变得更加迫切。从1940年4月起,希特勒开始在西欧发动"闪电战",伯吉斯成为格兰德的编内工作人员,帮助后者在以前的私立学校——布里肯顿伯里公学——创建一个特种训练基地。7月初,伯吉斯拟订了一项野心勃勃的计划,打算对尚未学习过地下破坏活动技术的特务实施训练。这项计划实际上是要建立一个名为"盖伊·福克斯学院"的特别训练中心。他把菲尔比也吸收进来,帮他制定相关训练课程、受训人挑选程序、保安问题以及所需设备规模等细节。格兰德接受了这个想法,经过一番协调,三军参谋长批准了该项计划,财政部虽然态度勉强,但还是拨了款项,这让所有人既高兴又惊讶。训练中心校长是机敏和蔼的海军军官彼得斯中校,认识伯吉斯的父亲,对他本人也很喜欢,经常请他和菲尔比到索霍的饭馆吃饭。不久,训练人员增加了,爆破专家、对外宣传专家纷纷来到,连汤米·哈里斯这个没当过兵的字画商也来了,被伯吉斯征得彼得斯同意后聘请为管家。一批来自西班牙、比利时和挪威的学生被送来受训,但是英国人后来失望了或者失去了兴趣。由于定位不清、职责不明,训练中心成效寥寥,伯吉斯和菲尔比在此英雄无用武之地。伯吉斯原来还觉得这样就可以处于事件的中心,利用工作机会辨认那些将被派遣出国的间谍,与请来讲课的秘密情报局和军情五局军官结识交友,不幸的是,这个希望落空了。不过,伯吉斯在这里倒是闹出了一个笑话。夏天的一个夜晚,训练中心不知是谁发出一声尖叫,其他人接着用五六种语言叫喊起来,学员们都涌入大楼,说是见附近有降落伞下降,数目为一、三、十或者更多不等。校长彼得斯叫人在窗户上架起机枪待命。他吩咐伯吉斯去弄清楚到底发生了什么事,并打电话告诉伦敦的值日官。伯吉斯居心不良地执行了这个任务,他没有认真分析证人所说情况的可靠性,只是重复地说见到降落伞了,数量值日官可以随便说,从零到八十都行。当天晚上学院平安无事。次日上午,伯吉斯花费了不少时间接电话,并且不时地散布令人高兴的消息。原来,值日官向局长做了紧急汇报,局长又报告了国防部,东部指挥部的官兵都被从床上叫了起来,不久,装甲部队也都进入了作战位置。整整一天,伯吉斯为了这件事跑来跑去,兴高采烈地计算了好几遍这次行动所要付出的代价。实际上,一支搜索队在布里肯顿伯里的确发现了降落伞,但只是一个单人的,从德军一架轰炸机上投下来,被树枝钩住,与一颗未爆炸的地雷连着。

由于负责拟定计划搞破坏和宣传的几个单位经常意见不一,外交部、经济部和战时情报部之间经常龃龉不断,所以丘吉尔责成战时经济大臣休·多尔顿博士对它们进行改组,于1940年7月新成立了特别行动执行部,简称特工处,D处脱离秘密情报局被并入特工处,运转时间不长的"盖伊·福克斯学院"也在年底不幸被裁撤,人员开始大清洗。令人诡异的是,训练中心的设计者和创建人之一的伯吉斯首先被炒了鱿鱼。菲尔比后来回忆说:"一天晚上,盖伊来找我一起喝酒,他显得异常沉默,最后才说出原委:他已成了'官僚之间钩心斗角的牺牲品'。我明白这意味着他已被解雇了。"①

差不多与筹办和运转"盖伊·福克斯学院"同一时间,伯吉斯还精心巧妙地策划了一个计谋,并且差一点就大功告成。当时,1940年5月丘吉尔组建战时内阁后不久,任命左翼社会主义者斯塔福德·克里普斯爵士为驻苏大使。伯吉斯灵光一闪,认为对克里普斯的任命绝非易事,必须为其挑选一流的助手相辅佐,令人信服地向克里姆林宫解释英国的战争目的,以减少苏联的敌对情绪,这样大使的使命才能成功。这些助手人选,一个是出生于沙俄的牛津大学学者艾赛亚·伯林,由他充当新闻专员;另一个自然是伯吉斯本人,他将从陆军部调去执行一项"特殊任务"。这个建议十分大胆。为了确保成功,伯吉斯首先向情报部的好友哈罗德·尼科尔森做了阐述,尼科尔森仔细考虑后觉得这个建议很有价值,助手人选也无可挑剔,便答应了。尼科尔森的上司、情报部"太上皇"达夫·库珀也未提出反对意见,伯林与伯吉斯相熟多年,在伯吉斯的极力奉承之下也最终同意赴莫斯科。结果,英苏两方互换批准书后,通常的出国履职手续就完成了,但一直到布里肯顿伯里训练中心即将关闭的消息公布后,伯吉斯才恢复伯林—伯吉斯—克里普斯的冒险行动。为了成行,他以伯林作为手中王牌,抬出外交部压陆军部,在尼科尔森那里加以伪装骗取同意,顺利地拿到了现金和重要的通行证,于9月底前乘坐专机前往美国。但是,天有不测风云。他们到英国驻美大使馆报到一两天后,就收到一封急电,命令伯吉斯立即

---

① [苏]金·菲尔比:《谍海余生记》,群众出版社1984年版,第21页。

乘下一班飞机回国,原因是克里普斯对未经商量就把他所不需要的人强塞给他的做法表示强烈不满,伯林和伯吉斯这两个人他绝对用不着!于是,伯吉斯只得垂头丧气地独自飞回伦敦,他期望亲自在苏联为苏联情报机关效劳的努力就此泡汤,只留下伯林帮助驻美使馆完成了一项特殊任务,直到10月底回到伦敦。所幸的是,两个人深交几年所建立的那种感情未受到影响。

回国后,伯吉斯在陆军部待了几个星期,后来在哈罗德·尼科尔森的催促下,决定回到英国广播公司重操旧业,但他仍然没有放弃英国情报机构的编外任务。在征得苏联保护人的同意后,伯吉斯得到了富特曼和当时已加入军情五局的布伦特的支持,希望能进入英国安全部门的反间谍处工作。他与利德尔交上了朋友。利德尔当时已经离婚,经常兴高采烈地参加伯吉斯举行的同性恋聚会。虽然他直截了当地拒绝了伯吉斯加入军情五局的要求,但还是指示他的手下凯姆博尔·约翰斯顿吸收伯吉斯充当眼线。内务人民委员会伯吉斯的专案卷宗显示,伯吉斯以同性恋手段作为诱饵,同时为苏联和英国情报机构服务,而且成效很不一般。

再次回到英国广播公司之后,他在"与您关心"栏目里担任导演,而且从1941年1月20日起是名义上的座谈部助理。顶头上司乔治·巴恩斯对他很欣赏,管得也不严,任他自由地在布雷肯的情报部和罗伯特·洛克哈特的政治战执行机构周边活动,为巴恩斯提供充分了解"黑色宣传员"的活动和情报部的最新消息。苏德战争爆发后,英国的每日战报都在讲德国如何迅速推进、苏联损失巨大,但伯吉斯不愿设想苏联人会失败,反对英国广播公司在承认苏联是英国的最新盟国问题上犹豫不决。为此,他千方百计地赞扬苏联的抵抗精神和能力,全力促进英国广播公司对苏广播采取新的政策。1941年7月,即德国突然入侵苏联后一个月,他就散发了"谈谈俄罗斯"节目方案,内容包括文学、科学、文化、计划经济、国家机构体制、对外政策等。1942年1月,他组织了一次有关东线战事的广播座谈会,这是他在BBC里为内务人民委员会所做工作中最出色的一次行动。主持人是在伦敦以新闻工作者身份作掩护、早在1933年就对"剑桥五杰"感兴趣的苏联间谍厄恩斯·杰里。他对听众说,红军必将胜利,因为他们为人民、为祖国、为人民政权而战,然后,他通过广播节目为苏联间谍人员高唱赞歌:"苏联拥有世界上最好的情报组织系统,盖世太保(以此类推还应包括英国安全局)在它面前也显得软弱无力。"[①]收听过杰里广播的苏联间谍可

[①] 王铭玉等编译:《克格勃全史》,黑龙江人民出版社1998年版,第352页。

能谁也想不到苏联内务人民委员会居然有幸在 BBC 上炫耀自己的丰功伟绩,但听完之后,任谁都会暗自感到忐忑不安。

在日常广播中,伯吉斯利用一些身居要职的朋友来从事其亲苏事业即情报搜集工作。一旦认为有必要,他便毫不犹豫地动用情报部的关系来对付他的英国广播公司的上司。比如,哈罗德·尼科尔森于 1941 年夏天离开了情报部,7 月加入英国广播公司董事会,他是伯吉斯的恩人和好友,能够接触到许多内部情报。布赖恩·霍华德原系改组前的军情五局的一名散兵游勇,当时是一个穿军装的空军文职人员,经常出入伯吉斯在本廷克街的公寓,伯吉斯给他安排了一组座谈节目。伯吉斯公寓的常客约翰·斯特雷奇为皇家空军小队长,是一个很好的播音员,而且有机会接触到空战秘密情报,只要用好话一哄或者用气话一激,就会把这些秘密一股脑儿倒出来,伯吉斯专门为他开了一个"空战评论"栏目(最早的内容都是在伯吉斯的鼓励或直接动员下写的),一直到 1944 年前,"使他的声音在全英国为人们所熟悉"[①]。另外,伯吉斯利用组织"议会一周"等节目之机,与许多议员建立了个人关系,与其中几位的关系还特别友好,比如工党议员赫克托·麦克尼尔与伯吉斯战前就在英国广播公司相识,著名作家汤姆·德赖伯格的背景、观点和爱好与伯吉斯也很相近,这些人脉对他的情报搜集工作很有价值。另外,伯吉斯在军情五局里有不少关系密切的官员朋友,比如布伦特、利德尔等人,能从他们身上及时获悉有关保安部门的工作计划、中心任务、人员、力量和弱点等。布伦丹担任战时情报部长以后,对所辖的英国广播公司进行了大刀阔斧的调整和改革,努力将其打造成为一个充满活力、经营良好的政治斗争武器,与经济大臣休·多尔顿争夺对由外交部、情报部和经济部三方联合组成的"政治战执行委员会"的控制权。双方剑拔弩张的争夺战,给伯吉斯提供了一种极为理想的保护来推进他业务上的秘密目的。多尔顿鼓励他的"邪恶的专家们"争夺监督所有对欧广播内容的政策大权,伯吉斯则成了他们的内部联络人。这些专家经营着几个秘密电台,用谎言作为从事战争的武器。英国广播公司则小心翼翼地避免弄虚作假,倾尽全力做真实可靠的宣传。布雷肯派来退职外交官伊冯·柯克帕里克担任主要监察人,与多尔顿派来的人马毫不退让,直到布肯雷将对手多尔顿赶走,取得了英国头号宣传专家的职位,成为丘吉尔对付戈培尔的得力干将为止。伯吉斯则在其中浑水摸鱼,为苏联人尽其所能地搜集情报。这样一来,尽管英国广

---

① [英]安德鲁·博伊尔:《背叛之风》,新华出版社 1981 年版,第 258 页。

播公司本身没有什么秘密值得搜集给苏联人,是块不毛之地,但伯吉斯利用他在伦敦广播室和在情报部走廊里建立起来的各种关系,搞到了数量惊人的情报。不过总体来看,虽然他是军情五局深受信任的眼线,但在获取五局机密方面根本无法与布伦特同日而语。在他的专案卷宗里,除了五局有关行动方式等宝贵情报外,在第二次世界大战期间的大部分时间里,他搜集的情报只有从格兰德那里得到的每日情况通报,还是在外交部从秘密情报局转来的材料基础上编写的。直到1944年进入外交部工作之后,他才获得了转交几千页机密文件的机会。

为了显示为莫斯科效力的决心,伯吉斯长期以来可谓煞费苦心,经常自己主动去寻找和获得宝贵的新情报来源。他的内心激情澎湃,努力想成为一个对莫斯科有用的人,为此甚至同意彻底抛弃自己邋遢的外表,因为"他明白,如果为我们工作,那就不能像他那样穿戴"[1]。多伊奇发现,伯吉斯在又一次受到训斥之后,开始检点自己,并停止酗酒,1937年春天梅毒症发作后甚至宣布再也不和男人鬼混了,还说病愈后打算找个女人结婚。当然,他的这些承诺从来没有也不可能兑现,这只是他的自我欺骗而已。但是,通过与军情五局、六局的朋友们大玩费加罗的游戏,他成功地赢得了其中大多数高级军官的信任。他记下了英国情报机关最重要人员及其派到外国的间谍名字,连同这些机关的业务活动的宝贵情报,有条不紊地转交给莫斯科。如果单论提交给内务人民委员会的情报数量,伯吉斯无疑是他和菲尔比以及麦克莱恩三人中最有活力的一个,而且他干这些并不是为了物质奖励,而是相信自己是为了思想信仰,正在从事一项特殊工作,这让他的自尊心得到了极大满足。1939年7月,他在写给莫斯科的多伊奇的一封信中说:"我们的工作值得高度评价,因为6个月过后我能向您报告他们(军情六局)的有关情况,但我和您工作6年了,也不可能向他们说您一个字。"[2]伯吉斯在保守行动秘密的进步令莫斯科非常满意。

第二次世界大战期间,伯吉斯住在好友维克托·罗斯柴尔德勋爵租给他的位于伦敦本廷克街的公寓里,公寓楼上是一个诊所,伯吉斯住在楼下。他将这里变成了自己同一些文人寻欢作乐的老窝,又是搜集和筛选对苏联人可能有价值情报的一个方便的活动中心。菲尔比的好友、新闻工作者马尔科姆·马格里奇下楼去过一次,

---

[1] Олег Царев, Джон Костелло, Роковые Иллюзии. Из архивов КГБ: дело Орлова, сталинского мастера шпионажа (Москва: Издательский Центр《Аква-Терм》, 2011), стр. 279.

[2] Олег Царев, Джон Костелло, Роковые Иллюзии. Из архивов КГБ: дело Орлова, сталинского мастера шпионажа (Москва: Издательский Центр《Аква-Терм》, 2011), стр. 280.

注意到一些失意的知识分子正在喝酒："约翰·斯特雷奇·贝尔纳、安东尼·布伦特、盖伊·伯吉斯，都是一些革命的名人。我见过伯吉斯，这是仅有的一次。他给我留下一种感觉。这种感觉，我好像未在别人身上产生过。这种感觉在某种程度上使我的精神受到折磨……他给人们的这种印象同他的冒险行动完全吻合，也同他这个百万富翁的安乐窝里的摆设等完全吻合。在他们的所有取乐玩意儿中，还有一些橡皮的特制人体，可供在空袭中实在忍受不了恐怖时使用。这里面窝藏着这么一伙卓越人物——未来的内阁大臣、未来的极左翼头目、未来的艺术珍品鉴赏家以及其他方面的著名人物。从某种意义上说，所有这些人都围绕着伯吉斯结成了一个集团。这是伊顿学院的落魄子弟，一个病态社会中的病态人物……围绕在他周围的是一种腐朽和放荡，倒还不像是阴谋。这是一个阶级的没落，一种生活方式的结束。"①伯吉斯每向军情五局提供1份情报，就可为苏联人搜集12份情报。1941年，苏联在英国建立起庞大且不断扩充的采购、供应和联络使团，在其背后则是一个不断加强的间谍网。伯吉斯直接为菲利普·基斯利钦（1945—1948年在伦敦情报站担任译电员）工作，后者还负责监督苏联原子间谍克劳斯·福克斯。基斯利钦对伯吉斯的贡献予以了高度评价，1954年叛逃的弗拉基米尔·彼得罗夫也说："伯吉斯提供的材料数量极大，以至于使苏联使馆密码员不停地把它们译成电码发往莫斯科，而另一些急件只得由信使使用外交邮袋递送。"②

第二次世界大战的最后两年，伯吉斯在"剑桥小组"中的作用越来越大。如果说1944年上半年，苏联人对伯吉斯提供的报告（文件很少，更多的是文字报告）还是"令人很感兴趣，但主要是道听途说、粗制滥造"③的话，那么到了10月，1943—1946年间担任国家安全人民委员的弗谢沃洛德·尼古拉耶维奇·梅尔库洛夫即下令奖励伯吉斯250英镑。伦敦情报站政治情报线对7名主要提供文件的特工的工作总结表明，1941—1945年，布伦特提供了1 771份文件，菲尔比为914份，而伯吉斯为4 605份，超过了麦克莱恩的4 593份，仅次于凯恩克罗斯的5 832份，而且大部分文件（4 404份）是伯吉斯1944年年中调到外交部之后获取的。④

1943年底，布伦丹·布雷肯委派威廉·哈利担任英国广播公司主编，后来又接

---

① [英]安德鲁·博伊尔：《背叛之风》，新华出版社2003年版，第265页。
② [英]安德鲁·博伊尔：《背叛之风》，新华出版社2003年版，第266页。
③ [俄]奥列格·察列夫：《克格勃特工在英国》，吉林人民出版社2003年版，第240页。
④ [俄]奥列格·察列夫：《克格勃特工在英国》，吉林人民出版社2003年版，第240页。

任总经理职务,成为布雷肯智囊团中的一员得力干将。哈利曾在路透社和《曼彻斯特卫报》董事会担任高级经理职务,离开英国广播公司后担任《泰晤士报》编辑。伯吉斯原本准备施展其巧舌如簧的功夫为自己谋取一个好位子,而且像哈罗德·尼科尔森、西里尔·康诺利等社会名流都为他说好话,公司一些老资格的经理们也试图说服哈利,为伯吉斯在公司的永久编制人员中安排一个与其才华相称的高位,但他的努力失败了,因为哈利虽然腼腆但非常固执:"我面临着不断来自英国广播公司内部和外部的压力,要求我把伯吉斯这个家伙提升到管理和咨询委员会的高级职务上来。我顶住了这种压力。因为我具有农民的性格,对像他这样的人有一种强烈的偏见。对我来说,所有这一切似乎都是一桩奇事,我产生了一种预感:我做的事没错,我应该有自己的做法。最后,我听说伯吉斯离开了英国广播公司,到外交部找了一份好差使。我这才放下了一桩心事。"①

伯吉斯通过与外交部的关系,获悉外交部新闻司现在有一个空缺,便提出申请,而且很快被接受了,他于 1944 年 6 月 4 日正式离开广播大厦这个"死胡同",到白厅走廊就任新职。伦敦情报站于 1944 年 5 月 9 日给中心提交的一份报告中指出,伯吉斯在得到英国广播公司领导同意后调到外交部,从 6 月初起开始工作,按照情报站提出的建议,伯吉斯被安排到外交部新闻司,但他找谁帮的忙不得而知。由于新闻司能够接触到最广泛的英国外交问题,因此向中心提供了数量庞大的文件。中心不了解新闻司的工作特点,于同年 12 月 2 日向伦敦情报站提出如下问题:"希克斯是否在使用我们不知道的情报员,因为从他那里获得的情报广泛涉及各种问题。"②情报站做了否定回答,称伯吉斯所在的部门负责各种情报汇集。脾气古怪的伯吉斯在这里干起来很有条理。首先,1944 年 8 月,他征得新闻司司长里杰斯杰伊尔同意后,把文件拿回家处理。9 月 1 日,伦敦情报站的克列申报告说:"梅德亨第一次拿来大量原始材料。""拍完了 10 卷胶卷,其中 6 卷是密码电报。梅德亨明显地特别激动。"③1942 年,当他要求伯吉斯向布伦特转交翻拍完的军情五局文件时,伯吉斯的反应正是如此。但中心显然为伯吉斯这样拿文件而感到担心,在 10 月提醒伦敦情报站这样做很危险,建议"把重点放在战略和具体问题的情报上",还满意地指出:"在最近一个时期,仅仅几个月时间,梅德亨变成了最富有成果的情报员……现在他

---

① [英]安德鲁·博伊尔:《背叛之风》,新华出版社 1981 年版,第 259 页。
② [俄]奥列格·察列夫:《克格勃特工在英国》,吉林人民出版社 2003 年版,第 240 页。
③ [俄]奥列格·察列夫:《克格勃特工在英国》,吉林人民出版社 2003 年版,第 241 页。

提供着最珍贵的文件资料。"[1]

莫斯科中心担心伯吉斯带着文件漫游伦敦会发生危险,事实证明这一担心很有道理。1945年3月4日,克列申与伯吉斯接头,交接几十份外交部密码电报。事后克列申报告说:"最近我经常和X在大街上接头。但是1945年3月4日,天上下着雨,于是X建议顺路到酒馆待一会儿。我们拐进一家酒馆,在那里待了不到15分钟。从酒馆出来后,我发现X没有出来。X解释说,当他走近门口的时候,陋巷[2]的几份文件从他的包里撒落到地板上。他接着说,电报没有印字的一面撒落出来,但没有人注意,因为门口堆满了酒具。只有一份电报弄脏了一些。X证实,他仔细检查了周围,地板上没有落下一份文件。"[3]克列申告诫伯吉斯处理文件千万要小心,但第二天早上伯吉斯在归还用细绳捆扎的一包文件时,又把它摔了,幸好当时更衣室里没有人,而且地板很干净,否则很可能就坏事了。

1945年7月底,英国举行大选,克莱门特·艾德礼政府上台执政,任命强硬的前工会工作者欧内斯特·贝文担任外交大臣,贝文选择了年轻的苏格兰议员赫克托·麦克尼尔担任外交国务大臣,辅佐他的工作,其职责包括参与制定外交部的政策,为此需要研究外交部的文件,更广泛地与部属各机关进行联系,会见英国和外国政治家。麦克尼尔性情善良、精明能干、雄心勃勃,做过新闻工作,具有记者追求内幕新闻的本领。他不顾外交部高级官员的不满,坚持己见,自作主张地邀请好朋友伯吉斯作为自己的私人助理,当他的讲稿撰写人和"政治听差"。外交部对这种蔑视本部一些细小礼仪的做法不太满意,便任命弗雷德里克·沃纳为助理。如此一来,麦克尼尔就拥有了两个助手。好在沃纳对伯吉斯充满好感,两人表面上结下了持久的友谊。沃纳很快发现,伯吉斯在社交和业务方面都学得不错。外交部和麦克尼尔开始时也都找不出他的任何毛病来。他工作积极、才华横溢,哪怕晚上寻欢作乐睡眠很少,第二天也总是按时上班。他很少爽约,努力巴结奉承麦克尼尔,以讨其欢心。当然,他像往常一样不修边幅,办公桌上也乱七八糟,这成了他唯一的和一贯的缺点,比如他把机密文件像彩色纸屑一样散布在写字台上,在便签簿上想到什么主题就画什么诽谤性漫画,经常咀嚼大蒜,使客人望而却步。即便为此受到上级的严肃忠告,

---

[1] [俄]奥列格·察列夫:《克格勃特工在英国》,吉林人民出版社2003年版,第241页。
[2] 指外交部。——作者注
[3] [俄]奥列格·察列夫:《克格勃特工在英国》,吉林人民出版社2003年版,第241页。

要求他改掉这一令人厌恶的习惯,至少在办公时间不要这样,他也依旧我行我素。

伯吉斯由于担任麦克尼尔的私人助理,因此能够接触概述英国外交政策的各种文件。他越来越沉浸于他所处的地位给他带来的权力的美味,充分利用麦克尼尔对他的友好和信任,不断地向苏联人提供他对外交部的想法和政策规划的每一种转折所随意做出的却非常准确的估计。他从不在像沃纳这样机警的同事面前冒险,能非常巧妙地把文件拿出去,用照相机复制后再送回来。虽然沃纳掌管国务大臣的保险柜钥匙,但伯吉斯得益于麦克尼尔对他的喜欢、迁就和纵容,完全控制了大臣的密室。如果他需要保险柜钥匙,他就向麦克尼尔本人索要;如果想看机密文件,他只消说大臣马上要看,就会毫无问题的得到必要的许可。由于艾德礼政府上台后专心致志地对付苏联对西方世界越来越大的威胁,因此麦克尼尔保险柜中的许多材料是身在伦敦的苏联人非常感兴趣的。1954年叛逃的克格勃官员彼得罗夫说,据菲利普·瓦西里耶维奇·基斯利钦的证词,伯吉斯经常带来"满满几皮包外交部的卷宗,在大使馆拍照复制后再给他"[①]。1947年年底前,克罗托夫担任伯吉斯的指导人员,他每次都是在城郊的某个地方从伯吉斯手中取来皮包,有时回到使馆时满脸都是灰尘。最重要的材料由基斯利钦用无线电发送回莫斯科,其余的则通过外交信使转送。1949年,基斯利钦调回莫斯科总部一个新组建的部门,工作人员只有他一个人,专门处理麦克莱恩和伯吉斯获取的文件。

但是,伯吉斯随意忽视外交部内部规定和惯例的情况,越来越引起外交部官员的强烈抱怨,就连长期容忍他的麦克尼尔也开始对他起疑。麦克尼尔偶尔也试图规劝伯吉斯要检点一些,但不起作用。伯吉斯会开玩笑般表示忏悔,庄严地保证将来要像个成年人一样规矩行事,但过后很快就当成了耳旁风。1946年,外交部成立了遂行内部安全的保安部门,由前皇家空军上校乔治·凯里·福斯特担任负责人。当年年底,伯吉斯向他抱怨说,外交部的一个信使行动可疑,应作为危险人物予以监视。福斯特派人监视后发现根本不是这么一回事,于是对伯吉斯开始严加注意,结果发现倒是伯吉斯一直把官方电报带回家,有空时加以研究。福斯特质问他时,他不仅不承认自己严重违反基本的保密规定,还振振有词地辩护说,他这是在积极履行职责。幸运的是,外交部当时有一条标准的"不加监视的制度"[②];也就是说,官员

[①] 王铭玉等编译:《克格勃全史》,黑龙江人民出版社1998年版,第418页。
[②] [英]安德鲁·博伊尔:《背叛之风》,新华出版社1981年版,第351页。

们在执行任务时不受监视。另外,麦克尼尔对伯吉斯表现出来的善意也为他提供了有益的掩护,所以福斯特尽管满腹狐疑,也暂时拿他没有办法。

放荡不羁的伯吉斯越来越让麦克尼尔感到头疼,他经常问弗雷德·沃纳一个问题:"伯吉斯的事该怎么办?"结果,到1947年圣诞节时,麦克尼尔最终做出决定:辞退伯吉斯!但他不想把事情做绝。为此,他把伯吉斯介绍给了自己的好朋友、政务次官克里斯托弗·梅休。梅休是一个工党议员,早在黑利伯利学院求学时就是一个坚定的反共分子,曾参加学生旅行团赴莫斯科和列宁格勒考察。他在征求了外交大臣贝文和首相艾德礼的批准与同意后,一手创办了一个名为情报研究部的机构,隶属于外交部,其任务是运用积极的手段对抗苏联宣传机器无休止的宣传活动。他组建了一个写作班子,吸收了从一些铁幕后国家跑到英国的流氓,由外交部负责组织工作的人员向他们吹风并监督出版书籍、小册子和其他一整套背景资料,然后通过英国驻外使馆向自由世界的新闻机构和舆论界散发。梅休后来说,他当时犯了一个错误,"我和他谈了谈,当然他显示自己有关于共产主义破坏活动的丰富知识,我便高兴地把他留下来工作了"[①]。伯吉斯在这里谋得了一个职位。他拥有了第二次世界大战期间在宣传技巧方面所获得的经验,觉得自己肯定会喜欢这份差事,说不定还能将它搞得兴旺发达。梅休觉得作为麦克尼尔的好朋友,既然已经答应人家了,就得给伯吉斯一个位置进行公平的考验,于是强调说千万要谨慎小心,不要让苏联人听到什么风声,否则其效果有可能前功尽弃。伯吉斯表面上痛快地答应了,但很快地,他就将这个新成立机构的任务、工作运转和成员等情况向苏联指导员莫金(他于1948年2月接替了克列申)做了汇报,让情报研究部的工作变得毫无意义。

在情报研究部里,伯吉斯依旧本性不改,他不修边幅、我行我素、放浪形骸,弄得原本就觉得伯吉斯靠不住的梅休非常恼火。更火上浇油的是,1948年1月,伯吉斯去中东休假,他住在菲尔比土耳其伊斯坦布尔的家里,两人有时到菲尔比位于亚洲一侧海岸上的荒僻寓所附近的树林和田野里长时间散步、交谈,经常晚上一起出去寻欢作乐,回家后差不多总是醉醺醺地又吵又闹,这让菲尔比的妻子艾琳非常不满。伯吉斯还绕道到英国驻外使馆,向外交官们介绍情报研究部目前以及未来客户的工作需求。不过,他的中东之行很不成功。他在休假期间胡作非为,对英国外交官们表现出明显的傲慢和无礼,向自己挑选出来的特工讲一些令人难堪的下流笑话,因

[①] 王铭玉等编译:《克格勃全史》,黑龙江人民出版社1998年版,第419页。

此不论走到哪里，似乎都会引起一阵狂暴的反唇相讥。这些情况通过日常渠道最终传到梅休的耳朵里，结果考验还不过3个月，1948年春季的一天，梅休在事先已向外交部人事司做了报告的情况下，把伯吉斯找来，直率地说自己不得不立即解雇他，因为"从我听到的以及我本人观察到的情况来看，你是一个地地道道的卑劣、声名狼藉而且懒惰的废物。在情报研究部里，我可没有地方留你这样的人"①。于是，伯吉斯被毫不客气地赶到了外交部远东司，时间是1948年11月1日。

这时，只有很少几个朋友还愿意信任他，秘密情报局政治部门负责人戴维·福特曼就是其中之一。1948年6月铁托与苏联翻脸，之后不久，福特曼手下的工作人员建议开列一张共产党情报工作者查询单，这样英国大使就能在贝尔格莱德得到所需的情报。福特曼马上下令找伯吉斯帮忙，于是伯吉斯与这个工作人员一起制定具体内容，并发往南斯拉夫。赫克托·麦克尼尔也包括在内。1948年3月15日接头时，伯吉斯说，麦克尼尔委托他通报遭警察怀疑的所有外交部职员名单，这充分证明了麦克尼尔对他的信任，同时标志着英国政府针对有左倾思想情绪官员的运动的开始。出于安全考虑，他在这次接头时没有像往常那样拿来厚厚的文件包，只带来了《西方联盟布鲁塞尔协议》原文和麦克尼尔与其比利时同行斯帕克的会谈笔记。

调到远东司之后，伯吉斯继续保持并发展着与麦克尼尔和沃纳的关系，而且现在这种关系由于不存在更多的官方色彩，反而变得更加友好。1948年11月底的一天，伯吉斯从沃纳处得到关于筹备建设中的北大西洋集团的文件，趁着吃午饭的机会，送到考陶尔德艺术学院布伦特处，由布伦特翻拍后把胶卷转交给了苏联特工科罗文。在1948年12月22日致莫斯科总部的一封信中，他说："我认为，保持并发展已经与麦克尼尔、沃纳建立的良好个人关系极为重要，而最近与麦克尼尔的私人秘书——沃纳的关系更近一层。所以你们的问题超出了与远东有关的一些具体问题的范围，我很欢迎，虽然答案我能给出，但将以麦克尼尔和他的私人秘书的意见为主。"②

经过一段时间后，伯吉斯逐渐熟悉了远东司的工作。他在上述信中向中心报告说：远东司下设中国处和日本处两个处，负责中国、日本、朝鲜、菲律宾等方向，研究与远东各国关系中的日常问题，并决定对这些国家的政策；他本人在中国处工作，接

---

① ［英］安德鲁·博伊斯：《背叛之风》，新华出版社1981年版，第400页。
② ［俄］奥列格·察列夫：《克格勃特工在英国》，吉林人民出版社2003年版，第253—254页。

密机会相比在麦克尼尔那里要多得多,不过外交部基本政策问题方面的情报比较少;他与司长彼得·斯卡莱特关系很好,经常去斯卡莱特郊外的家里做客。至于其他同事,"我说不出有关其他合作伙伴的什么事,除了我与他们有良好的个人关系之外……这不仅得益于我的才干,更得益于那个良机,几乎所有的人都和我一样,曾在伊顿上学……这种关系,非常有用"。他接着写道:"我的情报量将减少,但是,关于远东问题的材料将全部提供,不会有任何限制。材料将包括军情五局和军情六局的工作情况。"① 不过实践表明,情况并不像他说的这样糟糕,他能够继续接触到外交部的所有通信,当然绝大部分"绝密"级文件除外,但涉及远东问题的"绝密"文件,他也能看得到。他转交的大部分文件是原件,不用归还,因为外交部规定阅件者应该自己销毁文件。这些文件非常重要,科罗文有一次会面时向他表示感谢,说他提供的大部分情报引起了苏联领导人的极大兴趣。伯吉斯对此做出了特有的反应:"他立即提出这个想法,在每次接头时给我们提供比他以往提供的更多的文件。"②

20世纪40年代末是多事之秋。朝鲜半岛被三八线分成两半。在美苏的各自支持下,同年8月南方成立了以李承晚为首的大韩民国,9月北方成立了以金正日为内阁首相的朝鲜民主主义人民共和国,北方的共产党政权与南方的松散政府矛盾、纠纷和冲突不断,直至1950年6月25日朝鲜战争爆发。而在中国,国共双方鏖战正酣,中国人民解放军摧枯拉朽、一路高歌,蒋介石的国民党政权则节节败退,最后退守台湾,中华人民共和国于1949年10月1日正式成立。针对东西方之间发生又一场对抗的危险,英国外交部并未完全排除这种可能性。伯吉斯在远东司,对英国屈从于美国的政策提出了最为激烈的批评,对新中国的成立发表了别出心裁的强有力的评论,引起了远东司同事们的尊敬。由于他的共产主义专长,上司让他就英国对华政策的历史背景与演变,向高级外交官和秘密情报官员们做了几次正式报告。他的朋友戈伦韦·里斯说:"在那个时期,关于中国革命的专业理论家,特别是那些在理论上看来符合英国利益的理论家,是很难找到的,以至于外交部在1949年夏季于牛津大学举办暑期学校的时候,盖伊竟被挑选去给包括军情五局和六局成员在内的英国驻外人员讲授题为《红色中国》的课程。毫无疑问,正是因为他在解释哪些马克思主义的论点可以巧妙地用来为英国承认人民共和国进行辩护的过程中,重新点燃

---

① [俄]奥列格·察列夫:《克格勃特工在英国》,吉林人民出版社2003年版,第253页。
② [俄]奥列格·察列夫:《克格勃特工在英国》,吉林人民出版社2003年版,第254页。

了他对中国革命的兴趣,才使得他的刻毒的反美情绪变得越来越激烈了……"①除此之外,伯吉斯干得更多的是自己的主业。他详细地向莫斯科报告了英国对新成立的中华人民共和国的政策以及朝鲜战争爆发前的对朝政策。伯吉斯虽然官阶不高,却始终能够参与研究分析来自联合侦察委员会、国防部和东京盟国最高指挥部麦克阿瑟将军总部的情报。1949年12月7日,他交给莫金168份文件,长达660页。他利用英美在对1949年10月1日成立的中华人民共和国政策上的分歧,离间这两个国家的"特殊关系",克格勃把这项内容也当作伯吉斯的功绩记入了他的档案。② 1950年4月,他向莫斯科提交了一份名为《苏联对中国共产主义政权援助》的冗长的分析报告,用他惯用的蓝色墨水书写,字体十分工整,令人惊讶。从报告中可以清楚地看出,西方只是在朝鲜战争爆发前两个月才开始关注这一问题,这引起了中心的特别注意。

1949年对伯吉斯来说,注定是倒霉背运的一年。2月初,他和好友弗雷德·沃纳在伦敦一个俱乐部里喝得酩酊大醉,伯吉斯还向对方要酒喝,沃纳于是举起伯吉斯,开玩笑地将他顺着楼梯扔了下去,这件事被同年3月从土耳其回英国的菲尔比传给了在伦敦的苏联特工机关。2月底,伯吉斯身体恢复后,到爱尔兰探望母亲。结果,菲尔比在与伯吉斯3月7日第二次接头时获悉,伯吉斯在爱尔兰出了车祸,还被警察拘留,原因可能是酗酒,他母亲会很快把他送回英国。同年11月,伯吉斯到直布罗陀和摩洛哥旅游胜地丹吉尔度假。在这次被戈伦韦·里斯称为"轻率的自我放纵的长期旅行"当中,他竟然忘记结清饭店的账单,在公共场合揭露军情五局和军情六局官员的身份,并在当地的一个酒吧里喝醉后唱道:"今天的男孩子很下流,比过去的还下流。"③"他那些纵酒和喧闹简直使季米特里·卡拉玛佐夫都相形见绌。在旅途中的每一站,他都要去访问军情六局在当地的代表,而且不论他在哪个酒吧喝酒,也不论有谁愿意听他谈话,他都要同他们议论那些代表的人品、习惯、意见和业务上的短处。"④更有甚者,行前,他向毛姆勋爵要了给秘密情报局驻直布罗陀代表

---

① [英]安德鲁·博伊尔:《背叛之风》,新华出版社1981年版,第415页。
② [英]克里斯托弗·安德鲁、[俄]瓦西里·米特罗欣:《克格勃绝密档案》(上),当代世界出版社2002年版,第249页。
③ [英]克里斯托弗·安德鲁、[俄]瓦西里·米特罗欣:《克格勃绝密档案》(上),当代世界出版社2002年版,第249页。
④ [英]安德鲁·博伊尔:《背叛之风》,新华出版社1981年版,第418页。

丹伦和军情五局驻丹吉尔代表肯尼迪·米尔的介绍信。三人在直布罗陀见面喝咖啡的过程中，先是因为著名社会心理历史学家弗雷泽发生争执，然后转到佛朗哥的制度和英国对西班牙的政策问题上，伯吉斯反感佛朗哥，但对方很支持。因为观点与自己有分歧，所以伯吉斯就把米尔痛揍了一顿。军情五局驻直布罗陀代表给局长写信，抱怨伯吉斯"极度轻率的"举止："伯吉斯是一个十足的酒鬼，我在直布罗陀从未见过像他那样在那么短的时间里喝下那么多烈性酒的人。"伯吉斯回国后，外交部人事处召见了他，他否认自己有任何轻率的言行，并把这些都归咎于与"当地安全部门（可能是军情五局）""关系不好"。军情五局的法律顾问伯纳德·希尔告诉外交部称，依照《秘密行动法案》，我们可以起诉伯吉斯，但是"即使采取这样的行动，后续情况也很难处理"，主要是因为要"避免军情六局的事务在公众面前进一步曝光"。伯吉斯也向利德尔求助，利德尔认为，只要"严厉惩戒伯吉斯以使其认识到错误"就足够了："我觉得他没有完全失控，但是毫无疑问，喝酒使他满口胡说。"他错误地相信，伯吉斯"不是那种故意将机密消息透露给未经批准的人"①。对此，莫斯科中心总结认为，1949年秋天，伯吉斯因为知道"维诺纳"被破译可能导致身份暴露的原因，导致精神高度紧张，才做出这些精神失常之举。不管怎么说，这些丑闻已经让伯吉斯在外交部的日子屈指可数了。军情六局驻外交部保卫处一位助理记录说："对我们大家来说，把这个吓人的家伙赶走得越早越好。"对此，凯里·福斯特简洁地附了一笔："同意！"②外交部人事处也认为，伯吉斯除了到国外去，别无出路，要不然就只有从外交部"滚蛋"了。处员们劝他说，这是他的最后一次机会了，到一所规模大的驻外使馆任职对他来说有百利而无一害。如果能够适应要求的话，可能还会有好的前程。一开始伯吉斯并不想去，因为他不喜欢打破多年来已经养成的古怪的生活方式。他对朋友们说，他宁愿辞职也不愿意走。为此，他写了一份冗长而详尽的报告，为休假期间的荒唐事作自我辩护，之后拿给里斯看，说这是他的最后一着了，他要呈给上司，求得上司们的谅解。里斯劝他换种语气，于是他撕掉报告，重写了一份比较简短的报告，并强调指出，如果给他的处分比申斥重的话，他将要求委员会进行调查。最后，还是已转任内阁苏格兰事务大臣的赫克托·麦克尼尔出面，使出浑身解数才说服了他，劝他做事要讲理，要采取合作态度。

---

① Christopher Andrew, *The Defence of the Realm: The Authorized History of MI5*. London: Penguin, 2010, p. 422.

② [英]安德鲁·博伊尔：《背叛之风》，新华出版社1981年版，第419页。

就在这一年8月,伯吉斯还遭遇过一次危险。警察在路上对他进行路检,好在没有发现他有可疑物品。警察在检查随身包时,发现里面有一块伯吉斯所在俱乐部标志的毛巾。为了了解警察会如何处理这种检查结果,伯吉斯对警察说,如果他们把结果通知他的单位,上司会指责他做事欠考虑,这对他的前程不利。警察回答说,现在检查很多,如果没有可疑物品,他们谁也不会告诉。伯吉斯为此把遭到检查的事告诉了外交部的同事还有军情五局的熟人,所有人都和他一起讽刺警察。

在外交部,麦克尼尔等朋友仍然支持伯吉斯,这为他争取到了喘息之机。1950年6月6日,伯吉斯在伦敦郊外一个森林公园里与罗金(代号"科罗文",1947年接替库金担任伦敦情报站站长)会面时说,他无意中见过1950年5月9日签发的任命他到华盛顿工作的文件。到了5月17日,人事处正式通知他说,对他的工作调查正式停止。伯吉斯很高兴地说:"因此,我没有对我地位是否稳定产生怀疑。"①7月1日接头时,他对科罗文说,他已经获得了英国驻美大使馆的正式工作任命,将于7月28日到华盛顿就任,此外还口头报告了有关朝鲜战争的情报。7月8日接头时,苏联人与他约定了在美国的联系办法,此后他通过布伦特转交了几个翻拍外交部文件的胶卷,并向伦敦情报站的同行们致以最后的问候。

在动身赴美国就任的前一天晚上,伯吉斯在伦敦下邦德街那套漆成红白蓝色的公寓里举行了一个男女混杂的告别宴会,参加者既有像麦克尼尔及其继任者肯尼思·扬格这样的"权势集团的要人",也有他在安保部门的高官朋友,还有同谋布伦特,当然更少不了他结交的同性恋朋友。麦克尼尔提前离席时,站在门外的楼梯口诚挚地对伯吉斯临别赠言说:"在你同美国人打交道的时候,盖伊,要特别记住这三项基本的忌讳。第一是共产主义,第二是同性恋爱,第三是种族歧视。这三点你要牢牢记住,好不好?"伯吉斯亮出了他天使般的微笑,同时回敬了一句俏皮话:"我懂了,赫克托,你就别担心了。你那番洋洋洒洒的漂亮话想要表达的意思不过是——'伯吉斯,看在上帝的分上,千万不要得罪保罗·罗伯逊。'"②③

1950年8月4日,伯吉斯按时来到华盛顿报到。行前他给菲尔比报告行程,同时询问自己租到房子前,能否先在菲尔比家里住一段时间。与此同时,外交部保卫

---

① [俄]奥列格·察列夫:《克格勃特工在英国》,吉林人民出版社2003年版,第260页。
② 保罗·罗伯逊(1898—1976年),美国黑人歌唱家,曾任亚洲及太平洋区域和平联络委员会副主席、世界和平理事会理事。
③ [英]安德鲁·博伊尔:《背叛之风》,新华出版社1981年版,第440页。

第六章　惊心动魄——"剑桥五杰"的间谍生涯

处长乔治·凯里·福斯特给使馆保卫处官员鲍博·麦肯齐写信,解释了外交部派伯吉斯来美的原因,事无巨细地描绘了他的性格,列举了他那些比较显眼的怪癖,包括同性恋的习惯等,暗示使馆要对他小心行事。菲尔比看了麦肯齐递过来的信说,他愿意照料这个多余的二秘,保证让他循规蹈矩,并补充说伯吉斯是他的老朋友了。这让使馆的其他人都松了一口气。但艾琳一听伯吉斯要来家里住,感到十分厌恶,打心底里不愿意,她担心伯吉斯住进来就不想走了。菲尔比不时规劝,说他已经答应使馆的同事要照顾伯吉斯了,不会让他到处乱跑,他就住地下室,最好把这个人忘掉。麦肯齐因为有人与他共同分担责任,因此对菲尔比信守承诺的举动很满意:"我有几次在他家看到,伯吉斯在外面彻夜寻欢作乐之后,酒醉醺醺、衣冠不整、跌跌撞撞地走了进来。每一次菲尔比都连忙站起身来,坚决地把他领到地下室去了。"[①]

伯吉斯远离伦敦来到华盛顿大使馆这个陌生的地方工作后,行为举止并没有丝毫收敛,相反还有点变本加厉了。他经常与同事甚至与大使梅金斯吵架,开车到使馆上班时随处乱停车,招致警察的不少抱怨。梅金斯不止一次把他召到办公室申斥一番,但这对他丝毫不起作用。使馆有一套严格的秘密文件使用规定,绝不允许随心所欲地从保险柜拿取文件,但伯吉斯对此嗤之以鼻,他经常把重要文件散乱地堆放在办公桌上,用完后也不放回原处,负责保管文件的馆员无法重新加封保险柜,一气之下就向大使告状,梅金斯经常训斥他也不管用。久而久之,在使馆里,没有多少人搭理伯吉斯,觉得他惹是生非、不受欢迎、与环境格格不入,都想把他推到一边去,不愿与他共事。负责使馆中东处事务的格林希尔之前见过他,这次相见后觉得他仍然无所长进:"他比我过去见到的时候更不招人喜欢了。被烟草熏染了的手指之间总是有一支烟,而且他想方设法让烟灰不偏不斜恰好落在别人文件的正中间。在他那张长满疙瘩的脸的下方,经常打着一个伊顿公学式的蝴蝶领结,他为这个领结骄傲得不得了,总是提到它如何与众不同。"[②]尽管如此,格林希尔还是不得不接纳伯吉斯来自己手下工作。伯吉斯在使馆里没多少事情可干,经常从华盛顿到纽约去访问。他对中东事务也丝毫不感兴趣,常常把日常工作推给别人,自己则往后一坐,说一些毫不相干的笑话,飞快地涂抹几张漫画,逗得全办公室的人哈哈大笑。1950年11月初,伯吉斯陪同影子内阁外交大臣安东尼·艾登在华盛顿参观游览,这件事办

[①] [英]安德鲁·博伊尔:《背叛之风》,新华出版社1981年版,第441页。
[②] [英]安德鲁·博伊尔:《背叛之风》,新华出版社1981年版,第441页。

得挺漂亮,事后不仅没有惹出事非,艾登后来还从渥太华写来一封热情洋溢的信向他表示感谢。这也说明,只要伯吉斯觉得什么事合适而且愿意规规矩矩的话,他就能把自己讨人喜欢的一面像打开的水龙头一样展示出来,并非一无是处。

当然,他对待苏联人的情报工作还是谨守敬业的。由于菲尔比身处华盛顿如此敏感的职位,苏联人认为如果频繁派人与他接头过于危险,况且尽管美国人正在加紧破译苏联人的加密电报,但苏联仍然期望他有朝一日能够坐上军情六局局长的宝座。因此,如果菲尔比有什么东西要交给苏联人,一般通过伯吉斯转递进行,即便这种方式也尽量避免。1950年11月,伯吉斯第一次充当了在华盛顿的菲尔比与在纽约的苏联指导员马卡耶夫之间的交通员。他去纽约的借口是探望他的朋友——英国驻联合国代表格拉德温·杰布的私人秘书艾伦·麦克莱恩(麦克莱恩的弟弟)。伯吉斯建立起这条渠道后,菲尔比同意亲自与马卡耶夫见面,但伯吉斯仍然是菲尔比与专案官员之间正常的联络渠道。他频繁到纽约去见艾伦·麦克莱恩,弄得杰布还以为他俩合住一间公寓。与艾伦的谈话无疑也使伯吉斯能够随时了解麦克莱恩不稳定的精神状况。

1950年秋冬季节,朝鲜战争鏖战正酣。尽管上司不让伯吉斯过问远东问题,但他生来喜欢刺探情况,这种身不由己的天性使他一心要把有关朝鲜战争的每一点机密情报都打探出来,他搜集的情况为菲尔比已掌握得较为充实的秘密情报增添了一些点缀,使苏联人能够紧密跟踪掌握美英有关朝鲜战争的相关动向。不过,他又不太讲究策略。他认为世界上的一切错误都在美国身上,害怕美国对朝政策正在把全世界拖进第三次世界大战。因此,不仅在私底下,就是到了公开场合,他也几乎无法控制他那激烈的反美情绪。对杜鲁门总统面对朝鲜战争所做出的激烈反应,以及在描绘趾高气扬的麦克阿瑟时,他的言辞显得非常轻蔑和毫无节制。他对杜鲁门未能驱除约瑟夫·麦卡锡参议员煽动的反共政治迫害浪潮,还有美国决定加速生产氢弹和实验性核动力潜艇这些事持公开强烈的批评态度,这让他在华盛顿彬彬有礼的社交圈里更加臭名昭著。他这种恶毒的反美论调也开始损害菲尔比的家庭气氛,就连艾琳也在他的影响之下动不动就抨击美国人及其各种习惯。菲尔当初把他留下时就欠考虑,让他安安静静地待在地下室不惹是生非也很不容易,现在他这种状态,谁还敢叫他一个人走呢?因此,当秘密情报局的维维安以保卫处长的身份来检查工作时对菲尔比说,伯吉斯在使馆的名声搞得很臭,菲尔比只好承认他的房客的确很讨人嫌,但伯吉斯一直找不到合适的房子,只要找到就马上让他搬出去。维维安相信了,便不再追问,于是这件事就算放下了。

1951年4月的一天晚上,伯吉斯像往常一样外出夜游,很晚才步履蹒跚地回到家中。当天菲尔比家里举办一场家宴,负责地区保安工作的麦肯齐已经离开,但中情局官员哈维夫妇还在。伯吉斯应他的妻子利比·哈维的请求,醉眼蒙眬地给她画了一幅姿态不雅的(据别人说是淫秽的)铅笔速描画,结果把这位夫人给惹毛了,对着伯吉斯就是一通破口大骂,客人们于是乱哄哄地走掉了,只有几个人留了下来。艾琳吓得躲进了厨房,菲尔比眼看不妙,赶紧为伯吉斯的行为道歉,哈维夫人也接受了道歉。留下的威尔弗里德·曼医生最后坐出租车回家,第二天早晨来取车时,他"发现菲尔比和伯吉斯两人一起躺在床上,喝着香槟酒。他们已经到大使馆去过了,但因为干不了活又回来了"[①]。

8个多月的时间证明,脾气暴躁、习性不好的伯吉斯显然不适应大使馆的工作,使馆人员不欢迎他甚至处处排斥他,弄得他也心生退意。英美双方追缉"霍默"的步子越来越紧,菲尔比在与伯吉斯商量后认为,应该立即向国家安全部尤其是麦克莱恩发出警告! 但是,警告怎么发呢? 菲尔比陷入了沉思。突然他眼前一亮:伯吉斯在使馆里处于"舅舅不亲、姥姥不爱"的尴尬状况,营救麦克莱恩的工作何不让伯吉斯参与进来,把他回伦敦与通知麦克莱恩这两件事结合起来进行呢? 因为伯吉斯从英国驻华盛顿大使馆回到伦敦,他去看望美洲司司长自然也在情理之中,这样,营救麦克莱恩的行动就可以实施了。但是,这一计划实施起来也有很大难度:一是当时出于安全考虑,菲尔比和伯吉斯与苏联驻华盛顿特工没有直接联系,伦敦情报站是他们与苏联人唯一的联络渠道,因为联邦调查局肯定知晓菲尔比掌握所有受怀疑者的名单,因此不能冒险发电报;二是伯吉斯无法离开使馆,哪怕一昼夜也不行,他无法编造一个借口,比如向奥利弗·弗兰克斯大使撒谎说,他年迈的母亲突然生病住进伦敦的医院,要请假回英国,如果这样,哪怕是刚进入反间谍工作这一行的新手也很快就会明白是怎么一回事。伯吉斯的聪明才智此时派上了用场,他决定充分利用自己在使馆里放荡不羁的坏名声,不引人怀疑地离开美国,回到伦敦向麦克莱恩报警。

弗兰克斯大使对伯吉斯的做派早就看不顺眼了,更受不了他的尖牙利齿和胡搅

---

① [英]安德鲁·博伊尔:《背叛之风》,新华出版社1981年版,第450—451页。

蛮缠,恨不得尽早把他从使馆开除。伯吉斯决定利用这一点,让大使残存的最后一丝耐心耗尽,将他打发回英国。他为自己安排了一个离开华盛顿的方式,这个主意想象力惊人,看上去显得不合条理,但对伯吉斯来说绝对不体面,足够让他再没有理由待在美国了。众所周知,他到华盛顿不久就买了一辆12个汽缸的二手大型林肯牌汽车,而且还喜欢开快车,于是他就在这上面做起了文章。1951年2月28日,他要以英国代表的身份到南卡罗来纳州查尔斯顿的"堡垒"私人军事学院参加一个国际关系方面的会议。一大早,他就开着林肯车,从华盛顿往560英里外的查尔斯顿赶。半路上,他捎了一个名叫詹姆斯·特克的美国空军飞行员,一路上猛轰这辆车的油门,结果刚离开华盛顿不到20英里,就因为超速在弗吉尼亚州伍德布里奇附近被骑摩托的警察拦下了。警察查看了伯吉斯的外交护照后放行了,但向长官做了汇报。到了阿什兰,伯吉斯又因为以每小时90英里的时速超越一个军用卡车编队而被警察拦截。在里士满,伯吉斯让特克替他开车,结果林肯车在匹兹堡附近的301号公路第三次因为超速被拦,特克出示了自己的驾驶证,但伯吉斯出面打抱不平,他挥舞着手中的外交护照,声嘶力竭地喊叫着,说美国人是他的司机。警察这次索性将他们带到了警察局,向交通指挥中心报告说,伯吉斯一天之内已经两次违犯交通规则。他被罚款50美元,区法官随即将违法情况报告了弗吉尼亚州州长。伯吉斯在查尔斯顿与特克分手,找好旅馆住了下来,第二天准时参加了学院的会议,随后于3月5日返回华盛顿。10天之后,美国国务院礼宾司司长收到弗吉尼亚州州长一封火气冲天的控告信,指责伯吉斯连续违犯交通法,而且对美国执法者极端不恭以及态度粗鲁。大使本就对这个"刺头"窝了一肚子火,这次干脆一不做二不休,4月7日便向外交部的上司做了汇报。9天后,当伯吉斯度完周末回到使馆后,大使马上把他召到办公室,严厉训斥他"缺乏判断力",接着宣布他被开除了,立刻收拾行李滚回英国!伯吉斯暗自高兴,但表面上还得假装特别愤怒,他夺门而出,"呼"地一声将门摔得山响。4月18日,英国大使馆向美国国务院通报称,伯吉斯已被英国外交部召回国,近日即将离开华盛顿。

在登上"玛丽皇后"号轮船回国前,伯吉斯在纽约愉快地消磨了大好时光。他在一次晚宴上放了一些回忆往事的录音,其中有一段是他模仿温斯顿·丘吉尔在慕尼黑危机后于恰特威尔对他的勉励之词。临行前,伯吉斯和菲尔比共进晚餐,两人共同拟制了一个计划:一是要在伦敦向麦克莱恩报警;二是要安排他逃跑,因为逃跑已

第六章 惊心动魄——"剑桥五杰"的间谍生涯

经无可避免了,现在要争分夺秒地行动,军情五局随时可能逮捕麦克莱恩。如果他不抓紧时间逃跑,那么"剑桥五杰"小组肯定全军覆没。晚餐结束时,菲尔比迫使伯吉斯向他发誓,麦克莱恩到苏联之后,伯吉斯一定要留在英国寸步不离!菲尔比解释说,如果伯吉斯与麦克莱恩一起前往苏联,那么反间谍部门合乎逻辑的行动便是逮捕他菲尔比。伯吉斯许诺说自己绝不离开伦敦。两人就此分手,他们知道必须抓紧行动,因为"玛丽皇后"号轮船至少要在大西洋上漂泊5天才能到达英国。

伯吉斯在回国前给戈伦韦·里斯的最后一封信里说,他将于5月7日抵达南安普顿,希望能到里斯在伯克郡索宁镇的家中住几天。在轮船上,他邂逅了一个年轻的美国大学生米勒,两人一见钟情,这在他心中勾起了强烈而浪漫的同性恋情。回到英国后,伯吉斯在伦敦住了一晚,第二天便带着尚未启封的行李来到里斯家中:"他长时间地、满嘴脏话而又极为有趣地向我们描绘了在华盛顿,特别是在大使馆的生活。我们都为他情况正常、心绪良好而感到高兴。但是,也可以明显地看出来,他正在为一股极为强烈的激动所苦恼,似乎他内心受到了强大的压力。"[①]他拿出1950年11月初陪同过的英国影子内阁外交大臣安东尼·艾登写给他的客气而热情的感谢信,显得非常自豪。在美国时,他起草了一份冗长的、推理严密但书写潦草的批评美国政局的文件,原本打算通过弗兰克斯大使和外交部常务次官呈报给外交大臣,至少递给外交国务大臣肯尼思·扬格,以便为自己脸上贴金,度过一系列丑闻带来的风暴,最终挽救其在使馆里摇摇欲坠的地位,但被大使拒绝了。现在他又拿了出来,但在场的人劝他说这样做毫无意义。伯吉斯感到有些丧气,坦率地说他当然宁肯主动辞职也不愿意被人从外交部踢出去,他对这事并不是很在乎,说他在伊顿公学的老朋友迈克尔·贝里在华盛顿曾暗示说,有可能在《每日电讯报》外事新闻部为他谋个差事。这个主意使他"良心上感到苦痛,因为照他所说,这家报纸的保守党观点是与他本人的观点不尽相符的"[②]。

事实上,5月7日,伯吉斯一回到伦敦就联系上了布伦特,让他给伦敦情报站当时他们五人的上司莫金(布伦特管他叫"彼得")捎口信,布伦特当时负责伯吉斯与伦敦情报站的联络工作。他向布伦特陈述了事情的严重程度,简要介绍了他与菲尔比下一步的打算。布伦特同意将他们的决定报告给苏联人,好在他与莫金的会面就安

[①] [英]安德鲁·博伊尔:《背叛之风》,新华出版社1981年版,第458页。
[②] [英]安德鲁·博伊尔:《背叛之风》,新华出版社1981年版,第459页。

排在这几天。在约定的会面里,莫金在布伦特开口之前,就从他焦急的神情中预料到出了大事。布伦特说:"彼得,出大麻烦了。盖伊·伯吉斯刚回到伦敦。霍默快要被逮捕了……看麦克莱恩现在的状态,我肯定他过不了审讯这一关。"①莫金虽然知道美国人在破译苏联密码电报方面取得了进展,也做了最坏的打算和准备,但在听完布伦特的话之后也非常不安,不过他自己无权擅作决定,必须向莫斯科请示汇报获得授权才能行动。他与布伦特约定两天后再次见面,为了省去中间环节让伯吉斯参加,也为了显示苏联人对此事的重视,情报站站长科罗文必须到场会面。两天后,莫斯科总部很快答复说:"同意安排麦克莱恩逃跑。如果他同意,这里会接收他并给他提供需要的一切东西。"②而在此之前,4月17日,同年3月接替贝文出任外交大臣的赫伯特·莫里森已经同意军情五局对麦克莱恩实施监视。伯吉斯回到伦敦后不久,A科四室的监视小组就发现了他和麦克莱恩的会面,从5月10日到20日,他们已经见过几次面,至少在麦克莱恩的办公室里见过两次面。但是,由于麦克莱恩是美洲司的司长,而伯吉斯刚从华盛顿大使馆归来,又面临解雇,这些都使得会面本身没什么值得怀疑的地方。尽管伯吉斯看上去很焦虑,但是人们会很合理地认为,这是因为他正面临被解雇和外交生涯结束的缘故。同麦克莱恩一样,他无耻的行径反而使他免受其他人的怀疑。A科四室的一份监视报告这样写道:"……盖伊·伯吉斯好像心事重重,事实上很明显是一种深度的焦虑。他点了一大杯杜松子酒(他最喜爱的烈酒),然后在酒吧里踱步几秒钟,将烈酒一饮而尽,走出酒吧,接着再点一杯,重来一遍。在公开场合,他常常表现得思维混乱、优柔寡断。与寇松(麦克莱恩)在一起时,两人好像总是在密谋什么。在酒吧里很难听见他们对话的内容。不过似乎是伯吉斯在向寇松吐露心事,因为他们在一起时后者的表情从未正常过。"③

在与莫金和科罗文会面时,伯吉斯肯定了布伦特的说法。因为伯吉斯回到英国后向外交部人事处请了几天假处理个人私事,现在他是麦克莱恩与苏联人之间唯一的联络渠道,所以苏联人指示他尽快与麦克莱恩联系,向他描述当前的处境,说服他除了移民之外别无他路。伯吉斯非常正式地去见老朋友。他们就像刚刚出差回来

---

① [英]克里斯托弗·安德鲁、[俄]瓦西里·米特罗欣:《克格勃绝密档案》(上),当代世界出版社2002年版,第255页。

② Yuri Modin, *My Five Cambridge Friends*. London: Headline Book Publishing, 1994, p. 201.

③ Christopher Andrew, *The Defence of the Realm*: *The Authorized History of MI5*. London: Penguin, 2010, p. 425.

的朋友一样闲聊了几分钟。借此机会，伯吉斯很快写了一张纸条塞给麦克莱恩，约他在"改革"俱乐部见面。他这样做是有道理的，因为麦克莱恩已经受人监视，办公电话可能也被监听了。下班后，两人在俱乐部见面时，伯吉斯把情况一五一十地告诉了麦克莱恩，后者对此一点也不惊讶。他说自己早就被监视了，现在连机密电报和文件都不让他看了，他把这些都告诉了布伦特，自己随时等着被上司召见或者反间谍部门传唤。伯吉斯说自己与菲尔比、布伦特以及中心的意见一样，麦克莱恩最好现在就撤离英国。麦克莱恩的情绪明显低落下来。过了好一会儿，他才回过神来说，自己无力承担即将到来的考验，他清楚自己的弱点，经年累月地矢口否认一切肯定承受不了，最后必定会招供，再说他还得考虑家庭问题，再过3周他的妻子就将生产了，他不能就这么抛下她不管。在这段时间，莫金和科罗文轮流与布伦特和伯吉斯见面。在与科罗文会面时，伯吉斯把几个小时前与麦克莱恩见面的情况做了汇报，一个小时后苏联人向中心发报请示，中心直截了当地回复称，麦克莱恩应该同意撤离。科罗文再次与伯吉斯见面，盼咐后者务必要让麦克莱恩同意逃跑。伯吉斯照做了，但麦克莱恩这次又拒绝了，理由是如果经过法国到苏联的话，他在巴黎有那么多老朋友，见面后肯定会喝得酩酊大醉，那样他就没有勇气离开并前往苏联了。伯吉斯对这个借口嗤之以鼻，心生一计说，那就给你找个人作伴好了。这正对麦克莱恩的胃口，作为一个孤家寡人，他一步也不愿意迈开。

考虑到麦克莱恩的妻子很快就要生第三个孩子，莫金同意伯吉斯允许麦克莱恩告诉梅琳达必须移民的决定，听听她对此事的看法。中心没有反对，因为梅琳达早就知晓丈夫为苏联人当间谍的事，没必要瞒她。不出所料，梅琳达一听，当即赞成麦克莱恩尽快离开，一分钟也不要耽搁。她太了解丈夫了，麦克莱恩在狂风暴雨的审讯之下很快就会崩溃，因此她竭尽所能，希望帮助苏联人迅速把麦克莱恩撤离英国。但找谁陪伴麦克莱恩一起走呢？科罗文等人再次请示莫斯科。中心很快决定："让伯吉斯与麦克莱恩一起走，但只作为陪伴者。"[1]

在下一次会面时，科罗文、莫金问伯吉斯是否愿意陪伴麦克莱恩一起走，伯吉斯感到很吃惊。他说自己要是走了就永远回不来了，除了伦敦他哪儿也待不了。科罗文认为这个理由有点牵强，伯吉斯又提出了一个他认为详尽无遗的理由，他说："我已经答应菲尔比不离开英国，他在我从华盛顿回国前说：'必须给麦克莱恩报警，但

---

[1] Yuri Modin, *My Five Cambridge Friends*. London: Headline Book Publishing, 1994, p. 203.

不能与他一起走,如果你走了,我就完蛋了,你发誓绝不离开!'于是我发了誓。"伯吉斯说得又急又快,近乎歇斯底里。科罗文见状安慰他说:"我们非常理解你保护菲尔比的心情,我只要求你护送麦克莱恩,回来后要表现得让所有人都明白,你压根就没想过逃跑;如果有人问起来,就说朋友请我开车紧急送他出国,这么做只是出于朋友情谊而已。"不知道伯吉斯是否相信了科罗文的承诺,有可能他被瞬息万变的事态发展弄得麻木不仁了,科罗文一句没提他应不应该穿过"铁幕"继续前行,他也没提何时何地与麦克莱恩分手、用什么保证他返回英国等问题,反正到最后同意了。事实上,伯吉斯此时也已经处于崩溃的边缘了。菲尔比后来写道:"他眼看就要疯了,情况比别人所能料想的还要糟糕。他在英国的仕途给毁了,而克格勃也不再需要他。我们深深为麦克莱恩担心,竟然谁也没想到过伯吉斯。"[①]但莫斯科总部的人想到了。中心认为,只要伯吉斯同意陪伴麦克莱恩撤离英国,伯吉斯本人的将来等问题没有任何意义,他已经为苏联人贡献了绝大部分价值,即便仍旧让他继续工作,考虑到他最近所犯下的失误和荒谬之处,其作用也令人生疑,再说他的精神状况已近崩溃,一旦遭遇审讯,大概率会挺不住而招供,与其撤离一个失去价值的麦克莱恩,不如把他们两人都弄到莫斯科去。于是,中心做出决定,想方设法让伯吉斯与麦克莱恩一起出逃。

中心的一纸命令可能就此改变了"剑桥五杰"的命运,也奠定了伯吉斯此后在莫斯科的悲惨结局。其实,如果当时只让麦克莱恩一个人逃跑,或者让伦敦情报站的人与麦克莱恩保持一段距离护送他经巴黎到达苏联,"剑桥五杰"其余人等可能就不会暴露,伯吉斯也有可能在英国颐养天年,而不会在苏联英年早逝了。

在下一次会面时,布伦特告诉莫金,菲尔比冒着风险,从美国给伯吉斯发来电报,电报平淡无奇,问他如何处理那辆停在大使馆停车场里的林肯车,但末尾"这里的天气变热了"这句话令人不安。原来,驻美大使馆负责调查"霍默"事件的军情五局代表杰夫里·帕特森通知菲尔比,他的结案报告将于22日或23日到达伦敦。这意味着,苏联人只有一个星期时间将麦克莱恩转移出去,但当时莫金他们对此一无所知。

布伦特告诉莫金,伯吉斯的情绪非常紧张,很可能失去控制,必须尽快将他和麦克莱恩送走。莫金与布伦特在雷根特公园推敲着一个又一个撤离方案。坐火车和

[①] 王铭玉等编译:《克格勃全史》,黑龙江人民出版社1998年版,第424页。

飞机的计划首先被排除,伯吉斯出国倒不会引起怀疑,但麦克莱恩到处被警方盯着;既然他已经成为军情五局的目标,那么边防部门毫无疑问也接到了通报;拿着假证件混出去倒是一个可行办法,但问题是,在英国短期内到哪儿制作证件呢?至于让他们坐潜艇离开英国的想法看起来是天方夜谭,从技术上来讲并不复杂,但时间上不允许。此时,布伦特提议说,据他所知,英国有些游船星期五晚上从南部港口出发,到法国等大陆港口巡游两三天,然后在星期天晚上或星期一早晨返回英国,由于从理论上说游船属于英国领土,因此英国移民机构并不检查游客的护照,不妨试试这个办法。莫金一听喜出望外,当即断定这个主意可行。他们约定与伯吉斯再见一次面,便分头安排逃跑的各种准备工作。为了征得科罗文的批准,莫金收集了一大摞介绍此类旅游观光的宣传资料拿给他看,由此了解了游船的出游时刻表和登陆地点,认为乘坐"法莱西"号游船最为合适。它星期五深夜从南安普顿港发船,沿着法国海岸巡航48小时,星期天晚上回到英国,中间只停靠两三站,其中一站是圣马洛,而且正如布伦特所说,从头至尾都不需要检查护照。科罗文立即同意了莫金的行动计划。

再次会面时,科罗文向伯吉斯解释了逃跑计划,指示他预订两张"法莱西"号游船25—27日的船票,还要求他为了掩盖踪迹,要散布这次旅行的假消息。伯吉斯的神经质情绪比上次减轻了许多。他对科罗文说,麦克莱恩在"改革"俱乐部与他见面时说,这几天他发现身后有"尾巴"跟着,到俱乐部来都很难甩掉,"尾巴"一般跟到维多利亚车站即离开,这是他坐火车回塔茨菲尔德家的地方,每天早晨他从家到外交部上班时都能看到这个"尾巴"。为了验证麦克莱恩的说法,伦敦情报站派人员实施了反跟踪行动,结果发现情况与麦克莱恩所言丝毫不差。跟踪者看着他坐上火车后便返身离开,在塔茨菲尔德无人接班。显而易见,军情五局虽然做好了麦克莱恩叛逃的最坏准备,但并没有将他的所有行踪全部纳入视线,塔茨菲尔德就是一个死角,麦克莱恩完全可以从家中消失,根本不用担心被跟踪。

5月24日这一天,伯吉斯表现得非常出色。他先买了两张周末去法国的游船票,然后开始了混淆视听的把戏。他打电话约在船上结交的新朋友米勒说一起出去做个短期旅行,接下来几次跑到"改革"俱乐部,花费很多时间翻看英国北部的旅游图,甚至同俱乐部的一位工作人员聊起了某些公路的优点,最后当着周围人的面租了一辆汽车,刻意造成他准备到苏格兰去旅行的印象。

决定性的 5 月 25 日来到了。伯吉斯给米勒打电话,说他今晚要去朋友那儿坐快艇,一起外出旅行的事放放再说,然后到商店买了一只手提箱和一些路上用的东西,之后开车回家里收拾行李,一直到下午的后半晌,他才想办法给麦克莱恩打了个电话。由于害怕遭窃听,他在电话里说得既简短又含糊其词,只说今天晚上他要到麦克莱恩家吃饭,弄得麦克莱恩在火车上一直琢磨伯吉斯到底要表达什么意思。最后,麦克莱恩恍然大悟,明白伯吉斯肯定有比吃晚饭更急迫的事,几乎可以肯定是在暗示他潜逃计划开始实施了。伯吉斯一步步实施着潜逃计划的每个细节,此时他的脑子里还没有出现把麦克莱恩送上前往法国的轮船后再陪他继续走下去的念头。

傍晚时分,伦敦市民下班了,伯吉斯开着租来的车子穿过南郊,来到麦克莱恩位于塔茨菲尔德的家中。此时,麦克莱恩刚到家半个小时,梅琳达正在厨房里准备麦克莱恩的 38 周岁生日晚宴。伯吉斯向梅琳达自我介绍说,他是麦克莱恩外交部的同事罗杰·斯泰尔斯。待梅琳达一走出房间,伯吉斯就悄悄告诉麦克莱恩,他们必须在晚饭后马上动身离开。在为麦克莱恩祝寿的餐桌上,大家有说有笑,也说些毫不相干的"行话"。晚餐一结束,麦克莱恩便站起身来,对梅琳达说他有点事要出去一下:"斯泰尔斯先生和我要赴一个紧急的约会,不过我想不会回来得太晚。我要带上一个短途旅行的手提包以防万一。"①

伯吉斯口袋里装着两张船票,本来是准备给自己和那个美国朋友用的。他一定是在开车前往南安普敦的路上,突然冒出不能放手让麦克莱恩一个人继续经过法国潜逃的念头。他只顾忙着执行这项紧急潜逃计划,早就忘了一个多月前他在华盛顿与菲尔比分手时向对方所作的绝不离开英国的承诺。眼看老朋友落到这步田地,他一时冲动起来,决定至少陪着麦克莱恩到达,等苏联人接手后,他再返回英国,辞掉外交部的差事,到舰队街迎接他本就驾轻就熟的新闻事业的挑战,再说下周二他还要和布伦特一起参加与迈克尔·哈特威尔及其妻子帕梅拉的聚会,他怎么能缺席呢?

但伯吉斯的如意算盘打错了。很明显,麦克莱恩需要有人护送,莫斯科总部坚持让伯吉斯陪他一同前往莫斯科。一开始,伯吉斯回想起对菲尔比的承诺和目睹莫金"几近歇斯底里"的情形而拒绝离开伦敦,但莫金认为他已经变得歇斯底里了,实际上中心也认为伯吉斯已变成了一个负担和不利因素,因此决定把他一起弄到苏联

---

① [英]安德鲁·博伊尔:《背叛之风》,新华出版社 1981 年版,第 472 页。

去，哪怕必要时使用欺骗手段也行，并让他一直待在那里。为此，伦敦情报站站长尼古拉·金劝伯吉斯说，他并不需要把麦克莱恩一直送到莫斯科，而且在任何情况下他都可以随时返回伦敦，伯吉斯这才同意。莫金后来回忆说："只要他同意和麦克莱恩一起走，剩下的问题就好办了。这种情况实在够可笑的，中心认为……我们手上有两个而不是一个已耗干了的间谍。"①所以，当伯吉斯把租来的汽车门也不锁就扔在码头边，陪着麦克莱恩在渡船解缆、徐徐启航之前几分钟冲上跳板时，他后来的命运就注定了，他在有生之年重返英国的大门慢慢关上了。当然，这也说明苏联方面办事慎重，对这些间谍还有足够的怜悯之心，如果听从伯吉斯的主意让他回英国的话，恐怕他纵有八张嘴，也难以向军情五局那些反间谍专家们解释清楚这到底是怎么一回事了。

四、"国王的谋士"

与"剑桥五杰"其他成员一样，布伦特在被多伊奇招募后，言行举止愈发变得小心谨慎，"努力给人留下自己不持有任何左翼观点的印象"，同时借助自己在青年人当中的威信以及广泛的人际关系，为苏联内务人民委员会精心挑选左翼学生，成为物色间谍的"猎手"，即帮助寻找招募对象。1943年，他在应中心要求亲笔撰写的自传材料里，谦虚地说道："在评价从1937年到战前这段时期的活动时，可以说，我基本上一事无成。我开始完成我们的工作，尽力完成一项相当艰巨的任务，一方面要给人留下这样一个印象，我不赞同左翼思想；另一方面，我又要与左翼大学生保持最密切的联系，从中挑选我们需要的人。你们已经知道，我招募了下列同志：M.C（迈克尔·斯特雷特）和L.L（利奥·朗）。还要求我与K（凯恩克罗斯）建立联系，我按G.B（盖伊·伯吉斯）的要求做了。"②

1937年2月，经过多伊奇同意，已经知道为谁服务的布伦特和伯吉斯决定发展剑桥大学三一学院一位年轻而富有的美国共产党留学生迈克尔·惠特尼·斯特雷特（代号"奈杰尔"），但他们事先并未向中心报告这一意图。斯特雷特出身美国名门

---

① [英]克里斯托弗·安德鲁、[俄]瓦西里·米特罗欣：《克格勃绝密档案》(上)，当代世界出版社2002年版，第255—256页。
② Олег Царев. Джон Костелло, Роковые Иллюзии. Из архивов КГБ: дело Орлова, сталинского мастера шпионажа(Москва: Издательский Центр 〈Аква-Терм〉, 2011), стр. 282—283.

望族，父亲是一个百万富翁，家庭富有，人有教养，具有自由主义思想，1926年随母亲来到伦敦，4年后进入剑桥大学三一学院攻读经济学，1936年6月加入布伦特所在的"使徒会"，一点也不隐瞒自己的左倾情绪，从而被后者相中。年轻的斯特雷特发觉自己不像是进入了大学，而像是进入了一个研究共产主义的温室。他的指导老师是当时英共领导人之一的莫里斯·多布；接着，物色和吸收共产主义苗子的克卢格曼和诗人约翰·康福德也都相继来找他。于是，他参加了学校里的共产主义小组，后来还和布伦特到苏联列宁格勒参观访问过，也是"改革"小组的成员。布伦特在与多伊奇第一次见面之后不久，就把斯特雷特请到自己在三一学院的优雅住处。他以刚刚在西班牙内战中英勇牺牲的斯特雷特的亲密朋友约翰·康福德为引子，说共产国际的朋友非常关心他的将来，并做出决定，斯特雷特的任务是断绝与党组织一切公开的联系，毕业后在美国纽约找一份工作，为共产国际提供内幕消息。斯特雷特最初只同意为反法西斯的意识形态斗争服务，但在布伦特的凌厉攻势下，他最后说，苏联正在为正义的事业而奋斗，他早就应该冲上反法西斯战场了，他也同意为苏联工作，因为这是世界上唯一能够抵御纳粹威胁的国家。起初，他决定获得英国国籍并当选议员，但布伦特说服他回到美国去，成为一个银行家，打入华尔街，为苏联充当间谍，毕竟他父亲是摩根银行的主要股东之一，这条路实际上非常可行，但斯特雷特不同意这个安排。布伦特不得不妥协，把当银行家的事放一边，先一起为共产国际工作。他讨好这个美国青年说，对他的招募工作，克里姆林宫高层都非常关注。斯特雷特动摇了。离开英国前，布伦特将一张请柬撕成两半，将其中一半交给斯特雷特，说将来会有人持另一半来找他，如果有事，对这个人说就行。回美国后，斯特雷特接受一个在美国搞谍报的苏联人的领导，学习一些如何用公用电话联系以免被查等最基础的谍报技能。他在美国国务院找了一份不要报酬的义工，撰写有关希特勒德国经济状况的文章。不久之后，内务人民委员会驻美秘派特工、自称"米切尔·格林"的苏联人给他带来了他剑桥大学老朋友的问候，还经常给他打电话，要求他提供他们感兴趣的东西，但并没有拿出另一半请柬，这让斯特雷特心生怀疑。他们见过几次面，斯特雷特声称，他只是把自己写的东西拿给他们，其中还包括他写的一篇抨击《苏德互不侵犯条约》的文章。这些东西价值不大，布伦特和伯吉斯并不生气，因为他们将斯特雷特视为一种长期的"投入"，所以并不急于马上索取。1939年11月，斯大林派苏军不宣而战攻入芬兰，激怒了斯特雷特。他认为这是苏联人的背叛行径，因此决定站在芬兰一边，并将与苏联人的接触频率降到最低。当时，他仍在国务院工作，为罗斯福总统和其他国会议员起草讲话稿。第二次世界大战初期，伯吉斯来美国时看望过他，要求他与苏联人保持联系，他答复说自己不愿意也不能这么做，因此到1942年底，斯特雷特彻底断绝了与苏联人的联系，并对格林承诺说永远不会对任何人泄露为苏联人工作的秘密。也许是害怕苏联人的报复，他信守承诺，没有向任何人透露过有关布伦特或伯吉斯的只言片语，一直到1963年伯吉斯去世后，他才在书中承认自己曾与苏联情报机构"调情"。1942年末，斯特雷特参加了美国空军，当了一名轰炸机飞行员，但一直到第二次世界大战结束，苏联人仍然对他进行纠缠。1949年，斯特雷特到英国旅行，见到了布伦特和伯吉斯。两人问他是不是还和他们一样，他回答说已经不一样了。1951年初，他在华盛顿与伯吉斯见过一面，此时他从事与远东事务有关的工作，对伯吉斯开始有些不满意了，认为伯吉斯可能已经把美英有关朝鲜战争的计划出卖给了苏联人。伯吉斯和麦克莱恩出逃后，他觉得应该有所表示才行，但只是对英国方面敷衍了一下，不愿意谈他心目中的英雄、老朋友布伦特。1963年底，他准备出任心仪的肯尼迪总统的艺术顾问委员会主任一职，为了通过联邦调查局的政审，他把自己过去的一切都原原本本地向联邦调查局做了交代。联邦调查局立刻将布伦特和伯吉斯的有关情况通报给英国。军情五局的马丁要求他进一步提供一些情况，斯特雷特说是伯吉斯把布伦特拉进了间谍网，利奥·朗也与这个间谍网有关。1964年，马丁得到布伦特的交代材料后，又派人去找斯特雷特了解情况，在一番私下交谈后，斯特雷特透露，布伦特曾对他说："我们一直在想，你还要等多久才会和我们一起干。"①此时，西方情报机构已把事实全搞清楚了，但这个事件完全曝光是在15年后的1979年。安德鲁·博伊尔出版了名为《背叛之风》的书，根据撒切尔夫人的意见，作者在书中将布伦特改名为"莫里斯"。斯特雷特的行为和表现受到世人的公开责难，为了替自己辩护，1983年，他出版了名为《久无来信之后》的书，讲述自己与苏联情报部门之间的来往情况。实际上，从他的所有表现来看，他并没有真心同意为苏联效劳。

布伦特最为成功的一次招募是三一学院的一位共产党员学生利奥·朗。利奥在1935年10月考入剑桥大学学习法语，他的父亲是个木匠，住在伦敦北部，曾长期失业，因此利奥对社会不公现象非常愤激。他很快成为三一学院共产主义小组的活

---

① 张仁坚、晓年编译：《二十世纪间谍世界揭秘》，黑龙江人民出版社1993年版，第207页。

跃分子,积极吸收其他大学生加入小组。1937年5月,利奥加入"使徒会"。布伦特作为该会资深会员和利奥的法语老师,在他入会过程中发挥了决定性作用。他慧眼识珠,经过一番深入人心的说服和打动,很快便将利奥·朗拉进了苏联情报网,代号"拉尔夫"。利奥回忆说:"布伦特从未打算恐吓我。因为我们都对共产主义建设事业坚信不疑。"[①]1938年,利奥从三一学院毕业,由于此时苏联在伦敦的间谍机构几乎关了门,莫斯科对利奥的将来并未做明确指示。因此,1938—1939年,利奥在法兰克福教书,以便有机会与法西斯德国接上头。第二次世界大战期间,利奥作为苏联的"第二梯队间谍",一直听从布伦特本人的指挥。实际上,从头至尾,苏联内务人民委员会都从未与利奥直接打过交道,有关他的情况是从布伦特那里了解到的,他提供的情报都归于布伦特头上,不知道哪些东西是他获取的,而且克格勃档案室里的年代合订本中也没有列出他的名字。战争爆发后,利奥先是参加了英军轻骑兵,由于精通德语,不久便加入国防部军事情报局,成了一名中尉,1940年12月被分配到军情十四处,负责分析德国国防军统帅部的通信情报和军事实力,能够自由地接触最高机密文件,其中包括从位于布莱奇利庄园、专门从事破译外国密码的通信总部发出的文件。这些情报是英国密码破译专家在1940年5月破译了由"谜语"密码机建立的密码系统后得到的。1942年用于陆军的"谜语"密码被破译后,利奥接触材料的范围进一步拓宽。1941年初,利奥恢复了与布伦特的联系,又开始作为布伦特的下属间谍开展工作。利奥自称,自从1943年他进入"进攻日"(指盟军在法国北部诺曼底登陆时间)计划工作班子工作后,他就不再为苏联人工作。第二次世界大战结束后,他被调到设在德国的英国管制委员会,在这里,他最后升到军事情报处副处长的位置。布伦特曾在1946年到德国劝他申请加入军情五局工作,他同意了。于是,布伦特替他写了一封推荐信。不过,虽然怀特(时任反间谍处处长)表示赞成,但副局长利德尔对穿制服的军官抱有很深的偏见,因此在局务会上投了反对票,从而把利奥拒之门外。随着冷战的开始和加剧,利奥在德国的工作岗位又能提供有价值的情报了。这时,布伦特受国家安全人民委员会的委派又去找他,要求他重新开始间谍活动,但被他坚决拒绝了。1952年,利奥离职经商,其离开情报部门的理由是:一是布伦特不能做他的上司;二是利奥原来娶了一个共产党员为妻,但之后这段婚姻失败了,现在他又将结婚了,他不想告诉现任妻子自己原来是苏联间谍从而让

---

① 王铭玉等编译:《克格勃全史》,黑龙江人民出版社1998年版,第240页。

家庭受累。

1951年5月,伯吉斯和麦克莱恩潜逃后,英国情报部门对他们的背景和交往情况展开调查,利奥以为自己会被追查,但实际上一直到1964年原苏联间谍迈克尔·斯特雷特向美国联邦调查局告发他和布伦特之后,才开始追查到他身上。布伦特向军情五局承认是他将利奥·朗拉下水的,利奥以为自己会被逮捕,但是什么也没有发生。军情五局官员马丁对他进行询问时告诉他,如果与军情五局合作,就很可能不予起诉。于是,利奥很快做了坦白交代,但一直到1981年11月,利奥才表示认罪:"我非常后悔并深深感到内疚。多少年来,我都是在担心害怕中生活,因为这一切不但会被安全部门知道(事实上是在许多年前就知道了),而且会被公之于世。"① 军情五局的赖特很瞧不起他,认为"利奥随波逐流,共产党人吃香时他就当共产党人,后来又急于脱身自保"②。

除此之外,布伦特还吸收剑桥大学毕业生海格——一个美国百万富翁、罗斯福总统朋友的儿子与苏联情报机关合作。此人后来回到美国,应苏联特工机关的要求到国务院供职,虽说其成果不像苏联人所希望的那样富有成果,但也小有成就。另外,布伦特还把目光投向了跟随自己学习法语的学生凯恩克罗斯,将其发展成"剑桥小组"的"第五人"。

1939年8月,苏联和纳粹德国签订了《苏德互不侵犯条约》。同年9月,第二次世界大战爆发,此时布伦特担任考陶尔德艺术学院副院长。出于爱国主义热情,并在听取了苏联内务人民委员会伦敦情报站站长戈尔斯基的建议后,他申请参加战时军事情报培训班并被录取,不过很快就因为与共产主义者有所牵连而被辞退。1939年8月29日,军情五局的一份报告"不建议雇佣他从事情报工作"③,使他从艾迪索特附近麦德雷马诺的一个培训班被开除了。布伦特告诉戈尔斯基,可能有两个原因导致他被开除:一是由于他曾参加共产党活动;二是由于他的同性恋行为。三一学院的一位同学后来告诉军情五局,"正是出于同性恋的缘故,学院委员会拒绝给予布伦特学院奖学金的建议"④。然而,布伦特从情报培训班被开除,并非由于其轻率的

---

① 张仁坚、晓年编译:《二十世纪间谍世界揭秘》,黑龙江人民出版社1993年版,第128页。
② [英]彼得·赖特:《抓间谍者——一个老牌特工生涯的自述》,军事译文出版社1987年版,第295页。
③ Christopher Andrew, *The Defence of the Realm: The Authorized History of MI5*. London: Penguin, 2010, p. 269.
④ Christopher Andrew, *The Defence of the Realm: The Authorized History of MI5*. London: Penguin, 2010, p. 269.

同性恋行为,而是因为军情五局有记录显示,他在1937年离开三一学院后成为沃伯格研究院的一名艺术史学者前曾与共产党有联系。布伦特对戈尔斯基说,他通过政府内一位朋友的帮助,声明说自己只是"对马克思主义在艺术史的应用方面感兴趣",但并不支持马克思主义的"政治观点"[1],就重新返回培训班。早在学习期间,他就征求过毕业后去哪儿供职更合适的指示。中心认为他留在伦敦或者到陆军部更好,不过这些都注定无法实现,因为培训班毕业后,他被派到英国远征军驻法国布洛涅宪兵分局担任局长。临行前,布伦特主动拟定了在法国的联络办法,即通过伯吉斯把半张10法郎纸币交给戈尔斯基作为接头暗号。另外,他还专程去了一趟剑桥大学,商定了他不在期间伦敦情报站与利奥·朗(拉尔夫)的联络办法,表现出了罕见的预见性和行动纪律。1940年5月10日清晨,希特勒对英、法、荷、比、卢等国发动全线进攻。5月29日,从比利时仓皇撤退的30余万英法联军被围截在敦刻尔克海边,英国紧急动员一切可以动员的舰船完成了敦刻尔克大撤退的壮举,布伦特跟随英军回撤到伦敦。

1940年7月,在朋友罗斯柴尔德勋爵的推荐下,布伦特成功地进入军情五局工作,成为英国最机密的安全部门的一名官员。当时有关录用布伦特的记录已经不复存在,但后来一份论述认为,"他当时加入军情五局的背景有些模糊不清,但看起来并无异常之处"[2]。军情五局当时的反间谍专家维克托·罗斯柴尔德是布伦特在剑桥时的朋友,他将后者介绍给B科科长利德尔。利德尔对布伦特颇为欣赏,在圣詹姆士街给他提供了一份工作。利德尔看来相信了布伦特关于他只是对马克思主义在艺术史方面的应用感兴趣,并不支持其政治观点的说法。而在10年后布伦特刚刚开始被怀疑时,利德尔仍然认为:"尽管他曾经(在剑桥时)与一些共产党员有联系,信奉马克思对历史和艺术的解释……但他对于苏联所应用的马克思理论毫无热情。"他相信,"布伦特从未成为完全政治意义上的共产党员,即使在剑桥期间也如此"[3]。

从进入军情五局之日起,布伦特就开始了其尤为成功的魅力攻势。曾任军情五

---

[1] Christopher Andrew, *The Defence of the Realm: The Authorized History of MI5*. London: Penguin, 2010, p. 269.

[2] Christopher Andrew, *The Defence of the Realm: The Authorized History of MI5*. London: Penguin, 2010, p. 269.

[3] Christopher Andrew, *The Defence of the Realm: The Authorized History of MI5*. London: Penguin, 2010, p. 269.

局局长的怀特后来回忆说："他对重要人物发起普遍攻势,以便他们喜欢他。我对艺术感兴趣,他总是在餐厅里和我坐在一起聊天。他背叛了我们所有人。他是一个非常和蔼的人,彬彬有礼,我喜欢与他谈话。只有亲身经历,你才能体会到被一个曾经与你并肩工作的人背叛的滋味。"①

考特尼·扬(20世纪50年代任军情五局四处一科科长和四处处长)的秘书苔丝·迈耶战时也住在本廷克街5号,与伯吉斯和布伦特为邻,了解布伦特性格上的弱点,并且同他一样爱好艺术,还曾经与布伦特同居。布伦特"总是在他们的屋子里进进出出",后来她回忆道:"我的天,他如此可爱!可怜的安东尼!我们都非常喜爱安东尼,你知道……他习惯带着鱼肝油和麦芽糖漫步,说:'这是老虎们喜爱的早餐。'他知道诸多有关小熊维尼的事情。他拥有舞台剧演员莱斯利·霍华德一般的外表,消瘦而憔悴,但富有魅力。当时,所有人都为莱斯利·霍华德痴迷。"②25年后,即1964年4月的一天,她在家里听着军情五局官员赖特讲述,布伦特如何承认自己在1937年,即在菲尔比、伯吉斯和麦克莱恩被发展为间谍后一两年,也被发展成间谍,如何详细地交代了他在整个第二次世界大战期间的间谍活动。她没有哭泣,只是脸色苍白得可怕,弯着身子僵坐着,双眼紧盯着赖特,最后说:"这么多年了,我从来没有怀疑过。"③让人清楚地看清了早已逝去的30年代剑桥大学奇异岁月熔炼出来的那种感情的强烈程度。圣詹姆士街的另一位秘书回忆说,自己同样被布伦特吸引,后来得知他是苏联间谍时也同样震惊:"非常高,非常英俊,总是那么迷人。各方面都无可挑剔。当(他背叛的)消息传出时,我绝对是大吃一惊!难以置信!"④

加入军情五局数月后,布伦特搬到离牛津街不远的一所公寓。这套公寓属于维克托·罗斯柴尔德。后来,他与密友以及同为苏联间谍的伯吉斯在这里同居。一开始,布伦特在军情五局秘书处协助时任局长戴维·皮特里爵士工作,有机会看到许多重要的文件,他把文件内容报告给苏联秘派特工,如果方便的话,甚至把文件带出办公室让他们拍照。1940年,布伦特提供了第一份情报副本,发现时任苏联政治局

---

① Christopher Andrew, *The Defence of the Realm: The Authorized History of MI5*. London: Penguin, 2010, p. 269.
② Christopher Andrew, *The Defence of the Realm: The Authorized History of MI5*. London: Penguin, 2010, p. 269.
③ [英]彼得·赖特:《抓间谍者——一个老牌特工生涯的自述》,军事译文出版社1987年版,第287页。
④ Christopher Andrew, *The Defence of the Realm: The Authorized History of MI5*. London: Penguin, 2010, p. 270.

委员的米高扬办公室里有一位苏联高级官员,是军情六局军官哈罗德·吉布森安插在克里姆林宫内部的英国间谍,7年来一直向军情六局提供联共(布)政治局文件。苏联情报机关按图索骥,一举清除了这颗潜伏的"炸弹"。后来,布伦特又曾主管军情五局的"监视员"——负责监视敌方间谍的特工人员。他每周都向"监视员"分配任务,一转身又向苏联特工报告,使苏联特工人员可以安全行动。布伦特做得如此肆无忌惮,以至于苏联人不得不提醒他不要"做得太过分"①,以免引起怀疑。整个战争期间,布伦特所在部门负责所有在伦敦的欧洲流亡组织的安全工作,他可以毫不费力地将这些组织的各种情况以及所在的反间谍部门在英国和国外的行动计划提供给苏联,这些情报在战后的"冷战"时期对克格勃用处很大。

军情五局本来试图建立一个包含全部英国共产党党员信息的数据库,但在战时迫于工作压力只能放弃。1942年,军情五局通知各郡警察局局长,请他们帮助收集共产党官员的记录,跟踪陆海空三军和敏感部门的共产主义活动。军情五局跟踪共产党领导层最可靠的途径是,在科文特加登国王大街共产党伦敦总部安装隐藏微型麦克风和电话窃听器。1943年,布伦特向他的苏联上司披露称,国王大街安装有微型麦克风。苏联又通知了英国共产党,但他们只找到了那间屋子,而没有找到任何窃听设备。战后,每次他们发现窃听装置都会"因微型麦克风的出现而引发周期性的恐惧"。共产党曾经为了找到微型麦克风而将所有的地板掀开——但是没用。国王大街的窃听器不时地提醒大家电话是被监听的。

布伦特在大力搜集英国安全局文件的同时,还为利奥·朗(代号"艾里")充当下线。他要求利奥提供任何有利于苏联人的情报。他们经常在伦敦沙特曼街心公园啤酒馆或杰明大街的赖纳酒吧里会面,每星期碰面两次,利奥把在欧洲活动的间谍搜集到的情报、破译的德国电报副本等交给布伦特,再由布伦特转交给苏联人,这些材料包括德军部署、调动、具体作战计划等极具价值的情报以及英国情报部门对战争前途的估计等。"布伦特从不恫吓或收买我——因为我们都忠诚于共产主义事业。"②顺便说一句,由于利奥在战争期间发挥的作用很大,1943年,苏联军事情报机构格鲁乌不知怎么也与利奥建立起联系,弄得他不知所措,于是请布伦特询问莫斯科,自己到底在为谁工作。后来叛逃的戈尔季耶夫斯基如实将问题反映上去,国家

---

① 孙建民等:《世界大间谍》,上海社会科学院出版社2007年版,第195页。
② 王铭玉等编译:《克格勃全史》,黑龙江人民出版社1998年版,第323页。

安全人民委员会很快做出答复:"为我们。"①格鲁乌同意了中心的答复意见。从这之后,戈尔季耶夫斯基还专门与利奥见了一面,告诉他格鲁乌不会再打搅他了,他可以继续通过布伦特向中心转交情报。

在军情五局工作的5年间,布伦特从未被怀疑。有时他和同事碰到一份很重要的文件,同事会开玩笑说,很可惜不能把它给苏联人。布伦特暗自发笑,因为往往几个小时后他就会把它提供给苏联人。在局里,他说过的唯一不得体的话就是,1945年离开五局时,曾对同事罗伯逊上校说:"向苏联人提供军情五局每个官员的姓名,使我获得了极大的快乐。"②罗伯逊向有关人员报告了这句话,但令人奇怪或者说幸运的是,没有人对此话引起重视。而布伦特定期向苏联人报告军情五局的人事情况以及这些人都在什么地方干什么活,一个人就让整个军情五局一度全部掌控在苏联人手中。布伦特向苏联提供的情报不仅仅局限于英国,他还能接触到他国情报。他曾说:"如果我在工作中碰到了苏联人感兴趣的材料,哪怕只有一丁点儿兴趣,我也会转给他们。"③这其中甚至包括一些国家外交官的名字、性格弱点或经历中的可疑之处等,可供苏联人用来进行招募,事实上,其中有的人后来的确被招募了。

1944年9月14日,布伦特在接头时说,所有人已经知道希特勒的末日即将到来,战争结束后他与其他许多同事将会离开军情五局,但利德尔答应他,安全局将与他们保持联系,形式也许是每年集体聚会一次,或者个人聚会一次。由于受间谍工作的强烈刺激和紧张影响,布伦特自己也觉得筋疲力尽。他的两位苏联指导员戈尔斯基和克罗托夫(从1944年起)曾在报告中提过,每月提供上千份文件使他身心紧张、疲惫不堪。战争结束前夕,中心断定,让布伦特继续留在军情五局要冒很大的风险。1945年秋天,国外处处长菲京在布伦特的个人档案中批示称:"该情报人员在战争期间承担了异常艰巨的工作,以致殚精竭虑,应该让他休养5—10年。"④20年后的1964年,布伦特对前来询问的军情五局专家赖特坦率地说,离职原因很复杂:"我想留下来,可是他们不需要我了。他们有菲尔比就可以了。我知道,菲尔比正青云直上。而且,我需要搞我的艺术。再说,如果他们需要我,他们本来是可以很容易

---

① 王铭玉等编译:《克格勃全史》,黑龙江人民出版社1998年版,第324页。
② 孙建民等:《世界大间谍》,上海社会科学院出版社2007年版,第195—196页。
③ 孙建民等:《世界大间谍》,上海社会科学院出版社2007年版,第196页。
④ 王铭玉等编译:《克格勃全史》,黑龙江人民出版社1998年版,第394页。

地通过讹诈手段把我留下来的。"①

1944年10月,布伦特辞去了在军情五局的工作,以名画收藏家的身份回到艺术界,并从1947年起担任考陶尔德艺术学院的院长。1945年4月28日,《每日电讯报》称:"公民布伦特代替肯内特·克拉克出任皇家绘画陈列馆视察员一职。"②他之所以能担任王室的艺术鉴赏顾问,得益于第二次世界大战期间所发生的一件对王室不利的事。英国国王爱德华八世1936年1月20日即位后,对德国纳粹不加掩饰地表示钦佩,而且在信中承认自己喜欢希特勒,并且崇尚法西斯主义。同年3月,希特勒不顾《凡尔赛和约》的限制进军莱茵兰地区,爱德华指示英国首相斯坦利·鲍德温,坚决不允许采取军事对抗措施,结果助长了希特勒的侵略野心,事后爱德华甚至还向希特勒发出生日贺电。1937年10月,距离宣布退位还不到一年,此时的温莎公爵不顾英国政府的劝阻,执意携辛普森夫人访问德国。他们在柏林火车站受到了国宾规格的隆重欢迎,乐队高奏英德两国国歌。在会见了希特勒的助手鲁道夫·赫斯后,他们在萨尔茨堡山的度假胜地见到了希特勒,爱德华还行了纳粹礼。在结束对德访问时,爱德华迫不及待地致信"元首和政府",再次表达了自己的欣喜和激动心情,德国媒体对这场访问做了大肆宣传。除此之外,他们夫妇的丑闻和传言甚多,一旦公布于世,必将危及王室声誉,导致英国王室的形象一落千丈。为此,第二次世界大战末期,布伦特奉王室指派秘密潜入德国,从黑森州弗里德里希城堡取回了爱德华与希特勒和其他纳粹高官之间的敏感信件,并交给了王室。现在,这些书信保存在英国王室的档案室里。为了表彰他的功绩,王室授予军情五局军官布伦特少校贵族封号,还任命他担任王室艺术鉴赏顾问。

从得到这一职位之日起,布伦特一直没有中断与军情五局的联系,只是出现在局里的次数少了一些而已——每周一两次。1945年8月,布伦特受女王派遣赴德寻找和搜集与英国历史有关的绘画及其他艺术珍品;9月6日正式复员退役;9月19日,他领受军情五局赋予的最后一项任务,赴意大利为局里寻找和搜集意大利情报部门及反间谍机关的档案,此后便永远地彻底地离开了军情五局,重操旧业——学术和艺术工作。

布伦特在温文尔雅的学术和艺术工作之余,仍然与军情五局里的许多同事在他

---

① [英]彼得·赖特:《抓间谍者——一个老牌特工生涯的自述》,军事译文出版社1987年版,第304页。
② [俄]奥列格·察列夫:《克格勃特工在英国》,吉林人民出版社2003年版,第238页。

的豪华公寓里聚会,谈论局里的趣闻轶事,从中提取一些有价值的情报。比如,1946年9月16日和12月9日,他从过去的同事手里收集到一些材料,其中包括军情五局改组的情报、拉尔夫(利奥·朗)有关英国对德管制委员会情报局的情况,菲尔比关于英国间谍梅里克接近某苏联军官和他自己(1947年10—11月)即将到土耳其任职的情报,以及伯吉斯关于外交部对苏政策和他即将调任外交国务大臣赫克托·麦克尼尔私人助理的情况。除此之外,他仍然在伯吉斯、麦克莱恩和菲尔比"三个火枪手"的工作中扮演着重要角色。因为他是没有机会接触国家机密的人,最不可能引起军情五局等反间谍机关的注意和怀疑,因此用他充当联络员最合适不过。1947年6—10月以及1948年1—3月,伦敦情报站主要通过布伦特与伯吉斯保持联系,与伯吉斯的个人会面则每隔2—3个月进行一次。如果因为某种原因与菲尔比的联系中断,或者菲尔比在没有接到事先通知的情况下被上司紧急召回伦敦时,布伦特还担负与他进行联系的职责。因此,可以说布伦特的战后工作还包括掌握着他本人、伯吉斯和菲尔比三人小组的联络线。为此,他学会了谍报业务的所有技能,包括给文件拍照。1947年3月,苏联驻英使馆三秘级新闻专员米哈伊尔·费奥德罗维奇·希什金(代号"亚当")接替克列申,担任"五杰"的指导员。1948年1月20日,布伦特同他接头讨论与伯吉斯的联络问题时,自告奋勇地承担了外交部文件拍照工作,并提交了已经拍好的胶卷。布伦特说,由于他在考陶尔德艺术学院任职,因此很容易解释为什么拥有相机的问题,而且大楼里只有他一个人的时候,也允许他在自己的办公室里从容地翻拍文件。此后不久,布伦特就与艺术学院的摄影师谈妥,搞来一台旧的"莱卡"牌相机,解决了拥有照相机的合法性问题。为了更好地提高文件拍照效果,他还努力学习灯光和曝光技巧。1948年12月20日接头时,"罗斯告诉约翰松,他拍摄的《巴黎条约》的效果非常好"①。

冷战的开始和麦卡锡主义的猖獗蔓延使布伦特更加相信,他在20世纪30年代做出的选择是正确的,因此他继续完全忠于那些仍然留在间谍圈子里的同伴们。尽管已经离开了情报机关,自身没有了直接接密条件,但他在军情五局和秘密情报局还有一些故交好友,这些人对他都很信任,于是他便利用这层关系开展工作。比如,军情五局副局长利德尔虽然不搞同性恋,但与好几个搞同性恋的人关系很近;尽管布伦特已经离开安全部门,他仍与他谈论有关安全事务。布伦特从情报获取角度对

---

① [俄]奥列格·察列夫:《克格勃特工在英国》,吉林人民出版社2003年版,第247页。

军情五局的这些人做了评估:"迪·怀特在交往中过于讲究分寸,所以从不对与工作有关的问题'说三道四',就像盖伊·利德尔或罗伯逊。霍利斯同样彬彬有礼,但怀有敌意。约翰·马里奥特有时和我说说话,但他不太喜欢我……如果与利德尔和罗伯逊关系好的话,我想,我将能获得我们非常感兴趣的军情五局活动的情报……盖伊·利德尔是(军情五局)副局长,但是如果考虑到局长本人只是个傀儡的话,那么,他实际上熟悉一切日常事务和所有情况。"[①]布伦特把戴维·博伊尔也作为自己在秘密情报局的情报来源,后者是该局局长新闻检查(即秘密通信线路截听)问题的私人顾问。军情五局B4科长罗伯逊就如何更有效地对苏联情报部门开展工作征求布伦特的意见。1948年1月,他向布伦特抱怨说,对苏联间谍活动的情况一无所知,因此要求后者一想到特别巧妙的主意就马上告诉他。1949年3月,军情五局的马尔科姆·卡明请求布伦特在考陶尔德艺术学院找一个地方,专门用来与东欧国家大使馆里的间谍秘密接头。布伦特同意将一楼房间的钥匙交给军情五局官员塔格,由后者与局里其他两名工作人员共同使用。卡明还说,他打算与秘密情报局的博伊尔一起,就如何获取外交邮件一事征求布伦特的意见,因为他们对此事一筹莫展。

布伦特向伦敦情报站报告说,军情五局积极开展对苏联公民的秘密监视,加强对大使馆的电话窃听,在武官的电话里安装窃听器,情报站据此加强了与伯吉斯等人接头联系的安全措施。但天有不测风云,布伦特自己就遇到过一次险情。1949年1月下旬的一天晚上,大约9点半,布伦特和科罗文(罗斯)会面交接文件,两名便衣警察在蒙太奇广场拦住了他们,检查两人的证件和布伦特皮包里的东西,里面装着布伦特还没来得及翻拍完的外交部文件原件。伯吉斯在咖啡色纸包装上写着布伦特的名字。警察看到布伦特身份证上的名字,于是没有打开包裹检查,还道歉解释说之所以要进行检查,是因为伦敦的犯罪率上升了。布伦特有惊无险地躲过了检查,吓得心里怦怦乱跳。莫斯科中心立即采取措施减少与布伦特的来往次数,直到确信伯吉斯和布伦特一切正常后才恢复。

当英国情报部门要对伯吉斯和麦克莱恩最后收网时,布伦特从军情五局的老朋友处了解到要审讯麦克莱恩的消息,便立刻通知了麦克莱恩和伯吉斯,使得两人在审讯前两天按照苏联谍报机构安排好的计划叛逃到了苏联。英国首相撒切尔夫人

---

① [俄]奥列格·察列夫:《克格勃特工在英国》,吉林人民出版社2003年版,第248页。

说:"毫无疑问,他的活动极大地损害了英国的利益。"①

五、库尔斯克战役获胜功臣

1936年夏天,凯恩克罗斯以外语最高分的优异成绩从剑桥大学毕业,并且通过了英国外交部的选拔考试,成绩比第二名整整高出100分。同年秋天,凯恩克罗斯即进入英国外交部供职,成为继约翰·金、麦克莱恩之后第三位打入英国对外政策核心决策部门的苏联间谍。凯恩克罗斯经常说,进入外交部工作的决定是他自己做的,并没有受到来自莫斯科的影响。这种说法得到了麦克莱恩案卷材料的证实,里面有马利在1937年4月9日写的一封信,信里报告说,"莫里哀"已经招募成功,5月底将与其建立联系。这是他事实上开始进入外交部工作大约6个月之后的事。

凯恩克罗斯进入外交部工作以后,发现这里并非如外人想象的那样是一片人间乐土和世外桃源。原来,外交部更认家庭出身、优雅举止和丰厚的人脉,一个笨手笨脚的菜鸟是很难跻身外交官圈子的。因此,上司对他很不待见,将他从一个处调到另一个处。此外,人们发现他虽然很有修养,但洁身自好,与周围的人格格不入,而且总觉得自己比别人更聪明、更杰出,因此对工作漫不经心。在此后的两年中,他曾先后在美洲、国际联盟、西方和中央等司局工作,但一直没有找到自己的位置。有一段时间,他与麦克莱恩一起在西方司工作。麦克莱恩魅力十足,而且善于与人交往,他没有这个本事,尽管也努力与白厅人搞好关系,但还是没交上几个朋友。曾先后担任首相张伯伦私人助理、丘吉尔私人秘书的约翰·科尔维尔认为,他"很聪明,但有时举止怪异、令人讨厌"。糟糕的工作表现使得他在部里的处境很微妙,同事们对他也很有意见,最后导致他于1938年10月1日被外交部解职,调到财政部工作。凯恩克罗斯自己也承认,正像他的代号暗示的那样,他更适合从事16世纪法国文学的科学研究,而不是在政府机关工作。

凯恩克罗斯于1937年4月被招募,转手交给伦敦合法情报站站长格拉夫潘(代号"萨姆")领导。由于格拉夫潘同年11月被召回莫斯科,旋即以"与托洛茨基分子有联系"为由遭到逮捕,所以凯恩克罗斯又转交给以合法身份作掩护的戈尔斯基经营。刚开始的时候,作为秘密情报工作的新手,他每次见多伊奇时,都会拿来一张列

---

① 张仁坚、晓年编译:《二十世纪间谍世界揭秘》,黑龙江人民出版社1993年版,第38页。

满各种问题的清单,还解释说,他这样做并不是因为怀疑我们事业的正确性,而是因为他有些东西搞不明白。此外,因为缺乏经验,他起先不敢拿文件。后来在多伊奇的及时指导下开始搜集并提供文件。尤其是在逐渐相信一切都很顺利、相信苏联人很谨慎并且还关心他的前程后,就克服了犹豫不决的心理。应该说,凯恩克罗斯在工作中之所以犹豫不决,其原因与其说是胆怯,倒不如说是缺乏经验和实践锻炼。正是在充满冒险色彩的地下工作实践磨炼下,凯恩克罗斯的谍报技能越来越娴熟。尽管在外交部的工作调动频繁,但这也给他提供了接触越来越新鲜机密的平台与机会。因此,他从9月就开始向苏联人提供外交部的绝密文件,报告严谨简短,内容主要涉及德国问题。科尔维尔说,在外交部工作期间,"凯恩克罗斯总是请别人吃饭……但他自己吃得很慢,我简直没见过有比他吃得更慢的"[①]。吃得慢自然有其道理。他总是把在白厅吃饭时与人谈话的详细情形记录下来,上报给内务人民委员会;1938年8—9月,凯恩克罗斯在外交部特别危机小组工作,能非常方便地接触到慕尼黑方面的文件,并向苏联人披露称,英法准备向希特勒妥协,为了达成临时和平而打算牺牲捷克斯洛伐克。在得知被调到财政部之后,他随手把这些文件拿走交给了苏联人。另外,他在部里还看到英国特工从苏联发回的关于苏联不准备军事援助捷克的文件,向苏联报告说,英国外交部主张与希特勒达成协议的人包括驻柏林大使亨德尔森和驻巴黎大使菲普斯。这些情报让克里姆林宫详细了解到正在准备签订的《慕尼黑协定》的有关情况,坚信苏联与英法建立联盟的希望已经破灭,从而导致苏联与德国签署了合作协议。更重要的是,1938年9月,他通过伯吉斯向苏联报告,外交人民委员会里有一个英国大间谍,担任某职能处处长职务,曾向英国情报部门提供3份情报,其中最后一份于8月发出,内容为斯大林与捷克斯洛伐克总统爱德华·贝内什通信的事。莫斯科顺藤摸瓜,逮捕了潜伏在外交部里的英国间谍"捷姆内",消除了一大安全隐患。

1938年底,凯恩克罗斯调到财政部工作。不过到了这里,他依然我行我素,心思完全没有投入财政部的工作中,而是在准备法国文艺复兴时期英国文学作品集。他先是担任财政部一个处长的助手,监督邮政部、国家印刷厂和一些其他国家机关的工作,有时能接触到情报机关、国防部和军事情报机关的预算和编制等材料,还与外交部中欧、南欧、北方处处长等16人保持一些联系。表面上看,财政部的工作限

---

① 王铭玉等编译:《克格勃全史》,黑龙江出版社1998年版,第239页。

第六章 惊心动魄——"剑桥五杰"的间谍生涯

制了他的获情能力,但很快他就成了各种秘密情报的来源,因为政府的一举一动都牵涉到财政支出。财政部作为英国国家部门资金供应的源泉和监督者,通晓政府部门国内外的活动情况,还能得到最重要的政府文件;与此同时,财政大臣的地位向来与外交大臣一样重要。凯恩克罗斯很快便展示了英国国家机关结构的这种特点。1939年6月,他把处长休假期间自己能接触到的一些秘密文件悉数交给了戈尔斯基,包括帝国国防委员会关于在德国秘密工作报告、设立情报部的报告和未来战争宣传工作报告;帝国情报局长坎贝尔·斯图亚特给内政大臣霍尔的备忘录;霍尔写给首相张伯伦的信以及德国形势的谍报材料。他的工作进展得非常顺利和富有成效,戈尔斯基于是不再向中心报告他与凯恩克罗斯会面的详细情况,只是报告将随另一批邮件发去一些东西。1939年7月10日,凯恩克罗斯提供了陆军部向财政部提交的一批材料;7月25日,提供了军情五局编制与分布的文件,建设和装备测向与监听以及截收外国外交通信的秘密电台的文件、密码学校编制和分布的文件,还有关于秘密情报处(即秘密情报局,又称军情六局)热衷秘密宣传的格兰特(伯吉斯曾在其手下工作)所属组织的情报;8月10日,提供了帝国国防委员会的秘密备忘录,关于资源动员储备、情报部、政府机关疏散规则等资料;1939年底,得到两本国防部手册,称军情一处的皮特·弗莱明,早先是《泰晤士报》驻苏联记者,军情七处的麦克唐纳作为《泰晤士报》记者曾访问苏联,但是情报未说明他们是情报人员还是只是战时应征到军事情报部门工作的。与此同时,凯恩克罗斯还提供了有关英国情报机关对苏工作能力的相互矛盾的情报。比如,1938年8月他从外交部三秘汉基(汉基勋爵的儿子)处得知外交部目前还未破译苏联电报,外交人民委员会有个人是特别情报处获得珍贵情报的唯一情报员。到了9月,他又报告称,英国人从波兰人手里获得了破译规则,好像正在破译苏联密码。当时,凯恩克罗斯还援引海军部一位秘书的话告诉戈尔斯基,英国人知道伏罗希洛夫对英苏谈判的个人意见。戈尔斯基未使用密码通信就向中心提供情报,这引起了中心的恐慌。1940年2月,贝利亚下令关闭伦敦情报站。已经回到莫斯科的戈尔斯基向中心报告说,凯恩克罗斯最近有可能担任"不管大臣"汉基的私人秘书。

1940年9月,苏联内务人民委员会获得了从内部了解英国政府政策的机会,凯恩克罗斯真的成了兰卡斯特公国大公、上院议员莫里斯·汉基爵士的私人秘书。汉基爵士具有在内阁委员会和白厅工作的丰富经验,从1912—1938年先后担任帝国安全委员会、内阁及其下属许多委员会的领导人,1939年第二次世界大战爆发后逐渐成了张伯伦"军事内阁"中的不管部长,情报工作也进入其职责范围。1940年5月,丘吉尔取代张伯伦上台后,汉基虽然失去了"军事内阁"中的职位,但保住了兰卡斯特公国大公的部长官衔,仍然有权阅读内阁的所有文件、主持许多秘密委员会的会议、检查获取的各种情报。而凯恩克罗斯为了当上汉基勋爵的私人秘书,着实下了一番功夫。1941年春天,戈尔斯基向中心报告说,凯恩克罗斯能够获得这个职位,完全得益于对素食的爱好。"与李斯特得到老板私人秘书一职有关的整个事情,都根据我们的任务精心策划,并在我们的领导下……1939年底,通过与李斯特的一系列谈话,我们使他明白,将来在克鲁克香克手下工作未必会让我们满意,而且,他应该寻找在我们看来更有用的职位。我们已经得知,老板的儿子是他的私人秘书,议会就他儿子的职责问题向老板提出质询。政府当即表示,将解除老板儿子的这个职务。正因为这样,我们指示李斯特表达希望得到老板私人秘书职位的愿望,因为老板在战时内阁和帝国国防委员会中担任要职。定下目标后,我和李斯特一起开始寻找达到目的的办法。我们决定动用李斯特到陋巷期间与老板另一个儿子的良好关系……李斯特了解到,老板是狂热的素食主义者,而且对喜欢吃素食的年轻人特别有好感。我们通过老板的儿子还打听到,老板经常到莱斯特花园附近的织女星素食饭店用餐。在搞清楚老板到这家饭店吃饭的日期和钟点后——他总是在全家人,其中包括李斯特认识的那个儿子的陪同下到这家饭店,我们让李斯特也当一个'狂热的素食主义者',并且尽可能在老板去饭店的那个时候去。李斯特完成了我们的任务,这种简单易行的好办法使老板最终注意到'这名纯朴,显然也是狂热的素食爱好者的年轻人'(织女星饭店总是坐不满人)。结果,有一次他让自己的儿子注意李斯特,儿子说,他认识李斯特,并把李斯特介绍给老人。他们就这样认识了,老板很喜欢李斯特。在与老板儿子交谈的时候,李斯特几次暗示,希望到他父亲手下工作。几个月内,我们没有取得任何进展,后来我去休假。1940年底,我休假回来后,李斯特告诉我,我们的愿望彻底实现了,因为在议会的压力下,老板不得不解除他儿子私人秘书的职务,并让他去了军队。儿子推荐李斯特接替自己的职位。老板要求财政部把李斯特调到他的手下,财政部满足了他的要求。"[①]

因为当上了汉基爵士的私人秘书,所以到1940年底时,经过凯恩克罗斯之手的

[①] [俄]奥列格·察列夫:《克格勃特工在英国》,吉林人民出版社2003年版,第302—303页。

政府文件多如牛毛,既有战时内阁的会议记录、英国秘密情报局的报告,也有外交部的电报和总参谋部的作战评估报告。文件材料数量多到哪怕只把其中一小部分提供给内务人民委员会都无法做到,弄得戈尔斯基抱怨说来不及把所有这些文件都用密码发送出去,只能将情报与外交邮件一起发送到总部,只有在最紧急的情况下才在当地处理并发电报向中心报告。凯恩克罗斯从汉基1940年上半年有关"评估战前可能性"的汇编文件里选出1/3作为第一批情报提供给苏联人,文件准确地预测说,德国占领英国的计划不会得逞,希特勒将集中兵力运用潜艇对付英国。他按照内务人民委员会的要求,密切关注由英国最著名学者组成的科学委员会以及与从前一样有权接近"军事内阁"秘密文件的汉基。1941年,新"军事内阁"做出决议要对汉基的外交电报加以限制,凯恩克罗斯立即帮助汉基向英国外交部提出上诉,结果限制很快就被取消了。凯恩克罗斯的工作成果水涨船高:1941年,中心从他手里接收到的各种情报达到3 449份,仅1—5月拿到的情报清单就多达11页,其中4月和5月的报告最值得重视,包括艾登发给外交部的电报,涉及希特勒与南斯拉夫国王保罗就进攻苏联问题的会谈内容、哈利法克斯关于和威尔斯就同一问题会谈的电报、秘密情报处1941年5月4—11日间有关德国对苏行动计划的通报摘录。凯恩克罗斯搜集的情报价值、种类和数量等情况从戈尔斯基向中心的报告中可见一斑。1941年5月31日,他给中心写信称:"现送去拍有李斯特材料的60张照片,包括外交部密码电报,特别情报处、外交部及总参谋部的每日简报;老板(汉基)委员会的两份报告;关于对抗夜间轰炸机无线电措施的报告;老板委员会关于细菌战手段及方法的报告;"Y"委员会(保护密码安全特别委员会)文件。"[1]

除了获取情报的便利之外,在汉基爵士手下当差也是"大树底下好乘凉"。按照英国法律,凯恩克罗斯本来应该于1942年1月15日应征入伍,但汉基勋爵替他求情推迟到3月,后来又延期到5月1日。等到真正入伍,他在部队只待了一天就被派到陆军部。陆军部先同意他退役,之后便将他安排进位于布莱奇利庄园的英国政府通信密码学校工作,这里实在太需要像他这样的外语天才了。阴差阳错之间,他将菲尔比两年前想做却未做成的事实现了,完成了苏联谍报机构对英国技侦系统展开的比较重要的渗透活动。凯恩克罗斯一开始先是接受德语培训,之后进入密码破译部门担任德语科的编辑和翻译,主要任务是截获、分析德军的无线电通信内容,同

---

[1] [俄]奥列格·察列夫:《克格勃特工在英国》,吉林人民出版社2003年版,第300—301页。

年10月底即取得了第一批成果:两本手写的密码破译机密教材。戈尔斯基此时的代号已经换成"亨利",给了凯恩克罗斯一笔钱买了一辆便宜的二手车,便于他在休息日时可以到伦敦交付情报。这样一来,他每个周末都能到伦敦,而且每次都在车上把破译出来的德国密码交给苏联人。

凯恩克罗斯在政府通信密码学校工作不到一年时间,但这段时间正好与第二次世界大战东线战场的转折相吻合,也是他人生中最高光的时刻。由于1941—1942年接连不断地作战失利,所以德国人迫切希望扭转苏德战场上的局面,捞回老本。希特勒亲自参与制订了1943年的夏季攻势计划,并为库尔斯克弧部作战行动取名"堡垒行动计划",企图从三面发动强大突击,包围歼灭库尔斯克地区的苏军部队,之后乘胜向莫斯科发动大规模攻击。苏联只有获取德军准确的军事潜力和作战企图情报,才能取得这场会战的胜利。

1941年5月9日,英国人侥幸缴获了德国人当时最先进、最绝密的"恩尼格玛"密码机,由此可以轻松破译德国人的秘密通信内容,从而获悉敌人的作战计划和行动企图。按照英苏战争初期达成的协议,两国同意相互通报有关德国最高领导层的行动企图等情报资料,但这方面的交流仅限最高层,而且流于一般形式。至于说通过密码破译或者英国重要情报来源获取的情报资料,英国人概不通报和提供。英国人截获了德国人的密码通信内容,可以了解德国人的军事部署情况和德国高层某些行动计划,不过丘吉尔只向斯大林提供一点皮毛,绝大多数并不与苏联人分享,因此斯大林对丘吉尔有十足的不信任理由。恰恰相反,苏联人感兴趣的一切东西,凯恩克罗斯都事无巨细地提供了。

英国人破译德国密码的绝密目标位于伦敦郊区的布莱奇利庄园。在这里,一群经过特别审查的天才数学家组成的特别行动小组抓紧破译德国人的密码材料和截获的无线电通信内容。外界很难想象会有外国间谍渗透进这个苍蝇都插翅难进的绝密单位,但苏联人招募的凯恩克罗斯不仅做到了,而且在大战前将苏联人最感兴趣的情报资料传递出去了。

1943年7月5日—8月27日,苏德展开了第二次世界大战期间苏德战场上决定性的战役之一——库尔斯克会战,这也是德军最后一次对苏军发动的战略性进攻,企图从南北两端向中央夹击,合围歼灭库尔斯克中央突出部的苏联红军,重夺战略主动权。4月30日,英国人将德军准备进攻库尔斯克高地的情报发给莫斯科,还包括截获的德军情报机构侦察到的苏军在此地区的力量部署材料。凯恩克罗斯提供的情报则全无保留,不仅有截获的电文,还有白厅因担心暴露情报来源而故意略去的、带有部队和分队部署的情报,其中既有德军在库尔斯克弧部发起进攻的时间和部队数量,也有敌人准备在进攻中投入的新式武器装备的技战术指标,主要指"虎式""豹式"等新式坦克和"裴迪南"88毫米自行火炮。苏联情报机构由此了解了"虎式"坦克的所有技术性能,并将其交给苏联工业部门。结果在会战打响前3个月,苏联人成功地制造出新式穿甲弹,克服了此前型号穿甲弹无法击穿"虎式"坦克装甲的缺陷。此外,凯恩克罗斯还提供了越来越多的情报信息,既有德军新机场的材料,也有德军分队部署情况,更有作战行动时间等绝密内容。总之,布莱奇利庄园里的几乎所有情报资料,凯恩克罗斯都能接触到,并在与苏联特工接头会面时一一提供。他的情报甚至细致到准备投入库尔斯克会战的德国飞机的集结地点,关键是能够提前报告,从而让苏军可以事先对这些地点实施轰炸,打得德军指挥机构措手不及、一筹莫展;他的情报准确详细地提供了敌军突击方向和先后顺序等细节,但主攻方向放在普罗霍罗夫卡方向。苏军指挥部根据凯恩克罗斯提供的情报制订了有针对性的作战计划,于5月6日指挥部队对从斯摩棱斯克到亚速海长达1 200公里地带上的德军17个机场进行了事先经过绝密准备的预警性炮击,此后两天又继续对德军机场实施密集打击,摧毁各式飞机500余架,使德军空军遭受重创。

  1943年7月5日凌晨,德军士兵并未等来己方的进攻命令,倒是苏联人手中握有凯恩克罗斯那些价值连城的情报资料,对德国人发起了先发制人的攻击,库尔斯克会战由此打响。在此后50天的浴血奋战期间,德国人损失了25万多士兵、1 500多辆坦克、3 000门火炮和1 700架飞机,承受了难以忍受的毁灭性打击。希特勒怎么也没有想到,强悍无比的"虎式"坦克装甲竟然会被苏联的T-34坦克打成了筛子!此战过后,希特勒元气大伤,被迫转入战略防御和撤退,而苏军则越战越勇,转入战略反攻。苏德战场乃至第二次世界大战实现了惊天大逆转。

  由于做出了难以磨灭的贡献,凯恩克罗斯荣获苏联最高军事勋章——红旗勋章。勋章以秘密方式送到伦敦,在秘密接头住宅举行了隆重的授勋仪式,之后收回勋章,装进小盒子再送回莫斯科。1991年9月,凯恩克罗斯在接受《星期日邮报》记者采访时说,苏联之所以在1943年的库尔斯克战役中获胜,就是他提供的情报帮助了苏联。① 后来,戈尔斯基代表莫斯科对凯恩克罗斯提供的情报转达了特别的谢意。

1943年夏天之前,从布莱奇利庄园搞到的情报很难再传送到伦敦,凯恩克罗斯对此几乎无能为力。另外,紧张的翻译工作严重损坏了他的视力,他要求调到不需用眼过度的部门。1943年6月1日起,他在未经戈尔斯基同意的情况下脱离翻译工作并休假两周,然后接受秘密情报局的建议,调到了该局五处G科(国外反间谍部门),此后他就没能与从事机密工作的菲尔比等人建立起固定联系。在G科没待多久,凯恩克罗斯就被处长安排到该处03室进修。该部门从事在德国本土对德反间谍部门的策反工作,凯恩克罗斯负责对截获的有用的德国通信材料进行登记并予以销毁,他趁机截留了1 500余份提供给苏联人。该部门还有德军对苏情报部门阿勃维尔的情报,比如1943年7月15日前他向戈尔斯基提供了如下材料:阿勃维尔在苏联前线的情况;德国情报部门在1942年9月26日前的情况;德国情报部门使用的内部密码(1943年1月19日—3月9日);秘密情报局中央登记室对与德国情报部门有关系的季亚克利及其在土耳其的组织的监视记录。② 同年9月,凯恩克罗斯又调到对巴尔干国家和苏联开展国外反间谍工作的五处E科任职。苏联人对他的第二个工作对象自然颇感兴趣。不过,凯恩克罗斯认为,新单位的工作目标主要是巴尔干国家,他只看到过秘密情报局发给驻莫斯科代表的一份电报,电文内容是通报后者特别处已经脱离反间谍部门,以及阿勃维尔在苏联的有关情况。新任驻伦敦特工负责人库金(伊戈尔,从6月开始接替戈尔斯基职务)11月向中心报告称,凯恩克罗斯很快将重返03室工作。频繁的工作调动对他的情报数量产生了严重影响。如果说1942年他提供了1 454份材料,那么1943年伦敦情报站挑出来并发给莫斯科的只有93份。但凯恩克罗斯工作很勤勉,1943年10月,他提供了一些对苏联统帅部非常重要的情报,即有关德国人正在准备"乌尔姆"战役,也就是在东线实施假空降的情况。1944年,苏联人从他手里获取的情报数量一下子增加到794份。同年8月,凯恩克罗斯又调到军情六局一处(政治情报处),研究英国情报部门收到的德国及其东方邻国的所有情报,能够接触到有用的东西。10月,他提供了军情六局10月28日一份特别报告,即希姆莱关于组织纳粹抵抗的指示,此后不久又提供了该局1933—1934年间对苏联的监视记录,包括与驻莫斯科特工负责人的通信。

---

① 张仁坚、晓年编译:《二十世纪间谍世界揭秘》,黑龙江人民出版社1993年版,第124页。
② [俄]奥列格·察列夫:《克格勃特工在英国》,吉林人民出版社2003年版,第306页。

1945年1月，凯恩克罗斯得知财政部要求军情六局同意把他调回原处，但因军情六局拖延而推迟了几个月。在此期间，他接连获取了几份重要情报：2月5日，他告诉前来接头的苏联人，英国成功截获并破译了日驻德大使给本国的一份电报，称德国人准备在最近两个星期在东方实施一次强大的反突击，反突击将从两个地区进行，其中包括波美拉尼亚地区，希姆莱任东线司令，古德里安任参谋长；另一份情报与英国无线电侦察处截获的苏联境内无线电通话有关，称丹德代尔领导的处有人负责莫斯科—伊尔库茨克—雅库茨克—克孜勒一线的无线电中继通信，但计划监听的地区覆盖了整个苏联；6月，在离开军情六局前，他还成功获得了英国驻芬兰、瑞典、丹麦、西班牙、葡萄牙和南美等国家及地区特工的情报。

1945年6月25日，凯恩克罗斯开始到财政部工作，任军事部预算处处长，其负责的工作包括审批供给部和内政部民防处的文件，另外还担任战时物资储备委员会秘书。1947年底，随着斯塔福德·克里普斯入主财政部，他在财政部的地位也得到了加强。但1945年10月22日，英国特工网遭到冻结，导致凯恩克罗斯与苏联人的联系中断，并持续了近3年，一直到1948年6月11日才与伦敦情报站恢复联系，从7月开始提供情报。

1948年秋天，凯恩克罗斯的工作职位发生了对苏联人很有帮助的变化。他调到另一个处，负责处理次年成立的北约财政问题。克里姆林宫认为，西方成立北约是对苏联明目张胆的攻击，因此希望掌握更多有关这个新组织的情报。凯恩克罗斯每天都要面对这样的文件，里面讲述未来北约的武装力量、各成员国按比例出资份额等情况。他细致入微地了解北约未来将拥有什么样的部队、如何保障、装备如何；更重要的是，掌握北约指挥机构在陆地、海洋和空中部署的详细情况。他把这些东西如数提供给苏联联络人，让苏联在北约降生前就提早掌握了其所有的组织结构等秘密。在之后的几年时间中，凯恩克罗斯的主要工作是负责国防研究经费开支的决策工作。其同事罗宾逊说："凯恩克罗斯不仅了解原子武器的发展情况，也了解制导导弹武器、生物武器、化学武器、水下武器和其他所有类型武器的研制计划。他还了解很多其他方面的东西，包括航空及雷达研究、反潜侦察研究的项目开支、邮电部等部门开展的信号情报和窃听技术等方面的研究等。他……能够合法地要求掌握任何更多的细节,只要这些细节被认为对于财政部审批经费开支来说是必要的。"[①]在武装力量人事处工作期间,他能接触到陆海空三军人员名单、国防部关于武装力量和民防对人力资源的需求以及关于提前动员措施的材料,这些都引起了苏联人的极大兴趣。1950年1月24日接头时,凯恩克罗斯拿来大批珍贵材料并附有一份个人报告:"我被任命为财政部驻西方联盟(意指北约)的代表,这意味着,我可能将收到西方联盟的所有军事文件。大多数文件会很有用。我现在已经提供一些旧文件。我将受汉弗里·戴维斯(之前的处长)的领导,但将执行康普顿的一些任务。我现在坐在那个房间,还拿着那个保险柜里的文件,研究核能、军事研究和科学论证问题的奥拉姆也有这些文件。最终,我经常接触到,我希望能全部接触到国防委员会的所有文件和备忘录。"[②]2月27日见面时,凯恩克罗斯又提交了一批文件,其中包括核问题与细菌学方面的材料,表明他也有机会经手密级最高的文件,而关于核问题方面的情报是他从与他的老朋友乔治·奥拉姆共用的保险柜里偷出来的。7月,朝鲜战争鏖战正酣时,凯恩克罗斯提供了英国政府如下备忘录:朝鲜事件对英国在远东利益的影响、朝鲜事件对英国外交的影响以及对1950年7月5日朝鲜局势的评估。[③]

因为与康普顿的关系不融洽并且严重恶化,9月,凯恩克罗斯休假回来后得知,他先前担任的职位级别已经调高,而且被他的一个同事占用,他本人则调到货币监管处工作。为此,他希望能到供给部谋取一个职位,负责装备更新问题。中心担心凯恩克罗斯的职务调整是因为受到怀疑所致,因而充满警惕,打算让他脱离秘密情报工作。凯恩克罗斯对此答复称:"他与康普顿关系不融洽,只是由于康普顿独断专行和吹毛求疵;他没有留在这个职位上的唯一原因,也是因为与康普顿关系不佳。"[④]后来的事实证明,凯恩克罗斯的说法是正确的。

1951年5月1日,凯恩克罗斯如愿以偿地从财政部调入供给部,在计划处工作,负责陆军方面的事务。6月23日接头时,英国媒体已经广泛报道了麦克莱恩和伯吉斯"失踪"一事,不过看起来他对此事的反应非常冷静,心情愉快,举止平和。他提出

---

① [英]克里斯托弗·安德鲁、[俄]瓦西里·米特罗欣:《克格勃绝密档案》(上),当代世界出版社2002年版,第227—228页。
② [俄]奥列格·察列夫:《克格勃特工在英国》,吉林人民出版社2003年版,第310页。
③ [俄]奥列格·察列夫:《克格勃特工在英国》,吉林人民出版社2003年版,第311页。
④ [俄]奥列格·察列夫:《克格勃特工在英国》,吉林人民出版社2003年版,第311页。

了伯吉斯和麦克莱恩潜逃一事,说自己已经准备好与反间谍部门进行任何谈话。他明确地补充说,1937—1938年,他偶然与麦克莱恩在"旅行者"俱乐部碰过几次面,打过招呼,但他甚至从来没有和麦克莱恩同坐过一桌。与伯吉斯也只是在俱乐部吃过一次饭而已,1943年以后就几乎没有见过面。凯恩克罗斯分析称,因为要对所有公务员进行审查,反间谍机关有可能涉及他过去的共产党经历,但他可以辩解说,那只是他年轻时替代失望的一种草率追求而已,这有可能影响到他的处境,但即便出现最坏的情况,也只会把他调到非保密单位罢了。见面时,他带来一大包秘密文件,详细介绍了该处的领导情况,称自己负责装备问题,能看到国防部、军工生产联合委员会、生产能力委员会及政府其他机构,包括参谋长联席会议和内阁的文件。整整一个月后,他又拿来一大包重要文件。因为这些文件非常重要,所以中心专门向斯大林做了汇报,并称1951年6—7月也得到了英国完成换装计划的文件。8月7日,情报委员会领导人佐林向斯大林提交报告时指出,对凯恩克罗斯提供的英语文件和表格足足拍了1 339个胶卷。最重要的当数中央统计局专门撰写的一份报告,里面介绍了1948年4月—1951年3月各种武器装备和军事物资的实际生产情况和1954年3月前的军工生产计划。8月20日再次会面时,凯恩克罗斯又拿来了一批新文件。

据统计,第二次世界大战期间,凯恩克罗斯向苏联人提供了5 832份秘密文件,最重要的当属有关库尔斯克会战的情报。因为拯救了成千上万名苏军官兵的宝贵生命,所以凯恩克罗斯当之无愧地称得上库尔斯克会战的功臣之一。

第七章

铸甲销戈

——"剑桥五杰"的谢幕生活

随着麦克莱恩和伯吉斯的跑路,就此拉开了"剑桥五杰"接连暴露和失败的序幕,"五杰"为苏联人深入潜伏搞情报的盛宴宣告结束,一个个步入了谍报生涯谢幕后的日子。"五杰"不论是在英国还是在苏联等异国他乡,每个人的生活都风格迥异、各具特色,深深打上了个人性格和命运的烙印。

一、客死异乡的落魄间谍

从贝鲁特逃离虎口踏上苏联领土后,菲尔比在前来迎接的克格勃特工谢尔盖的陪同下来到莫斯科。他住在一个面积不大的套房里,有一个保姆照顾他的起居,谢尔盖则负责其他的一切事务,比如他与克格勃的联系、他的安全等事项,如果想外出,就为他安排车辆。谢尔盖的英语很好,很有教养,并且富有幽默感,这让菲尔比很高兴。一直到菲尔比去世,谢尔盖都留在他的身边。

菲尔比到苏联不久,苏联政府便宣布获准他在苏联的政治避难要求。1965年,苏联政府授予他最高荣誉勋章之一的"红旗勋章"。他的工资定为每月500卢布,另外每月发放2 000英镑资助留在英国的孩子们。一开始给他的假姓叫费奥多罗夫,但因为很难发音,又给他颁发了安德烈·费奥多罗维奇·马丁斯的护照。与伯吉斯和麦克莱恩初来苏联一样,菲尔比也经历了严格的甄别程序,他毫无怨言地接受了考验。后来,克格勃提供了几套住房供他选择,他选择了一栋离莫斯科市中心不远的其貌不扬的新楼房安了家。克格勃特工帮他从贝鲁特的家中把书和一些家具搬了过来,让菲尔比置身于熟悉的环境和熟悉的物品之中。克格勃还给菲尔比配备了一辆轿车,提供了专门的司机,并在莫斯科不远处分配了一幢别墅。他很快与麦克莱恩取得了联系,梅琳达带他参观了莫斯科。1963年9月,即菲尔比逃离贝鲁特9

个月之后,埃莉诺也来到莫斯科与他团聚。

但菲尔比发现来到苏联之后的处境非常尴尬。因为中心领导人的传统习惯是,从来不信任失败或暴露的特工和间谍。因此,菲尔比既没有军官的头衔,也不准步入克格勃位于卢比扬卡的总部,更不能接触业务工作,只是偶尔请他做做咨询、讲讲英国的谍报业务环境。他原本以为莫斯科会授予他各种荣誉称号,封其为将军,但克格勃始终将他看作区区一个间谍,根本不可能授予其将军军衔,以前所授的所谓上校头衔,只不过是骗骗菲尔比的把戏罢了,因此他的肩章上始终缺乏一颗将星,但面对英国记者菲利普·奈特利的询问,他只能打肿脸充胖子苦涩地说:"严格来说,克格勃是没有军衔的,但我有将军的权力。"① 刚到苏联的头几年,克格勃对他没完没了地询问,一个与他没有直接关系的细节也要问上几十遍,把菲尔比烦得直喊头疼。他对中心的举动深感失望和难以理解,但也无可奈何,时间长了也逐渐将这些看成了家常便饭,于是便"借酒浇愁愁更愁"。

1964年,莫金从国外出差回到莫斯科,中心安排他协助菲尔比撰写后者作为苏联间谍打入英国军情六局工作的回忆录,其用意是将此书作为菲尔比生平的官方版本,在苏联和人民民主国家公开发行。菲尔比与莫金神交已久,共同经历过很多事情,因此合作很默契,写作进展较快。几个月后,莫金因公出差,克格勃又派了另一位官员前来协助菲尔比。1968年,菲尔比的回忆录出版了。他在名为《谍海余生记》的书中讲述了自己传奇般的经历,对英美情报机构及其代表人物冷嘲热讽,有意略过许多重要而有趣的内容,有时在提供了部分线索之后又颠倒是非,令人莫衷一是。这本书在西方风靡一时,对很多读者产生了重大影响。除此之外,在来到苏联的第一个五年里,菲尔比还压抑着内心的抑郁和愤懑,帮助以"花花公子"面目出现、化名戈登·朗斯代尔在英国处理波特兰海军基地霍顿间谍案的科农·莫洛迪整理资料、代笔撰写回忆录。但菲尔比的传记出版后,克格勃觉得他再也没有利用价值了,便不再搭理他。菲尔比非常失望,并确信克格勃"根本不知道"如何从他丰富的经验中获益。他曾回忆当时的情景说:"显而易见,克格勃对我的工作潜力估计不足,我感到心灰意冷、十分沮丧。我又犯了嗜酒成瘾的老毛病。更为糟糕的是,我得了疑心病,怀疑周围的一切。"②

---

① 高金虎:《谍报魔法师——间谍的招募与培训大揭秘》,东方出版社2007年版,第270页。
② (内部读物)国家安全部一局编:《知彼》(第二集),第601页。

第七章 铸甲销戈——"剑桥五杰"的谢幕生活

菲尔比的妻子埃莉诺独立精神很强，此前一点也不知道菲尔比的往事，所以对菲尔比的突然失踪毫不知情，回到英国后被铺天盖地的新闻弄得很不高兴。菲尔比写信安慰她，要求她来莫斯科团聚。英美情报机构自然而然对她施加压力，要求她放弃这种想法。埃莉诺很生气，决心无论如何都要与丈夫团聚。她公开向苏联驻伦敦使馆请求办理赴苏签证，使馆人员不顾军情五局的严密监视，为她安排好了行程所必需的一切手续。1963年9月，即在菲尔比到达苏联9个月之后，埃莉诺顺利来到莫斯科。她完全不能适应在莫斯科的生活，讨厌这里的气候，但菲尔比非常喜欢；他们的朋友很少，间或有一两个记者前来拜访，还有麦克莱恩两口子。不过他们相互恩爱，日子过得倒也甜蜜。但有一点，埃莉诺无法原谅菲尔比一声不吭就从贝鲁特消失得无影无踪，将此种行为视为对她的极大背叛，很难从里面摆脱出来，因此始终很压抑。1964年，埃莉诺带着女儿回美国避暑，同时寻求一种彻底的改变。此时，麦克莱恩夫妇带着3个孩子和菲尔比一起到波罗的海地区做长期旅行，回来时已经是9月了。菲尔比收到埃莉诺写来的信，说她要在美国待相当长一段时间再回苏联。

菲尔比继续频繁地造访麦克莱恩夫妇，冬天还一起去滑雪。一来二去，菲尔比就与梅琳达好上了，自然而然，麦克莱恩夫妇间的关系变得冷淡而疏远，麦克莱恩很快就意识到问题的原因所在，两个男人大吵一架，从此不再说话，彻底分道扬镳。等到埃莉诺从美国回到苏联过圣诞时，发现菲尔比对她很冷淡，她马上就明白自己不在期间发生了什么事。她什么也没说，于1965年5月离开了莫斯科，然后和和气气地与菲尔比分了手，3年后在美国猝然去世。菲尔比与麦克莱恩本来同是剑桥校友，而且还是后者的间谍领路人，自1951年以后一直没有见过面，两人都到莫斯科后，惺惺相惜之下交上了朋友，没想到见面没有多久，菲尔比就与梅琳达好上了，并且在埃莉诺离开菲尔比之后不久，两人就公开同居了，弄得麦克莱恩从此与他恩断义绝、形同陌路。不过好景不长，菲尔比和梅琳达的关系没有维持很久。1966年，梅琳达离开菲尔比回到美国，原因很可能是菲尔比又开始酗酒。菲尔比发现自己完全变成了孤家寡人。他很快步伯吉斯、麦克莱恩的后尘成了一个酒鬼，但他身边的克格勃人员对此熟视无睹，结果这一恶习变得越来越严重。在接下来的几年里，他的日子空虚无聊，开始在苏联四处游荡，在他位于莫斯科的公寓、黑海边权贵阶层的度假别墅等地方打发时间。他经常耽于杯中之物，借酒浇愁，喝得酩酊大醉，不知白天黑夜，随地而栖，形同行尸走肉。

1971年9月，伦敦情报站特工奥列格·利亚林叛逃英国，英国就此发起"富特"行动，驱逐了105名克格勃和总参情报部格鲁乌的官员。这一史无前例犹如地震般的驱逐行动使中心受到深深震撼，时任K局（反间谍局）局长的奥列格·卡卢金说："我们在英国收集情报的工作受到沉重打击，再也没有得到恢复。"①尽管克格勃认为"富特"行动后菲尔比仍不具备召开新闻发布会的条件，但为了扭转在英国情报方面的不利局势并诋毁英国的驱逐行动，中心在实施积极行动过程中还是将菲尔比抬了出来。1971年10月1日，他奉命接受了《消息报》的长篇采访。采访过程中，他谴责"英国资产阶级右翼新闻界的诽谤"，指责它们诬称苏联官员在伦敦进行间谍活动而将其驱逐的行径，并指认了一些英国秘密情报局的官员及其招募的英国间谍。但这一采访不仅没能减少驱逐行动对克格勃所造成的破坏，反而酿成了一次丢脸的失败。采访中被称为英国间谍的4位黎巴嫩公民立即控告塔斯社犯了诽谤罪。苏联驻贝鲁特大使一开始宣称此事纯属新闻事件，与苏联这个国家毫无关系，但当控告到塔斯社驻贝鲁特分社社长尼·菲拉托夫时，他又声称塔斯社是政府的新闻机构。驻贝鲁特情报站不得不把菲拉托夫及其家人撤回莫斯科。1972年5月，塔斯社驻黎巴嫩分社社长雷·萨阿德由于无外交豁免权被判入狱两个月，并勒令赔偿每位原告40 000黎镑，后来经过上诉，罚金减至1 000黎镑，赔偿每位原告损失费减至10 000黎镑，塔斯社还被勒令在《泰晤士报》上公开报道并予以道歉，标题赫然写着《由于吉姆·菲尔比先生的诽谤罪 塔斯社被勒令赔偿》。②《消息报》的这次采访，既未能使菲尔比相信他的天赋对克格勃仍然有用，也没能给他的身体康复带来多大帮助。1972年初，奥·卡卢金在菲尔比与鲁法新婚后第一次见到他时，直呼眼前站着一个"潦倒不堪的男人"："他的佝偻身躯沿墙趔趄而来，东倒西歪，满身散发着伏特加酒的气味，粗野地用俄语对我喃喃地说着一些莫名其妙的话。"③

在这段时间里，唯一让菲尔比值得高兴的事，是他的儿子汤米1967年从英国来

---

① ［英］克里斯托弗·安德鲁、［俄］瓦西里·米特罗欣：《克格勃绝密档案》（下），当代世界出版社2002年版，第662页。
② ［英］克里斯托弗·安德鲁、［俄］瓦西里·米特罗欣：《克格勃绝密档案》（下），当代世界出版社2002年版，第665页。
③ ［英］克里斯托弗·安德鲁、［俄］瓦西里·米特罗欣：《克格勃绝密档案》（下），当代世界出版社2002年版，第665—666页。

第七章 铸甲销戈——"剑桥五杰"的谢幕生活

苏联看他。汤米回到英国后宣布:"我父亲是一个英雄。"①一直到1970年夏天,菲尔比才算摆脱了这种颓废潦倒的状况。当时,从英国叛逃苏联的克格勃间谍布莱克夫妇邀请菲尔比观看冰上芭蕾表演,布莱克的妻子伊达将她最好的女朋友鲁法介绍给了菲尔比。这个女人一半俄罗斯血统一半波兰血统,披着一头红发,长得非常漂亮,而且受过良好教育,一下子就摄住了菲尔比的心:"鲁法是我等了一辈子的女人。"②此后,两人频繁约会,感情日深。很快,菲尔比便向鲁法提出求婚。鲁法因为觉得菲尔比年龄要比她大得多,因此犹豫了一阵子,但架不住菲尔比的猛烈攻势,最终还是答应了求婚。1971年12月19日,两人在莫斯科结为伉俪,鲁法成为菲尔比的第四任妻子。婚礼当天,克格勃送给他们夫妇一套非常漂亮奢华的英国瓷器作为贺礼。鲁法与秘密情报机关毫无瓜葛,而且非常知性,是她帮助菲尔比摆脱了可怕的酗酒恶习。从此之后,菲尔比才从这种浑浑噩噩的日子里逐渐走出来。

婚后,菲尔比夫妇的生活发生了彻底变化。鲁法原来与母亲同住,现在搬进了菲尔比位于莫斯科市中心的新公寓。公寓紧靠着莫斯科河,在专为高级官员提供的大楼的第五层,房间很大,采光良好,装修不错,书架上搁满了书。夫妻俩经常到布莱克家串门。菲尔比不再酗酒,又捡起了一度中断的顾问工作。他继续为中心做一些有关国际问题特别是涉及近东地区的临时性工作。有几次,他花费好几个小时,聚精会神地从中心拿来的照片中辨认间谍。后来,中心最终决定请他参与到克格勃间谍学校的新一代间谍培训工作中来,他高兴地答应了。他满怀喜悦、充满耐心和热爱地教授学生他所知道的一切,证明自己是一个非常称职的老师。假期里,菲尔比夫妇在苏联国内四处旅行,尤其喜欢到波罗的海地区和黑海边的度假胜地去。他们还到波兰、保加利亚和东柏林等国家旅行,甚至还去过一次古巴。这最后一次旅行充满风险,克格勃为他们安排好了所有细枝末节:不能坐飞机,谁能保证飞机不出机械故障而被迫降到美国呢?那么只能坐轮船了,虽然这样一来旅程会拉得很长。菲尔比在逃离黎巴嫩多年之后第一次如此接近他的祖国。轮船沿着英吉利海峡航行时,他扶着船的栏杆,看着肯特郡和苏塞克斯郡的海岸线一点点地向后退去,谁也不知道那一刻他的心里在想什么。

---

① Yuri Modin, *My Five Cambridge Friends*. London: Headline Book Publishing, 1994, p. 264.
② [英]克里斯托弗·安德鲁、[俄]瓦西里·米特罗欣:《克格勃绝密档案》(下),当代世界出版社2002年版,第663页。

20世纪70年代初,在东西方关系逐渐缓和的时期里,克格勃试图起用早已被人遗忘的菲尔比,卡卢金和克格勃第一总局里其他一些年轻人逐渐为他恢复了名誉。米哈伊尔·柳比莫夫最先与菲尔比恢复接触,他曾任中心派驻英国的主要技术顾问,在伦敦活动4年,回到莫斯科后的两年内曾多次安排记者采访菲尔比。70年代初,柳比莫夫开始撰写《不列颠民族的性格特征及其在业务工作中的利用》,并同菲尔比进行了详细研究。1974年,文章被安德罗波夫研究所审议通过,后来又被编写成有关英国情报机构的秘密教科书,作为克格勃最主要的课本一直沿用到80年代中期。卡卢金也经常造访菲尔比,听取他对如何在英国搞间谍活动的建议。菲尔比告诉卡卢金,英国外交部除了从牛津大学、剑桥大学物色人员外,更多的是招收郡立大学毕业生,英国情报机构也是如此。因此,布雷德福、布里斯托尔、伯明翰、爱丁堡、埃塞克斯、赫尔、伦敦、索尔福德、萨立、苏塞克斯等大学,甚至伦敦经济学校、东方学校都值得克格勃详细研究。这些大学的学生交流计划为克格勃招募新的间谍提供了良好的机会。A处(积极行动处)也经常找菲尔比帮忙,因此他对实施积极行动所做出的工作质量很高。每年10月到次年4月间,他在克格勃的地下办公室(位于高尔基大街)为即将首次到英国、爱尔兰、斯堪的纳维亚半岛各国、马耳他、澳大利亚等地区工作的第一总局三局的年轻军官们开办讲习班。在讲课过程中,他经常安排一些游戏寓教于乐,他以政治家、国家公务员、情报人员或企业家身份出现,要求学生们策反他。讲习班结束时,他还给学员们做出鉴定,做的鉴定通常恰如其分、实事求是、切中要害,经常能被一些被外国驱逐或被克格勃撤职的学员所验证。奥列格·戈尔季耶夫斯基于1982—1985年在克格勃伦敦情报站任职,曾担任两年政治线领导和几个月的代理站长,1974年底被英国秘密情报机构招募,1985年7月20日叛逃至英国。据其回忆,1977年,菲尔比在逃到莫斯科14年之后,终于有机会第一次在克格勃总部发表演讲。面对济济一堂的听众,菲尔比说道:"今天非同寻常。我们不仅要庆祝伟大的十月革命胜利60周年,还要庆祝苏联足联成立50周年。"[1]听众发出两次哄笑,第一次是懂英语的人发出的,第二次则是不懂英语的听了翻译后发出的,但他们哪里知道菲尔比心中的苦涩、感慨和怀才不遇之情:"工作这些年,我到过好几个世界上最大的情报机构总部,可是在莫斯科待了14年,直到今

---

[1] 高金虎:《谍报魔法师——间谍的招募与培训大揭秘》,东方出版社2007年版,第271页。

第七章　铸甲销戈——"剑桥五杰"的谢幕生活

天我才算是拜见了诸位。"①时任第一总局局长的克留奇科夫有时也与菲尔比商议一些事,但对他那些非凡的、创新性的建议持怀疑态度,就像他对待菲尔比的两个主要庇护者卡卢金和柳比莫夫的态度一样。1980年,克留奇科夫将卡卢金赶出第一总局,派到列宁格勒担任安全部副部长。与此同时,又以婚变行为"不道德"为由将柳比莫夫逐出总部。没有了庇护者的支持和帮助,克留奇科夫和克格勃第一总局的老人又对他仍存戒心,菲尔比的命运再次沉入深渊。一直到戈尔巴乔夫1985年3月上台执政并开始改革之后,他的境遇才有所改变。80年代中期,克格勃好几次咨询他对阿富汗问题的看法建议。他依照自己对英阿关系史的认识如实相告,认为苏联不应在这个泥沼里涉足过深。对于戈尔巴乔夫及其新思维思想和改革举措,尤其是不胜厌烦的党代会,菲尔比持绝对反对的态度。他认为苏联领导人多年前就不是共产主义者了,他们的目标就是无论如何都要保住到手的权力。菲尔比清醒地意识到,整个国家的官僚系统已经从头烂到了脚,手中掌权的每个个体都为了自己、为了家人、为了大多数人收受贿赂。菲尔比讨厌勃列日涅夫,认为他已经腐化透顶。对于刚刚上台的戈尔巴乔夫,他也极度失望,并对苏联的未来忧心忡忡。从内心来讲,直到去世他都忠诚于自己的理想,从来没有放弃过自己年轻时为之献身的事业。到了晚年,他经常对前来探望的莫金说,斯大林、赫鲁晓夫和勃列日涅夫等人早已成了历史,但是闪闪发光的共产主义理想永远不会消亡,即便一开始它就有瑕疵,但一样能为人类带来最好的希望。但可惜的是,此时的菲尔比已经人近黄昏,再也不可能有所作为了。

"剑桥五杰"被揭露后,英国社会中抓苏联间谍的呼声高涨,许多如今已声名显赫的菲尔比等人的大学同学深受怀疑,人人自危。作家约翰·雷卡莱等人杜撰的冷战时期的间谍故事接连出版,对这一气氛推波助澜。彻底铲除英国高层社会中的变节者的举动,让克格勃在世人眼中变得更加声名狼藉。1987年,军情五局曾经的"猎鼹专家"赖特,不顾英国政府多年来的强烈反对,执意出版了《抓间谍者》一书,披露了许多涉及英国国家利益和声誉的重大内幕。1986年,克格勃领导人觉得是时候给予菲尔比本人及其成就应有的注意和尊重了。1986年9月,菲尔比接待了一个第二次世界大战时期共过事的老熟人、小说家格雷厄姆·格林。格林在塞拉利昂担任军情六局情报站站长时,他在伦敦的顶头上司就是菲尔比,两人从1969年开始间

---

① 高金虎:《谍报魔法师——间谍的招募与培训大揭秘》,东方出版社2007年版,第271-272页。

断地通信。格林在莫斯科期间经常与菲尔比见面。两人有一个共同点,都具有难以从身上抹掉的英国人的风格。他们谈论老式风格的绅士所特有的荣誉、超然和玩世不恭。菲尔比不太关心格林小说《人性的因素》里据说以他为原型的主人公的性格,不在意那个在莫斯科的茅草屋勉强度日还喋喋不休抱怨的傻瓜,因为他的情况完全不一样。他的公寓很大,外面景色美丽,他能看到订阅的《泰晤士报》《法国世界报》《先驱论坛报》的复印件,能看板球比赛的录像带,能品尝一罐罐从伦敦寄来的库柏牌牛津果酱,到死都能向剑桥的谢拉特和休出版社购买图书。他收听 BBC 和 ABC 的广播,阅读约翰·勒卡雷的间谍小说,甚至像厨师一样学着做饭。

1988 年初,经过一系列复杂的协调安排,菲尔比接受了英国《星期日泰晤士报》的独家专访。访问在他位于莫斯科的公寓里进行,房间之豪华一点也不逊色于华盛顿第五大道的洋房,单是书房的藏书就有 1.2 万册。菲尔比脚穿运动鞋,穿着浅蓝色开司米绒线衫,上面还绣着花字图案。他对着记者的镜头微笑着,手里拿着他的祖国仍然视为禁书的《抓间谍者》。采访过程中,菲尔比向记者重申他对共产主义事业的绝对忠诚,说他从不后悔为苏联从事秘密活动,如果可能还会从头再来。为了证实自己所言不虚,他端出一个托盘,上面放满了东欧国家颁发给他的各种奖章。他从里面拿出一枚列宁勋章说,这足以与英国最高级的骑士勋章相媲美。他充满自信地说,历史将证明我是对的,"我的忠诚永远朝着克格勃那个方向"[1]。采访结束时,他说:"我希望死后将我葬在曾经工作的地方。"[2] 1988 年,苏联拉脱维亚电视台播放了由菲尔比出演间谍的 4 集电视连续剧《游戏》。

从 20 世纪 60 年代起,菲尔比就出现过几次心脏不适现象,但都不太严重。到了 1988 年春天,他遇到了第一次真正的心脏病发作,5 月 10 日,菲尔比由此住进莫斯科一家医院。当时情况看起来并不严重,鲁法当天傍晚离开时,他还好好的,但当天深夜突然接到医院通知说,菲尔比已于 5 月 11 日凌晨 2 点不幸去世,享年 76 岁。

5 月 13 日,克格勃在莫斯科郊外的孔策沃公墓为他举行了葬礼。仪式非常隆重,也许是作为对他在世时不受待见的补偿,鸣放了三声礼炮,悼词还通过塔斯社对外播发。参加仪式的有两百多人,其中包括菲尔比的遗孀鲁法、专程从伦敦飞来的

---

[1] Олег Царев. Джон Костелло, Роковые Иллюзии. Из архивов КГБ: дело Орлова, сталинского мастера шпионажа(Москва: Издательский Центр 〈Аква-Терм〉, 2011), стр. 133.

[2] Олег Царев. Джон Костелло, Роковые Иллюзии. Из архивов КГБ: дело Орлова, сталинского мастера шпионажа(Москва: Издательский Центр 〈Аква-Терм〉, 2011), стр. 133.

儿子和克格勃一众高级官员,还有他来到莫斯科后结识的苏联朋友。菲尔比神态安详地仰卧在鲜花丛中,接受着人们最后的告别与致敬。13个身穿黑色制服的人手捧黄色缎子做成的小圆垫,每个上面别着一枚金光闪烁的勋章,其中有列宁勋章、红旗勋章、各国人民友谊勋章、一级胜利勋章以及匈牙利、保加利亚和古巴等国授予他的各种勋章,证明他生前为克格勃所立下的汗马功劳。苏联有关部门的4名高级官员在葬礼上讲话,称颂菲尔比是一位出类拔萃的谍报人员,是苏联情报人员的"伟大榜样",并赞扬其剑胆琴心,为揭露和挫败帝国主义针对苏联的各种颠覆活动、为共产主义事业奉献了自己的一生。仪式结束后,在两名迈着正步的克格勃卫兵的引导下,6名军官抬着棺木走向墓地。卫兵列队向空中鸣枪致哀。菲尔比的灵柩被缓缓放进铺饰着红白丝绸的墓穴里,墓穴上方立着一块花岗岩石碑,上面缀着一颗金星。

菲尔比去世后,对他的纪念一直延伸到2010年12月9日。当天,在俄对外情报局新闻处大门外,近80高龄的菲尔比遗孀鲁法参加了由该局局长和俄国家第一副总理出席的菲尔比纪念牌匾揭幕仪式。在这块牌子上,菲尔比被刻画成罗马双面神雅努斯的模样,意指他双面间谍的复杂人生。

临终前,菲尔比没有像伯吉斯和麦克莱恩那样要求将骨灰运回英国安葬。去世前3个月,他在接受伦敦《星期日泰晤士报》记者采访时说,希望能在某个合适的时候访问英国,但是"我绝不会留在英国。我从20岁时就决心要为共产主义事业贡献终生,几十年来我的信念始终未变,莫斯科才是我的家"[①]。菲尔比的愿望终于实现了。

1994年7月18日,伦敦索思比拍卖行拍卖了菲尔比的一些私人物品。他的生前好友柳比莫夫在接受《莫斯科新闻报》观察员娜·格沃尔基扬采访时称,俄对外情报局保存的菲尔比的物品和材料,能装满10栋博物馆大楼。可惜,克格勃在纪念菲尔比的事情上碌碌无为,既没有拍过一部电影(好像有一部业余爱好者拍的作品),也没有写过一部正儿八经的书。

二、最入乡随俗的前英国外交官

麦克莱恩来到苏联后,克格勃对他进行了一番严格的审查和甄别,确认他的暴

---

① 高金虎:《谍报魔法师——间谍的招募与培训大揭秘》,东方出版社2007年版,第272页。

露并没有造成太大危害,而且他本人也没有做出什么背叛行为。因此,麦克莱恩平安无事。他的养老金比伯吉斯高1倍,还享受着一个克格勃上校所能享受的全部待遇。1951年7月,梅琳达的母亲邓巴夫人收到邮局通知说,有人给她女儿瑞士银行的账户里汇来了2 000英镑。实际上这是克格勃以麦克莱恩的名义汇的,希望以此帮助梅琳达一家,让他们在麦克莱恩离开后失去收入来源的情况下能够衣食有着落。这使人产生了一种又苦又甜的感觉,认为苏联人还是挺会主动照顾人的。

到莫斯科后不久,因为害怕英国人追杀过来,克格勃安排麦克莱恩与伯吉斯到古比雪夫市待了一年多,理由是在这里可以与外国人更好地见面,但两人并没有住在一起,只是偶尔见个面。令人奇怪的是,虽然在古比雪夫这个偌大的城市里,他们是屈指可数的英国人,两人都饱受孤独之苦,但他们并没有刻意往一起凑的意思。其实这在心理学上也很容易理解。一个人如果和他人在难以忍受的条件下坐过牢或者被当成人质囚禁过,一般是不愿意再见到共同经历过上述磨难的对方的,因为大家都想忘掉这段悲惨的过去,否则一旦再见到同一张脸,肯定会不可避免地撕开愈合的伤口。所以,自从来到古比雪夫,他们两人便分道扬镳了。麦克莱恩给自己取名马克·彼得罗维奇·弗雷泽,以此向苏格兰著名的人类学家詹姆斯·弗雷泽致敬。这位在华盛顿、巴黎、伦敦等灯红酒绿的大都市走南闯北的前外交官,就这样一下子沦落到外国人绝对禁足的穷乡僻壤,远离英国、与世隔离、前途难以捉摸、见不到曾经一起工作的契卡特工,令人非常苦闷。不过,与伯吉斯不同的是,麦克莱恩下定决心要在苏联建立自己的新生活。他不愿意与克格勃军官见面,而是强迫自己苦学俄语,督促自己在像古比雪夫这样的城市里继续尽可能严肃地研究政治问题,以摆脱人生地疏、语言不通、举步维艰的孤独困境。他不可能生活得很快乐,但他决心融入苏联人的生活中。到最后,"剑桥五杰"里一共来了"三杰",但与菲尔比和伯吉斯相比,只有他的俄语讲得最地道、最正宗、最流利。

1951年6月,梅琳达生了一个女儿,给她也起名叫梅琳达。梅琳达对人放话说,因为记者老在塔茨菲尔德纠缠她,令人厌烦,自己被骚扰得甚至不敢出门,两个儿子费格斯和唐纳德也辍学在家,因此她要离开英国到妹妹位于法国蓝色海岸博瓦隆的别墅住一段时间。动身之前,军情五局将她请到局里,接受威廉·斯卡登的审问。梅琳达对斯卡登说自己与丈夫的活动一点关系也没有,轻松通过了考验。斯卡登虽然老奸巨猾,但对梅琳达没有产生丝毫怀疑,还请梅琳达一旦麦克莱恩与她联系就通知他。1952年底,麦克莱恩和伯吉斯逃到苏联一年半后,克格勃决定兑现自己的承诺,将麦克莱恩的妻子梅琳达和三个孩子偷偷送到苏联,与麦克莱恩团聚。莫金和苏联伦敦情报站的工作人员受命与梅琳达取得联系。经过仔细观察,莫金发现军情五局并没有对梅琳达实施监视,于是有一天租车来到塔茨菲尔德,在梅琳达送孩子上学后回家的路上截住了她,向她出示了事先约定的联络暗号——半截明信片,迅速约定了在伦敦会面的地点和时间等事项。在伦敦会面时,梅琳达向前来接头的另一名苏联特工说,她非常赞同到莫斯科与丈夫团聚,但问题是怎么带着三个未成年的子女溜出英国呢?会面时,她干脆利落地拒绝了苏联人的路费,只是希望苏联人能够找到将他们送到莫斯科的途径,这让苏联人找到了最终解决问题的办法。不久,梅琳达大张旗鼓地带着孩子来到瑞士蒙特勒—泰里莱特她母亲邓巴夫人那里,其用意是等多事的英国媒体把他们忘在脑后再找机会行动。

1953年9月,中心实施了一项名为"西拉"的行动,以帮助梅琳达和三个孩子——大儿子费格斯(时年10岁)、二儿子唐纳德·居尼(时年8岁)、女儿小梅琳达(时年2岁)——与麦克莱恩在苏联团聚。9月11日,梅琳达对母亲说要带着几个孩子到法国找从摩尔高地来的好朋友聚会。她把孩子们放在黑色雪佛莱轿车上就出发了,但她并没有去法国,而是来到洛桑火车站。傍晚6点半,她将车停在站前停车房,对看车人说过一周再来提车,然后就和孩子们坐上了开往奥地利的夜班快车,连行李箱都顾不上拿。到了边境,她领着孩子们下车,打了一辆出租车,通过了离布雷根茨几英里远的海关。出租车司机带他们来到维也纳,苏联国家安全部的特工早就等在这里,之后从奥地利到苏联的路程就顺畅无阻了。为了欢迎梅琳达一家到达莫斯科,克格勃专门组织了一个欢迎委员会,举行了一场隆重的欢迎仪式,克格勃一众高级官员都参加了。为了避开新闻记者的耳目,仪式没有放在谢列梅捷沃机场,而是在靠近迪纳莫体育馆的苏维埃宾馆举行。莫金注意到,麦克莱恩对他的两个儿子表现得很冷淡,与梅琳达拥抱时也是敷衍了事,让莫金觉得他们的婚姻看起来已经走到了尽头。

克格勃为麦克莱恩一家在一栋不大的公寓里临时安排了一套住房,到了1955年,又调换到莫斯科市中心大多罗戈米洛夫斯卡亚大街一套漂亮的公寓里。楼房是斯大林时期的风格,有6个房间,装饰一新,收藏着很多外文书,窗户面向乌克兰宾馆和莫斯科河,下面就有一个市场,生活非常方便。费格斯和唐纳德·居尼被送到普通的苏联学校上学,很快便学会了俄语。后来,费格斯多次参加少先队夏令营,居尼也加入了少先队,都轻松融入了苏联生活。但遗憾的是,梅琳达不久后成为逃难到苏联的菲尔比的情妇,离开了麦克莱恩。麦克莱恩尽管非常生气,但表现得还算克制。他继续在研究所工作,研究俄语,写书,与为数不多的朋友见面,当然不包括菲尔比。

麦克莱恩从古比雪夫回到莫斯科之后继续俄语学习,4年后已经能够流利地用俄语对话和写作。中心为了减轻他与伯吉斯的生活困难,力所能及地提供帮助。他们需要什么,只要中心能够提供的,说出来就能满足。年轻时,麦克莱恩曾经打算在苏联的初中教英语,此后也一直未放弃这一梦想。1952年7月28日,古比雪夫师范学院院长收到一份申请,署名弗雷泽,要求担任英语老师。麦克莱恩青年时期的理想终于实现了:当古比雪夫大学生们在英语课上见到一个素未谋面的老师,穿着他们以前从未见过式样的西服,而且打着蝴蝶结时,全都惊呆了!他对党的信仰一直没有改变,1956年秋天,他在莫斯科如愿加入了苏联共产党,努力尽其所能地实现自己的理想。他的要求非常简单,拒绝接受为他配备的公车和作为官僚理应享受的豪华别墅。相反,他只在莫斯科近郊要了一套普普通通的别墅,周末与家人一起去度假。他说他喜欢过谦恭的日子。在英国期间,尤其是在开罗时,他酗酒非常厉害,但是到莫斯科之后就彻底把酒给戒了。他总爱说:"我本来会堕落成一个酒鬼,没想到却变成了工作狂。"

1954年,克格勃驻澳大利亚特工弗拉基米尔·彼得罗夫夫妇叛逃西方,透露了一份确凿的情报称,麦克莱恩和伯吉斯两人都在莫斯科。另外,伯吉斯的母亲也第一次从英国来到苏联看望儿子。这让伯吉斯和麦克莱恩身处苏联的事变成了一个公开的秘密。出于各种考虑,克格勃对此既不承认也不否认。不过,梅琳达捅了一个篓子。1955年秋天,她接受了《工人日报》记者山姆·鲁塞尔的采访,说她早就知道自己的丈夫麦克莱恩为苏联当间谍那些事。不知道是什么让梅琳达鬼迷心窍泄露了这些情况,幸运的是,只有极少数人读了鲁塞尔的这篇报道。英国国会议员马库斯·利普顿注意到了这篇报道,他指控菲尔比是组织这两个苏联间谍叛逃的"第三人",这让伯吉斯和麦克莱恩一事又上了头条,世界舆论又一次开始炒作。在此情况下,尼基塔·赫鲁晓夫于1956年最终证实,伯吉斯和麦克莱恩已经定居苏联,应两人请求,苏联已经授予他们苏联公民权。1956年2月11日星期六,为了宣传的需

第七章 铸甲销戈——"剑桥五杰"的谢幕生活

要,克格勃在莫斯科匆忙安排了一次记者招待会,把麦克莱恩和伯吉斯正式介绍给了全世界。当时离苏共二十大召开只有几周时间,1 424名与会代表和大批记者云集莫斯科。克格勃拒绝记者对他们进行面对面的采访,只有3个经过精心挑选的外国媒体代表被允许与两人见面,其中包括《星期日泰晤士报》的记者理查德·休斯。招待会在民族饭店举行。麦克莱恩和伯吉斯穿着剪裁得当的英式服装出场,看起来很放松,也很健康,显得非常自信。他们严肃地声明,自己从来没有为苏联秘密机关服务过,接下来便大谈共产主义的优势所在,声称自己之所以离开英国到莫斯科来,是因为害怕第三次世界大战爆发,而他们早在1951年就判断第三次世界大战迫在眉睫,那时中国已参与朝鲜战争、美国进入紧急状态、麦克阿瑟正在鼓动开辟针对中国的第二战线,世界范围内的对峙形势从来没有像1951年时这样严峻过。作为一名和平主义者,他们只有一个地方能够避难,那就是苏联,而他们到莫斯科来是"为了加深苏联与西方国家之间的更好了解"①。

除了学习俄语,麦克莱恩还按照克格勃的要求撰写分析材料,研究世界各个地区的政治形势,用他那离奇的化名发表有关国际问题的研究文章,其中一篇涉及1956年的匈牙利事件,而且视角也与西方那些左派知识分子迥然不同。麦克莱恩闲不住,总是要求克格勃为他寻找一份合适的固定工作。1961年5月,经"苏联部长会议批准",克格勃把他调到世界经济和国际关系研究所担任高级研究员。这份工作月薪高达400卢布,令人羡慕。在这里,他授课,从事学术研究,主攻英国第一届工党政府的外交政策,撰写的欧洲问题文章、有关现代英国政治问题的分析研究材料,评估准确,观点严谨,理解深刻。他出版了好几本著作,成为历史学博士,还荣获了劳动红旗勋章,专著《苏伊士之后的英国政策(1956—1968年)》颇受好评。

麦克莱恩对生活要求不高。他在研究所简陋的食堂里就餐,同事请他解释苏联人不熟悉的西方现象时,他也来者不拒。他的政治观点是非正统的,无论如何他都不是一个心胸狭隘的党的官僚。他坚持最高苏维埃制定的各项规则,与很多杰出的持不同政见者关系很好,丝毫也不隐瞒自己的信仰,而且随时准备去捍卫它们。1956年,他开始与第二次世界大战前就非常熟悉的英国历史学家阿诺德·托因比通信。两人通了很多封信,但托因比在麦克莱恩为苏联干涉匈牙利辩护之后便拒绝

---

① [英]克里斯托弗·安德鲁、[俄]瓦西里·米特罗欣:《克格勃绝密档案》(下),当代世界出版社2002年版,第637—638页。

与他继续联系。20世纪60年代时,苏联历史学家梅德维杰夫还同他谈论过苏联持不同政见者的问题。他不赞成苏联的外交政策,在公开场合也不怕说出来。不过,尽管他与持不同政见者经常接触,并把他们请到自己家里来做客,但他仍然是一名共产主义者。在这段时间里,麦克莱恩一家的生活基本上是封闭的。除了与无所不在的《工人日报》的山姆·鲁塞尔见面外,朋友很少。

1971年夏天,麦克莱恩在征得克格勃保护人的同意之后,向世界经济和国际关系研究所副所长叶甫根尼·马克西莫维奇·普里马科夫院士提交了一份申请:"我请求从今往后以麦克莱恩·唐纳德·唐纳多维奇这个姓名把我列入名册。"6月19日,这位后来先后担任俄罗斯外交部长和俄罗斯政府总理的普里马科夫,言简意赅地批示:"高级研究员弗雷泽·马克·彼得罗维奇,今后以麦克莱恩·唐纳德·唐纳多维奇的姓名列入名册。"

到了晚年,麦克莱恩发觉他年轻时所想象的苏联、现在赖以生存的地方实际上并不是工人的天堂。那时,他虚挂一个外交部顾问的头衔,但实际上已经退休。由于无所事事,所以大部分时间花在侍弄别墅里的花花草草上,而且虽早已没有了年轻时的魅力,却又捡起了酒瓶子,像年轻时一样酗起酒来。他的妻子梅琳达原来与他一起到了莫斯科,后来却成了菲尔比的情妇,1966年离开菲尔比之后无处可去,不得已回到他的身边,宽宏大量的麦克莱恩接纳并重新与她一起生活。不过,13年之后的1979年,她还是一劳永逸地离开苏联回到了美国。此时他们的孩子已经长大成人并与苏联人结婚。早在1973年,两个儿子费格斯和唐纳德·居尼便带着家人移居伦敦。女儿小梅琳达在一次失败的婚姻之后嫁给了莫斯科画家亚历山大·德柳钦,1979年同丈夫和她与前夫所生的女儿(也叫梅琳达,麦克莱恩昵称其"梅琳杜什卡")离开苏联,最后定居美国,与外祖母邓巴一起生活。家对于麦克莱恩来说,实际上已经不复存在。尽管如此,他早在1948年就立下遗嘱,给梅琳达在被英国冻结的伦敦银行账户里留下了5 000英镑,也算给后者留下一个念想。

梅琳达搬出去和菲尔比同居之后,麦克莱恩尽管非常生气,但表现得还算克制。但在小梅琳达带着梅琳杜什卡走后,麦克莱恩非常沮丧和孤独,得了胸膜炎,不得不做了一次手术,此后身体状况一直很糟糕,经常住院治疗,也未再婚。在生命的最后4年,麦克莱恩孤零零地一个人生活在莫斯科,与癌症作斗争,靠酗酒找回以前的感觉。虽然饱受孤独折磨,但面子上从不显露出来,只是常常唠叨他的外孙女。1983

年初,他的兄弟艾伦来看他,这是他们自1951年分别后的第一次,两人在一起促膝长谈了好几天。1983年3月7日,艾伦回到英国之后不久,麦克莱恩在孤独中离世,享年69岁,一代间谍才俊长达17年的"隐身人"舞台表演就此谢幕。

克格勃在顿斯科依公墓为他举行了葬礼,棺材上蒙着一面红旗,绣着"一路顺风,唐纳德·唐纳多维奇!"的字样。参加仪式的有两名克格勃军官、世界经济和国际关系研究所的同事、他原来的学生以及菲尔比和布莱克,他的家人没有一个到场。事后,他的大儿子费格斯来到苏联,将其骨灰捧回英国,在一个简短的仪式之后安葬在位于佩恩的家族墓地里,唐纳德实现了魂归故土、落叶归根的愿望。

三、落叶归根的"费加罗"

1951年5月底,伯吉斯与麦克莱恩一同逃离英国。一踏上苏联领土,伯吉斯便被告知,他不能再回英国了,苏联政府每年都会为其提供2 000卢布的养老金。放在当时,这笔养老金也算一笔令人垂涎的资产了。很快,他便与麦克莱恩一起被送到古比雪夫接受甄别。在苏联的新生活并不那么简单,好在他与克格勃关系很好,检查和甄别进行得很顺利,他与从卢比扬卡来的克格勃官员谈话气氛就像唠家常。结果证明,他并非双面间谍,克格勃也不打算给他施加任何压力。当时菲尔比尚在西方,中心对他的安全忧心忡忡,经常派人来征求伯吉斯的意见,询问应该采取什么措施来帮助菲尔比。伯吉斯对这些来访并不厌烦,但他不明白为什么不让他返回英国。他坚信英国人没有掌握任何证据起诉他,自信能够经得起任何方式的审问,连眼睛都不会眨一下。在古比雪夫这个离莫斯科将近1 000公里、死气沉沉的工业城市里,他觉得过得相当憋屈,况且在这里也找不到志同道合的同性恋伙伴。他满心以为他为克格勃所提的"建议"能够让他结束这样的流放日子,对他来说寂寞无聊和无所事事简直就是一种最可怕的刑罚。本来,他为自己取了一个俄文名字叫吉姆·安德烈耶维奇·埃利奥特,以此向笔名为约翰·埃利奥特的英国著名女作家玛丽娅·安娜·伊文思致敬,还准备施展手脚大干一番,为苏联的情报事业再做出些贡献。但是,现实很残酷。莫金1953年后经常去看伯吉斯,每次都看到他无法适应在苏联的生活。他总是幻想着有一天能回到祖国英国,他母亲1954年初来莫斯科看他成为他唯一的慰藉。

在古比雪夫待了一年多返回莫斯科之后,伯吉斯在通往谢列梅捷沃机场的一个小村庄暂时住了下来,这里位于河边,离莫斯科不远。房子不大,外表很漂亮,是典型的俄式风格的木头建筑,但他不太满意,提出能否住到古老的革命前的楼房里,克格勃很快满足了这个要求,还给他雇了一个家务保姆,配备了一个克格勃保镖,照顾他的日常生活。住所里有5个房间,全都配置了家具,厨房设施齐全,还有一个独立书房,外面带一个很大的果园,伯吉斯对住所很满意。英国摄制组曾拍了一部1.5小时的纪录片,反映伯吉斯在莫斯科现代化住宅里的生活。这是不准确的,实际上他更喜欢摆放着漂亮古董家具的老旧楼房和套房。

1956年后,伯吉斯开始经常与外国人见面,他丝毫也不忌讳透露自己的真实姓名。他经常与别人通电话,接受过记者和作家的几次采访,其中就包括汤姆·德赖伯格。那时,克格勃制订了一项雄心勃勃的计划,即招募英国重要的政治家,伯吉斯在此项计划中发挥了一定作用,也算为克格勃做了一件有意义的事。汤姆·德赖伯格时任英国工党议员兼新闻工作者,1949—1974年任工党全国执行委员会委员,第二次世界大战期间就因为"蔑视资产阶级、对烈性酒和年轻男子的强烈嗜好"[①]而与伯吉斯成为好友。1956年,伯吉斯和麦克莱恩举行记者招待会之后不久,德赖伯格就提出要采访伯吉斯。经克格勃批准,伯吉斯同意进行采访。他带着德赖伯格到莫斯科市中心那个"巨大的地下魔窟",这个地方"通宵开放,数以百计想搞同性恋的斯拉夫人经常光临"[②]。很快,他就向中心报告说,德赖伯格是一个瘾头很大的同性恋者,具备招募为克格勃间谍的把柄和机会,于是负责国内安全事务的第二总局略施小计,即不费吹灰之力拿到了记录他性活动的令其上钩的材料,德赖伯格于是乖乖就范,上了克格勃的"战车"。在与伯吉斯莫斯科初次会面后,德赖伯格回到伦敦,用大约一个月的时间起草了一本短篇传记《盖伊·伯吉斯:有背景的肖像》,后来又返回莫斯科继续搜集材料进行写作。同年,德赖伯格这本按照克格勃的积极行动计划策划的传记出版了,在西方产生了一定的宣传影响。在书中,德赖伯格谈到,伯吉斯喜欢一遍又一遍地看英国古典作品,喜欢弹钢琴,在一架老式的竖式钢琴上"用两个手指"弹奏很久以前在伊顿公学上学时记住的圣歌。他称伯吉斯和麦克莱恩是英国媒体攻击的受害者,这种攻击就像"美国麦卡锡主义政治迫害的极端暴行一样残忍

[①] [英]克里斯托弗·安德鲁、[俄]瓦西里·米特罗欣:《克格勃绝密档案》(下),当代世界出版社2002年版,第638页。

[②] [英]安德鲁·博伊尔:《背叛之风》,新华出版社1981年版,第558页。

第七章 铸甲销戈——"剑桥五杰"的谢幕生活

可怕":"这并不意味着我个人同意伯吉斯和麦克莱恩做出的决定。作为一名社会主义者,总的来说我所持的观点是,一个人应继续为社会主义事业奋斗,但应使用在其本国内可行的方法进行——在英国,具体来说应通过工党。但正是在这一问题上存在分歧……"[①]德赖伯格最后得出结论断定,伯吉斯从未当过苏联间谍。在传记里,德赖伯格称赞伯吉斯信念中的"强烈的忠诚"以及为了"加深苏联与西方之间的了解,坚持做自己认为是对的事情的勇气",甚至对伯吉斯的酗酒恶习也进行了美化,比如他引用后者的话说:"尽管他以前在西方时嗜酒如命,但在莫斯科从不饮伏特加,除了作为'解除胃部不适的良药偶尔喝一点'";"你知道,汤姆,生活在社会主义国家确实对人有一种医治作用。"[②]

但是,实际上伯吉斯感到待在莫斯科比待在伦敦或华盛顿更不适合他,在苏联的生活对他来说是另一种困难。他才40来岁,精力充沛,渴望按照自己的方式生活,不愿接受苏联那些严格的规则限制,不想早早就过退休生活。他感到遗憾的是,自己好像置身于一潭冰冷的死水中,与欢腾奔放的主流隔绝开了。因为天性擅长交际,所以他非常喜欢和他人,包括英国社会各个阶层、不同阶级的人物打交道,但在苏联,他找不到家乡随处可见的小酒馆,而且由于同性恋在苏联属于违法,导致他不能自由自在地满足自己的性癖好。为此,他主动寻找与外国人接触的机会,结果最后找到了一个固定的、几个非正式的同性伙伴。克格勃和警察局对他的举动睁一只眼闭一只眼,也就任他去了。但更令他痛苦的是,他不止一次说自己太喜欢英国了,离开那里自己根本就活不下去。由于思乡心切,他屡次向克格勃要求返回英国,但每次都遭到拒绝,无法如愿。伯吉斯无事可干,只好大量读书、散步,有时勾搭个男人搞搞同性恋活动。与菲尔比不一样,他从不主动请求分配任务,也从不主动说出自己的建议。但是如果别人有求于他,他会极其熟练快速准确地完成,从来不会推三阻四地加以拒绝;如果克格勃找到他,他也能够提供自己的建议,不过当时克格勃确实不是特别需要有关英国方面的建议的英国人,这使他感到英雄无用武之地。莫金后来抱怨说,克格勃本来可以更多地发挥伯吉斯的聪明才智,对中心起更大作用,他本来也应该主动向中心贡献自己的价值,结果中心浪费了一个天才:"读书、散步

[①] [英]克里斯托弗·安德鲁、[俄]瓦西里·米特罗欣:《克格勃绝密档案》(下),当代世界出版社2002年版,第640页。
[②] [英]克里斯托弗·安德鲁、[俄]瓦西里·米特罗欣:《克格勃绝密档案》(下),当代世界出版社2002年版,第640页。

和偶尔与另一个邂逅的男人发生性关系……本来他对克格勃是非常有利用价值的，但是他无所事事，因为没有事让他去做，而他又不是一个会自己去找事干的人。"[1]

到苏联后，他被安排进苏联国家出版社对外部工作，但这份工作让他并不十分满意，社里也未充分发挥他的才能。只有一点使他感到有些骄傲，那就是他费尽口舌说服了他的官僚习气十分浓厚的上司，同意把英国作家爱德华·摩根·福斯特[2]和格雷厄姆·格林[3]的小说译成俄文。20世纪50年代末，他为中心撰写了一篇有关30年代英国大学生方面的研究文章，详细介绍了他们的生活方式、兴趣爱好及其政治和社会倾向，深刻分析了苏联人当时招募他们时所采用的手段，清晰地指出了内务人民委员会如何以及为什么能够建立起如此精明能干的间谍网络。这篇独一无二的文章是伯吉斯本人长期地下工作经验的结晶，第一次以回忆录的方式和视角分析了苏联在英国创建间谍网所采用的方式和手段。但令人遗憾的是，那时克格勃对情报很不重视，没有人认真阅读这篇令人称奇的文章并从中得出有益的结论，结果文章被直接归档了事。

到晚年，伯吉斯剩下的唯一心愿就是回英国。他不停地请求克格勃领导人放他回家，赌咒发誓说坚决不吐露一个可能被理解为背叛的字，但克格勃领导拒绝相信他，坚决不放他走。实际上，此时伯吉斯的身体和精神已经萎靡不振了，第一次审问就会垮台。在这种大背景下，他在莫斯科就像一支火炬般越燃越尽，经常感到郁郁寡欢，因此总是借酒浇愁，变成了一个无可救药的酒鬼。莫金有时上午去看他，花上个把小时谈论最近发生的新闻事件或者探讨一些文学话题，每次都能看到他的餐桌上摆着喝得只剩下半瓶的纯格鲁吉亚葡萄酒，莫金有一次半开玩笑地说，英国有条不成文的法律规定上午不能喝酒，伯吉斯只是笑了笑说："我又不是在英国，亲爱的同志。"

随着时间的推移，安排在他身边的保镖、保姆等人发现与他越来越难相处，他的举动变得越来越无法预测，有时变得极具侵略性，不时在他们中间挑拨离间。有一

---

[1] [英]克里斯托弗·安德鲁、[俄]瓦西里·米特罗欣：《克格勃绝密档案》（上），当代世界出版社2002年版，第256页。

[2] 爱德华·摩根·福斯特(1879—1970)，英国著名作家，代表作品有《最漫长的旅程》《霍华德庄园》等。20世纪80年代以来，《印度之行》《看得见风景的房间》《天使不敢驻足的地方》和《霍华德庄园》等被成功搬上银幕。

[3] 格雷厄姆·格林(1904—1991)，英国著名作家、剧作家、文学评论家，代表作品有《布莱顿硬糖》《权利与荣耀》《问题的核心》等。

位陪同他到南方克格勃所属疗养院休养的反间谍特工回来后对莫金说,他喜欢在沙滩上拖着一个充气游泳垫到处跑,溅得正晒日光浴的游客一身沙子,所有人都对他破口大骂,他却表现得无所谓。还有一次,在参加中国驻莫斯科大使馆举办的招待会时,他竟然对着壁炉小便,把在场的麦克莱恩窘得不知所措。到了60年代初,克格勃领导人突发念头,决定把伯吉斯塑造成一个风华正茂、充满自信、情绪饱满的人。他们找人给伯吉斯拍了一张照片,照片中,伯吉斯穿着崭新的西装,正逍遥自在地在莫斯科一座桥上散步。但摆拍的照片掩饰不了这样一个事实,那就是伯吉斯在生前的最后几年里,尽管母亲常常不远万里来苏联看望他,但他的心情总是郁郁寡欢。

1962年,伯吉斯半正式地宣布他要回英国,英国报纸不知怎么知道了,开始用《伯吉斯和麦克莱恩准备飞回英国》这样吸人眼球的标题大肆报道。军情五局知道手中没有足够的证据审判这两个"叛国者",因此显得惊慌失措,但是苏格兰场却请求伦敦警察厅总监罗伯特·布伦德尔颁布对伯吉斯和麦克莱恩一旦踏上英国土地时的逮捕令,英国当局也把报纸的报道当了真,甚至请来了侦破克罗格夫妇间谍案件的侦探长乔治·史密斯处理此事。4月17日,事情进一步发酵,有报道说,好像伯吉斯和麦克莱恩两名前外交官已经坐上了从阿姆斯特丹飞往伦敦的航班。尽管纯属无稽之谈,但英国媒体抓住这些传闻大炒特炒。有的记者说,在1960年看见伯吉斯出现在苏联审讯美国被俘间谍飞机飞行员弗朗西斯·加里·鲍尔斯的法庭上。而在获悉麦克莱恩母亲去世后,英国媒体做得更加离奇,有报道称,1962年7月,超过7个便衣警察出现在麦克莱恩位于佩恩的家族墓地,准备逮捕麦克莱恩。只有在莫斯科见过伯吉斯的汤姆·德赖伯格嘲笑这些流言蜚语,他断言,不论是伯吉斯还是麦克莱恩都不会活着回到英国。

德赖伯格的预言应验了。由于长期闷闷不乐,再加上严重的酗酒和不科学的生活方式,伯吉斯的健康状况越来越糟。终于,他的身体彻底垮了,得了严重的肝病,于1963年8月19日在位于步兵大街的克格勃博特金医院撒手人寰,享年52岁。此前,他已经知道菲尔比来到了莫斯科,便请求菲尔比过来看他。克格勃官员将此事通知了菲尔比,但遭到了菲尔比的果断拒绝。他认为"那个血淋淋的男人伯吉斯"("血淋淋"对英国人来说算很严重的骂人话)伙同麦克莱恩一起逃跑,这是一种背信弃义、置他于死地的背叛行径,永远不能被原谅。因此,虽然伯吉斯多次要求见面,但菲尔比直到伯吉斯离世也没去见他的老朋友最后一面。最后,伯吉斯把藏书、御寒的大衣和2 000英镑留给了自己的好友,抱憾而去。就连伯吉斯的葬礼,菲尔比也没有参加。葬礼非常简短,出席者除了莫金,还有两名克格勃军官和伯吉斯的几个同性恋好友,悼词是麦克莱恩致的。埃莉诺说,菲尔比对此没说什么,"但我认为,在他一生中,他最喜欢的莫过于同伯吉斯做一次亲切的回顾往事的长谈,就像过去做的那样。这种交谈本来甚至可能使伯吉斯活得稍长一点"①。

不过,伯吉斯对布伦特至死都没有忘记。1964年春天,军情五局审讯专家赖特与布伦特谈话时,后者拿出伯吉斯找人捎来的最后一封信,便离开了房间。信写得哀婉动人又杂乱无章,充满了感伤之词。伯吉斯谈到了自己在莫斯科的生活,不时提及令人难忘的往日时光和他们都认识的故旧老人,结尾时发自肺腑地抒发了对布伦特的思念之情和30年前的恋情。也许他预感到自己即将不久于人世,但他要高高兴兴地走完最后一段路程。布伦特回到房间后明显心神不定,外人一看就知道,他也仍然相信挚友伯吉斯。

病逝前几年,伯吉斯已经心灰意冷。当时,不仅在英国,就连苏联的报纸也经常刊发有关伯吉斯的虚假报道,唯有布伦特在接受英国报纸采访时为他辩护。比如,1979年11月20日《泰晤士报》记者引用他的话说:"我第一次遇见伯吉斯时,他还是个大学生……他这个人不太好相处,但是他很聪明,能够从根本上解决任何问题。他对所有的事情都感兴趣。"②1956年底,英国《人民报》根据戈伦韦·里斯提供的原始材料,发表了一些耸人听闻的文章,伯吉斯看到后并未感到过度痛苦,只是轻描淡写地说:"他也许需要钱。他总是需要钱的。"③当有人说他与麦克莱恩乱搞并以此控制对方时,他勃然大怒地说:"同麦克莱恩睡觉!这如同跟一个大白女人一道睡觉!"④有一点不变的是,他对自己的祖国英国仍然念念不忘,曾写信打听英国政府是否会给他提供回国访问的安全通行证,这使英国当局颇感不悦。不过,在他去世之后,英国政府最后还是接受了他的骨灰,其骨灰被埋葬在汉普郡西梅翁的公墓里,紧靠着他父亲的坟墓。这位演艺高超、动作娴熟、经常周旋于各色人中的情报界的"费加罗"就这样走完了自己传奇般的一生,在他的故乡英国落叶归根。

---

① [英]安德鲁·博伊尔:《背叛之风》,新华出版社1981年版,第558页。
② Yuri Modin, *My Five Cambridge Friends*. London: Headline Book Publishing, 1994, p. 254.
③ [英]安德鲁·博伊尔:《背叛之风》,新华出版社1981年版,第559页。
④ [英]安德鲁·博伊尔:《背叛之风》,新华出版社1981年版,第559页。

四、身败名裂仍无悔的女王画像鉴定官

1951年5月25日伯吉斯和麦克莱恩逃走后，人们将怀疑的目光落在了布伦特身上，因为伯吉斯是他最亲密的朋友。布伦特也时时提心吊胆，害怕过去给苏联人当间谍的事情被人揭发出来。但布伦特知道，他唯一能做的就是与军情五局合作，这样才能在军情五局眼中保持诚实公民的形象。与军情五局这样的接触也带来了另外一个好处，那就是可以在不危及自身安全的情况下，通过监视军情五局的举动来保护苏联情报机构的利益。事实证明，他在危急时刻所表现出的冷静的职业本能令人钦佩。

伯吉斯逃走后，军情五局因为害怕逃跑一事被声张出去，所以在是否马上搜查他和麦克莱恩的住宅问题上犹豫不决。他们向布伦特询问谁与伯吉斯关系最好、能否拿到他的公寓钥匙，其目的是既想搜集更多证据，又不想大张旗鼓地去做这件事。尽管布伦特并未得到莫金的暗示，但他利用军情五局老同事们对他的完全信任，答应向伯吉斯的同性恋伙伴杰克·休伊特要房门钥匙。不过，在把钥匙交给军情五局的人之前，他在房间里单独待了几小时，在房间里堆放得乱七八糟的报纸、文件和书籍中尽量搜寻那些足以引起暴露的东西，随后销毁了伯吉斯和他的同性恋伙伴的信件，以及其他一些杂物中有损他名誉的材料，其中最重要的是菲尔比最后那封带有"天气变热了"的警告信，这为菲尔比事发后的脱身和洗白赢得了宝贵的时间和空间。伯吉斯来到莫斯科之后，莫金曾向他提起他在公寓里留下那么多足以引起暴露的"罪证"，他矢口否认并赌咒发誓地说，临走前他把房间整理得井井有条，没有留下任何痕迹。但布伦特搜查伯吉斯的住宅时，忽略了几张未署名的手写纸片，这是第二次世界大战前及战争初期白厅的机密会谈记录。记录中提到的约翰·科尔维尔爵士曾经参加这些会议，后来他辨认出，该记录出自凯恩克罗斯之手，由此引出了军情五局对凯恩克罗斯的跟踪监视和审查，结果断送了他的间谍生涯。但莫金认为，此事纯属杜撰和虚张声势，因为伯吉斯和凯恩克罗斯当时没有任何交集。

伯吉斯和麦克莱恩逃离英国后，伦敦情报站与布伦特的接触变得越发小心谨慎，因为军情五局知道他是伯吉斯最亲密的朋友，所以对他的行踪予以密切关注。在反间谍官员询问伯吉斯失踪的情况时，布伦特一开始决定装出一副与此事毫不相

干的样子,称自己对所有这些情况一无所知,但这些托词毕竟不能持久应付。出于对布伦特人身安全等因素的担忧,中心指示莫金迫使布伦特也到莫斯科来。两人在伦敦西部不大的诺曼公园里见面时,布伦特既没有显得神经兮兮,也没有躁动不安,仍然像往常那样表现得绅士气质十足。莫金向他介绍了伯吉斯等人出走的情况,说最近几个月以来军情五局对他无休无止地审问,并且不停地跟踪他,随时可能将他逮捕,中心希望尽快安排他到莫斯科去,过程很简单,不会发生什么纰漏,到苏联后会安排好他的一切。但与菲尔比只需要间谍生涯的那种紧张刺激来支撑自己不同,布伦特既需要爱情和艺术,最终还需要权力机构内的舒适生活,他不愿意放弃自己在考陶尔德学院有名望而且契合心意的环境。用艾赛亚·伯林的话说:"布伦特的麻烦在于,他既想运用全社会的猎狗去追逐猎物,而自己又与共产主义的兔子一起跑。"[①]因此,他拒绝了莫金的这个要求。他说:"我非常了解你们人民的生活,要我也过那样的生活是非常困难的,甚至是不可忍受的。"[②]他说自己在军情五局工作多年,知道自己会面临什么,坚信除非他自己愿意,否则他们无法强迫他坦白自己有罪,但自己不会这样做,原因只有一个,即他尊敬、同情伯吉斯,宁愿死也不会将后者置于危险之地;虽然伯吉斯离开了英国,但是没有证据表明他是苏联间谍,因此他总有一天会再回到英国,而他回来的可能性取决于自己,谁也别想从自己身上获得任何证据,他永远不会出卖伯吉斯。总之,他坚决拒绝逃跑。面对如此斩钉截铁的回绝,莫金除了约定好彼此间在紧急情况下的联络方式之外,只能无言地离开了。离开之前,布伦特还发生了一点状况。两人在树荫下并肩走着时,布伦特的心脏病突然发作。他抓着胸脯,咳个不停,还出了很多汗。莫金立即把他扶到公园的长凳上坐下,引来了很多人围观,一个男子问是否需要打电话叫救护车。布伦特慢慢恢复过来,礼貌地拒绝了他。大概过了 10 分钟,他觉得好了很多,于是站起身来,跟莫金握了握手,然后慢慢地坐上出租车回家了。布伦特糟糕的身体状况也是莫斯科总部最后决定放弃让他到莫斯科避难的一个重要原因。

莫金回到使馆后向科罗文做了汇报,中心指示彻底放弃安排布伦特到苏联的想法,并且命令莫金在风暴平息之前不许再与他接触。此后,科罗文指示莫金与布伦特见了最后一面,宣布双方脱离关系,与菲尔比暂时停止联系两三年。布伦特对这

[①] [英]彼得·赖特:《抓间谍者——一个老牌特工生涯的自述》,军事译文出版社 1987 年版,第 305 页。
[②] [英]克里斯托弗·安德鲁、[俄]瓦西里·米特罗欣:《克格勃绝密档案》(上),当代世界出版社 2002 年版,第 258 页。

第七章 铸甲销戈——"剑桥五杰"的谢幕生活

一决定非常高兴,但拒绝接受苏联人作为感谢而赠予他的资金。两人约定了必要时的联系方式,此后苏联人再也没有与他发生更多的联系。布伦特确信英国当局没有确凿的证据对他提出指控,所以很有底气地留了下来,继续享受着荣华富贵的生活。

伯吉斯和麦克莱恩出逃后,只剩下菲尔比和布伦特在一起了。他们两人对信念和生活的看法差别很大,所以彼此间的关系不如与伯吉斯那么亲密无间,但菲尔比需要他,因为他是自己与苏联人中间唯一的联系渠道,另外他还可以像过去那样,从军情五局所交的朋友那里拐弯抹角、零星地打听到菲尔比的案子进展到什么程度,从而让菲尔比有所准备和提防。除此之外,他们经常在一起谈论自己幸存下去的可能性。

1954年,伦敦情报站发现菲尔比陷于生活捉襟见肘的困难境地。秘密情报局发给他的补贴钱早就用来养家糊口了,按月发放的补助早已停发,找工作又四处碰壁,他母亲本就不富裕,此时也无力伸出援手。克格勃第一总局英国处向上级请示,如何对待这个曾为苏联立下汗马功劳、未来很有可能继续发挥作用的王牌特工?总局领导很快下令提供一大笔钱给菲尔比救急。考虑到菲尔比经常处于军情五局监视之下,与他接触非常危险,因此中心安排已经回国的莫金返回伦敦解决这个问题。莫金建议恢复与布伦特的联系,借助他完成资金传递任务,获得了科罗文和中心的批准。

莫金按照1951年最后一次与布伦特会面时约定的办法,一天傍晚来到布伦特的家门前,在楼房入口前的柏油路面用脚将一截粉笔踩碎,这样即使清洁工将粉笔扫走,路面上也会留下白色痕迹,布伦特迟早会发现,但这一招没有奏效,他没有在以前经常见面的地方出现。莫金只好采取守株待兔的老办法。此时的布伦特已成为英国名流,担任考陶尔德艺术学院院长,是一位德高望重的教授,经常在艺术会议上做报告,出现在各种艺术展和会议中。莫金每天浏览《泰晤士报》文化栏目,希望了解布伦特可能参加的展览或会议消息。在3个月之内,莫金光顾了各种各样的展览,旁听过有关伊特鲁里亚人、上埃及、16世纪文艺复兴时期意大利画作等方面的课程,终于看到一则消息称考陶尔德学院要召开一次大会,对意大利罗马市政当局因为修建现代化住宅而拆毁一座凯旋门的举动提出抗议,报告人里面有布伦特。莫金大喜过望,在规定的时间来到学院,以挪威人格林格拉斯的假身份混进了会场,坐在前面第一排,希望能被布伦特认出来,但布伦特并未注意到他。于是,莫金买了一张绘有文艺复兴时期画作的明信片,在上面写上"明天,8点,赖斯利普"等字样,趁着报告会结束后的混乱塞给了布伦特。赖斯利普是一个地铁站,附近有一家啤酒馆,布伦特很熟悉,两人此前经常在此见面。

  第二天,两人如约见面。布伦特告诉莫金,1951年伯吉斯和麦克莱恩逃走以后,军情五局审问过他很多次,认为他与苏联人有联系,但一直未找到确凿证据来指控他;菲尔比一家生活在赤贫之中,经济拮据情况比预想得更加糟糕,但是信念依旧坚定,从来不抱怨。莫金说中心希望他把钱转交给菲尔比渡过难关,布伦特痛快地答应了。双方约定,待莫金将谈话情况向莫斯科报告之后再见次面。临分手时,布伦特建议会面时让菲尔比也一起参加,因为以他一个老反间谍工作人员的眼光来看,菲尔比受到的监视并不严密,会面应该不存在风险,但莫金明确予以拒绝了,原因在于:一是如果军情五局发现他与菲尔比面对面交谈,会构成一种无法推翻的证据,风险太大;二是上级明确指示只能通过布伦特与菲尔比进行联络。两人按约在加里东路附近的街心花园见面时,莫金将5 000英镑交给布伦特,请他定期向苏联人通报菲尔比的情况,介绍了伯吉斯和麦克莱恩在苏联的近况,探讨双方今后新的联系方式。这时,莫金突然警觉地发现有人跟在他们身后,马上向布伦特示警,布伦特却哈哈大笑起来,说:"此人就是菲尔比,上次你不同意与他直接见面,我们两人断定你有可能改变主意,所以他就一起来了,如果你不反对,他准备跟上来与你见面。"莫金此前与菲尔比从未见过面,但通过材料翻译工作等途径已经打了将近10年交道,他看到一个身材结实、肩膀很宽的男人身穿风衣、未戴帽子孤零零地走在公园并行的小路上,若即若离地跟着他们,黑色的外形轮廓给他留下了很深的印象。有一瞬间,他压抑不住想冲过去与这个充满传奇色彩、功勋卓著的人拥抱相识,但谍报工作的职业素养最后占了上风,他强压着内心的激情与冲动,直到最后也没有与菲尔比见面。看到菲尔比失落地消失在树木后面,布伦特不好说什么,但从他的脸上明显能看出来一种浓郁的失望之情。

  1963年底,美国联邦调查局通知军情五局,美国公民迈克尔·斯特雷特告发称,20世纪30年代时,布伦特在他就读于剑桥大学时替苏联人招募了他。1964年4月,军情五局对布伦特进行了审问,让他如实招供以免于被判刑。与大家的想法不同的是,伯吉斯1963年8月19日去世前,布伦特仍然希望他什么时候能再返回英国,因此在伯吉斯逃跑后的12年内一直坚持着严守口风。现在,由于伯吉斯已在莫斯科去世，布伦特再也不用担心会牵连到他。为了卸下背负了这么多年的心理负担，布伦特于是接受了反间谍机关的建议，对军情五局坦白交代说，自己在整个战争期间一直为苏联进行间谍活动。在英国总检察长允诺如果他如实供述与苏联人的关系，就使他免遭惩处之后，他精心准备了一份坦白材料交给英国当局，其中供述有个代号"彼得"的苏联人曾担任伯吉斯、布伦特、菲尔比和麦克莱恩的联络人，真实姓名是尤里·莫金，是苏联大使馆新闻处一名普通工作人员，而此时莫金早就离开伦敦5年了。他还向审问他的马丁提供了一些无关紧要的情况，结果马丁在报告里称，布伦特战争期间仍然保持着共产主义理想，曾与苏联秘密情报部门合作，但在1945年即停止向他们提供情报。不过，布伦特没有提及自己在战后一直到1951年期间担任伯吉斯和莫金联络员的事。他的战术很简单，也很正确而且有效，即只承认在法庭上无法对他定罪的事情，凡是对他不利的事一概避而不谈。由于军情五局担心已经发生了伯吉斯叛逃丑闻，如果再公开布伦特的案情，肯定会对五局自身以及执政的保守党政府造成极大损害，因此决定对他免于起诉，以换取其与安全部门的合作。英国政府同意为他的间谍身份保密15年。

布伦特的案子由军情五局著名的反间谍官员赖特和马丁主审。尽管布伦特在与赖特打交道之前就非常喜欢杜松子酒和滋补品，但是由于要为证实赖特那些根本不成立的阴谋理论提供实际上并不存在的证据，他感到压力巨大，于是开始酗酒。赖特对他盘问得越多，他就喝得越醉。1965年12月的一天，军情五局在对布伦特位于考陶尔德艺术学院的住所进行监听时，听到他的搭档约翰·加斯金说，他喝的酒越来越多……完全超过正常的量，喝酒的花销数额巨大，每月超过100英镑。1965年，每月100英镑这个数额要比一个年轻学者的薪水还高。1966年1月，监听人员听到他对一个朋友说，自己昨天一个人喝了一整瓶杜松子酒，现在感到不太舒服。几年时间里，布伦特酗酒越来越严重，这让对他的进一步审问变得越来越困难。赖特于1970年6月写道："他总是大喝特喝，和我共进午餐时都要喝掉很多杜松子酒。"4个月后，赖特报告称，由于新一回合的审问刚开始时他就喝了过多的杜松子酒，所以"布伦特现在的状态已经不值得对其进行进一步审问了"。

在深挖"剑桥五杰"间谍案参与成员的过程中，布伦特与军情五局官员讨价还价、斗智斗勇，其间有不少精彩之处。比如某天晚上，赖特在谈话中途突然发起攻势："我看了记录后很清楚，你没有把全部事实都告诉我们……""我们对你一直很公道,我们很客气,像君子一样信守自己的诺言,可是,你却没有履行自己的诺言……""你想到过死了的人吗?""吉比的间谍是怎么回事?"吉比的间谍是指安插在克里姆林宫内的英国特工,由军情六局一个名叫哈罗德·彼得·吉布森的军官经营,战前向英国人提供苏共政治局的文件,后来被布伦特出卖并遭处决。布伦特一时似乎失去常态,好像挨了一拳似的,脸涨得通红,厉声说道:"他是一个间谍,他知道是怎么回事,也知道面临的风险。"但在发现审讯人员并未掌握新情况、纯属敲山震虎之后,便微微一笑,冷静地说:"没有死人,我从来没有遇到过这种事……""不过,我已经跟你说了,再也没有旁人了……"①后来,军情五局安排斯特雷特来英国与布伦特对质。然而,两人见面后相谈甚欢,气氛出奇地和谐。布伦特甚至半开玩笑地说,自己一点也不生斯特雷特的气,因为他一直担心这一天会到来,而这天到来时对自己来说反而是一种解脱。对质毫无成果,审讯也没有进展。

到了1972年,军情五局决定除非发现新证据,否则就中止对布伦特的审问。之后,军情五局整理了审问录音并做了摘要,但未公开发表,仅供本局与内政部某些工作人员作为内部参考资料使用。还有一点也很重要,布伦特是女王伊丽莎白二世父亲乔治六世的朋友,而且是全世界最著名的17世纪艺术史专家之一,两人经常一起参观画廊和画展,女王1956年还授予布伦特皇家维多利亚勋位高级爵士封号,因此布伦特为苏联人充当间谍的事出来以后,王室方面对布伦特的共产主义信仰睁一只眼闭一只眼,事实上已经隐秘地赦免了他。当然,白金汉宫的成员没有一个人打算为这个已经被剥夺了所有职位和爵位、饱受心律失常和大众媒体折磨的"苏联间谍"求情辩护,但有一天,女王的私人秘书迈克尔·阿迪恩请赖特到王宫里他的办公室,阿迪恩讲话时带着一种不想打听过多情况的超然态度。

"女王已充分获悉安东尼爵士案件的情况,并对用任何方式去让他说出实话都感到十分满意。"只有一件事不让追究。阿迪恩说:"你可能发现,布伦特将不时地提到他代表王室执行的一项使命——战争结束时对德国的一次访问。请不要追究此事。严格来说,此事与国家安全没有关系。"②其实,布伦特在接受赖特几百个小时的盘问期间,从来没有说到他出使德国的秘密,未提及与乔治六世和整个王室有关的

---

① [英]彼得·赖特:《抓间谍者——一个老牌特工生涯的自述》,军事译文出版社1987年版,第291—292页。

② [英]彼得·赖特:《抓间谍者——一个老牌特工生涯的自述》,军事译文出版社1987年版,第296—297页。

任何话题。实际上，如果他愿意的话，会滔滔不绝地谈及乔治国王及其退位的兄长爱德华八世的事情。于是，大家不再纠缠这个已经备受羞辱和践踏的人了，最好让他自生自灭吧。因此，在此后的几年中，布伦特一直安然无恙。

但是，到了1979年，事情突然发生了天翻地覆的变化。11月，下院议员莱德比特在下院质询中要求首相把那个危害英国安全的人，不管是谁都要宣布出来。此前，几届首相在回答该问题时都是搪塞一番，但这一次撒切尔夫人出人意料地回答说："这个人……就是安东尼·布伦特爵士。"①这也要怪英国著名传记作家安德鲁·博伊尔，他在当年11月不顾英国败坏名誉法的束缚，推出了《背叛之风》这本书，还直截了当地以《第四人》的名称在美国出版，马上在西方世界引起轰动。书中叙述了20世纪30年代以"莫里斯"之名出现的布伦特等五个英国人充当苏联间谍的经过，详述了他们的性格、爱好和作风以及他们的思想演变过程。随着这颗"炸弹"的引爆，布伦特的苏联间谍历史被公之于世，英国舆论大哗，各种谴责之声不绝于耳。迫于社会舆论的强大压力，英国女王免去了他的爵士封号，剑桥大学三一学院也免去了他的委员职务，过去给他的一切荣誉全部被撤销。

之后不久，布伦特举行了一次记者招待会，前来参会的记者都是经过千挑万选的，他坦白承认自己曾为苏联人工作："30年代中期这是一件良心事：如果不与法西斯斗争就意味着叛国。"②他坚决否认了好像是他警告伯吉斯和麦克莱恩即将遭到逮捕的指控。对于记者所提的他是否向苏联人提供了情报以及提供了什么情报的问题，他做了肯定答复，但声称只在第二次世界大战期间这样做过，而且因为自己在军情五局担任的职务低微，所以这些情报也没有很大分量，他向苏联人提供的东西只限于德国情报部门方面的事，从来不涉及英国情报部门。而当有个记者问他是否曾在剑桥大学为苏联招募间谍时，他机灵地说根据《国家秘密法》无可奉告，巧妙地挡了回去。

可以想象，此时的布伦特要承受怎样的心理与感情上的痛苦煎熬。要知道，他不仅是闻名英国的艺术大师，也是社会各界和大学生们爱戴和尊重的教授，但这一切突然间都没有了，他一下子从天上摔到了地下，变成了众叛亲离的孤家寡人。好在这一切喧嚣消失之后，布伦特终于获得了安静无扰的时光。他像往常一样，仍然

---

① 张仁坚、晓年编译：《二十世纪间谍世界揭秘》，黑龙江人民出版社1993年版，第37页。
② Yuri Modin, *My Five Cambridge Friends*, London: Headline Book Publishing, 1994, p. 241.

教授17世纪艺术史课程,是各大学和科学协会的名人。他最感兴趣的是法国画家普桑,并在1966—1967年间就其作品撰写和出版了一部恢宏巨著,时至如今仍然是专家们案头上必备的参考书籍。

俄罗斯著名记者尼古拉·多尔戈波洛夫以撰写苏联特工的传记见长。他回忆说,有一次,他到菲尔比的遗孀鲁法家拜访,发现在家里醒目位置挂了一幅布伦特从伦敦寄给菲尔比的版画。20世纪70年代末时,菲尔比在莫斯科安然无恙地生活,布伦特则顶着苏联间谍的重重骂名和各种指责在英国苟延残喘。有一天,有人来到苏联驻英使馆,要求把密封在牛皮纸里的礼物转交给菲尔比。包裹尺寸很大,说巧不巧地,最后不知怎么竟然真的送到了菲尔比位于莫斯科一条僻静小巷的住宅里,上面既没有备注也没有签名。最后,菲尔比仔细研究了这幅古老版画上描绘的人物姓名和礼物特点后恍然大悟,原来礼物是布伦特赠送的。菲尔比再次对他表现出来的勇敢和细心而折服。那时,布伦特已是风烛残年,他用版画千里迢迢地捎来对老朋友最后的消息和问候。菲尔比收到礼物后苦恼不已,反复考虑要不要给他回信,写信会不会给他带来麻烦,最后决定等一等再说。结果,没有与老朋友做最后的告别,成为菲尔比晚年永远的心痛。

1983年3月26日,在饱受癌症折磨8年之后,布伦特"无怨无悔"地离开了人世,享年76岁。他确实也没有什么值得后悔的事,苏联和俄罗斯人没有忘却他,在对外情报机构的档案室里,在他提供的有关德军情况及其战略计划的情报中间,有上百封来自红军总参谋部发来的感谢信,他为争取胜利做出的一切,对外情报机构将永远以他为荣。

五、颠沛流离的"第五个人"

1951年5月底伯吉斯和麦克莱恩的出逃,推倒了"剑桥五杰"暴露和失败的多米诺骨牌。这一事件不仅毁了菲尔比在军情六局蒸蒸日上的仕途发展,也使凯恩克罗斯受到了牵连和怀疑。果不其然,凯恩克罗斯从6月起受到军情五局的密切关注。虽然他并没有参与伯杰斯和麦克莱恩的出逃准备工作,而且自第二次世界大战爆发后也没有与另外四人建立联系,但此事仍然彻底结束了他的苏联间谍生涯。

1959年8月4日,菲尔比重新与苏联特工恢复了联系,他援引布伦特的话介绍

第七章 铸甲销戈——"剑桥五杰"的谢幕生活

了凯恩克罗斯遭怀疑的原因。伯吉斯和麦克莱恩逃走之后,布伦特在伯吉斯的住所寻找并毁掉相关文件时,不小心遗漏了描述1939年白厅机密会议那些未作标记的记录以及一些含有财政部情报的材料。而在搜查伯吉斯的住宅时,反间谍机关从一些其他物品中发现了一份手写的备忘录。侦查人员从笔迹上认定,备忘录出自凯恩克罗斯之手。凯恩克罗斯因此受到严重怀疑。但他证明,这只是一个政府职员写给另一位同行的备忘录而已,他与某个外国政府没有丝毫关系。尽管对这种辩解能否打动人效果存疑,不过好在事态并没有发展到将他从财政部解职的地步。

6月的一天晚上,按照事先约定,莫金应该像往常一样与凯恩克罗斯8点在伊灵公园地铁站附近会面,接收一包文件。凯恩克罗斯上次交给他的北约文件很有价值,受到了第一总局领导的祝贺。他们事先约好,凯恩克罗斯从地铁站出来后,穿过街道进入附近的公共洗手间,莫金再随后跟进去,在里面交接文件。莫金提前到达约会地点,他腋下夹着一张报纸,躲在被浓荫遮蔽的人行道上慢慢蹓跶,努力避免被行人发现,与此同时,目光警惕地观察着被阳光照耀着的宽阔街道上所发生的一切。凯恩克罗斯到了,两人相距大约50米,莫金加快脚步准备过街到接头的洗手间。这时,他发现公共汽车站有一个中年妇女和一个年轻小伙子。小伙子没有像伦敦市民那样离马路牙子稍微有点距离,而是直接站在马路牙子边上,根本不像是在等车。莫金向左边一看,发现离洗手间几米的地方还有一个稍微年长的男人坐在长椅上,并且小伙子还偷偷地往长椅方向看,好像在示意坐着的人一切正常,而坐着的男人似乎也向对方望了一眼。莫金凭本能觉得不正常,于是他中断了会面,转身回家。此后,莫金几次到备用会面地点,但凯恩克罗斯始终没有露面。

几个星期以后,莫金经过多次苦苦等待,终于在凯恩克罗斯从财政部下班回家的路上堵到了他。隔着一米远的距离,飞快地用暗语约定了会面时间和地点,凯恩克罗斯点点头走远了。在郊外会面时,莫金第一眼就觉得情况不妙。他向凯恩克罗斯解释为什么没有在伊灵公园地铁站见面,并询问对方有没有发现什么异常之处。凯恩克罗斯回答说什么异常也没有发现,但那次失败的会面之后,他很快被召到军情五局问话。一开始他们还对凯恩克罗斯彬彬有礼,但接下来气氛就变得极不友好。他们说他在剑桥上学时就加入了共产党,他反复强调自己从来没有隐瞒这一事实,而且当时对共产主义的追求只是年轻时的愚蠢举动而已,自己的政治观点早就改变了。因为被问话吓坏了,所以他没有与苏联人会面。很明显,凯恩克罗斯处于非常严重的心理紧张状态,但表现尚可。莫金尽力安慰他说,像这样连续几个小时的审问不会再有了,因为他们并没有留下军情五局可以抓住的痕迹和把柄。但凯恩克罗斯告诉莫金说,政府机关里弥漫着一股不信任的气氛,军情五局已经正式禁止他接触秘密材料,他对这一决定假装表示不能理解,顺从地答应调到另外一个部门工作。莫金明白与凯恩克罗斯的关系已经走到了尽头,于是回到使馆后便迅速向中心做了汇报,认为最近一段时间内,军情五局必将继续监视凯恩克罗斯。中心很快发来指示:断绝与凯恩克罗斯的关系。

1951年9月初,军情五局专案官员马丁把凯恩克罗斯找来接受审问。问题主要集中在以下几个方面:是否认识麦克莱恩,两人关系如何?以前是否参加过共产党的活动?凯恩克罗斯有备而来,承认他曾向苏联人提供机密纪要,但矢口否认自己是间谍;他声称自己是把伯吉斯当作朋友才向他提供情况的,并不知道他是间谍。审问期间,马丁还向他出示了一封信,信是战前写好发给他的,开头写着"致以兄弟般的问候……"等字样,内容涉及希特勒和意大利人的关系问题。凯恩克罗斯答复说,他并未收到这封信,也不知道谁会给他写这样的信件。当时他在外交部工作,含有此类内容的信件太正常不过了。12月,军情五局一位年轻军官再次审问了他。谈话围绕着那封信的来源展开,气氛平静而礼貌,不像马丁审问时那样剑拔弩张。凯恩克罗斯指出,从信中数字7的写法和问候语等情况来看,信是一个外国共产党员写的,而他并不认识这样的人。事情就这样混过去了。凯恩克罗斯原定1952年1月与莫金接头,但由于搞错时间晚到了半小时而推迟到3月。这次接头时,凯恩克罗斯说,两个星期前,他又调回了财政部,从事与向政府计划拨款有关的工作。调动原因包括报刊曾经报道的裁员,他作为一个向财政部"借调"人员,只能重返以前的工作岗位;此外,他与领导关系紧张。下次接头定于一个月后,但4月6日伦敦特工机关发现凯恩克罗斯发出的危险信号,中心出于安全考虑,指示伦敦情报站中断了接头计划。与凯恩克罗斯的联系就此中断了。

1952年,在军情五局的一项长期调查中,上述记录中曾提及的一个人——约翰·科尔维尔爵士——认出记录上是凯恩克罗斯的笔迹,五局A科四室因此从4月7日开始监视凯恩克罗斯,并跟踪到他和上司莫金仓促安排的会面地点。莫金及时察觉到有人监视凯恩克罗斯就回去了,然而,凯恩克罗斯还是去了冈纳斯伯里公园(可能是和莫金商量好的会面地点)。在那里,负责监视凯恩克罗斯的人发现平时不

第七章 铸甲销戈——"剑桥五杰"的谢幕生活

吸烟的他那天一支接一支地吸个不停。当五局审讯专家斯卡登问及此次事件时,凯恩克罗斯一开始无法给出合理的解释,第二天称他是去和一个已婚的法国妇女幽会,不过她并没有来,但由于她对他们之间的风流韵事安全预防意识很强,他甚至都不知道她住在何处。很明显,斯卡登相信了这个不可能的故事,他在报告中写道:"我认为他跟我说的是实情。"斯卡登在福克斯案件中作为审讯者表现得极度自信,能够获得讯问对象的信任,但同时,这也是他的缺点。后来,凯恩克罗斯常去接头地点,但莫金没有再露面。

经过斯卡登的审讯,凯恩克罗斯被迫承认是自己做的记录,但否认知道伯吉斯是苏联间谍。然而,一位在剑桥大学读书时曾是共产主义者的军情六局官员认出了凯恩克罗斯,称其在三一学院读书时也曾是共产党员。财政部于是将凯恩克罗斯停职,之后不久就强迫其辞职。后来,伦敦情报站查询1953年11月的手册时得知,凯恩克罗斯还住在老地方,但公务员名单中已没有了他的名字。另外,1957年1月11日的《泰晤士报》文学副刊上刊登了对他一本书的评论。[①] 实际上,凯恩克罗斯被财政部解职后,就离开了英国。1964年初,他接受了到美国俄亥俄州克利夫兰西部保留地大学任教的职位。马丁在克利夫兰同他会面时,劝他承认在1951年之前一直为苏联从事谍报工作的事。不出所料的是,凯恩克罗斯在谈话中处处谨慎,并拒绝回到英国。1964年底,他找到了一份在罗马为联合国粮食和农业组织农业处服务的工作。1970年,英国总检察长授权军情五局给予凯恩克罗斯免受起诉的保证,而在这之前的那些年里,他知道自己倘若回到英国,将会非常危险。"尽管他提供的情报有时似乎模糊不清、难以理解又自相矛盾,但是在那些经他同意的会面中,他还是表现出了合作的诚意。"

1964年4月,因布伦特被斯特雷特告发做了坦白交代,凯恩克罗斯也东窗事发。军情五局专案官员马丁飞赴罗马,要求他与军情五局进行合作,以此换取对其不予起诉的处理。凯恩克罗斯于是把自己被英国共产党人克卢格曼发展成苏联间谍的细节,以及他把英国政府通信总部和军情六局的情报交给苏联人的事告诉了马丁,承认自己从20世纪30年代起就给苏联人提供情报,一直干到1952年,但自己"只是一条小鱼"[②]。此后,马丁又和赖特去法国巴黎同他见了一面,希望在一个中立的

[①] [俄]奥列格·察列夫:《克格勃特工在英国》,吉林人民出版社2003年版,第314页。
[②] 张仁坚、晓年编译:《二十世纪间谍世界揭秘》,黑龙江人民出版社1993年版,第124页。

地点做进一步的盘问。凯恩克罗斯很想回英国,认为同英国反间谍机关合作是获准回国的最佳途径。他说自己没有可用于指控任何人的铁证,但他说出了两个曾是他剑桥共产党同学的高级文官的名字,结果其中一人后来被勒令辞职,另一人则被取消了接触国防机密的资格。他还指出了他认为值得进一步调查的英国政府通信总部的4名官员。其中,第一个人曾说要把英国的通信情报材料送给苏联人才合适,由于自己不知道他说的是不是真心话,因此没有说出自己的间谍身份;第二个人跑回牛津大学,把自己在总部的工作情况详细地告诉了过去的导师,导师向通信总部检举了他,于是他被开除了;第三个人早就离开通信总部去搞学术研究了;第四个人是通信总部技术科的一名高级官员,但经过充分调查,他的嫌疑被完全排除了。

考虑到凯恩克罗斯已经受到军情五局监视、审问并被财政部解职的情况,中心决定断绝与他的所有关系,解约工作指定由莫金负责完成。在与凯恩克罗斯进行最后一次会面之前,科罗文交给莫金一笔数目可观的现金,作为苏联人对凯恩克罗斯的感谢费用,而且前不久他刚刚与年轻的加布里埃尔结婚,手头需要钱,这笔钱至少可以让他们舒舒服服地过上两年。莫金在《我的五个剑桥朋友》一书中写道,两人见面时,莫金对后者说:"中心认为,现在彻底分手对我们双方来说最好。您为我们做了很多有益的工作,我们无权让您置身危险之中。如果我们现在结束关系,敌人没有理由对您提出什么指控。他们目前不掌握指控您的罪证,我们希望一切顺利。"凯恩克罗斯安静地听完后笑了起来:"我不想犯严重错误。他们没有任何根据指控我,只是一些传言罢了。但我很想知道,是谁让他们找到了我的踪迹,并不是所有的前共产党员都调换了工作,为什么调换我的工作?有可能是出了叛徒或者告密者。如果在你们的部门里找到这种人,一定要好好处理掉,把他们赶走。"莫金将装钱的信封交给凯恩克罗斯,就转身走了。凯恩克罗斯默默无语地将钱装进大衣,继续在夜色中坐着。此后,他再未与苏联人联系过。

1964年,军情五局安排赖特等人全力追查30年代"剑桥五杰"的成因脉络。1967年,军情五局确定凯恩克罗斯早在剑桥上学时就被克卢格曼招募,为了查清克卢格曼在其中的作用,赖特与凯恩克罗斯达成一笔交易:如果他回英国时,能与克卢格曼对质并说服他与军情五局人员见面谈清楚所有的问题,五局将允许他永久回到英国。他们用的是几乎全世界所有的情报机构都会使用的老套方法,即反过来招募仍然担任英国共产党领导人的克卢格曼,让他为英国情报机构工作。凯恩克罗斯欣然接受了这项建议,回到伦敦会见了克卢格曼。此时的克卢格曼已经衰老,正忙于撰写英共党史作为自己一生的最后遗言。听完凯恩克罗斯说要求他与军情五局的人见面之后,克卢格曼哈哈大笑并予以拒绝,说派他来的人应该太孤陋寡闻了,要知道第二次世界大战时自己可是一名英国情报军官啊!凯恩克罗斯威胁说,如果他不同意,就要揭发他。克卢格曼对此根本不屑理会。凯恩克罗斯的努力失败了,只得被迫回去继续过他的流亡日子。

凯恩克罗斯在罗马与妻子加布里埃尔离了婚。70年代时,他像许多退休后的英国人一样来到法国定居。1988年,他出版了一部专著《莫里哀的人道》。他的生活随性恬淡,每天的营生就是读书,身边除了同居的美国女友盖尔之外,还有几只狗做伴,其中一只狗绰号"布莱克梅尔"(意为"勒索")。

1981年,英国首相撒切尔夫人在国会回答质询时称,在1964年公开的布伦特案件中,有人(即凯恩克罗斯)企图掩盖。1985年,克格勃上校奥·戈尔季耶夫斯基叛逃英国后,在与剑桥大学历史学家安德鲁合著的《克格勃:从列宁时代到戈尔巴乔夫时代国外活动内幕》一书中肯定地指出,菲尔比的间谍集团不止四个人,而是五个人,其中第四个是英国女王艺术画廊的负责人布伦特,第五个就是凯恩克罗斯。这个凯恩克罗斯向克里姆林宫提供了"成吨的文件"。克格勃对其评价称,在五个人当中,除了菲尔比之外,"凯恩克罗斯的成就可以和三个人中的任何一个媲美"[①]。1990年10月,克里斯托弗·安德鲁和奥列格·戈尔季耶夫斯基合著的《克格勃全史》出版后,英法媒体对凯恩克罗斯非常关注,记者们千方百计找到了他。在接受采访时,凯恩克罗斯表现出了非比寻常的高超技巧。莫金在《我的五个剑桥朋友》一书中援引他的话说:"我不是电影明星,充其量只是一个普普通通的二等兵罢了。责任告诉我要小心谨慎。为了客观起见,有关我某些方面的活动无可奉告。"而在与法国一家报纸的记者谈话时,他说了一句意味深长的话:可能有那么一天,我们会努力搞清隐藏在事实后面的真相,并解释清楚那些复杂的过程,为什么会导致一个年轻的知识分子介入那些事情之中。1991年9月,苏联局势发生急剧变化,凯恩克罗斯忽然在法国普罗旺斯出现。他不仅公开露面,还在家中接受《星期日邮报》记者采访,承认他就是"菲尔比集团中的'第五个人'"。他甚至对记者说:"我希望,我这次出现,将

---

① 张仁坚、晓年编译:《二十世纪间谍世界揭秘》,黑龙江人民出版社1993年版,第124页。

最后结束这个(鼹鼠)谜。"[①]他很清楚,此时出现并公开承认这些事情已没有任何实际意义了。

凯恩克罗斯在联合国粮农组织一直干到1990年3月退休,退休后移居法国圣安托南颐养天年,从事在法国享有盛誉的法国文学研究工作。垂暮之年的他终于得以回到英国,致力于撰写自己的回忆录,其自传由他的遗孀于1997年代为出版。

1995年10月,凯恩克罗斯因为突发中风而猝然去世,享年82岁。

---

① 张仁坚、晓年编译:《二十世纪间谍世界揭秘》,黑龙江人民出版社1993年版,第124页。

第八章

启示录

纵观克格勃招募并组建"剑桥五杰"间谍小组的整个过程,可以清楚地发现,早在20世纪30年代,西方列强的情报工作和安全机制尚属稚嫩与脆弱之时,而克格勃在选人用人、力量布建和工作指导等方面就进行过认真探索与研究,践行了一系列别具一格、管事实用的手段、途径和做法,形成了很多安全可靠、百试不爽的规范和经验。这些经验做法很好地反映了克格勃对外情报机构的工作特点,并在丰富的工作实践中不断磨合与传承而日臻成熟和完善。随着岁月流逝和时代变迁,克格勃逐渐成为一个令人闻风丧胆的组织,被英国军情五局称为"世界上空前最大的搜集秘密情报的间谍机构"[①]。它之所以能与美国中央情报局、英国军情六局和以色列摩萨德并称"世界四大情报组织",绝非偶然,而是具有相当悠久的历史积淀和渊源。虽然"剑桥五杰"最后一名成员菲尔比逃往莫斯科60余年,但作为曾经标杆一样的存在,克格勃对外情报机构在该案例中的经验教训、行事风格和经典故事至今仍然具有非常重要的现实指导意义。

一、从布里亚科夫间谍案看俄对外情报局的工作失误

2015年1月26日,美国政府证实,联邦调查局逮捕了一个名为叶甫根尼·布里亚科夫的俄罗斯间谍,指控他企图借银行职员身份为掩护在美国搜集经济情报并发展下线。布里亚科夫1976年出生,被捕前是俄对外经济银行纽约曼哈顿分行副行长,真实身份为俄对外情报局驻美特工,自2012年以来一直在美国搜集敏感的经济情报,内容涉及美对俄金融机构制裁措施和美国发展可替代能源的相关政策与动向等。与其一起受间谍罪指控的还有另外两名俄对外情报局驻美特工:一个是时年40

---

① [英]布赖恩·弗里曼特尔著:《克格勃》,群众出版社1987年版,第29页。

岁的伊戈尔·斯波雷舍夫,曾于2010年11月到2014年11月间担任俄驻纽约贸易代表;另一个是27岁的维克托·波多布内,曾于2012年12月到2013年9月担任俄常驻联合国代表团专员。美方认定,他们借助"密码电文及其他隐秘方式"定期联络见面以交换信息。斯波雷舍夫和波多布内向布里亚科夫下达指示,并负责将后者搜集到的情报进行分析评估整理后呈报给莫斯科总部。由于前两者享有外交豁免权,而且已经离美返俄,因此检方仅对其提出缺席指控。

2015年6月,布里亚科夫的辩护人宣称将力争使该案停止审理,因为其当事人并非外国间谍,也没有人告诉他说他的活动是犯罪行径,而且指控书里没有任何一点足以证明,布里亚科夫企图逃避向美国政府通报自己作为俄代表在对外经济银行工作的情况。此后,辩护人又指出,对外经济银行章程表明这是一家完全隶属于俄罗斯政府的国家公司,设立纽约分行时银行已向美国国内安全部门正式提交了相应文件。布里亚科夫作为驻纽约分行副行长,没有必要再额外履行登记程序,况且美国在针对俄各类国家企业实施制裁的声明中也称,对外经济银行是"俄罗斯政府的有效代理人"。但美国纽约联邦法院联邦法官理查德·贝尔曼推翻了辩护人的证词,坚称布里亚科夫的确是作为"国际银行工作人员"入境美国,但他从未以此身份在任何地方工作过,而是搜集秘密情报。此外,联邦调查局从2012年3月开始对他们进行监视,窃听其电话通话,监视其网上活动情况,甚至将其在俄对外情报局纽约办公室(即情报站)的谈话内容都进行录音,积累了数百小时的音频和视频材料,足以揭露他们三人的真实身份。2016年3月,美方在审理此案时,公布了布里亚科夫与斯波雷舍夫、波多布内等人的谈话录音。在此情况下,布里亚科夫被迫与控方达成认罪协议,承认自己违犯了美国有关外国间谍应向美司法部登记备案的联邦法律。5月25日,布里亚科夫被判处30个月监禁并处1万美元罚金,服刑期满后驱逐出境且永远不准入境。

布里亚科夫之所以认罪,是因为联邦调查局的录音录像材料详细揭示了他们三人在美国从事间谍活动的过程与细节。这些确凿证据,暴露出曾经大名鼎鼎的世界级情报机构克格勃的继承者——俄对外情报局——在对外谍报活动中的种种缺陷和问题,表明与其前辈相比,无论是在思想观念、工作理念还是在具体做法和人员素质等方面都已经大大退化。这再一次说明,2010年6月美国司法部破获以"美女间谍"安娜·查普曼为代表的11名俄罗斯间谍嫌疑人一案并非偶然,而是冰冻三尺非一日之寒。其教训令人唏嘘感叹、发人深省。

(一)公开与秘密交叉,犯了谍报工作大忌

秘密运用公开,公开掩护秘密,明密互不交叉,这是古今中外谍报人员数千年来用鲜血和生命换来的宝贵经验和教训。事实表明,坚持这一原则,谍报工作就会安全发展;背离这一原则,谍报工作就可能招致暴露失败,导致谍报人员锒铛入狱甚至人头落地。布里亚科夫一案再次做了一个很好的注脚。

布里亚科夫于2010年8月来美,此前已在俄对外经济银行工作长达10余年,包括在该行驻南非分行服务5年。其赴美任务是以银行职员身份作掩护,获取以外交官和贸易代表身份为掩护的俄罗斯人无法接触到的宝贵情报。工作时间内,他在位于曼哈顿的办公室里阅读、撰写报告,参加各种各样的会议和招待会,通过对外经济银行的"领英"社交网络交友,借助职业关系与众多官员、商人和非政府组织开展接触和交往,没有人怀疑他是俄对外情报局的特工。为了不引人怀疑,他从不到对外情报局设在纽约的办公室去,搜集到的情报也是通过斯波雷舍夫和波多布内再转交出去。他积极主动地在纽约金融圈里建立有益的关系和人脉,把潜在的间谍候选人制成名单转交给斯波雷舍夫等人,由后者对这些人选进行分析和研究。约定会面事宜时,他们都是通过电话运用暗语进行,比如说分享"电影票"或"球票",或者说把"书籍"或"帽子"交给对方等。而且,为了避免在室内被窃听的风险,一般在户外交换情报。按理说,他的职业身份掩护中规中矩,应该不会引发什么问题。但事实上,他们共同犯了一个大错误,即公开和秘密手段严重交叉。因为布里亚科夫是披着银行职员的外衣隐藏真实身份赴美工作,斯波雷舍夫等人则是以享有外交豁免权的外交官身份公开活动,后者的活动范围受到美国人的严格限制,而且外出期间的一举一动都受到中情局、联邦调查局特工的严密监视,业务活动空间受到极度压缩,稍有不慎就有身份暴露甚至被驱逐的危险。但他们粗暴地违反了明密隔离、互不交叉的纪律规定。美司法部称,从2012年3月到2014年9月的两年半时间里,联邦调查局特工一直在跟踪布里亚科夫,发现他频繁与俄使馆人员接触,而这一举动与其银行职员的身份不尽相符。联邦调查局共计录下他与斯波雷舍夫多达48次会面的情况,发现在几次会面期间,他向对方转交了几个袋子、杂志或纸片,但电话联络中所说的"帽子""球票"等东西都没有出现过,令人生疑。监控还发现,他们感兴趣的情

报包括美国的能源替代政策、纽约证券交易所的工作、美国针对俄罗斯银行的制裁计划等。两人会面时还讨论了招募美国公民作线人的企图，对象包括几名大企业职员和几名与纽约市一所大学有关系的年轻女性。布里亚科夫的俄罗斯特工身份彻底暴露给了美国人。

2014年年中，联邦调查局决定收网逮捕布里亚科夫。为了展示他从与招募对象第一次见面开始到转交文件结束的整个过程，人赃并获让其哑口无言，美国人决定实施"钓鱼"战术。他们请大西洋城一个商人假扮成富豪，与布里亚科夫建立联系，声称自己打算在俄罗斯投资办赌场。斯波雷舍夫怀疑这个"富豪"的真实身份，认为这很可能是一个圈套，但布里亚科夫不为所动、坚持己见。8月8日，他在大西洋城与假冒的投资者待了7个小时，其间逛赌场，看"富豪"用幻灯片演示自己的宏伟投资计划。末了，"富豪"给了布里亚科夫一份美国政府文件，上面标着"美国财政部：内部使用"的字样，内容是克里米亚回归俄罗斯后受制裁的个人名单。布里亚科夫说他对类似的其他文件也感兴趣。过了一段时间，后者又拿来一份针对俄银行系统实施制裁的报告，上面标有"非机密，仅供内部使用"的字样。当天，布里亚科夫即给斯波雷舍夫去电讨论所获情报，晚上又提着公文包从对外经济银行办公室直接来到后者位于布朗克斯区的住处。而这一切均有联邦调查局特工跟踪，但布里亚科夫对此没有丝毫察觉与防备。

（二）严重违犯保密纪律，点燃身份暴露的导火索

在侦察对象国内部常驻，相当于在敌人心脏里面战斗，面临的最大挑战是安全，最薄弱之处是安全，最容易出问题的也是安全。因此，应当如履薄冰、如临深渊、如坐针毡，时刻保持小心谨慎、严守谍报工作纪律规定，在各个环节和方面杜绝疏忽大意和急性暴露。但是，斯波雷舍夫2010年赴纽约任职后不久，便引起了联邦调查局的注意。因为其父亲曾是克格勃军官，后来官至俄联邦安全局少将。更严重的是，2011年（一说2012年），斯波雷舍夫在纽约参加一个能源会议时，结识了假扮成华尔街分析家的联邦调查局秘密特工，两人寒暄后交换了名片，此后开始通过电话联系。在随后的几次交谈中，斯波雷舍夫从"分析家"手中获得了一些能源领域的情报，看起来好像是公司财务预测报告和重要的战略文件，而实际上这既非秘密文件，也没有重要的战略价值。但美国特工手段非常高超，坚称这是公司的机密报告，还把材料放进文件夹交给了斯波雷舍夫,而文件夹里早就安装了秘密窃听装置。特工还故弄玄虚地说,文件务必尽快归还,要是让人发现就坏事了。等第一个文件夹归还后,美国人发现这个小把戏的成果远远超出了预期。原来,斯波雷舍夫严重违反安全程序,把文件夹带到了对外情报局纽约情报站——一个专门搜集和处理秘密情报并实行特别保密措施的地方。按照规定,无论哪个美国人交给他什么东西,他都无权带到这里来。结果,在几个月的时间内,斯波雷舍夫拿回来的文件夹换来换去,让美国人录下了几百个小时的谈话内容。虽然绝大部分交谈内容无关紧要,但有些是他与波多布内经常口无遮拦谈论的谍报业务工作,这让美国人揭开了其对外情报局特工的身份。此外,他们有一次还提到了在华尔街披着非国家掩护身份(即无外交豁免权)的布里亚科夫。美国人大喜过望,就此把后者也纳入了视线。2013年12月,联邦调查局特工趁布里亚科夫一家外出滑雪之际,潜入其家中安装了录音录像设备,将他与斯波雷舍夫秘密会面等间谍活动证据固定下来,戳穿了他的间谍身份,最后引发了美俄间轰动一时的间谍丑闻。

(三)用人失察失当,安全意识淡漠,埋下严重安全隐患

美国人的监控表明,斯波雷舍夫和波多布内两人的行为实在太过"小儿科"、太过业余,安全意识之淡漠令人发指,哪里像来自俄罗斯专业对外情报机构的工作人员?斯波雷舍夫带头违反谍报工作纪律和安全保密要求,缺乏应有的敌情意识,轻易落入美国人设置的圈套,未能为年轻人做好表率和榜样;波多布内则严重缺乏秘密工作经验,而且富于理想主义色彩,不愿意脚踏实地地处理好布里亚科夫搜集来的文件,却整日幻想着当邦德那样放荡不羁、屡建奇功的英雄;布里亚科夫则急功近利,搜集情报的范围领域与其职业掩护身份严重不符,导致为自己最后被定罪增添了砝码。联想到2010年查普曼等10人在美国因为间谍嫌疑罪被捕一事,反映出俄对外情报局这些年来在工作人员选拔、素质培养、外派人员遴选等方面的严重退化和不足。不说与鼎盛时期的克格勃难以相提并论,就连与苏联谍报机构30年代初建立和发展壮大时期的前辈们相比也相差甚远。

斯波雷舍夫等人粗心大意到丝毫不怀疑对外情报局纽约情报站会被美国人监听的地步。至少有一次,斯波雷舍夫等不及与布里亚科夫会面,就直接给他打电话布置"上面"下达的紧急任务。更可笑的是,他和波多布内两人把情报站当成了居家过日子的私人场所,肆无忌惮地谈论工作秘密。2013年4月,波多布内在情报站里向斯波雷舍夫抱怨说,他的工作缺乏激情,一点也不符合他的预期理想:"我就在敌人的眼皮子底下,坐在这儿啃饼干……他妈的!这和我想象的一点也不一样。相比电影里的詹姆斯·邦德也差太远了。当然,我的确不会驾驶直升机,但我至少可以假装成别人吧。"斯波雷舍夫则充满同情地附和道:"我也本以为至少能用一本不一样的护照出国呢。"接下来便抱怨对外情报局在报销开支方面过于吝啬。在另外一次谈话中,斯波雷舍夫对波多布内谈论起对纽约大学潜在女情报员开展工作的看法:"为了与姑娘们接近,或者把她们拿下,或者动用其他手段,让她们心甘情愿地答应你的要求。因此,我的结论是,与女人打交道很少能弄出正经结果来。"他还说:"搞情报的办法就是欺骗。怎么与外国人打交道呢?你要用服务换服务。你从他手里拿到文件后,就把他打发得远远的。为了不让他生气,可以领他到饭店去吃饭或者送他贵重的礼物。但是要让他打收条,就要这么干。"

(四)对驻在国的谍报环境研究不透,轻易陷入对手的圈套中

布里亚科夫全家来到纽约后,以月租金300美元的价格租下了布朗克斯区河谷镇莱比格林荫大道上的两层小楼。此处隔着几条街区就是为俄罗斯常驻联合国人员建造的20层大楼,来自东欧国家的不少外交官和移民散住在周边。此处历来是联邦调查局特工的重点监视区域。布里亚科夫作为来自美国最大对手俄罗斯的公民,还是一个负有特殊使命的情报人员,就这么把自己送到了美国反间谍机构无所不在的警惕目光之下。

斯波雷舍夫等人搜集情报的做法也反映出俄对外情报局工作观念的过时与落后。长期以来,俄罗斯包括之前的苏联社会非常封闭保守,大众传媒传播和灌输的都是国家的观点和意志。俄罗斯特工从小就深受这个大环境的熏陶与影响,虽然冷战已经结束二十多年,但他们通常都过高估计人力情报的作用,对公开情报的价值和作用估计不足。斯波雷舍夫等人费大力气搜集到的所谓"重要"情报,实际上可以从美国政府报告以及其他各种各样的独立分析材料中寻找到,但他们执意认为凑在耳边的悄悄话才更有意思。他从假冒分析家手里拿到的东西,其实既非秘密材料,也没有什么战略价值,甚至在内贸领域都派不上用场,而俄对外情报局却费时费力地选派公开和秘派特工搜集此类情报,实在是得不偿失。

斯波雷舍夫作为布里亚科夫的指导人员，也存在不少问题，如对秘派特工过度使用、经常给后者布置一些无关紧要的任务、缺乏保护意识等。比如，2013年5月，俄塔社准备采访纽约证券交易所一位高级经理，斯波雷舍夫要求布里亚科夫给他拟制一份记者采访问题清单。实际上，他直接找证券投资基金会就可以轻松搞定，根本不需要秘派特工出马干这种"小儿科"的事。

斯波雷舍夫等人对联邦调查局的工作特点和规律也研究不够。近年来，美国执法部门的工作人员擅长使用"钓鱼"手段执法。尤其是联邦调查局，为了保护美国的国家安全利益免受主要竞争对手的威胁，不惜制造种种诱惑、设置各种圈套、投下各类诱饵，千方百计引诱对手上钩、进套、入彀，从而发现、证明、抓捕和驱逐来自主要竞争对手等国的情报人员。在布里亚科夫一案中，也包括此前的查普曼间谍嫌疑案，斯波雷舍夫等人先后中了美国人的"钓鱼"执法招，说明俄对外情报局并没有汲取此前的惨痛教训，其工作人员也没有培养出火眼金睛的慧眼和巧妙应对的高招。

二、克格勃招募和指导"剑桥五杰"的主要做法

"剑桥五杰"间谍小组这个案例清楚地表明，早在20世纪二三十年代，当西方列强的安全和情报工作机制尚属稚嫩与脆弱之时，苏联谍报机构即出于国家安全保障需要，在对沙俄暗探局谍报工作进行批判式吸收的基础上，在对外谍报环境研究、选人用人、考察培养、力量布建、对间谍的经营工作等方面进行了孜孜不倦的探索与研究，总结摸索出一系列非常独特、管事管用的渠道、手段和方法，形成了很多安全可靠、百试不爽的规律、规范和经验，涌现出大量堪称传奇的谍报英雄和案例。这些经验做法充分反映了克格勃谍报工作的特点。随着岁月的流逝以及丰富多彩的谍报实战的淬炼和摔打，克格勃逐渐成为"世界上空前最大的搜集秘密情报的间谍机构"，与美国中央情报局、英国军情六局和以色列摩萨德并称"世界四大情报组织"。这并非一时一事的偶然为之，而是具有相当悠久的历史文化传承。苏联人在"剑桥五杰"案例中的成功经验和做法为此做了很好的注脚。

（一）苏联党政高层领导人和谍报领导机关高瞻远瞩、提前布局，为"剑桥五杰"间谍小组的组建奠定了坚实基础

1. 苏联党政领导人对谍报工作重视有加、领导有力

1917年12月20日,苏维埃第一个负责安全和情报的机构契卡正式成立,作为十月革命领导人之一的捷尔任斯基利用沙皇保安队和暗探局的很多谍报技术,结合布尔什维克长期从事地下斗争取得的经验教训,在反革命势力威胁年轻的苏维埃政权时曾经力挽乾坤。1918年,契卡以不同化名和各种各样的伪装方式向敌后派遣官员与特工来搜集情报。同年12月19日,俄共(布)中央决定组建契卡特别处,以打击陆海军中的反革命和间谍活动。按照1919年1月6日发布的《全俄肃反委员会特别处条例》,特别处的职责是组织和领导国外、列强和白匪占领区的谍报工作。1920年春天,为了斩断内外勾结企图推翻苏维埃政权的黑手,特别处成立了一支特别侦察分队——国外科,规定在苏维埃各驻外代表处设立特工机关,只有使团团长才知道谁是特工负责人,其手下有1至2名特工协助工作;在那些未设官方代表处的国家则要派遣国外处的秘密特工,"超过战线的、经验丰富的反间谍人员接受向敌人侦查机关渗透的任务"。为了适应形势发展需要,俄共(布)中央政治局成立了由捷尔任斯基、斯大林等人组成的特别委员会,并在1920年12月20日,也就是契卡成立三周年之日,重新组建新的对外谍报机构——国外处,专门负责指挥苏维埃在国外的所有行动。当时,苏联被排除在国际社会之外,因此主要靠秘密行动获取情报。在外国首都建立的外交和商务使团都设有一个公开情报站,而地下情报站中的情报人员没有外交或其他官方身份作掩护,都直接归莫斯科的国外处领导。列宁十分关注契卡所使用的手段,有时甚至达到了痴迷的程度;更重要的是,他确信契卡在对付帝国主义和反革命分子、维护布尔什维克的国家政权中能起到十分重要的作用。经列宁批准,国外处早期的对外工作重点包括:一是弄清各国内部反对俄罗斯苏维埃联邦社会主义共和国的反革命集团;二是彻底查清所有对付苏联的情报机构;三是弄清各国的政治方针和经济形势;四是获取以上各方面的文献资料。

列宁去世后,斯大林对谍报工作也非常重视,当时就要求获取更多的有关西方阴谋颠覆苏联的情报。1930年1月30日,在斯大林的主持下,联共(布)中央政治局召开会议,对国外处的工作进行评估,并命令它加强对三个目标地区的情报搜集工作,分别是:(1)英国、法国和德国(欧洲的三大强国);(2)苏联西部邻国——波兰、罗马尼亚、芬兰和波罗的海沿岸国家;(3)日本——苏联在亚洲最主要的对手。此外,鉴于战争的危险日益迫切,会议要求苏联国外的情报工作体制要逐渐转向非法即秘密状态。由此可见,联共(布)中央一直把英国当作世界上最强大的国家和最危险的敌人,在对外谍报工作方面给予特别关注。除了从宏观上关心和支持谍报工作外,斯大林本人甚至对具体的事务工作都要亲自过问。1930年,叛逃西方的苏联驻法国原临时代办格里戈里·贝泽多夫斯基在回忆录里透露了国家政治保卫总局的许多秘密,其中包括两个不明身份的人向巴黎情报站提供意大利和英国密码的情况,还有苏联特工1928年以欺骗手段从其中一人手中骗取意大利密码的事。斯大林亲自在此处的空白地方用铅笔做了"恢复联系!"的批示,后来大特工贝斯特罗廖托夫返回巴黎辗转找到了那个人,恢复了联系并继续从其手上获取密码。斯大林竟然因为这样一件具体事情而斥责国家政治保卫总局的当事人,可见他对谍报工作是何等的重视与倚重。

2. 谍报工作领导机关工作扎实细致,力量布建措施得力有效

1922年,经列宁亲自批准,特里利塞尔成为国外处第三位负责人,他也是苏联第一位功绩卓著的对外情报机构领导人。他在任期间,正是苏联对外情报机构形成的初步时期,其主要特点是:打着"别人的旗号"招募人员,大量招收侨民进入对外情报机构,建立各种独立的间谍小组以及大量使用招募的间谍。随着苏联国际地位的进一步巩固和提高,他根据中央政治局的指示精神,为了便于领导各驻外间谍机构,按照苏俄面临的主要安全威胁,将他亲自负责的国外分支机构划分成6个区:北方区、波兰区、中欧区、南欧和巴尔干地区、东方区和美洲区。各区设驻外特工机关,有的还设立分部,划定活动区域。其中,英国作为老牌资本主义国家,一直是国外处的主攻方向,早在1922年就试图向英国派遣特工,而第一个驻外特工机关从1924年起即开始在英国首都伦敦展开活动。

1927年,由于苏联的情报工作出现了一系列令人尴尬的失误,在中国等8个国家的情报行为被曝光,甚至导致英国公然与苏联断交,从而给国家政治保卫总局驻英国对外情报机构的第一次成功渗透蒙上了一层阴影。为了使苏联的间谍活动更令人难以察觉,不致授人以柄,国外处将情报搜集工作的重点由之前的合法情报站转向非法情报站。这些"秘密"情报站独立于苏联外交、商业代表团之外。因此,在后来的几年间,建立新的"秘密"情报站成了一项庞大而持久的工程,国家政治保卫总局花了几年时间对官员进行系统训练,并煞费苦心地为间谍编造各种各样的假履历和掩护身份。

1930年联共(布)中央政治局会议后,国外处按照政治局的指示,进一步加强了

境外阵地和力量布建工作,其做法主要是通过增加非法情报站的数量来实现工作规模拓展。当时,即便是设立在苏联驻英国和法国大使馆里的合法情报站,以外交身份作掩护的特工最多也只有3名,有时甚至只有1名,其主要任务是给更重要的特工提供与中心开展联络的渠道和技术支持。但每个非法情报站设有7名特工(特殊情况下曾达到9名),这与合法情报站形成了鲜明对比。国外处将英国视为其面向西欧的重要侦察对象国,1934年开始派遣"大特工"多伊奇前往伦敦非法情报站常驻,发挥聪明才智布建在英国本土的秘密力量。在他的积极主动努力之下,闻名世界谍报史的"剑桥五杰"间谍小组从此开始孕育、发展和壮大,多伊奇也由此开始了迈入苏联和俄罗斯对外情报工作荣誉殿堂的第一步。

3. 谍报机构总部加强对招募和指导工作的规范、控制与指导

20世纪20年代,合法与非法情报站均有权决定间谍招募对象和招募间谍的具体办法。1930年,参加过追杀白色近卫军"辛迪加"和"托拉斯"行动的阿尔图佐夫接替特里利塞尔担任国外处负责人。他认为,当前的谍报网里面有"不良分子",因此规定以后发展间谍都必须得到中心的批准。除此之外,还加强了驻外谍报机构的请示报告制度。在20世纪二三十年代通信手段相当落后的情况下,驻外谍报机构对于招募对象确定、培养和突破、会面方案、计划和报告、渗透计划、实施和进展等情况,都必须报送中心批准,并按照总部的指示严格落实。即使像菲尔比这样的境外谍报人员,也必须按照类似要求提供书面材料。又如,第二次世界大战期间,苏联人就给布伦特规定,每次与下线利奥会面后都要撰写书面材料。不过,布伦特不是因为太累就是忙得不可开交,所以并未始终坚持这一做法。谍报机构领导机关这样做,优点是便于加强对境外情报站的集中统一领导,发挥总部人才济济、集思广益办大事的力量优势,有利于提高间谍招募和经营工作的质量与效益,有利于确定正确的境外秘密工作标准和导向。事实证明,当时这种做法对对外情报工作的促进作用十分明显。

1937年2月9日,伦敦情报站站长马利向总部写信,称他们准备通过牛津大学招募的间谍斯科特物色和吸收25名间谍发展对象。中心2月19日回信表示对伦敦情报站的招募工作有所担忧,要求保持更多的谨慎:"他(指斯科特)的积极性让我们很不安。这一切与老乡关系有关。前几年的实践表明,这些做法的危险性太大。在我们与一群人打交道,而不是在与单个人来往的地方,失败的危险会特别迅速增

大。一小组这样的人,经常会不顾一切禁令,彼此讨论所有问题,您认为是与一个人打交道,可是会在自己身后扯出一大群人……须向斯科特解释这一切……无论如何不能进行大规模招募。您从斯科特众多的能人中挑选出一些最有价值的单干者,对每个人平均审查10次,不要匆忙,必须在您有了足够资料的时候再招募。比如,招募本尼的工作就进行得过于仓促。记住,上面所说的一切不是玩小心谨慎的智力游戏,您是组织的领导人,组织里已经有最有价值的间谍,保护组织是首要任务。"[①]中心的回信既重申了谍报工作纪律规定和原则要求,又有认真细致的方法论指导,对驻外情报机构的安全和业务工作裨益极大。

以伯吉斯为例。奥尔洛夫1934年底在招募伯吉斯时,按照要求向中心提交了请示报告。材料拍照后辗转报送到莫斯科总部,但因为胶卷损坏无法冲洗,致使总部对招募一事一无所知,这种情况一直持续到1935年1月底。由于一直没有等到莫斯科总部的具体指示,奥尔洛夫决定不再继续等待,而是独立自主地实施招募步骤。结果,等到联络渠道再次畅通以后,中心突然在毫无预警的情况下获悉有个人已经被成功招募并赋予了"梅德亨"的代号,因此表现得非常惊讶和愤愤不平,因为总部不仅从未允许与伯吉斯进行直接联系,更为严重的是,"剑桥小组"的首批三个成员均是好朋友。这严重破坏了间谍间不应该相互知情的保密工作要求!总部为此紧急通电伦敦给予申斥,下令奥尔洛夫立即停止对伯吉斯的招募工作。7月12日,奥尔洛夫向莫斯科复信称:"您不知道谁是'梅德亨',所以下令与他中断联系。为了执行您的命令,我已经电话指示'斯特凡'暂停与他联系。"为了减轻卢比扬卡高层领导的怒火,奥尔洛夫赶紧解释说:"我怀疑您没有收到我们所有的去信,或者说可能其中一部分没有完全显影。"伯吉斯是由"泽亨"和"怀斯"推荐的,他们认为他很有才华,爱冒点险,能够渗透到各处去。他为伯吉斯辩解称,后者曾经是剑桥大学共产党支部的成员,文化水平很高,在社会上无可替代,并且愿意冒险,尽管不如"泽亨"和"怀斯",但适合为他们工作。中心看到驻伦敦特工的确遵守了保密工作准则,这才撤销了对伯吉斯的培养禁令。

当然,事情总是有利有弊。莫斯科总部对驻外情报站及其工作人员进行严格管控的做法弊病也很明显,主要包括:一是当时通信业和交通很不发达,通过电报、书信、人力夹带等方式进行文电传送,时效差、效率低、易泄密,存在较大的安全风险。

---

① [俄]奥列格·察列夫:《克格勃特工在英国》,吉林人民出版社2003年版,第265页。

二是总部与一线远隔千山万水,对当地复杂的谍报工作环境以及实际工作情况无法做到全面、及时、彻底地了解与掌握。而机械地执行条文规定,很容易犯先入为主的官僚主义、主观主义和形式主义错误。三是管控过严、规范过当,并不利于发挥驻外工作人员的主观能动性,容易挫伤工作积极性和进取心。比如,菲尔比在西班牙执行任务期间,中心不顾其客观条件,硬性给他下达刺杀佛朗哥的任务,马利就对此颇有微词。因此,如何在工作原则规范和相机灵活机动之间把握好度,达成合适的平衡,是一门高深的学问,需要认真加以研究。

(二)注重建设一支德才兼备、文武双全的谍报干部队伍

在苏联对外情报工作史上,20世纪30年代初期到中期这段时间应该称作"大特工"时代。这些形形色色非常有天分的特工人员,共同改革了国家政治保卫总局的间谍招募和情报搜集工作。他们之所以能取得如此大的成就和美誉,部分原因在于当时那个时代,他们不受官僚主义办事程序的束缚,有更大的行动自主性,有更多发挥主观能动性的机会。而且,他们面临的侦察对象比其后辈们面临的工作对象要容易对付得多。按照冷战时期的标准,在两次世界大战之间的年代里,大多数西方国家的安全机制非常松懈和脆弱。这些特工出色的个人才能再加上侦察对象的相对脆弱性,让他们的行动相比冷战时期的国内同行更加富有传奇色彩,有些甚至令人觉得不可思议。

一些最有能力的"大特工"并不是苏联人,而是四海为家、能够流利使用多种语言、对共产主义社会充满理想的中欧人。他们在加入国家政治保卫总局前就曾经为共产国际从事地下工作,具备丰富的秘密工作经验,也遭遇过一些失败风险,这又使他们的谍报工作履历更加丰富、工作手段更加多样、技巧更加娴熟、临危不乱的心理素质更加坚强。苏联人之所以能够招募到"剑桥五杰"这样优秀的外国间谍,并取得如此丰硕的组织和情报成果,与拥有这样一支德才兼备、谍艺高超的特工队伍密切相关。多伊奇作为"剑桥五杰"间谍小组的创建者之一就是一个典型例子。

多伊奇是奥地利籍犹太人,早在入学期间就加入奥地利共产党。虽然为了保密,他在大学档案中自称是信守犹太教规的犹太人,但实际上他的宗教信仰早已被对共产国际奋斗目标的强烈责任感所取代,这个目标就是要实现一个没有压迫、没有贫富差别的世界新秩序;苏联,这个世界上第一个工农政权的神圣革命形象,早已

在他的心中牢牢扎根。而且,他身体力行,把这一理念灌输给了他后来招募的理想主义间谍菲尔比等人。离开维也纳大学后,他开始为第三国际国际联络部充当秘密通信员,穿梭于罗马尼亚、希腊、巴勒斯坦和叙利亚之间。1932年,调入苏联国家政治保卫总局国外处,接受谍报工作训练,之后赴法国开展地下情报工作。1934年初奉命来到英国,在这里创下的丰功伟绩,使他死后成为克格勃乃至当今俄罗斯对外情报局的不朽人物。

多伊奇的学术成就也是苏联情报史上最为卓越的。1928年7月,即在他进入维也纳大学学习本科课程不到5年后,刚满24岁零2个月的多伊奇就以优异成绩获得了哲学博士学位。虽然他的论文是关于化学方面的,但他对哲学、社会学和心理学也有深入研究。"剑桥五杰"中有4个也是以一流成绩从剑桥大学毕业的,但是多伊奇的学术成就比他们中的任何一个都要辉煌,因此令"剑桥五杰"们对他的睿智和博学深深折服。

多伊奇对人性有着深刻的理解,同时具备丰富的人生经历。他富于魅力的个性、深刻的社会洞察力以及对于未来人类一定能从资本主义剥削和贫富分化的社会中解放出来的信仰已经浑然一体。他对自由的解释对"剑桥五杰"具有更大的吸引力,因为他提倡的不仅是政治上的解放,还包括性的解放。而"剑桥五杰"都坚决反对严格的性道德和两次世界大战期间英国那套陈腐的阶级制度。

多伊奇1934年初以真实姓名来到伦敦,声称自己的职业是"大学讲师",并利用自己的学术成就混入了学术界。第一眼看上去,他是从心理学故乡维也纳来追求功名的一个最普通不过的教授,但他很快便在伦敦科学界结交了一大批朋友。他的住所里经常宾客满座。没有一个人怀疑这个招人喜爱、充满睿智的年轻学者是受莫斯科内务人民委员会总部资助并按照其指示开展活动。他的学者朋友也没想到,多伊奇名下有一批代号:"斯特凡""朗""阿诺德""奥托"等。四年来,他一直作为伦敦非法情报站领导人的主要助手之一开展活动,对这些"联系人"进行培养,共计发展了20名间谍并与另外29人保持联系。其成功的关键在于,经中心批准采取了新的招募策略,即在著名大学里年轻的激进分子掌握权柄之前就对他们进行培养。他的这一招募策略取得了引人瞩目的成功。第二次世界大战初期,"剑桥五杰"都成功打入英国外交部或情报机构等部门,提供了大量高级别情报,数量之多让莫斯科有时甚至应接不暇。

拥有多伊奇、马利、奥尔洛夫这样优秀的"大特工"作表率、作号召、作指导,何愁招不到工作对象?何愁工作对象不拼命工作?何愁驻外情报工作不出成绩?在克格勃历史上,很难再找出另外一个指导员,能像多伊奇和"剑桥五杰"如此天衣无缝、自然和谐的默契配合了。以至于菲尔比几十年后回忆起来还充满敬佩:"他是一个了不起的人。绝对了不起。我很快就发现了这一点。而且这种感觉再也没有失去过⋯⋯一见面,你就会注意到他的眼睛。他注视着你,仿佛在这一刻世界上没有什么比与你交谈更重要的事了⋯⋯而且他这个人非常幽默。"①布伦特也坦承,虽然他很敬重伦敦合法情报站的那些苏联指导人员,但是他们从未像多伊奇那样使他真正受到激励。戈尔斯基和克列申等人是现代苏联情报机构里主张技术专家掌权的类型,但在布伦特看来,30年代那些由富有才华的欧洲人担任的指导人员才是卓越的大师级人物。正因为如此,1968年,菲尔比在回忆录的前言中充满深情地写道:"我对能够在青年时代就被邀请来为建立那种力量而贡献我微薄的力量深感无限自豪⋯⋯当建议我加入苏联情报机关时,我毫不犹豫地加入了。当一个人有机会加入这等精英部队时,他不会犹豫。"②其对多伊奇这样的苏联秘派特工的由衷敬佩和叹服之情由此可见一斑。

(三)招募工作选人思路正确、用人不拘一格、做法独树一帜

1. 从意识形态入手实施招募

美国中央情报局物色和招募间谍通常利用人类的四大弱点,分别是贪图金钱、思想意识上的偏差、容易妥协的性格和自私自利的本性,概括起来为 MICE,即金钱(money)、思想意识(ideology)、妥协(compromise)和自我意识(ego)这4个英文单词首写字母的缩写。在这一规则下,利用对象思想意识形态上的弱点将其招募为间谍是一种最为可靠的方式。由于在思想意识上与自己国家的意识形态产生了差异,与本国政府背道而驰,对敌对国家却完全认同与肯定,因此一经选择走上叛国之路,其背叛动机最为真实、活动最为可靠、最能经受住考验,一旦从谍就可以做到终生无悔。这种间谍可以让谍报机构完全放心大胆地培养使用。

---

① [英]克里斯托弗·安德鲁、[俄]瓦西里·米特罗欣:《克格勃绝密档案》(上),当代世界出版社2002年版,第94页。
② [英]克里斯托弗·安德鲁、[俄]瓦西里·米特罗欣:《克格勃绝密档案》(下),当代世界出版社2002年版,第660页。

20世纪30年代,受剑桥大学深厚的"叛国气候"浸淫,并从教于一些因为持马克思主义观点而闻名的老师,"剑桥五杰"的世界观、价值观和人生观已经成形:菲尔比已经成为左翼社会党人;伯吉斯公开表示自己加入了共产党,并且研究马克思主义,对联共(布)历史非常熟悉;布伦特通过艺术史这门课程接触到马克思主义,认为由于缺少文艺时代那种资助学术和文艺事业的人,当代的艺术正在衰亡,市场关系是艺术的杀手,只有社会主义国家的补贴才能挽救艺术;麦克莱恩是英国某届政府中一位部长的儿子,在亲身感受到苏格兰工人的困难处境、崇尚民族主义、热衷于宣传和慈善活动的情况下接受了共产主义;凯恩克罗斯虽然出身贫寒,但他也是一个信仰坚定而执着的共产党人,并因为对马克思主义的热衷而被《特里尼蒂杂志》封为"血十字"。此外,他们把苏联看作世界革命的堡垒,是反对法西斯主义的唯一堡垒,志愿参加反对法西斯主义的斗争,认为自己有义务帮助苏联。有如此深厚的思想政治基础,再加上以多伊奇为代表的苏联"大特工"顺势而为、长袖善舞,运用思想意识形态的同一性、共鸣性和向心力,巧打世界上第一个社会主义国家和国际反法西斯唯一堡垒这张"政治牌",对"剑桥五杰"的招募工作可谓水到渠成、瓜熟蒂落、事半功倍。

1937年12月,苏联内务人民委员会国家安全总局七处处长、二级国家安全委员斯卢茨基向叶若夫提交了一份报告《关于在英国的地下特工机关工作》,对通过意识形态途径招募英国大学里的青年才俊工作总结道:"我们的工作,需要这种革命的忘我精神,常常以它自己的性质,把具有左倾思想、反对法西斯主义的青年吸引到自己周围,因为它符合他们的理想,能释放他们的革命热情。我们的任务是,及时发现有用的人,与他们联系,直到他们通过公开的革命主张破坏了自己在当局面前的形象;或者,直到他们脱离党组织,中断与党的来往。要是他们已经入党,就既在思想上又在行动上培养他们……我们已经在剑桥和牛津这两所英国名牌大学,向最重要部门(外交部、内政部、陆军部)输送高级官员——做了许多这样的工作。在那里,与我们思想接近的间谍推荐了一些年轻人,我们能够审视他们,从他们中分离出那些已经入党的人,使他们脱离党的一切工作、脱离党的一切联系,然后招募他们……1934—1936年我们已经招募了希诺克、怀斯和梅德亨。1937年已经被招募的或正处于培养阶段的间谍:托尼线、波艾特小组、索科莱特线、斯科特小组、莫利小组、'牛津小组'的一些成员。"①

2. 不拘一格求人才

招募有用能用之人为己所用,始终是全世界谍报机构孜孜追求的目标和要求,但苏联谍报机构在不拘一格求人才方面走出了一条别具一格的道路。其中,成功地招募到伯吉斯这样"不可一世之人"颇为典型,而且事实证明回报非常丰厚。

伯吉斯在剑桥大学三一学院的最后一个学年里,言行举止令人愤怒,而且还因为高调的政治信仰导致声名狼藉。因此从常理上讲,苏联谍报机构根本不可能拉其入伙,因为他们最看重的是间谍的自我约束力、忠诚之心和立于不败之地隐瞒自身观点的能力,菲尔比在向苏联人提交的间谍推荐名单上也把伯吉斯放在最后一位。但是,伯吉斯凭借自己善于迷醉人的能力以及对共产主义思想的坚定忠诚,仍然登上了菲尔比的间谍对象推荐名单。伯吉斯的这些特质,深深地打动了奥尔洛夫。因此,早在1934年8月返回莫斯科研究伦敦情报站的工作形势时,奥尔洛夫就讨论过伯吉斯作为潜在间谍人选这个问题。他建议,趁伯吉斯和剑桥大学同伴访问苏联时,对其进行考察。后来因为伯吉斯已经回国,因此决定在英国本土与其谈话。但奥尔洛夫9月返回英国时,对麦克莱恩的招募工作正处于第一阶段,因此不得不将对伯吉斯的研究工作推迟了几个月。

菲尔比在为克格勃撰写的自传里写道:1934年底,他与奥尔洛夫和多伊奇会面时,考虑到自己是一个新手,拿不定主意如何对待伯吉斯是否适合做秘密工作的问题。奥尔洛夫斟酌后认为,伯吉斯可能有用,因此责成菲尔比认真考虑如何更好地试探伯吉斯的办法。奥尔洛夫在《反间谍和游击战教材》中指出,苏联谍报机构发现,西方外交部门里的同性恋者占比很大,苏联谍报机构可以"广泛利用这些不坚定的个体"作为宝贵的情报来源,而且已经在具有同性恋癖好的外国外交官中取得了很多成果。此外,西方国家政府机关里的同性恋者害怕自己的丑事暴露于众,因此与其接触很少以免带来危险,甚至苏联人的建议被拒绝后也是一样。因为在严厉的刑事惩罚威胁之下,他们不得不将生活中的这个阴暗面严格隐藏起来。从另一方面来讲,同性恋者可以毫不费劲地与其他外交使团的官员谈论招募的话题,而且"效果惊人",因为害怕被揭露的心理意味着,即使这些外交官拒绝合作,他们也永远不会向当局举报招募者。奥尔洛夫写道:"苏联情报军官对于同性恋者中间的相互尊重

---

① [俄]奥列格·察列夫:《克格勃特工在英国》,吉林人民出版社2003年版,第267—268页。

和真挚忠诚感到震惊。"因此,奥尔洛夫断定,伯吉斯可能永远当不上外交官,但这个淫逸放荡的剑桥毕业生仍然会钻进白厅同性恋者的秘密圈子中。而且伯吉斯天马行空、自由无羁的做派对谍报工作来说恰好是一种天然的掩饰与保护。谁会想到一贯作风严明、纪律严格、组织严谨的克格勃会招收伯吉斯之类的人呢?基于以上考虑,奥尔洛夫在经过必要的工作程序之后,大胆地将伯吉斯吸收进苏联间谍队伍。事实证明,伯吉斯加入之后的出色表现不负奥尔洛夫所望。

正像奥尔洛夫所预见的那样,伯吉斯的同性恋关系给剑桥小组带来了非常有益而丰富的资产。他在考验期内完成的第一项任务,就是向奥尔洛夫和多伊奇提交了一份200多人的间谍人选名单,从剑桥里的朋友凯恩克罗斯和丹尼斯·罗伯逊勋爵,到单纯的同性恋关系,包括德国使馆武官韦尔纳·冯·弗里兹、英国军事部官员汤姆·怀利以及一个姓贝克的"流氓无产者代表和同性恋",应有尽有。这既说明伯吉斯对上了年纪的男人具有极强的杀伤力,而且证明同性恋的关系蛛网已经从剑桥深入到了英国军界、科学界和政府机关高层人士中,这为奥尔洛夫这样经验丰富的苏联特工利用名单开展招募工作提供了广阔空间。

有了名单作指引,奥尔洛夫将目光投向了伯吉斯的剑桥校友丹尼斯·普罗克托。伯吉斯介绍说,此人也是"使徒会"成员,虽然不是共产党员,但与他一样持有左翼观点,1931年大学毕业后考上公职,1935年担任斯坦利·鲍德温首相的私人秘书。奥尔洛夫非常高兴,认为很有希望在唐宁街10号安插一个"钉子",因此赶紧通过多伊奇指示伯吉斯对普罗克托尽力进行培养。1935年2月,奥尔洛夫向莫斯科发信请求批准这个行动,信心满满地预言"梅德亨"成功的希望"很大"。但是,中心因为没有掌握有关普罗克托的辅助材料,对奥尔洛夫所说的伯吉斯与其朋友们的暧昧关系价值到底有多大,起初并不太相信,因此马上否决了行动计划,仅仅把他当成极端情况下的备用人选备案在册。但是4个月后,中心又改变了主意,批准对另外一个同性恋者汤姆·怀利进行培养工作。

怀利也是奥尔洛夫从伯吉斯名单中选中的人选之一。他是菲尔比的大学校友,是"同性恋国际"(当时人们对剑桥大学持左翼观点的同性恋者的称号)里的"战友",当时担任战争部常务次官克雷迪的秘书。奥尔洛夫向莫斯科报告说,他已经指示菲尔比对怀利进行培养,但"事先并未采取任何实质性步骤"。不过,中心反对让伯吉斯对普罗克托开展招募工作,奥尔洛夫因此叫停了对怀利的行动,但他并不甘心放弃,于是向莫斯科陈情说:"我突然有个想法,或者叫草案,不如让您知道的'梅德亨'去接近怀利。他也是一个有修养的同性恋者(和机智灵活的青年),有可能按照这个国家神秘的性法律俘获怀利的心。"①这一次,中心被奥尔洛夫对伯吉斯的能力的评价打动了,没有再反对他的计划。于是,伯吉斯与怀利发生了暧昧关系,内务人民委员会的档案里给怀利赋予代号"亨利"(后来改叫"马克斯")。尽管怀利为伯吉斯引荐了好几个军事情报军官,但是中心在获悉怀利酗酒而且生活淫乱放荡之后,断定他不可能成为可靠的苏联间谍,因此放弃了对他的招募。

3. 打着"假旗号"实施招募

1920年12月20日,契卡成立国外处,专司对外谍报工作。次年,成立于1919年的共产国际研究组建了国际联络部。由于共产国际一直牢牢控制在布尔什维克人手中,因此,国际联络部给国外处提供了很大的帮助,吸收一些外国共产党人及其同情者进行秘密情报工作。这些人更愿意对来自共产国际的救援呼吁做出反应,而不愿与苏维埃的情报机构直接打交道。20世纪30年代,国家政治保卫总局和内务人民委员会的许多最优秀的外国间谍,一直以为他们是在为共产国际效力。1964年,布伦特就曾向审查他的英国军情五局官员赖特多次承认:"如果由一个苏联人来发展他,他恐怕不会参加。"

苏联对外情报机构深谙此情,审时度势、顺水推舟,巧妙地运用共产国际的名义开展工作。比如,莫斯科总部对伦敦情报站搜集同情苏联的英国大学生数量的工作予以了充分肯定,指示说:"这些材料需要搜集,做好定期统计,掌握这些人分散到的地方,单独安排他们进入这样或那样让我们感兴趣的机构。但是,我们自己不能这样考虑这项工作,不能让每个人可能过早地知道我们想从那里得到什么。至少在需要这样做的地方,应该把我们的目的隐瞒到最后一刻。这种准备工作将给我们提供培养过的储备目标,根据需要和培养情况,可以将他们发展成我们需要的、经受过考验的间谍。"②

特里利塞尔在1922—1930年领导国外处工作期间,正是苏联谍报机构形成的时期,其突出的工作特点是:打着"别人的旗号"招募人员,因为干部短缺而大量吸收侨民进入侦查机关,建立各种独立的间谍小组并使用许多招募的间谍。在这一指导

---

① Олег Царев. Джон Костелло, Роковые Иллюзии. Из архивов КГБ: дело Орлова, сталинского мастера шпионажа(Москва: Издательский Центр «Аква-Терм», 2011), стр. 259.

② [俄]奥列格·察列夫:《克格勃特工在英国》,吉林人民出版社2003年版,第265页。

思想的支配下,多伊奇、奥尔洛夫、马利等人在与"剑桥五杰"等进行深交和招募工作时采用的做法即是打"假旗号"。多伊奇非常善于让苏联的事业不仅因为政治上的原因而具有吸引力,而且因为他与经过其手发展的年轻人都具有有教养的欧洲人的共同背景而具有吸引力。多伊奇没有明确告诉他们,他们其实是在为苏联内务人民委员会工作,而不是在协助共产国际与法西斯主义进行地下斗争。不过,后者很快就已经心知肚明了。多伊奇在写给中心的报告中说:"他们都知道自己是在为苏联工作。他们非常明白这一点。我与他们的关系是建立在我们都是共产党员的基础上的。"[1]换言之,多伊奇并未将他们当成他所控制的下级间谍,而是把他们当成在共同的事业中为了同一理想而在他的指导下一起工作的同志。除此之外,多伊奇等驻外特工在掩盖本人真实身份和行动方面也下了很大功夫。菲尔比说他一直到西班牙工作后才知道奥尔洛夫的名字,而剑桥小组其他四人从来不知道其苏联领导人的真实姓名。他们甚至不知道,他们的苏联朋友是一直在英国常驻,还是为了与他们会面才专程从国外赶过来的。有时,剑桥小组成员身处英国本土之外,他们的苏联监护人会离开伦敦赶赴法国巴黎等地与他们见面,从而让这种印象进一步加深了。又如,库柏在招募马格时用的身份是贸易商人,借口是为某银行提供秘密情报赚取佣金,丝毫未透露其为苏联秘密特工的实情。马利在接手后,也假称自己是银行家的妻侄,负责银行最机密的业务。即便是为了加强彼此间的合作,让马格更好地发挥情报来源作用,必须向马格解释为谁工作时,马利也认为:"这个'谁'显然不应该是我们,要注意到马格的政治观点和好感。这可以是美国人或者其他人。或许,这让你们感到奇怪,我们甚至可以让他变成德国人,但不是纳粹,而是国防军或者是反对纳粹的工业家寡头。"

事实证明,做谍报工作打"假旗号"有时比打真旗号更管用。一是让招募对象误以为自己是在(至少是部分地)为一个机关(某个工业情报组织、信贷调查组织或者某个报纸专栏作家)工作,但实际上是在为某情报机关服务,掩真示假,打别人的旗号,有助于掩护招募者的真实身份,特别是在针对友好国家人员开展招募工作时尤为如此,一旦穿帮便可以推个一干二净,避免引发国际和外交冲突;二是合情合理的名义与身份,可以有效避免招募对象对真旗号可能产生的逆反心理,消除隔阂,提高

---

[1] [英]克里斯托弗·安德鲁、[俄]瓦西里·米特罗欣:《克格勃绝密档案》(上),当代世界出版社2002年版,第99页。

交友深度,提升招募的成功率和效率;三是招募对象一旦上钩,其工作热情通常会很高。他们不知道自己已经当上了间谍,不会想到自己是在为敌对政府工作,会认为自己是在向私营公司或个人甚至向"友好"国家政府提供情报,因此无损于心中的道德感和负罪感。特别是,如果公众确信官方的秘密行为正是为了隐瞒那些消息灵通的批评家,或者因为其他原因使保密法律法规得不到应有的尊重时,这时他们的行动就会更加积极主动,甚至在受到怀疑之后,很可能仍旧继续进行而不是放弃他们的间谍行动。

(四)经营工作有的放矢,细致入微,效果突出

1. 对新招募间谍使用中考察、考察中使用

苏联驻外特工招募间谍时,非常注重阶段划分、循序渐进、控制节奏,而不是急功近利、强行突破。对新招募的间谍,注重考察与使用相结合、逐步培养提高。奥尔洛夫在《反间谍和游击战教材》中说:"把新情报员招募进秘密间谍网是所有活动中最冒风险也是最困难的一件事。侦察员从一开始就处于不利地位,因为在向某人提议当间谍为苏联工作时,他在这个人做出回答前就将自己的身份暴露无遗。"[1]因此,莫斯科坚持要求各驻外情报站负责人及其助手在招募间谍时,一定要分两步走,其中包括一系列严格的考核检查,以确定"这些人是谁?从哪里来的?是干什么的?以及他们的观点和立场、私生活和个人追求、道德基础和弱点,最主要的是其作为情报来源的潜在价值"[2]。

奥尔洛夫1934年7月初次到伦敦逗留10天后即回国汇报工作,8月底再次返回英国后,他开始着手检查菲尔比对多伊奇所布置任务的完成情况。这是苏联谍报机构对未来间谍必不可少的考察和检查步骤,即在考察中使用、在使用中考察,逐步培养直到成熟。菲尔比按照多伊奇的要求,提供了一份包括剑桥大学朋友在内的7人名单,供奥尔洛夫日后尝试进行"研究和培养"之用。接着,他又接受了一项新任务,即推荐有助于其开展反法西斯斗争(这是苏联人在该阶段对他说的秘密使命)的职业发展方案。多伊奇向奥尔洛夫报告说,菲尔比不仅展示出很强的纪律性,而且

---

[1] Олег Царев. Джон Костелло, Роковые Иллюзии. Из архивов КГБ: дело Орлова, сталинского мастера шпионажа(Москва: Издательский Центр 〈Аква-Терм〉, 2011), стр. 167.

[2] Олег Царев. Джон Костелло, Роковые Иллюзии. Из архивов КГБ: дело Орлова, сталинского мастера шпионажа(Москва: Издательский Центр 〈Аква-Терм〉, 2011), стр. 168.

在完成基本情报侦察任务时严格服从命令,准确执行指令,表现出了必需的果敢精神。再加上菲尔比千方百计加入《评论综述》的努力以及在其中的良好工作表现,他转入招募第二阶段即成为见习间谍的时机水到渠成。奥尔洛夫在给莫斯科的书面报告中称,1934年12月底的一天,在多伊奇的安排下,他与菲尔比在雷根特公园里见了第一面。奥尔洛夫自称"大比尔",以区别于"小比尔"马利,给菲尔比留下了非常深刻的印象,觉得他是一个"非常严厉,但彬彬有礼而且很客气的人",是"内务人民委员会工作人员的典型"。"他对我就像父亲一样。我觉得这才是从莫斯科来的这个行当的真正领导,我把他当成英雄一样看待。这并不是说我看不起'奥托'(多伊奇)或者'特奥'(马利),只是这一次来的是一个真正的俄罗斯人,一个苏联人。换句话说,如果我把'特奥'和'奥托'看作共产党员,那么奥尔洛夫就是一个布尔什维克。"①奥尔洛夫在会面中对这位年轻的英国人也彬彬有礼,大加赞赏,表现出十足的好感,这进一步巩固了菲尔比对革命事业的忠诚。对此,奥尔洛夫写道:"与西方特工机构不同,苏联情报机构对自己的情报来源充满真诚的关心。这种对间谍的关心与其说是建立在共同的利益之上,不如说是建立在道德和人道基础之上。"②内务人民委员会对间谍"从不食言而肥,不会泄露其身份和为苏联工作的信息。如果他们陷于灾难境地,总是立即出手相救"③。这样做的原因是,苏联情报机构早就认为,对情报员采取这种政策只会对事业有利,带来成功。奥尔洛夫形象地比喻说:"一个经验丰富的间谍网创建者的任务是遴选并吸收人们开展充满风险的情报工作,并在无休止的智力战斗中领导他们,这份工作与长篇小说家的创造活动很相似,但有一点根本的不同:小说家是在纸上描写虚构人物的感情和活动。对小说家来说,小说构思失败的后果只是招致恶评,但如果情报行动设计者的计谋不合逻辑或者非常离奇,那么他的计划就会失败,其参与者很快将身陷囹圄。"④他认为,促使人们从事间谍活动的原因、考虑和感情因素数不胜数,但与大多数人不同的是,他断然认为讹诈

---

① Олег Царев, Джон Костелло, Роковые Иллюзии. Из архивов КГБ: дело Орлова, сталинского мастера шпионажа (Москва: Издательский Центр 〈Аква-Терм〉, 2011), стр. 166.
② Олег Царев, Джон Костелло, Роковые Иллюзии. Из архивов КГБ: дело Орлова, сталинского мастера шпионажа (Москва: Издательский Центр 〈Аква-Терм〉, 2011), стр. 167.
③ Олег Царев, Джон Костелло, Роковые Иллюзии. Из архивов КГБ: дело Орлова, сталинского мастера шпионажа (Москва: Издательский Центр 〈Аква-Терм〉, 2011), стр. 167.
④ Олег Царев, Джон Костелло, Роковые Иллюзии. Из архивов КГБ: дело Орлова, сталинского мастера шпионажа (Москва: Издательский Центр 〈Аква-Терм〉, 2011), стр. 168.

绝不是最令人满意的招募武器,因为这很容易引起愤恨和狂怒,像一把双刃剑那样伤及招募者自身,因为招募者的命运同样也掌握在被招募者手里。所以他对每个间谍都做到开诚布公,认为这是赢得情报来源合作和忠诚的最佳手段。奥尔洛夫对菲尔比采用的这些做法大获成功,证实了这一理论的有效性,同时也标志着菲尔比正式加入苏联谍报队伍,为"剑桥五杰"间谍小组的成立迈出了坚实的第一步。

2. 通过外国人招募外国人

多伊奇等人招募"剑桥五杰"后,考虑到其均系青年学生或讲师,不具备直接接密条件,而且打入工作尚未开始,因此最初布置给他们的任务是寻找间谍发展对象,以此发展和壮大在英国的秘密基础力量。这也就是所谓的通过外国人招募外国人,通过经营求得力量的进一步壮大与发展。以菲尔比为例。他首先引起多伊奇注意并被招募发展之后,先是在同学好友中物色了麦克莱恩,然后按照多伊奇的指示,亲自做工作发展了麦克莱恩;麦克莱恩又向多伊奇推荐了早就在剑桥声名显赫的伯吉斯,并安排了两人的第一次见面,由此促成了伯吉斯的加盟;伯吉斯则把目光投向其好友,法国语言学家、艺术历史学家和剑桥大学三一学院研究员布伦特,将其拉入苏联谍报队伍;而布伦特也经多伊奇同意,将第一个发展对象锁定为三一学院一位年轻而富有的大学生、美国共产党员迈克尔·斯特雷特。当时,斯特雷特的亲密朋友约翰·康福德两周前刚刚在西班牙内战中英勇牺牲,他对此一直耿耿于怀,显得有些惊魂不定。布伦特要求斯特雷特与党组织断绝一切公开联系,毕业后到美国纽约华尔街找一份工作,为共产国际提供内幕消息。斯特雷特当时并没有同意,布伦特便拿出刚为共产国际献身的康福德说事,弄得斯特雷特羞愧难当。经过一番深思熟虑,几天后他终于答应了布伦特的要求,实际上加入了苏联谍报队伍;而"剑桥五杰"中最后一个被发展的凯恩克罗斯,其物色和举荐人正是他的法国文学老师布伦特,伯吉斯奉多伊奇之命负责进一步的深交工作,而最后实施突破的则是英国共产党员克卢格曼。从现有材料看,对他的招募工作最为曲折复杂。

通过外国人招募外国人,因为占有同文同宗同族等先天优势而备受苏联谍报机构推崇。此外,一般情况下,人种相同或相近的外国人相互接触交往时也往往显得更自然、更合理,不容易引起反间谍部门的关注和警惕,安全系数因此更高。克格勃在此方面曾经犯下低级错误。1946年,35岁的麦克莱恩调到英国驻开罗大使馆任职。尽管苏联驻英国情报站特工莫金提醒驻埃及同事,必须认真对待麦克莱恩这个至关重要的谍员,并且不惜一切代价维持与他的良好关系,但驻开罗联络官对此置若罔闻,不仅在麦克莱恩一抵达开罗就对他呼来唤去,让他大为恼火,更为严重的是,苏联人竟然把双方的会面地点安排在阿拉伯人区,显得麦克莱恩就是一个偷偷摸摸的告密者!试想,这位金发碧眼、西装革履的高个子英国人在阿拉伯市场中犹如鹤立鸡群般醒目,更别说正宗的英国外交官做梦都不会到那里去。在苏联联络官一系列低级操作之下,麦克莱恩与克格勃的关系一度跌入低谷,而且中心未能及时发现麦克莱恩的思想和情绪变化并予以指导纠正,从而为他和伯吉斯的暴露乃至整个剑桥小组的解散埋下了祸患。

在经营中求力量发展,既是对外情报经营工作的重要内容,也是在境外开展力量布建的重要渠道和来源,这既是苏联谍报机构招募间谍的传统做法,也是其经营工作的成功经验。因此,克格勃在《在美国和第三国征募美国人的实践》教材中明确规定:"苏联驻美情报机关的任务,仍然是物色、评价和挑选美国人作为征募对象,并通过征募员完成征募工作。因此,要一如既往地充分重视我合法驻外机构的情报员在他所接近的那些美国人中开展秘密活动和征募工作的能力。"[①]并要求"驻外机构要依靠谍报员及可靠的联络员"协助进行人员物色和深交工作。为此,各驻外情报站不断给它最优秀、最可靠的谍报员和联络员下达任务,要其推荐可能被招募的对象。20世纪70年代中期,日本社会党成员"国王"为苏联《新时代》杂志社记者斯坦尼斯拉夫·列夫钦科提供了该党内部存在的倾向、冲突和人物等情况,为克格勃提供了新的招募对象与机会;谍员"阿瑞斯"有关驻日本外国人的国籍、数量和所在地的统计报告,对日后如何招募外国人充当苏联间谍并使其混入日本社会具有重要的参考价值,受到了克格勃总部的表扬。列夫钦科和普列奥布拉任斯基因为依靠谍员在间谍物色和招募工作中成绩斐然,帮助东京情报站成为当年克格勃派驻海外的最重要的情报站。

3. 善于运用心理学知识研究招募对象,有的放矢地开展攻心工作

20世纪二三十年代,苏联派驻国外的特工们在工作实践中发现了心理学对谍报活动的价值与作用,因而在间谍对象的物色、考察、培养、招募和经营过程中努力运用心理学原理为己所用。因为心理学知识可以大大缩短以下过程,包括有目的地与具有发展前途的人群接触、研究他们的情况、吸引其在意识形态基础上与情报机

---

① [美]约翰·巴伦:《克格勃——苏联秘密警察全貌》(下),辽宁人民出版社1976年版,第269页。

构开展合作。

多伊奇就是在谍报活动中广泛并科学地运用心理学知识的"大家"。凡是苏联情报部门感兴趣者,他都能把他们的个性特点分析得入木三分、鞭辟入里,让那些"教子们"对共产主义和反法西斯思想的忠诚保持终生。1937年,多伊奇撤回莫斯科之后,奉命向内务人民委员会领导呈交了一份工作报告,汇报了招募并创建"剑桥五杰"间谍小组的历史过程,解释了为什么要将菲尔比作为招募"第一人"。他对菲尔比的个性进行了全面评估,认为后者需要"持续不断的鼓励":"'小男孩'家庭出身独特。父亲是当今公认的最著名的阿拉伯世界通,会说多种阿拉伯方言,还皈依了穆斯林教,虚荣心很强,暴虐专横,而且望子成龙,父亲压抑了儿子所有的渴望,这就是造成'小男孩'非常胆小和优柔寡断的原因。他有点结巴,这使他更加缺乏自信。他是一个典型的学究,知识渊博,很有教养,十分严肃,思想深刻。他遇事不灵活,不平易近人。他经常会因为自己的口吃毛病而害怕与人说话,不想成为大家的笑柄。他不会撒谎。他深入研究了马克思主义学说,而且对所有东西都做了认真研究,但总说自己懂得很少。他精通历史、地理、经济,爱好并擅长音乐。毫无疑问,他是一个多愁善感之人,但受父亲的教育和英国资产阶级生活环境的影响,他性格中的这一面多少有点扭曲。他生活俭朴,不善于花钱,当然只是不善于支配金钱而已,但是,他不会浪费我们的钱。由于他的认真和真诚,他受到了巨大的爱戴和尊重。毫无疑问,他已经准备好为我们做任何事情,并且已经展示出了为我们工作时的认真和勤奋。他为人随和善良,对女人没有特殊的兴趣。对自己的外表很不在乎。从性格上来说,他倾向于是一个悲观主义者,因此应该经常予以鼓励。"[1]

从这份评估报告里,既可以看出多伊奇对心理学理论知识的造诣之深,更显示出其运用心理学原理琢磨菲尔比特点之透,以及研究招募对象工作手段技能之高。他敏锐地发现菲尔比少年时代缺乏父爱,因此与奥尔洛夫和马利等经验丰富的苏联特工一起有的放矢地对菲尔比进行精心培养和鼓励,巩固并提高其自信心,而这正是菲尔比那位拘谨冷淡的父亲所提供不了的。多伊奇对一个人的性格和个人品质研究得如此全面、透彻和深入,攻心手段又如此有的放矢,难怪菲尔比会在他的强大攻势之下变得毫无防御能力,从而束手就擒,从一个"愣头青"华丽转变为一个合格

---

[1] Олег Царев. Джон Костелло, Роковые Иллюзии. Из архивов КГБ: дело Орлова, сталинского мастера шпионажа(Москва:Издательский Центр 〈Аква-Терм〉,2011),стр.163.

的苏联间谍。

中心显然接纳了多伊奇的意见建议,即便他光荣牺牲多年之后。1944年6月29日,中心通知伦敦情报站站长库金,称菲尔比提供的英国军情六局的文件得到了其他渠道获取材料的证实:"这彻底证明了'小男孩'在替我们工作时的诚实,这使得我们必须重新审查对他和整个小组的态度。""我们对'小男孩'所做的工作表示敬意……如果方便和可能的话,将以最得体的办法发给他100英镑或价值相当的礼物作为奖励。"菲尔比对于这份迟到的肯定向莫斯科表示了感谢:"在这十年的工作中,我从来没有像接到这份礼物时那样感动过,也没有像得到你们的(感谢)消息时那样激动过。"①

1939年,多伊奇在莫斯科为伯吉斯画了一幅心理肖像:"'梅德亨'的性格与'怀斯'和'泽亨'完全相反。他是在对马克思主义进行理论研究的基础上入党的。他博览群书、知识渊博,但流于肤浅;能说会道,喜欢长篇大论地讲话。他的大多数性格特点可以归结于一点,那就是他是一个同性恋者。他是在伊顿公学染上这个毛病的,那里充斥着玩世不恭、铜臭、虚荣和浅薄的气味。他很聪明,而且学识渊博,因此对他来说,党就好像是救星。党首先满足了他的智力需求,所以他做起党的工作来充满了热情。他的一部分个人生活是在同性恋朋友中间度过的,这些人来自各个阶层,从著名的自由经济学家凯恩斯到各式各样的败类,不一而足,甚至还有卖淫的男妓。在这样的日子里,充满了个人屈辱、酗酒、不正常的生活方式以及不为社会所接受的感觉。另外,还有对资产阶级道德的轻蔑态度。这种生活不能令他满意。党和党的工作对他来说就是一种救赎、生命本身和纯洁无瑕。他富有激情、感情丰富,非常容易受情绪影响。他向我解释自己的同性恋取向时说:这不是天生的,他可以和女人打交道,这是在伊顿公学染上的毛病,因为那里的所有人都搞同性恋,所以他也就加入了。几个学生住一个房间,班主任利用职权诱骗年轻的少年。"②"'梅德亨'是个大幻想家,脑袋里充满了各种计划和倡议,内心不知道做任何的制动。很容易陷入惊慌失措和绝望状态。他做事充满热情,但虎头蛇尾。他的意志经常被最微不足道的困难所击垮。他有时说谎,倒并非出于恶意,而是害怕承认自己的微小错误。

---

① [英]克里斯托弗·安德鲁、[俄]瓦西里·米特罗欣:《克格勃绝密档案》(上),当代世界出版社2002年版,第204—205页。
② Олег Царев. Джон Костелло, Роковые Иллюзии. Из архивов КГБ: дело Орлова, сталинского мастера шпионажа(Москва: Издательский Центр〈Аква-Терм〉,2011),стр. 256.

他对我们很诚实,干任何事都不带提反对意见的,有时给人的印象是这个人太驯从了。虽然穿着打扮很随便,但是喜欢引人注意。他有一个特点是,喜欢讨人欢心,不愿意展现自己的弱点。这可以解释为什么他会那么难过,因为他的一些朋友原来知道他是一个共产党员,现在却认为他退党了。因此,他经常要求他非常尊重的'市长'知道他仍然忠于自己的信念。与此同时,他又希望'市长'知道他正在干一件特别的事。这符合他的虚荣心。"①

对于伯吉斯的弱点和缺陷,多伊奇也谙熟于心。1937年底撤回莫斯科后,他专门给中心负责剑桥小组领导工作的人员提供咨询意见。他给伯吉斯的不足刻画了一幅心理肖像,列举了很多因素,对伯吉斯无法完成向英国秘密情报系统渗透的复杂行动做了很好的解释:"'梅德亨'总是认为自己做得很少,因此对我们心存内疚。一开始他的态度漫不经心,经常不征求我们的意见就自作主张,因为经验不足而出错。我们制止他,他因此感到他做得太少。如果说他工作中有什么地方做得不对,他会跑来都说出来。有过这种情况。我从1935年7月到11月都在苏联休假。他有个美国同学是他的好朋友,那时来伦敦休假。他对那人说,他正在做一件特殊的工作。'梅德亨'与我见面时说了这件事,心情很沮丧,为他犯下的错误而沮丧。一开始他还解释说,他是因为断了联系出于失望才这么做的,但后来承认自己是想炫耀才这么说的。'梅德亨'是个多疑之人,总是认为我们对他不完全信任,原因在于他的性格主要特点是心理不平衡。必须指出,这个毛病在与我们工作期间已经改善了很多。他总是对我说,我们是他的救星。因此,他小心谨慎,生怕犯错误,因为这可能导致他被解除与我们的工作关系。我对他表示信任,告诉他,我把他当同志,而不是外人。他开始守时、守规矩,对我们委派的任务态度很严肃。"②

当初对伯吉斯的培养和招募工作,是由多伊奇具体负责的。多伊奇和奥尔洛夫一开始还担心,像伯吉斯这样一个放流任性、桀骜不驯之人,到底能不能形成严格的纪律观念。但他们细致入微地描绘了伯吉斯的心理肖像,知道他是在认真研究了马克思主义理论的基础上入党的,了解了他希望获得肯定和承认的心理之后,便获得了掌控伯吉斯的心理钥匙,培养伯吉斯组织纪律性的工作反而变得简单了。每当伯

---

① Олег Царев, Джон Костелло, Роковые Иллюзии. Из архивов КГБ: дело Орлова, сталинского мастера шпионажа(Москва: Издательский Центр 〈Аква-Терм〉,2011),стр. 259—260.

② Олег Царев, Джон Костелло, Роковые Иллюзии. Из архивов КГБ: дело Орлова, сталинского мастера шпионажа(Москва: Издательский Центр 〈Аква-Терм〉,2011),стр. 273—274.

吉斯犯驴的时候，多伊奇就拿党、党的事业、党的纪律说事，伯吉斯就像孙悟空遇上了唐僧，被紧箍咒约束得老老实实、言听计从。

针对伯吉斯的各种弱点，多伊奇还给经营人员提出了具体要求："他的社会联系很广泛，几乎能和任何人认识并交上朋友。但是必须经常对他予以限制，对他实施正确的领导。给他布置每一项任务都应该具体到所有细节。另外，还必须经常监督他的私生活、他的朋友等。他明白，我们应该了解这些情况，因此乐意讲述这些事。非常重要的是，将来与他联系的工作人员应该在各个方面给他树立榜样。他需要毫无条件的严厉、权威和原则性。必须随时教他学习遵守保密规则。"[①]将伯吉斯置于"绝对的严肃"之下，就是运用他的万能钥匙，这是多伊奇给格拉夫潘、戈尔斯基等苏联经营人员建议的经营方法。

作为秘密情报站的负责人，奥尔洛夫也认为，在吸收像菲尔比及其朋友从事反对其所属阶级的间谍活动过程中，"心理糖果"的作用要远远大于"大棒"的效果。他在与"剑桥五杰"交往并经营的过程中，对他们心理情绪的把握也十分到位，趋利避害的选择相当准确，拿捏的力道丝毫不输给多伊奇。

(五)对谍员的运用"设计"精心到位

所谓设计，指的是把一种设想通过合理的规划、周密的计划，通过各种感觉形式传达出来的过程。人类通过劳动来改造世界、创造文明、创造物质财富和精神财富，而最基础、最主要的创造活动就是造物。设计便是对造物进行预先的计划，任何造物活动的计划技术和计划过程都可以理解为设计。谍报工作作为一种复杂的人际交往活动、一种实践性很强的社会活动以及一种智力含量极高的思维活动，在其每个环节、每个步骤、每个阶段都需要超前思维、精心筹划、预作打算、缜密实施；也就是说，要做好"设计"工作。

以戈尔斯基为例。1941年6月22日苏德战争爆发后，戈尔斯基认为，菲尔比继续待在博留间谍培训学校已经毫无意义，因此建议他最好离开此地，在靠近英国知识界的一些地方找份工作。菲尔比欣然接受了他的建议，利用各种人脉加紧活动，很快便接到了军情六局反间谍部门的工作邀请。因为菲尔比在西班牙内战时当过

---

① Олег Царев, Джон Костелло, Роковые Иллюзии. Из архивов КГБ: дело Орлова, сталинского мастера шпионажа(Москва: Издательский Центр 〈Аква-Терм〉, 2011), стр. 278.

战地记者，军情六局对这份阅历非常感兴趣，所以才有菲尔比此后在军情六局里的渗透和飞黄腾达。而在"设计"方面，奥尔洛夫指导菲尔比打入军情六局过程中的表现更为典型。

菲尔比被招募后，奥尔洛夫竭尽努力，不断研究如何把他打造成一个更加卓有成效的间谍的途径和方案。其中一个计划就是利用菲尔比的记者掩护身份，吸引那些政府部门的女秘书前来应聘《泰晤士报》刊登的"空缺岗位"，目的是利用女性对罗曼蒂克情怀的嗜好，把她们作为情报来源拉进间谍网，从她身上获取秘密情报。他在《反间谍和游击战教材》中写道，国家机关里的秘书一直是特别感兴趣的目标："苏联情报机构坚持不懈地努力，以吸引那些在其他国家重要政府部门里担任秘书、速记员、译电员和行政助手的年轻女性为其工作。"具体做法是，挑选合适的女性与那些外表英俊、举止优雅、受过教育并且已经为苏联情报机构工作的年轻男性相识，通过手段将"设计"的罗曼史发展成为同居关系，就可以对她们进行培养，一旦到达信任滥用的地步，即可以或真或假地向姑娘解释，她的罗密欧为什么想阅读她经手的秘密文件。菲尔比领受了奥尔洛夫的任务后，利用《评论综述》助理编辑的身份，发布广告招收具备与经济和政治类书籍打交道"工作经验"的女速记打字员，希望招收到有声望的中产阶级家庭出身的姑娘，伺机培养后打入英国白厅那些感兴趣的部门。结果，菲尔比的确发现海军部中央秘书处有一个女速记打字员条件合适，并把她招进编辑部做夜班工作，还准备为她寻摸个"情人"。但莫斯科认为，奥尔洛夫这个浪漫的计谋风险太大，命令他停止冒险。

在此情况下，奥尔洛夫立刻着手制订另一个既具有创造性又充满冒险精神的计划，以帮助菲尔比更加接近打入军情六局的艰巨目标。1935年夏天，沙特王储访问伦敦期间提出要招聘一个英语老师。奥尔洛夫提议让菲尔比利用其父亲的背景获得这个职务，到沙特教英语。其设想是，得到这个职务后，菲尔比便向军情六局工作的老朋友或者与军情六局有关的人员透风，称自己作为一个真正的英国人，现在可以掌握沙特许多秘密。如果军情六局不上钩，菲尔比可以在最后关头称病不去吉达；如果上钩了，并建议菲尔比为其效力，菲尔比就前往沙特工作大约半年，千方百计地巩固自己军情六局驻沙特可靠情报员的"履历"，之后装病返回英国，然后再恢复记者工作，前往苏联出差，出发前与英国情报机构恢复联系，再次收到以编外特工身份为军情六局工作的邀请。按照奥尔洛夫的计划，苏联人可以给菲尔比提供情报，让其给沙特王储提供某些情报，他就可以借机走上打入英国情报机构的"康庄大道"。这一次，内务人民委员会的高官斯拉瓦京斯基批准了这个计划，但是该计划尚未付诸实施即告夭折，因为沙特王储选择了其他人当老师。

奥尔洛夫坚信军情六局不会拒绝菲尔比为他们工作的提议，因此他又制订了另外一个类似的计划。1935年夏天，菲尔比与新婚妻子利兹刚从西班牙度假回到伦敦，便收到一份工作邀请。印度内政部长代表政府亲自给菲尔比写信，邀请他赴新德里担任新闻联络官。奥尔洛夫倾向于批准菲尔比接受这个职位。他向中心据理力争，坚持认为以菲尔比之前的左倾面貌，不可能成为某个大人物的秘书，而如果在印度内政部工作一年，就会彻底洗清他的左翼名声。更重要的是，菲尔比作为一名新闻官员与新闻媒体打交道，能够招募到许多新闻记者，取得印度警方的信任。而作为一名政府官员，菲尔比可以占据非常有影响力的地位。这样在德里担任"记者中的政府走狗"一年后，菲尔比会不可避免地与英国情报机构建立起联系。而一旦与军情六局建立了联系，他就可以"今后主动地"提出到苏联旅行，到了莫斯科以后，将在"我们的领导下"再次向军情六局提供"服务"，而这些事，菲尔比待在伦敦是无法做到的。因此，"为了今后岁月的大量工作和发展前景"，即使今后不能再从菲尔比在白厅的朋友怀利那里获得情报，或者无法寻找到新的招募对象来补充苏联在英国的间谍网，也值得牺牲菲尔比在伦敦一年时间的宝贵工作机会，造成的损失不会太大。

虽然由于中心的反对和否决，奥尔洛夫的上述种种"计划"均宣告流产，但从中反映了他对自身职责的敬业精神和多年地下工作的深厚经验积淀，值得每一位从业者深思和借鉴。

三、"剑桥五杰"暴露原因探析

谍报工作是一项刻意设计、人为操作、复杂无比的社会实践活动，只要是由人操作，事情总会出错，而且实际情况往往复杂多变、难以预计，因此，不论是计划打算还是方案预案，哪怕做得再圆满、再详尽、再"高大上"，也难免挂一漏万，留下隐患甚至埋下"定时炸弹"。尤为重要的是，谍报工作的大部分环节和活动需要在侦察对象国内部展开，在对方安全和情报机构的眼皮子底下进行，随时可能面临反间谍人员和驻在国公民的暗中窥探、跟踪监视和迫害打击。所以,从一定程度上讲,境外情报人员和组织暴露与失败是肯定和必然的,而不暴露则是偶然的,问题在于暴露的时间迟早、造成的影响大小以及后果是否严重。在此情况下,谍报领导机构和经营人员以及间谍本人应尽量采取万全措施,努力做到晚暴露甚至不暴露,并将由此带来的损失降至最低程度。纵观"剑桥五杰"案例,实际上暴露乃至失败的危险经常环绕在他们以及苏联经营人员身边,比如菲尔比在整个间谍生涯中就曾经多次遭遇克格勃叛徒的出卖,幸好都有惊无险地躲了过去。但遗憾的是,"剑桥五杰"最后仍然不可避免地暴露失败了。究其原因,既可以归结于英美两国反间谍部门的通力合作,也有苏联人在无线电通信联络过程中屡屡违规操作在先,从而留下严重的安全隐患;既有克格勃特工经营工作中发生种种失误,也有违背谍报工作根本原则和纪律要求而酿成的必然恶果。

(一)无线电通信联络环节严重违规,为"剑桥五杰"最终暴露埋下隐患

1927年,苏联对外情报机构8个驻外情报站遭受严重失败和破坏后,为了防止与驻外情报机构的密码通信被截获破译,莫斯科抛弃了容易被窃听和截获的无线电通信方式,严格规定与驻外情报站之间的密码通信必须使用一套非常可靠的密码体系。但是,在具体操作过程中,苏联人犯下了多个严重错误。一是苏芬战争中,苏军官兵慌乱之中在战场上丢弃了一份多达1 500页的密码本,被芬兰人缴获后,于1944年11月卖给了美国中央情报局的前身战略情报局。密码本尽管被战火烧毁严重,许多地方已模糊不清,但仍有相当一部分可以辨识出来。虽然当时美国人并未发现其有用价值,但事实证明,这给苏联人的密码安全埋下了一枚"定时炸弹",也为"剑桥五杰"间谍小组后来的暴露埋下了严重的安全隐患。二是第二次世界大战期间,包括"剑桥五杰"在内的苏联间谍从英美等国发回莫斯科总部的情报数量巨大,导致一次性密码本的数量不敷需要,而且适逢战争期间,苏联的对外交通运输极为不便,也极不稳定,因此无法及时给苏联驻外情报站补充新的一次性密码本。为了把大量情报资料及时发回国内,克格勃驻美情报站译电员为图省事,严重违犯保密规定,重复使用一些粉红色的一次性密码本。尽管此人后来受到了严厉处分,但这一大祸仍然为美国人此后在"维诺纳"行动中破译这些电报留下了"窗口"和罅隙。三是到了1945年9月5日,苏联驻加拿大使馆译员、26岁的苏军中尉伊戈尔·古津科叛逃西方。他出卖的资料除了所掌握的苏联间谍名单外,还包括详细描述克格勃和格鲁乌所用密码的加密方法。古津科之所以能够出卖密码情报,罪魁祸首是苏联驻加武官尼古拉·扎博京及其助手,他们犯有不可饶恕的错误,即让古津科一个人负责保存和销毁苏联人所有的秘密通信,但古津科把要求保存的文件都进行复制,把本应销毁的文件都集中在一个保险的地方。武官处工作人员违犯保密规则,当着所有人的面展阅档案。而按照规定,这些档案本应专门存放在扎博京的保险柜里,第二把钥匙由密码室负责人保管,但古津科不仅拥有第二把钥匙,还阅读并复制了所有的私人档案;古津科本应住在具有治外法权的地方,扎博京却允许他搬到一所普通的私人住宅居住,而且莫斯科明令让古津科搬回武官楼住,扎博京也置若罔闻。四是1948年,美国联邦调查局派人偷偷潜入格鲁乌在美国设立的商业掩护机构"阿姆托尔格(即美英贸易股份公司)"纽约办事处的仓库,偷走了一本苏联密码本。这种绝密的东西按理说无论如何都不应该出现在这里。虽然其中与使用规则有关的内容已被销毁,但由于粗心大意,苏联人还是留下了一些或是加密或是明文的情报副件。这些副件连同密码本一起被偷走,又一次在苏联一次一密式密码通信体系上捅了一大漏洞,让美国人截获和破译苏联通信密码的工作变得可能起来。

(二)英美联合破译苏联无线电密码电报的"维诺纳"行动,成为"剑桥五杰"暴露的导火索

1943年2月,美国陆军信号情报局(即美国国家安全局的前身)开始实施一项名为"维诺纳"计划的长期行动,其主要任务就是秘密截收并分析苏联人的外交电报。计划起步阶段异常艰难,因为苏联人使用的密码体系非常复杂,电文初次加密后,还要利用一次性密钥再进行二次加密,所以几乎难以破译。但美国人后来发现,苏联人的无线电通信中存在较为普遍的重复使用密钥现象,这让美国人看到了破译希望。为了加快破译进程,美国邀请英国政府通信总部加入该计划。

1948年,破译工作取得重大进展。英美联手成功破译了1944—1945年间苏联谍报机构与驻纽约领事馆间进行联络的几段加密无线电密码。其中一份电报显示,在英国驻美使馆中隐藏着一名苏联间谍,能够读到丘吉尔与杜鲁门之间的来往电报,并将其内容报告给莫斯科。随着调查的深入进行,1944—1945年间任英国驻美使馆一秘的麦克莱恩浮出水面,落入了英美反间谍机构的视线。

"维诺纳"行动期间,英美发现了代号为"霍默"的苏联间谍在美从事间谍活动的蛛丝马迹。在追查他真实身份的过程中,尽管嫌疑目标从最初的 7 000 余人缩小到 9 人,但始终无法锁定最终目标。然而,到了 1951 年 4 月中旬,又有一部分电报内容被破译。电文里面提到,1944 年,"霍默"曾经在一周之内两次赴纽约与自己的上司会面,同时顺便看望怀孕的妻子。美国人还在破译中发现,"霍默"每次到纽约之后,苏联驻纽约领事馆向莫斯科的发报频率和发报量便大大增加。经过排查和比对,符合这个条件的人只有一个,那就是"剑桥五杰"成员之一的麦克莱恩,当时他正在英国驻美使馆任职,其代号正是"霍默"!由此可见,正因为克格勃驻美情报站在与中心的无线电通信中多次提及这个代号,导致英美安全部门顺藤摸瓜,最终确定了嫌疑人的身份。

(三)克格勃叛逃人员供出内幕,为"剑桥五杰"暴露火上浇油

堡垒最容易从内部被攻破,这个颠扑不破的真理用在"剑桥五杰"身上毫不为过。以菲尔比为例,在其谍报生涯中,有好几次差点因为叛徒出卖而暴露身份。第一次有惊无险过关的是 1945 年 8 月底的伏尔科夫叛逃案。他向英国人提出,如果答应他的要求,他将提供掌握的一些重要文件和情报,包括 2 名在英国外交部潜伏(有可能指伯吉斯和麦克莱恩)和 7 名在英国情报机关潜伏的间谍,其中一人还担任英国某反间谍机关的负责人(肯定指向菲尔比)。如果伏尔科夫叛逃成功,那么菲尔比一定没有机会逃脱,他的谍报生涯即将断送。最后,幸亏国家安全人民委员会紧急派遣专家解决了伏尔科夫,菲尔比才侥幸逃脱了身份暴露的厄运。

但第二次就没有这么幸运了。1961 年 12 月,戈利岑在芬兰首都赫尔辛基向中央情报局投诚后,给美国人带来了克格勃驻赫尔辛基的全部特工人员名单,还表示将把知道的克格勃驻世界各地的特工人员都说出来。他还知道苏联人于 20 世纪 30 年代在英国发展了著名的"五人帮"间谍,他们彼此认识,并且知道其他人也是间谍,但自己不知道他们的真正身份和姓名,只知道其中一人代号"斯坦利",与最近克格勃在中东的行动有关。这一线索与菲尔比的情况完全吻合,此时他正代表《观察家报》在黎巴嫩首都贝鲁特工作。由于戈利岑的交代材料提到了"剑桥五杰",1962 年 3 月,美国人将相关材料转交给英国,英国人马上成立了一个专门机构,代号"影响委员会",全面分析研究戈利岑提供的情报。调查人员一一找认识菲尔比但并不愿意作证的人员了解情况,多年前对菲尔比不利的事实真相由此逐渐浮出水面。

1962年8月,俄国籍移民所罗门在背后捅了菲尔比"一刀"。所罗门年轻时长相漂亮,第二次世界大战前曾与菲尔比相恋,不过后来被甩掉,因此心里始终对菲尔比耿耿于怀。她迷恋政治,是一个犹太复国主义者,与罗斯柴尔德家族有亲戚关系。看到菲尔比在《观察家报》上发表的一些反以色列的文章,她非常生气,更想报当年的一箭之仇,于是向军情五局官员作证说,菲尔比担任《泰晤士报》驻西班牙记者时,有一次在返回伦敦途中带她出去吃午饭,用餐时告诉她说,他正在为和平从事一项非常危险的工作,为共产国际和苏联人效劳。在这项任务中,他需要她的帮助。如果她参与这一事业,那将是一件大事。她拒绝了菲尔比的要求,但回答说,当他走到穷途末路时,他总是能在她这里得到帮助的。

所罗门的证词使军情五局对菲尔比的重新审查取得了重大突破。再加上戈利岑的出卖,对菲尔比的间谍指控得到坐实。在此情况下,克格勃紧急指示菲尔比撤离黎巴嫩。1963年1月的某天晚上,菲尔比按照莫金等人的安排,趁着夜色的掩护,从中东逃到了莫斯科,结束了长达30年的间谍生涯。

(四)"剑桥五杰"成员间交叉严重,是最终暴露和失败的根本原因

世界各国谍报机构的工作原则和纪律规定大同小异,均要求垂直领导、单线联系和互不交叉。但在"剑桥五杰"案例中,所谓"成也萧何,败也萧何"。当年,"五杰"作为校友相互认识和熟悉,一个接一个向苏联人推荐,一个接一个招募,从而形成了剑桥小组,但也正因为如此,他们五人之间形成了环形交叉。1944年8月22日,内务人民委员会一局局长菲京向时任国家安全人民委员梅尔库洛夫提交报告,称负责审查"剑桥五杰"对苏联政治忠诚度的女官员莫德尔任斯卡娅通过各种不同渠道和方式对"五杰"搜集的情报进行了甄别,最后结论是,确认他们没有散布假情报,政治上是可靠的:"考虑到各情报来源彼此间互相来往,每个人还知道其他人与我们有联系,因此,证明泽享提供给我们的材料是真实的这些证据,也可以对这个小组的总体工作予以正面肯定。"梅尔库洛夫批示道:"很好!今后我们要更加小心翼翼地与这个小组进行联系。"[①]尽管苏联派驻英国的指导人员为五人相互间设立了一定的"隔火墙",但先天不足的痼疾仍然违背了谍报工作的原则要求,这是导致"剑桥五杰"最

---

① [俄]奥列格·察列夫:《克格勃特工在英国》,吉林人民出版社2003年版,第235页。

终暴露和失败的最根本原因。

本案例中,五个人不仅相互认识,都知道其他人为苏联人充当间谍,甚至有的还相互间发生过工作联系,而且相当频繁和密切。比如,伦敦情报站关闭后,1938—1939年期间,菲尔比的妻子利兹(代号"玛丽")和伊迪丝·哈特(代号"伊迪丝")负责担任伯吉斯等人与内务人民委员会之间的通信员。更为严重的是,人人皆知伯吉斯和布伦特是关系亲密的同性恋人,但第二次世界大战期间有段时间,他们甚至不顾戈尔斯基的严厉要求住到了一起;伯吉斯和菲尔比的谍报工作联系密切,曾经多次为菲尔比充当交通联络员的角色;菲尔比1947—1949年在土耳其任职期间,苏联人没有给他指派一名固定的指导员,除了回伦敦期间外,他与苏联人的联系都是通过伯吉斯进行的;他们两人在英国驻美使馆任职期间,伯吉斯甚至曾经直接住进菲尔比家中;菲尔比在华盛顿工作期间,国家安全部华盛顿情报站出现混乱状态,导致两名成功的站长先后于1948年和1949年被召回莫斯科,从而使菲尔比拒绝与任何设在苏联使馆内的情报站官员进行接触,在近一年时间里,伯吉斯成为菲尔比与中心的唯一联络渠道;苏联指派经营特工马卡耶夫来到美国后,伯吉斯还亲自充当菲尔比与马卡耶夫之间的人力交通等角色;而在菲尔比受到军情五局审查期间,他与苏联指导人员的联络只能通过布伦特进行;等等,诸如此类的事不胜枚举。

彼此间严重交叉导致了严重的后果。1951年,伯吉斯和麦克莱恩被迫逃往莫斯科之后,英国反间谍机构开始追查该间谍小组的其他成员。因为菲尔比、布伦特与伯吉斯、麦克莱恩交往密切,自然首当其冲地受到怀疑和调查。凯恩克罗斯也因为曾经给伯吉斯提供几张涉密会议记录而被列为怀疑对象。他们不得不由此承受军情五局的长期讯问和调查。尽管因为没有获得确凿的证据,调查工作最后不了了之,但受此牵连,布伦特和凯恩克罗斯的间谍生涯提前宣告终结。否则,依他们当时所处的地位和工作条件,完全有可能继续为苏联人充当内线,发挥更大、更长久的作用。菲尔比也是如此,尽管依靠长期练就的反侦察经验和大无畏的胆识摆脱了军情五局和军情六局的间谍嫌疑指控,但在军情六局有可能更上一层楼的前途就此葬送殆尽,而且笼罩在头上的怀疑的阴云始终如影随形。虽然后来又巧妙地来到中东地区干了几年谍报工作,但原先优越的接密条件丧失殆尽,其工作成果早已不复当年的荣光,等到最后发现套在脖子上的枷锁越来越紧的时候,只能被迫从黎巴嫩逃往苏联避祸,令人唏嘘不已。

四、"剑桥五杰"成功渗透案例的反面启示

从某种意义上讲,谍报工作就是一个零和游戏:进攻一方所得必然是防御方的所失,反之亦然。20世纪30年代,克格勃的前身——国家政治保卫总局、内务人民委员会充分利用社会主义意识形态的强大吸引力,利用英国青年学生和学者中间浓厚的"叛国气氛",运用卓越高超的工作手段,在剑桥大学成功招募了菲尔比、麦克莱恩、伯吉斯、布伦特和凯恩克罗斯等青年才俊,组建了赫赫有名的"剑桥五杰"间谍小组,并通过精心的经营工作指导他们一步步渗透进英国军情五局、军情六局等安全和情报机构,以及外交部、财政部等核心要害部门,长期、大量地为苏联搜集提供了至关重要的核心内幕预警性情报,为保卫苏联国家安全、维护苏联国家利益立下了汗马功劳。但从另一方面来讲,英国政府诸多核心要害部门惨遭苏联间谍长期渗透,国家安全利益遭受了巨大损失。得失之间展现了对垒双方攻守能力之高下。细究之下,英国方面首要问题便是用人失察失当,其惨痛历史教训至今仍不失为镜鉴。

(一)英国统治阶级精英在选人用人问题上长期存在谬见,为苏联人指导"剑桥五杰"向英国要害部门渗透打开了方便之门

在两次世界大战期间,英国情报界由于受英国政府强力控制,因此发展规模受到很大限制,尤其是在选人用人方面束缚得特别厉害。表现之一就是非专业性特别严重,比如对外情报机构军情六局在物色局长以下人选时主要遵循如下原则,即凡是绅士都是可以信赖的,都会愿意从事秘密情报工作。常理之下当然可以这样说,因为英国独特的绅士阶层成员拥有这种优越感非常自然。但实际上,并不见得该阶级所有成员都具备这种虚伪的神秘感,而且这种神秘感带来的危害早已超越了其能够带来的好处。丘吉尔就曾在其已故同事的墓志铭上写道:"他总是爱参加这种搞秘密情报的游戏,然而每次都遭到失败。"[①]尽管如此,军情六局仍然认为,出身好、社会关系好的绅士,再加上一定的学校培养和军事方面的背景,即可以被信赖来玩这种神秘的游戏。更令人震惊的是,这种选人用人的心理和做法一直保持到了第二次世界大战前夕;与之相随的是,这种自我优越感和任意招收人员的做法也一直延续

---

① [英]安德鲁·博伊尔:《背叛之风》,新华出版社1981年版,第269页。

下来。军情六局首任局长曼斯菲尔德·卡明上校在第一次世界大战期间就担任局长职务,直到 1929 年才退休;其接班人休·辛克莱上将接任后一直干到第二次世界大战前才因病去世,在位时间长达 10 余年。除此之外,长期以来,英国情报界一直蒙着一层神秘的面纱:它们不公开地存在,保密程度很高,封闭性极强,致使外界对其组织结构、实力甚至人员职衔等都无从知道,更无法表示异议。就连政府机构也对它们沿袭下来的问题或者刚刚露头的问题不得而知,更谈不上实施监督了。在这些因素的综合作用下,就为大部分出身于显赫世家的"剑桥五杰"向英国政府要害部门渗透打开了方便之门。

1937 年夏天,已经加入苏联谍报队伍的伯吉斯开始与军情六局官员戴维·富特曼接触,希望借机打入这个在英国久负盛名的秘密情报机构。事情一度进展得非常顺利,伯吉斯甚至与时任该局负责反间谍工作的五处处长维维安上校搭上了关系,双方相谈甚欢。维维安经过考察,打算吸收伯吉斯正式加入军情六局,成为该局特工,为其制定的近期目标是秘密打入英国共产党内部,彻底根除地下党组织和颇具社会影响力的进步人士,远期目标则是派往莫斯科开展工作。伯吉斯在向苏联对外情报机构部门汇报打入进展情况时兴奋地说:"F(富特曼)怀疑我吗?我认为没有。为什么?因为阶级偏见:伊顿公学、家庭背景、知识分子。我应该指出的是,以前我总是对你们说:离我这样的人远点。从历史因素方面看,我们的观点是片面的。现在我要说,只有像我这样的人才不受怀疑。"[①]伯吉斯以自己的亲身经历和感受证实,英国政府高层和情报机关的精英们在这方面的偏见有多么偏执并且根深蒂固。

(二)剑桥大学和牛津大学的特殊地位成为"剑桥五杰"渗透的便利条件

长期以来,剑桥大学和牛津大学在英国教育界享有盛名,培养出了优秀的毕业生和杰出人才。为了充实公务员队伍,英国政府一般愿意从这两所院校招收最有抱负的年轻人,从而使这两所高校成为培养英国精英阶层的摇篮。但 20 世纪二三十年代资本主义世界的没落以及世界上第一个社会主义大国苏联的兴起,促使共产主义运动在剑桥大学和牛津大学等院校里兴盛起来,年轻知识分子中间的"叛国气氛"十分浓烈。苏联谍报机构领导人高瞻远瞩,及时派出优秀特工来到剑桥大学等高等

---

① Олег Царев. Джон Костелло, Роковые Иллюзии. Из архивов КГБ: дело Орлова, сталинского мастера шпионажа(Москва: Издательский Центр 〈Аква-Терм〉, 2011), стр. 270—271.

学府,从激进的大学生中间发现、研究、培养和招募资本主义的"掘墓人",等招募工作完成后,又及时指导他们除掉身上令人瞩目的"红色"颜色,转而涂上不那么引人注目的"灰色",做到"泯然众人矣"。这样一来,英国政府在从剑桥大学和牛津大学等高校招收公务员时便容易将这些"双面人"夹带进来。这为向英国外交部、安全和情报机构等核心部门渗透奠定了坚实基础。

由于英国政府里最有抱负的年轻人几乎都来自牛津和剑桥这两所大学,因此它们自然而然地成为多伊奇在这里寻找间谍发展对象的根据地。作为首批派往英国开展秘密情报工作的"大特工"之一,多伊奇的首位潜在招募对象菲尔比就来自剑桥大学,其余"四杰"都是直接或间接地通过他之手物色、培养和招募的,这是"剑桥五杰"得名的主要原因,也是从剑桥大学里招募到的苏联间谍总体数量超过牛津大学的主要原因。

(三)英国情报界在选人用人时把关不严,为"剑桥五杰"的成功渗透和长期潜伏减轻了阻力

众所周知,英国是一个历史悠久的绅士社会,它有一个根深蒂固的传统,就是具有同样特权社会背景的同事之间彼此绝对信任、相互尊重。以军情六局为例,它的内部非常封闭,习惯于搞团伙,如果需要招收人员充实队伍,他们也喜欢从上级军官的老朋友圈子里面去寻找,喜欢到伦敦帕尔马尔和圣詹姆斯地区那些权贵俱乐部里去发现线索。一个新人打算入职,即便是想到军情五局、军情六局这些核心要害部门,如果能找到声名显赫的绅士、高官,或者系统内的官员、亲朋好友出面举荐,那么负责人事的官员便会高看一眼、做个人情,入职的事通常就一路绿灯、顺利放行。伯吉斯加入军情六局、布伦特加入军情五局就是如此,麦克莱恩加入外交部、凯恩克罗斯进入布莱奇利庄园搞密码破译也是如此。而菲尔比和麦克莱恩能够进入这些敏感要害单位工作,更是得益于其父辈及其显赫家庭的影响和庇荫。

另外,英国的安全和情报机构里,占据核心位置的官员多为来自公学和牛津、剑桥的"老男人""自己人"。他们视彼此为朋友,是朋友就要互相照顾、互相提携。因此,这种"绅士俱乐部"的性质使得国家利益经常不得不让位于朋友情谊。到了关键时刻,这些人甚至宁肯叛国,也不愿卖友求荣。剑桥"使徒会"的悠久传统和精英意识,更使之对这种友谊的膜拜登峰造极。这一现象在"剑桥五杰"身上体现得非常充分。

另外，人员入职审查极其松懈也是"剑桥五杰"顺利渗透的一个重要原因。第二次世界大战前以及战争期间，英国情报机构的工作非常紧张，人手却极度匮乏，导致工作人员疲于奔命，根本无暇对新加入人员实行严格的甄别与审查。以负责国内安全工作的军情五局为例，当时该局工作粗枝大叶，缺乏专业素养，再加上战前的档案材料积累不够，又没有实施解决政府公务员补充、选拔、录用和晋升问题的"积极审查"制度（直到1951年伯吉斯和麦克莱恩逃往苏联之后才开始实施），结果，菲尔比、伯吉斯等人在加入军情五局和军情六局时的安全审查基本上是"走了个过场"。麦克莱恩在加入外交部的面试中顺利过关，其大学时代积极参加共产主义活动的背景基本上被忽略，被以"那是年轻人的幼稚举动"为由轻描淡写地一笔带过。

更要命的是，他们在加入上述部门之后好像进了"保险箱"，既没有受到例行监视，而且在接密权限方面也没有受到任何限制。这使他们不仅顺利地实现了渗透目的，而且可以长期潜伏下来为苏联从事秘密情报工作。其实，"剑桥五杰"在求学时期的左翼色彩十分浓厚，有的甚至积极参加共产党的公开活动。这些事在其剑桥同龄人中间可谓家喻户晓。尽管多伊奇等苏联特工已经要求他们坚决断绝与共产党组织和共产党员的一切联系，但如果军情五局在他们求职时能够尽职调查，派人到学校走访调研、找老师和同学谈话询问，相信不难查清他们的真实政治倾向和身份，他们的渗透目的可能也不会如此顺利地得以实现。

（四）英国情报界对工作人员监管不力，用人失察甚至用人不察，也是"剑桥五杰"能够长期潜伏的重要原因

当年，英国政府各机关包括安全与情报部门在内，由于深受绅士传统的影响，人人被信任、机关不设防的现象非常普遍。伯吉斯在英国外交部任职期间，外交部的标准做法就是"不加监视的制度"；也就是说，官员们在执行任务时是不受监视的。因为有这种制度提供保护，又有上司麦克尼尔的信任甚至有意袒护，再加上他对同事们大打感情牌、献殷勤换好感，他的间谍活动反而多了一层额外的掩护。他可以随便插手职责范围之外的秘密事项，甚至一直把外交部的官方电报带回家，名义上说这样可以加班加点处理公务，但实际上是借此机会对文件进行拍照，然后再传递给苏联特工。

第八章 启示录

直到 1963 年,军情六局才最终对菲尔比产生了严重怀疑。其实在此之前,他的同事们早就发现,几乎每一起针对苏联的案件,只要菲尔比一插手,案子就会不了了之。这些事曾经引起军情六局领导和同事们的猜疑,但他们都没有进一步上心探究,再加上菲尔比纵横捭阖、巧言善辩,结果每次危机都能有惊无险地转危为安。实际上,如果他们深入探究这些反常现象的来龙去脉和细枝末节,相信菲尔比早就被识破了。

由于英国是一个绅士社会,其公民一般不屑于窥探别人的隐私,更耻于打小报告、当告密者。直到第二次世界大战爆发、战争期间以及战后,由于英国的国家安全利益受到了严重威胁,这种情况才有所改观。许多英国人改变了这种传统习惯,认为向当局报告可能存在的间谍活动很有必要。但问题是,如果有关部门不予重视的话,再多的报告和检举也无济于事。实践证明,此类现象在现实生活中屡见不鲜。在英国情报史上,充斥着掌握了叛徒的证据却不报告的情形,也不乏嫌疑分子是自己的亲朋好友因此不愿意向当局检举的事例,更不乏官员没有及时跟踪明显线索从而坐失良机的案例。这些官员中,有的属于墨守成规,有的属于无所事事,还有的根本就是平庸愚蠢。例如,伯吉斯在英国广播公司工作期间,就被一位老太太揭发说他是苏联间谍。负责谈话的军情五局官员琼·米勒建议对伯吉斯采取进一步行动,但上级领导一直按兵不动,直到 1951 年伯吉斯跑路之后才开始进行调查。事后发现,伯吉斯被举报这件事在档案里压根就没有记载。布伦特在军情五局工作的五年时间里也从未被怀疑过。有时,同事碰到一份很重要的文件时会开玩笑地说,很可惜不能把它送给苏联人,布伦特心中暗自发笑,因为往往几个小时之后,他就会把这份文件提供给苏联人。在局里,他犯过的唯一错误是,1945 年离开五局时曾对同事罗伯逊上校说:"向苏联人提供军情五局每个官员的姓名,使我获得了极大的快乐。"罗伯逊向有关人员报告了这件事,但令人奇怪的是,根本就没有人对此予以重视,而这反过来也是布伦特的幸运,否则他可能早就暴露了。

再说菲尔比。他在加入军情六局反间谍部门工作时,与第一任妻子利兹·弗里德曼在维也纳的婚姻被当时敷衍了事的背景审查给忽略了。但他的许多同事知道,利兹是一名忠心耿耿的共产国际间谍,不过他们认为此事无关紧要。1946 年,他在军情六局里步步高升之际,为了与第二任妻子艾琳结婚,不得不先解除这段姻缘。为此,他向军情六局副局长维维安上校报告了与利兹的婚姻,以及最近几年来两人关系不和睦的情况。为了解除这段婚姻,他冒着利兹的共产党员身份有可能暴露的危险,请求维维安批准他去法国探望利兹并办理离婚手续。维维安例行公事地要求军情五局提供利兹的有关资料。五局随后通报称,利兹目前与霍尼希曼住在东柏林,是一个苏联特务,但是,"所揭露的这一情况看来竟然并未给菲尔比已经向维维安承认的事情补充任何东西,这表明菲尔比的同事对他的信任和爱戴的程度"。假设这两个部门顺藤摸瓜、深入追究下去的话,菲尔比的间谍身份有可能早就暴露无遗了。

(五)对新入职人员全面审查必不可少

对核心要害部门吸收的新人进行全面审查可以减少政府雇员危害国家安全的事件发生,不仅极其重要,而且必不可少。1947年,英国政府开始担心苏联渗透问题。参谋长向艾德礼首相警告称,第二次世界大战期间,英国研究机构和新建立的机构吸收了大量共产党员科学家并一直工作到现在。苏德战争爆发时,英国共产党已经在知识界即"高文化层"吸收党员,这也使他们能够接近重要情报。但实际上,英国政府直到伯吉斯和麦克莱恩逃往苏联后,才开始在重要部门实施全面审查制度,对新入职者的政治态度和私人生活开展细致审查:凡是新吸收的工作人员,无论男女,都要提供两个证明人,并要接受保卫人员对个人私生活的调查。这些保卫人员由在职或退休警官担任,审查个人性格上有没有受到威胁和诱惑后就会被外国间谍拉拢的弱点。在国防部,则审查有没有生活不检点、酗酒或者吸毒行为以及是否忠诚、有无犯罪、经济上是否有某种困难、有无不正当性关系(无论是主动还是被诱惑)、有无精神疾病等。如有上述情况,则无法获得新工作。全面审查主要是依靠长时间的调查,调查对象是当事者的父母、祖父母、配偶、前雇主,还要调查教育状况和政治倾向。审查人员在访问当事者就读过的中学、大学、之前工作过的地方,以及朋友、亲戚、邻居之后,能够对当事者有大致了解。两方面一对照,基本情况就出来了。

通过全面审查,可以发现许多人是否能够经受住威胁利诱,但这种方法也存在不少问题,比如在对英国海军军官约翰·瓦萨尔审查时,并未发现他是一个同性恋者。除此之外,全面审查制度的最大缺陷是,敌方组织可以针对审查,训练其准备"糊弄过去"的人,从而使审查失效,如英国政府通信总部员工杰弗里·普赖姆经过4次审查,却未发现他的同性恋和间谍活动。即便美国人在人员审查中使用测谎方法和测谎仪器等设备,克格勃也找出了应对方法,帮助潜伏在美国中情局的苏联间谍埃姆斯顺利通过了例行安全检查。一种有效的审查制度总有优缺点,但是很有必要,不能省略。

　　堡垒最容易从内部被攻破。从侦察对象国内部"拉出"人员、通过外国人做外国人工作、经营中求发展,其实质就是在侦察对象国内部"钉钉子""打楔子""埋地雷""安棋子",以期获取核心内幕预警性情报,在关键时刻发挥关键作用。"剑桥五杰"的成功渗透案例再一次证明了这一真理。而从防守角度来看,"剑桥五杰"的经历也提供了非常宝贵的教训。常言说:用人不疑,疑人不用。但在隐蔽战线上,此话似应改成:用人必察,用人必疑,疑人不用。为此,一是制定严格的选人用人标准、条件和要求,坚持严格的考察、政审和研究通过程序,进行忠诚度测试,务求把好人员"入口关",坚决将政治上不合格、性格上有缺陷、行为乖张的人员堵在门外;二是通过各种有效手段和方式,全面加强对所属人员的日常管理和考核,实现优者上、庸者下、劣者汰;三是作为领导人员,要切实加强对所属人员的监督,眼观六路、耳听八方,善于从细微之处发现异常,善于从平凡之处发现问题,善于从细枝末节处洞察隐患,采取果断措施,将问题隐患消灭于萌芽之中,坚决杜绝让信任代替监督、让监督流于形式、让制度沦为摆设的现象发生。

# 参考文献

1. Олег Царев. Джон Костелло, Роковые Иллюзии. Из архивов КГБ: дело Орлова, сталинского мастера шпионажа(Москва: Издательский Центр〈Аква-Терм〉,2011).

2. http://www.spartacus educational.com,James Klugmann.

3. David J. Dallin, *Soviet Espionage*. Yale University Press,1955.

4. Christopher M. Andrew & Vasili Mitrokhin, *The Sword and the Shield: The Mitrokhin Archive and the Secret History of the KGB*. Basic Books,1999.

5. Yuri Modin, *My Five Cambridge Friends*. London:Headline Book Publishing,1994.

6. Christopher Andrew, *The Defence of the Realm: The Authorized History of MI5*. London:Penguin,2010.

7. (内部读物)国家安全部一局编:《知彼》。

8. (内部读物)国家安全部一局编:《知彼》(第二集)。

9. [苏]金·菲尔比:《谍海余生记》,群众出版社1984年版。

10. [英]克里斯托弗·安德鲁、[俄]瓦西里·米特罗欣:《克格勃绝密档案》(上、下),当代世界出版社2002年版。

11. [英]安德鲁·博伊尔:《背叛之风》,新华出版社1981年版。

12. [俄]奥列格·察列夫:《克格勃特工在英国》,吉林人民出版社2003年版。

13. [英]查普曼·平彻:《叛国者》,军事译文出版社1991年版。

14. [俄]帕维尔·苏多普拉托夫:《情报机关与克里姆林宫》,东方出版社2000年版。

15. [英]彼得·赖特:《抓间谍者——一个老牌特工生涯的自述》,军事译文出版社1987年版。

16.［俄］鲍里斯·阿宁：《无线电电子谍报战》，吉林人民出版社2003年版。

17.［英］布赖恩·弗里曼特尔：《克格勃》，群众出版社1987年版。

18.［美］约翰·巴伦：《克格勃——苏联秘密警察全貌》（下），辽宁人民出版社1976年版。

19.［美］迈尔斯·科普兰：《新谍报学》，群众出版社1980年版。

20. 王铭玉等编译：《克格勃全史》，黑龙江出版社1998年版。

21. 孙建民主编：《世界大间谍》，上海社会科学出版社2007年版。

22. 资中筠主编：《冷眼向洋——百年风云启示录》（下册），生活·读书·新知三联书店2002年版。

23. 高金虎：《谍报魔法师——间谍的招募与培训大揭秘》，东方出版社2007年版。

24. 张仁坚、晓年编译：《二十世纪间谍世界揭秘》，黑龙江人民出版社1993年版。

25. 姜子钒：《世界特工档案》，凤凰出版社2012年版。

26. 史韦编著：《揭秘：二十世纪世界著名间谍》，九州出版社2009年版。

27. 郭颖主编：《20世纪谍海传奇人物》，军事科学出版社1997年版。

28. 闻敏：《苏联谍报70年》，金城出版社2010年版。